한국유학의 『노자』 이해

한국유학의 『노자』 이해

금장태 지음

서울대학교출판문화원

Interpretations and Commentaries of *Lao Tzu* in the History of Korean Confucianism

Jangtae Keum

Seoul National University Press

머리말

2천 년 이상을 전승되어 오면서 인류문명사에 지혜의 빛을 밝혀 주었던 몇몇 고전사상들은 오늘날도 살아 있는 우리의 소중한 정신적 유산이다. 그 가운데 동양문화의 전통에서는 공자의 유교사상과 노자의 도가사상이 석가의 불교사상과 더불어 유·불·도 삼교(三教)로 일컬어지면서 그 중심축으로 자리잡고 있다. 이러한 고전사상들은 세계와 인간존재에 대한 깊은 통찰로 우리의 삶을 이끌어 주는 근원적 동력이 되어 왔지만, 세계와 인간을 바라보고 설명하는 시각이나 이론에서 큰 차이가 있다. 그에 따라 그 계승자들 사이에서는 서로 조화를 이룰 수 있다고 보는 융화론이 강조되는 때도 있었지만, 오랜 세월 동안 서로 대립하고 충돌해 왔던 것도 사실이다. 특히 송(宋)나라 때 유교는 도학(道學)의 정통이념을 확립하면서 도가사상과 불교사상을 이단으로 규정하여 엄격하게 배척하였고, 도학을 통치이념으로 확립했던 조선시대는 더욱 엄격하게 비판과 배척의 태도를 강화해 갔다.

조선시대 도학자들은 기본적으로 『노자』를 도학정통에 어긋나는 이단으로 규정해 왔지만, 이러한 배타적 거부의 대세 속에서도 소수의 학자들은 『노자』를 이해하고 수용하는 열린 정신의 포용적 자세를 보여 주었다. 이러한 사실은 조선시대 사상사가 독선적 정통주의에만 사로잡혔던 것이 아니라, 유연성과 다양성의 흐름이 지속적으로 이어져 왔음을 가장 잘 보여 주는 대목이라고 할 수 있다. 그 출발점은 16세기 후반의 이이(栗谷 李珥)였고, 조선 후기 실학파 계열의 인물인 박세당(西溪 朴世堂), 서명응(保晩齋 徐命膺), 이충익(椒園 李忠翊)이 이러한 포용성을 더욱 넓혀 갔으며, 19세기 전반에는 도학자 홍석주(淵泉 洪奭周)에 의해서 그 흐름이 계승되었다. 이들 다섯 명의 유학자들은 『노자』를 포용적 입장에서 해석하는 주석서를 저술하여 남겨 준 인물들이다.

이 책은 이이에서 홍석주에 이르는 다섯 명의 유학자가 남겨 놓은 『노자』 주석서를 통해 유학자의 눈으로 노자사상이 이해되고 수용되는 논리와 쟁점을 점검해 보고자 시도한 것이다. 물론 유학자의 시선으로 『노자』를 이해하는 것은 『노자』 자체를 이해하는 자세와는 상당한 거리가 있음을 부정하기 어렵다. 그러나 이들 유학자의 『노자』 해석은 『노자』에서 유교와 소통할 수 있는 사유방식을 표출시키고 그에 따라 『노자』의 사유에 내포된 해석의 가능성을 새롭게 넓혀 주는 성과를 거두었다는 측면에서 주목되어야 할 것이다. 이와 더불어 유교적 기반 위에서 『노자』를 이해하면서 유교사상의 사유 폭을 새롭게 넓혀 갔다는 사실도 중요한 의미가 있다고 하겠다. 이들의 『노자』 이해는, 배타적 거부로 유교사상의 순정성(醇正性)을 고수하는 입장과는 달리, 『노자』와 유교의 상호이해와 소통의 가능성을 탐색하는 과정을 통해 유교사상 그 자체도 한 차원 더 깊고 폭넓게 이해할 수 있는 길을 열어 주고 있다는 점에서 사상사의 소중한 성과를 이룬 것이라 할 수 있다.

『노자』와 필자의 만남은 1962년 대학 1학년 때 유승국 교수의 『노자』 강의를 들으면서 처음 시작되었는데, 지난 40여 년 동안 전혀 돌아볼 여유를 갖지 못한 채 문외한으로 지내 왔다. 2004년 봄에 연구년으로 몇 달간 교토에서 지내면서 한가한 시간을 얻어 뒤늦게 『노자』를 다시 읽게 되었고, 이어서 우리나라 유학자들의 『노자』 주석서를 흥미롭게 읽으면서 『노자』의 세계에 빠져들게 되었다. 지난해 봄학기와 가을학기에 대학원 학생들과 박세당과 홍석주의 『노자』 주석서를 강독하면서, 그동안 읽고 느꼈던 생각을 정리해 보았다. 『노자』의 경문이야 5천 자밖에 되지 않는다고 하지만, 워낙 판본마다 글자의 차이가 많고, 주석서도 수백 종이나 되어 제대로 섭렵하는 일은 나로서는 처음부터 불가능한 일이었다. 단지 우리나라 유학자들의 『노자』 주석서에 한정하였을 뿐이다. 더구나 미숙한 안목으로 살피다 보니 오류도 많을 것이고, 스스로 생각해 보아도 대추를 통째로 삼키느라 참맛도 모르면서 어리석고 무모함을 저지른 것이라는 느낌에 두렵고 부끄럽기 그지없다. 여러분의 많은 질책을 받아 앞으로 좀 더 다듬어지기를 기대할 뿐이다.

이 책을 집필하는 과정에서 여러 동학들의 도움을 받았다. 임채우(林采佑) 선생과 김학목(金學睦) 선생은 공들여 역주(譯註) 작업한 자료와 연구성과를 친절하게 제공해 주었고, 이연승(李妍承) 박사는 원고 전체를 꼼꼼하게 읽고 많은 부분을 고쳐 주었으며, 박종천(朴鍾天) 선생은 교정의 노고를 맡아 주었다. 도움을 주신 분들께 깊이 감사하는 마음을 전하고 싶다. 아울러 이 책을 출판해 주신 서울대학교출판부장님과 관계자께도 감사드린다.

2006년 6월 10일
관악산 자하동천(紫霞洞天)에서
금장태

차례

I.『노자』의 '도'와 조선시대 유학자의『노자』이해

1.『노자』의 '도(道)' 개념 인식

2. 조선시대 유학자의『노자』비판과 이해

1. 『노자』의 '도(道)' 개념 인식

1) '도'의 개념과 인식

인간이 궁극적 실체로서 '도(道)'를 확보하고 '도'를 따라 올바르게 자기실현을 하기 위해서는, 먼저 이 '도'를 아는 것에서 출발하지 않을 수 없다.[1] 여기서 근원적 진리로서의 '도'는 인간이 감각적 지각활동을 통하여 얻을 수 있는 경험적 지식의 대상이 아니라, 오히려 경험적 지식을 부정함으로써 도달할 수 있는 초월적 영역으로 드러나는 것이다. 곧 인간은 자신의 지각이나 인식능력을 넘어서 근원적 존재로서의 '도'와 일치할 수 있는 방법을 찾아야 할 필요가 있음을 발견하게 되는 것이다. 따라서 『노자(老子)』의 '도' 개념을 이해하기 위해서는 먼저 '도' 개념의 성격을 해명하고, 그 다음에 '도'를 인식하는 방법을 확인하며, 나아가 '도'가 드러나는 양상과 '도'를 체득하여 실현하는 방식을 점검해 볼 필요가 있다.

우주의 궁극적 근원으로서의 '도'에 대해 『노자』에서는 무엇보다 먼저 '도' 그 자체를 도무지 이름지을 수 없는 것이라 제시한다. 곧 '도'는 인간의 의식으로는 개념화하여 규정할 수 없는 것이요, 언어로 표현할 수 있는 것이 아님

---

1 불교도 인생의 근원적 과제를 '깨달음[覺]'으로 제시하고 있으며, 공자도 평생을 두고 추구한 것이 '도를 앎[聞道]'이요, '천명을 앎[知命]'이었다.

을 강조한다. 『노자』의 그 첫머리는 "말할 수 있는 '도'는 항상한 '도'가 아니다"[2]라는 언급으로 시작한다. 그것은 '도'를 언어로 규정짓는다면 이미 '도'의 진정한 실재를 드러내는 것이 아님을 확인하고 있는 것이다. 그렇다면 우리가 '도'라고 일컫는 말은 무엇이란 말인가? 이러한 의문점에 대해 『노자』에서는 스스로 성찰하여, '도'라고 일컫는 것은 다만 친근하게 부르는 호칭일 뿐이며, 이 '도'의 특성을 억지로 이름지어 '크다[大]'고 일컬을 수도 있는 것이라 한다.[3] 따라서 이 '도'는 "감추어져 이름이 없으며[道隱無名]"(제41장), "이름붙일 수 없는 원바탕[無名之樸]"(제37장)이라 일컫기도 한다.

이처럼 이름 없는 원바탕 곧 '박(樸)'으로 표상되기도 하는 '도'는 "우주의 시원[天地之始]"(제1장)이며, "만물의 근본[萬物之宗]"(제4장)이 되고, "만물을 배양하는[衣養萬物]"(제34장) 생성의 근원으로 확인되고 있다. 그러나 이러한 '도'를 인식하려고 하면 어떤 형상으로도 파악될 수 없는 아득하고[玄] 신묘한[妙] 존재이며, '황홀한[惟恍惟惚]'(제21장) 존재로 묘사된다. 그만큼 우리가 알고자 하는 '도'는 이미 어떤 구체적 대상으로도 규정될 수 없는 초월적 존재로 확인되고 있는 것이다. 또한 『노자』의 '도'는 어떤 대상적 양상으로도 드러남이 없으므로 맑고 투명하여 있는지조차도 알 수 없는 것이며,[4] 구분할 수 없는 혼돈의 존재로서 천지보다 먼저 이루어졌으며 독립하여 변함이 없는 존재로 제시되기도 한다.[5]

이러한 '도'는 끊임없는 생성의 근원으로 어떤 형상적인 것으로도 이름붙일 수 없다는 점에서 '무(無)'라고 일컫는다.[6] 이렇게 '도'를 '무'라고 일컫게

---

2 「노자」 제1장, "道可道, 非常道."

3 「노자」 제25장, "吾不知其名, 字之曰道, 强爲之名曰大."

4 「노자」 제4장, "湛兮, 似或存."

5 「노자」 제25장, "有物混成, 先天地生, 寂兮寥兮, 獨立不改."

6 「노자」 제14장, "繩繩不可名, 復歸於無物."

되면 모든 구체적 대상의 세계인 '유'는 그 근원이 되는 '도' 곧 '무'에서 나오는 것으로 확인될 수 있다.[7] 이러한 '무'는 '도'의 이름붙일 수 없는 실체로서 '무명(無名)'과 동일한 것이며, 그것은 만물이 생성되는 근원인 것이다.[8] 따라서 『노자』에서 '무'는 '도'의 실체가 경험적 인식대상을 넘어서 은폐되어 있음을 의미하는 것이며, 존재를 부정하는 '공허한 무[空無]'를 뜻하는 것은 아니다.

그렇다면 우리는 현실의 세계에서 '도'를 어떻게 알 수 있는 것인지 점검해 볼 필요가 있다. 우리의 일상생활에서 부딪치는 온갖 선명한 감각이나 격렬한 활동이나 욕망의 대상들은 우리들의 마음을 혼란시켜서 '도'의 인식을 더욱 어렵게 할 수 있다. 감각적 지식에 빠져들기보다는 차라리 소박한 삶 자체가 '도'에 좀 더 가깝게 접근할 수 있는 길이 될 수 있을 것이다.[9] 그래서 성인은 감각을 추구하지 않고 생활을 꾸려가는 데 비중을 두었다.[10] 이러한 '도'는 결코 볼 수도 들을 수도 붙잡을 수도 없는 것이므로, '도'를 알기 위해서는 문 밖에 나가거나 창문으로 내다볼 필요는 없으며, 오히려 멀리 나가서 찾아다니면 '도'를 아는 것은 더욱 적어지게 될 것이다. 따라서 "성인은 돌아다니지 않고도 알고, 보지 않고 이름붙이며, 하지 않고 이룰 수 있다"[11]고 한다. 나아가 『노자』에서는 "알지 못함을 아는 것이 상등이요, 아는 것을 알지 못하는 것이 병통이다"[12]라고 하여, 인간이 인식에 한계가 있음을 아는 데서 '도'의 인식으로 접근할 수 있는 길이 열리는 것임을 제시하고, 인식의 한계를 알지 못하는 데서 그릇된 인식의 병통이 발생하게 되는 것임을 지적하고 있다.

---

7 『노자』 제40장, "天下萬物生於有, 有生於無."

8 『노자』 제1장, "無名, 天地之始."

9 『노자』 제52장, "塞其兌, 閉其門." 제56장, "塞其兌, 閉其門, 挫其銳, 解其紛, 和其光, 同其塵."

10 『노자』 제12장, "聖人, 爲腹不爲目."

11 『노자』 제47장, "是以聖人不行而知, 不見而名, 不爲而成."

12 『노자』 제71장, "知不知, 上, 不知知, 病."

2) '도'의 체득과 실현

『노자』는 인간의 경험적 지식이나 사유는 오히려 본래적인 '도'를 실현하는 는 데 반대되는 결과를 초래할 수 있다는 사실을 주목하여 경계한다. 따라서 『노자』에서는 인간의 도덕적 규범이나 지식은 차라리 없는 것이 '도'를 실현하는 데 더 나을 수 있다고 보아, 성명[聖]과 지혜[智]나, 인애[仁]와 의리[義] 및 기교[巧]와 이익[利]을 끊어 버리는 것이 낫다고 언급하기도 한다.[13] 그만큼 『노자』에서는 학문은 지식을 쌓아 가고 보태는 공부인 반면 '도'는 마음을 비우고 덜어내는 공부라 대조시켜 제시하고 있다.[14] 그러므로 성인의 공부는 지식을 쌓아가는 공부가 아님을 강조하게 된다.

근원적인 '도'는 인간의 온갖 상대적인 판단을 넘어서 있다. 따라서 미추(美醜), 선악(善惡), 유무(有無), 난이(難易), 장단(長短), 고저(高下), 음성(音聲), 전후(前後)의 어떠한 양적 차이를 헤아리고 질적 우열의 평가를 하는 것도 '도'를 드러내는 방법이 아니다. 오히려 '도'는 상대화되고 비교되는 양쪽을 포괄하여 그 전체의 운행을 통해 드러나는 것이라 할 수 있다.[15] 따라서 도를 실현하기 위해서는 자신을 기준으로 세상을 내다보는 자기중심적 태도를 가장 먼저 경계해야 하며, 세계를 그 범위에 따라 그 자체로 판단해야 할 것이 요구된다.[16]

'도'는 끊임없이 운행하는 존재로서 어떤 형상으로도 한정시켜 규정할 수 없으므로, "형상이 없는 형상이요, 사물이 없는 형상"이라 언급된다. 이 '도'는 황홀하여 그 첫머리도 볼 수 없고 그 뒷모습도 찾아볼 수 없는 것이라 한

---

13 『노자』 제19장, "絕聖棄智, 民利百倍, 絕仁棄義, 民復孝慈, 絕巧棄利, 盜賊無有."

14 『노자』 제48장, "爲學日益, 爲道日損."

15 『노자』 제2장, "天下皆知美之爲美, 斯惡已, 皆知善之爲善, 斯不善已. 故有無相生, 難易相成, 長短相較, 高下相傾, 音聲相和, 前後相隨."

16 『노자』 제54장, "以身觀身, 以家觀家, 以鄕觀鄕, 以國觀國, 以天下觀天下."

다.[17] 그러나 『노자』에서는 '도'를 전혀 알 수 없는 것으로 부정하는 것이 아니라, '도'가 드러나는 자리를 확인하기도 한다. 곧 "'도'라는 것은 오직 있는 듯 없는 듯 황홀하니, 황홀한 가운데 형상이 있고, 황홀한 가운데 무엇인가 있다. 그윽하고 깊숙한 속에 정미로운 것이 있고, 그 정미로움은 매우 진실하며, 그 속에 신실함이 있으니, 예로부터 지금까지 그 이름이 떠나지 않는다"[18]라고 언급하고 있다. 이처럼 '도'는 결코 대상적으로 파악할 수 없는 황홀한 것이지만, 마치 어둠 속에서 불이 깜빡거리며 비쳐 나오듯이 순간순간 드러나는 것으로 경험될 수 있는 것이다. 한마디로 형상으로서 포착하기는 어렵지만 존재하는 사실을 체득할 수 있음을 밝혀 주고 있다.

한편, '도'의 운행은 전체를 포괄하여 양극단을 순환하는 것으로 이해된다.[19] 또한 '도'에 대한 서술도 상식적 관념과 상반되는 것처럼 들릴 수 있으며, 어리석은 자에게는 '도'에 대한 서술이 우습게 들릴 수도 있다.[20] 여기서 '도'는 우주의 근원이며 하늘도 본받아야 하는 기준이 되고 있으며, 이러한 '도'는 어떤 인위적인 것도 벗어나 자연을 따라 실현되는 것으로 확인되고 있다.[21] 따라서 '도'는 아무런 인위적 작용이 없다는 의미에서 '무위(無爲)'이지만, 이 세상에 '도'를 벗어나서 이루어지는 것이 없다는 점에서 '무불위(無不爲)'라고 할 수 있으며, 따라서 성인도 '도'의 '무위'함을 본받아 모든 인위적인 것을 버리고 자연을 따름으로써 다스림을 온전하게 실현할 수 있게 되는 것이라 한다.[22]

---

17 『노자』 제14장, "是謂無狀之狀, 無物之象, 是謂恍惚, 迎之不見其首, 隨之不見其後."

18 『노자』 제21장, "道之爲物, 惟恍惟惚, 惚兮恍兮, 其中有象, 恍兮惚兮, 其中有物, 窈兮冥兮, 其中有精, 其精甚眞, 其中有信, 自古及今, 其名不去."

19 『노자』 제40장, "反者, 道之動." 제25장, "大曰逝, 逝曰遠, 遠曰反."

20 『노자』 제78장, "正言若反." 제41장, "下士聞道, 大笑之, 不笑不足以爲道."

21 『노자』 제25장, "天法道, 道法自然."

22 『노자』 제37장, "道常無爲, 而無不爲." 제3장, "爲無爲, 則無不治."

'도'의 실현은 '도'를 체득하고 본받아 따름으로써 가능하다. 여기서 노자는 '도'를 실현하는 방법으로, 인의(仁義) 등 인간 사회의 규범적 가치조차 떨쳐버리고 자연의 소박함을 드러내어 원바탕[樸]을 안고 있어야 함을 강조하고, 동시에 마음속에서 사사로움과 욕심을 줄이고 만족할 줄을 알아야 할 것을 제시하였다.[23] 또한 인간은 '도'를 체득하기 위해서는 마치 물처럼 부드럽고 약하게 할 것을 중시한다. 이렇게 물처럼 부드럽고 약하게 한다는 것은 물이 어디에나 스며들어 만물을 이롭게 하면서도 아래로 흘러 다투지 않음을 '도'의 진실한 모습으로 본받자는 것이다.[24] 그만큼 '도'를 본받은 삶의 모습으로 다투지 않음[不爭]으로서 화평함을 이루는 것이요, 자신을 겸허하게 낮추고 비워서 계곡처럼 모든 것을 받아들이는 포용력을 발휘하는 것이라 할 수 있다.

또한 부드럽고 약하게 한다[柔弱]는 것은 마음을 비우고 고요하게 하는 것이며, "마음을 지극히 비우고 고요히 독실함을 지키면, 만물은 함께 일어나고 나는 돌아감을 본다"[25]고 하여, 비우고 고요한 마음을 가짐으로써 만물이 생성하고 순환하는 '도'의 실현과정을 볼 수 있음을 밝히고 있다. 『노자』에서는 이렇게 '도'를 체득하여 '덕'을 실현하는 마음의 겸허하고 유약한 모습이 가장 잘 드러나는 경우를 어린아이의 순수함에서 찾을 수 있는 것으로 강조한다.[26]

따라서 '도'의 체득은 모든 경험적 대상이나 인위적 분별을 벗어나 바탕[樸]의 소박함을 회복하는 것이요, 겸허하고 부드러운 순수함으로 다툼과 전쟁의 해독을 제거함으로써, 생명이 넘치는 건강한 세계를 실현하는 것이다. 여기서 이 세상의 모든 사물은 부정되는 것이 아니라 생명의 근원을 회복함으로써, 평정하고 천명에 따라 살아가는 항상함의 '도'를 회복하게 되는 것임을 보여

---

23 『노자』 제19장, "見素抱樸, 少私寡欲."

24 『노자』 제8장, "上善若水, 水善利萬物而不爭." 제73장, "天之道, 不爭而善勝."

25 『노자』 제16장, "致虛極, 守靜篤, 萬物竝作, 吾以觀復."

26 『노자』 제28장, "常德不離, 復歸於嬰兒." 제55장, "含德之厚, 比於赤子."

준다. 이러한 항상함의 '도'를 알지 못하면 흉악한 해독이 일어나게 되는 것이다.[27] 또한 항상함의 '도'는 하나의 원리로서 세계 안의 모든 다양성의 법칙이 되고 기준을 제공하는 것이다. '도'가 이렇게 천하의 법칙으로 수립되고, 인간의 '덕'이 '도'와 일치되면 한없는 이상의 세계를 회복할 수 있게 되는 것으로 본다.[28] 이처럼 모든 구체적 양상을 버리면서 동시에 모든 현실의 세계를 포용하는 것, 곧 '무극(無極)'으로 돌아가는 것이 바로 『노자』에서 추구하는 최고의 이상적 경지인데, 그것은 현실세계를 부정하는 것이 아니라, 이 현실세계가 '도'와 일치하도록 '도'를 실현함으로써, 이상적 극치의 무한함을 보여주는 것이다.

---

27 『노자』 제16장, "夫物芸芸, 各復歸其根, 歸根曰靜, 是謂復命, 復命曰常, 知常曰明, 不知常, 妄作凶."

28 『노자』 제22장, "聖人抱一爲天下式." 제28장, "爲天下式, 常德不忒, 復歸於無極."

2. 조선시대 유학자의 『노자』 비판과 이해

1) 조선 전기 유교 · 불교 학자의 『노자』 비판과 이해

고려 말·조선 초에 주자학-도학의 정통성을 확립하면서 불가(佛家)와 도가(道家)를 이단으로 비판하는 태도가 강화되어 갔다. 그러나 당시 유학자들의 『노자』를 포함하는 도가에 대한 이해는 다양성을 보여 주고 있다. 먼저 원천석(耘谷 元天錫, 1330-?)은 「삼교일리(三敎一理)」란 제목의 시를 짓고 그 서문에서 유 · 불 · 도 삼교가 각각의 특징이 있지만 근원적으로 일치할 수 있다는 삼교융화론의 입장을 밝히고 있다.

> "유교는 '궁리진성(窮理盡性)' 을 가르치고, 불교는 '명심견성(明心見性)' 을 가르치고, 도교는 '수진연성(修眞鍊性)' 을 가르친다. '집안을 다스리고 자신을 다스려, 임금의 덕을 이루고 백성의 삶에 혜택을 주는 것' 을 말하면 특히 유교인이 일삼는 것이요, '정기를 아끼고 신명을 배양하며, 날아다니는 신선과 공중에 떠오르는 것' 을 말하면 특히 도가에서 조술하는 것이요, '죽음을 뛰어넘고 삶을 뛰어넘으며, 자신을 이롭게 하고 남을 이롭게 할 것' 을 말하면 특히 불교에서 쓰는 방편이니, 그 지극한 자리를 밝혀보면 일치하지 않은 일이 없다. 이로써 살피면 세 성인이 가르침을 베푼 것은 오로지 성품을 다스리는 것이니, 이른바 '다한다[盡]' · '단련한다[鍊]' · '본다[見]' 는 방법은 비록 작은 차이가 있지만, 그 지극하고 탁 트이고 투명한 자리로 돌아가면 모두 같은 성품이다."[29]

이처럼 원천석은 삼교 사이에 비록 작은 차이가 있지만 근원적으로는 동일함을 강조하며, 후세에 각각의 문호를 계승한 사람들이 '자기는 옳고 남을 잘못되었다는 마음[是己非人之心]'으로 서로 비방하는 어리석음을 깊이 탄식하였다.

이와는 상반된 입장으로 도가에 대해 본격적인 비판을 제시한 경우는 불교비판을 가장 철저하게 수행하였던 정도전(三峰 鄭道傳, 1342-1398)이라 할 수 있다. 그는 「심기리편(心氣理篇)」(1394)에서 불교의 중심개념을 '심(心)'으로, 도교의 중심개념을 '기(氣)'로, 유교의 중심개념을 '이(理)'로 제시하고, '심'의 입장에서 '기'를 비판하고[心難氣], '기'의 입장에서 '심'을 비판하여[氣難心], 불교와 도교가 서로 비판하게 하고서, 그 위에 '이'의 입장에서 '심'과 '기'를 포괄하고 깨우쳐 준다[理論心氣]는 논리를 제시하였다. 그것은 유교의 입장에서 불교와 도교를 비판하고 극복하는 입장을 제시하는 것이다. 권근(陽村 權近, 1352-1409)은 「심기리편」을 주석하면서 정도전의 말을 인용하여, "유교는 '이'를 주장하여 '심'과 '기'를 다스리니, 그 한 가지에 근본하여 그 두 가지를 배양한다. 노자는 '기'를 주장하여 '양생(養生)'으로 도리를 삼고, 석가는 '심'을 주장하여 '부동(不動)'으로 종지를 삼으니, 각각 그 한 가지를 지키고 그 두 가지를 버린 것이다. 노자는 '무위(無爲)'를 하고자 하여, 일의 옳고 그름은 헤아리지 않고 모두 제거하니, 그 몸을 수고롭게 하여 그 '기'에 폐해를 끼칠까 염려하는 것이다"[30]라고 언급하였다. 여기서 정도전은 『노자』와 도교의 중심개

---

29 『耘谷行錄』 권3, 14, 「三敎一理(并序)」, "儒敎敎之以窮理盡性, 釋敎敎之以明心見性, 道敎敎之以修眞鍊性. 若曰齊家治身致君澤民, 此特儒者之餘事, 若曰嗇精養神 · 飛仙上昇, 此特道家之祖述, 若曰越死超生 · 自利利人, 此特釋氏之筌蹄矣, 要其極處, 未始不一. 由此觀之, 三聖人之設敎, 專以治性, 所謂盡之 · 鍊之 · 見之之道, 雖有小異, 歸其至極 · 廓然 · 瑩澈之處, 皆同一性."

30 『三峯集』 권10, 9, 「心氣理篇: 序(權近)」, "儒主乎理, 而治心氣, 本其一而養其二, 老主乎氣, 以養生爲道, 釋主乎心, 以不動爲宗, 各守其一而遺其二者也. 老欲無爲, 不計事之是非, 而皆去之, 恐勞其身以弊其氣也." 鄭道傳과 달리 조선 초 불교 쪽의 저술인 『儒釋質疑論』에서는 유교가 '心'을 주장하고, 노자가 '氣'를 주장하고, 불교는 '性'을 주장하는 것으로 제시되고 있다[儒者主乎心者也, 老者主乎氣者也, 佛者主乎性者也].

념을 '기'로 인식하고, 그 핵심과제가 '양생(養生)'하는 것이요, 그 방법이 '무위'에 있는 것으로 확인하였으며, 이에 비해 유교는 '이'로 '기'를 배양하기 때문에 '유위(有爲)'로 일함이 있더라도 '기'가 소모되고 '생'이 피해를 입는 것이 아님을 밝혀 『노자』를 비판하고 있는 것이다.

유학자이면서 탁월한 학승(學僧)이었던 김시습(梅月堂 金時習, 1435-1493)은 20대 초반 승려가 되어 평안도 지역을 유람할 때 지었던 시에서, "관서 땅 한 백발 늙은이가 나에게 무위(無爲)란 것 가르쳐 주었지. 인의(仁義)의 근원은 아니라 해도, 우리 생명을 연장할 수 있다네"[31]라고 읊어, 어떤 노인으로부터 '무위(無爲)'의 개념을 중심으로 『노자』를 배우면서 그 자신이 『노자』에서 '장생술'에 대해 긍정적 관심을 가졌던 사실을 밝히고 있다. 그러나 그 후 그는 "저 노자는 '도'를 체득한다고 하지만 성품을 따르는 '도'가 아니요, '덕'을 논의하고 있지만 밝은 천명의 덕이 아니니, 어떻게 세상에 혜택을 끼치고 후세에 전해질 수 있겠는가?"[32]라고 하여, 『노자』에서 '도'와 '덕'의 기본개념을 비판함으로써, 『노자』의 교화기능을 근본적으로 부정하였다. 이처럼 『노자』에 대한 인식태도가 긍정적 입장에서 부정적 입장으로 전환하고 있는 사실은 김시습이 도학-성리설의 이해가 심화되면서, 당시 대세를 이루고 있는 도학의 정통주의적 입장을 받아들이게 되는 과정을 보여 주는 것이라 하겠다.

조선 초의 불교교단은 유교체제로부터 혹독한 비판과 억압을 받는 처지였으므로, 불교를 변호하는 호교론(護敎論)으로서 삼교융화론 내지 삼교회통론의 입장에서 『노자』 내지 도교에 대해서도 적극적인 긍정의 논리를 제시하였다. 곧 조선 초기의 대표적인 학승이었던 기화(己和, 호 涵虛堂 · 得通, 1376-1433)는 유교의 불교비판에 대응하여 삼교융화론의 입장에서 『현정론(顯正論)』을

---

31 『梅月堂集』 권9, 35, 「老翁授我道德經一部」, "關西鶴髮翁, 敎我無爲謂, … 雖非仁義源, 可以延吾生."

32 『梅月堂集』 권17, 14, 「雜著 · 性理」, "彼老氏者, 體道而非率性之道, 論德而非明命之德, 則如之何其澤於世垂於後也."

저술하였는데, 그는 여기서 노자의 말씀으로 "함이 없으면서도 하지 않음이 없다[無爲而無不爲]"고 말한 것은 '함이 있음을 당하여 함이 없는 것[當有爲而無爲]'이라 해석하고, 석가의 말씀으로 "고요하면서도 항상 비추고, 비추면서도 항상 고요하다[寂而常照, 照而常寂]"는 말과, 공자의 말씀으로 " '역'이라는 것은 생각함이 없고 함이 없다[夫易, 無思也, 無爲也]" 하고, "고요하여 움직임이 없다가 감응하여 통달한다[寂然不動, 感而遂通]"는 말을 들어, 이 세 가지 가르침 사이에 드러나는 상관관계를 해명하여, " '고요하다[寂然]'는 것은 감응하지 않음이 없는 것이니, 곧 '고요하면서도 항상 비춘다[寂而常照]'는 것이요, '감응하여 통달한다[感通]'는 것은 고요하지 않음이 없는 것이니, 곧 '비추면서도 항상 고요하다[照而常寂]'는 것이다. '함이 없으면서도 하지 않음이 없다[無爲而無不爲]'는 것은 곧 '감응하면서도 항상 고요하다[寂而常感]'는 것이요, '함이 있으면서도 하는 바가 없다[有爲而無所爲]'는 것은 곧 '감응하면서도 항상 고요하다[感而常寂]'는 것이다. 이에 의거하면 삼교(유·불·도)에서 말하는 바는 가만히 서로 부합되어 한 사람의 입에서 나온 말과 같다"[33]고 언명하였다. 여기서 기화는 노자의 '무위·무불위(無爲·無不爲)'와 불교의 '고요함·비춤[寂·照]'과 유교의 '고요함·감응[寂·感]'이 서로 소통하여 일치하는 것임을 확인함으로써 삼교융화론의 입장을 적극적으로 밝히고 있다.

『현정론』과 같은 맥락에서 저술된 『유석질의론(儒釋質疑論)』에서도 유·불·도 삼교의 특성을 규정하면서 근원적 일치성을 강조하고 있다. 곧 "천하에 통하는 것은 하나의 '도'이고, 변화에 종사하는 것은 하나의 '기'이며, 만물에 균등한 것은 하나의 '이'이다. 불교에서 '진공(眞空)'이라 한 것은 성체(性體)를 들어 말한 것이요, 노자가 '곡신(谷神)'이라 한 것은 변화를 밝혀 말하는 것이

33 『顯正論』(『한국불교전서』[7], 225쪽), "老之言, 日無爲而無不爲, 當有爲而無爲. 釋之言, 日寂而常照, 照而常寂. 孔之言, 日夫易, 無思也, 無爲也, 日寂然不動, 感而遂通. 夫寂然者, 未嘗無感, 卽寂而常照也, 感通者, 未嘗不寂, 卽照而常寂也, 無爲而無不爲, 卽寂而常感也, 有爲而無所爲, 卽感而常寂也, 據此則三家所言·冥相符契而如出一口也."

며, 유교에서 '대본(大本)' 이라 한 것은 사물에 의거하여 말하는 것이다"[34]라고 하여, 유·불·도 삼교의 기본교리를 특징화해 파악하고 있다. 그러나 여기서 관심의 초점은 삼교의 차이를 밝히는 것이 아니라, 근본적인 일치를 전제로 그 특성을 확인하는 것이다. 따라서 "삼교는 비록 다르지만 '도' 는 하나다. 나무 심는 것에 견주어 보면, 마치 대지가 품어 키우는 것을 '진공' 이라 하고, 마치 씨앗에서 싹이 터 나오는 것을 '곡신' 이라 하며, 가지와 잎이 같은 뿌리를 갖는 것을 '대본' 이라 한다"[35]고 하여, 불교의 '진공' 이 나무가 자라는 토대로서 대지요, 노자의 '곡신' 은 씨앗에서 싹터 나오는 생기라 하고, 유교의 '대본' 은 잎이나 가지가 뿌리와 연결되어 있는 일관성으로서, 나무가 심어져 자라는 과정의 서로 다른 측면을 말한 것일 뿐이라고 본다. 그만큼 상호 연관된 근원적 일체성을 강조함으로써, 상호의 비판과 배척이 부당함을 확인하고 있는 것이다.

또한 휴정(休靜, 호 淸虛堂 · 西山, 1520-1604)은 삼교회통의 입장에서 『삼가귀감(三家龜鑑)』을 저술하였는데, 그 가운데 『도가귀감(道家龜鑑)』에서는 "무엇인가 혼돈하여 이루어져 천지에 앞서 생겨난다. 나는 그 이름을 알 수 없어서, 억지로 '마음' 이라 이름붙인다"라고 하고, 또한 "도와 덕의 진실을 안고 있지만, 마음을 비워 자아가 없으니 항상 아무것도 없는 경계에서 노닌다. 이 때문에 인·의나 천하나 국가를 겉만 꾸며놓은 것으로 본다"[36]고 해석하였다. 여기서 『노자』의 '도' 를 불교의 근본개념인 '심' 과 일치시켜 확인하고 있으며, 『노자』에서 '인·의' 덕목이 비판되고 있는 이유를 도덕의 진실함을 지닌 '무아(無我)' 의 차원에서 세속적 덕목에 대해 진실성을 잃고 겉으로 꾸민 것으로 보

---

34 『유석질의론』(『한국불교전서』[7], 265쪽), "通天下一道也, 工變化一氣也, 均萬物一理也. … 釋曰眞空, 擧性體而言也, 老曰谷神, 明變化而言也, 儒曰大本, 依事物而言也."

35 같은 책, "三敎雖殊, 道則一也, 比猶種樹也, 如地含養之謂眞空, 如種生芽之謂谷神, 枝葉同根之謂大本."

36 『三家龜鑑: 道家龜鑑』(『한국불교전서』[7], 633쪽), "有物渾成, 先天地生, … 吾不知其名, 强名曰心. … 抱道德之眞實, 虛心無我, 常遊於無物之域, 以仁義天下國可爲浮華."

는 것이라 해명하여 『노자』를 불교적 의미와 긴밀하게 연결시키고 있다.

16세기 중반과 후반에 오면 조선사회에서 도학의 이념은 확고한 이론적 기초를 확보하게 되었으며, 당시 대표적 도학자 퇴계(退溪 李滉, 1501-1570)는 도학의 정통성을 확인하면서 노자나 불교를 이단으로 비판하는 입장을 명확하게 밝히고 있다. 그는 '허(虛)' 나 '무(無)' 개념에 대해, "내가 말하는 '허' 는 '허' 하면서도 '실' 한 것이니, 저들의 '허' 가 아니요, 내가 말하는 '무' 는 '무' 하면서도 '유' 한 것이니, 저들의 '무' 가 아니다. 하필 이단으로 돌아갈까 지나치게 근심할 것이겠는가"[37]라고 언급하여, 노·불의 '허' 나 '무' 개념이 이단에 빠진 것과는 구분되는 유교적 입장을 분명하게 제시하고 있다. 그러나 율곡(栗谷 李珥, 1536-1584)은 도학 전통에서 이단으로 비판받았던 『노자』를 주석하여 『순언(醇言)』을 저술함으로써, 『노자』를 유교전통과 조화를 이룰 수 있는 사상으로 끌어들이는 적극적 해석을 하고 있다. 그의 『노자』 해석은 유교의 입장에서 노자를 해석하는 이른바 '이유석노(以儒釋老)' 라 하더라도, 도학자로서 『노자』를 이단의 대열에서 끄집어내어 유교적 가치체계 안에서 자리잡을 수 있는 해석을 시도했던 선구적 태도를 보여 준 것으로 주목할 만하다.

2) 조선 후기 유학자의 『노자』 비판과 이해

조선시대의 도학이념에서는 『노자』를 이단으로 비판하는 것이 기본입장으로 확립되어 있었다. 그러나 『노자』에 대한 평가에서는 상당히 다양한 입장이 나타나고 있었다. 16세기 후반에서는 『노자』에 대해 비판적 입장을 확인한 퇴계

37 『退溪集』 권16, 42, 「答奇明彦(論四端七情第二書)·後論」, "吾所謂虛, 虛而實, 非彼之虛, 吾所謂無, 無而有, 非彼之無, 何必過憂於異端之歸乎."

의 태도와 『노자』의 상당부분을 적극적으로 수용한 율곡의 태도 사이에 『노자』를 보는 입장의 차이가 뚜렷하게 드러났던 것이 사실이다. 이에 비해 조선 후기에 넘어와서는 유학자들 사이에 『노자』에 대해 훨씬 자유롭고 긍정적인 이해의 분위기가 확장되고, 『노자』를 정밀하게 주석하는 작업도 활발하게 일어나기 시작하였다.

조선 후기에 접어들어, 가장 먼저 『노자』에 대한 적극적 해석에 나섰던 인물은 17세기 후반에 활동하던 소론계 실학자인 박세당(西溪 朴世堂, 1629-1703)이다. 그는 『노자』를 주석한 『신주도덕경(新註道德經)』을 저술하면서, 『노자』의 본래 정신과 후세에 왜곡한 전통을 구분하였으며, 『노자』도 수신과 치인의 도리를 기반으로 하는 점에서 유교와 일치하는 것으로 확인하였다.

또한 18세기 전반기에 임상덕(老村 林象德, 1683-1719)과 조구명(東谿 趙龜命, 1693-1737)은 유교의 정통적 입장을 전제로 하면서도 이른바 이단으로 규정되는 노자와 불교에 대해 비교적 포용적인 견해를 제시하였다.[38] 임상덕은 유교를 빛과 기운의 근원인 '해'라고 하면, 불교는 그 나머지 기운을 얻은 '달'에 비유하여, 불교는 마음과 신명을 다스리는 개인의 수양을 할 수는 있지만, 유교처럼 천지가 제자리를 잡고 만물이 양육되는 일을 참여하여 돕는 기능에는 미칠 수 없는 것이라 한다. 이와 더불어 그는 노자에 대해서도 "노자도 성인의 나머지 기운을 얻은 자이다"라 하고, 나아가 이단에 대한 일반적 태도로서, "천하의 이설(異說)을 어찌 다 헤아릴 수 있겠는가. 그 근본은 모두 우리 성인의 도를 떠나지 않은 것이다"[39]라고 하여, 그 한계를 규정하면서도 기본적으로

38 老村 林象德은 明齋 尹拯의 학맥과 연결된 소론의 인물로 보이는데, 『老子論』(1705) 2편과 『莊周論』 및 『佛論』(1703)을 저술하였으며, 東谿 趙龜命은 영조 때 영의정을 지낸 노론의 대표적 儒臣인 歸鹿 趙顯命의 同堂(4촌) 아우로서 『讀老子』와 『論禪諸篇』을 저술하여, 노자와 불교에 대한 폭넓은 관심과 이해를 보여 주고 있다.

39 『老村集』(林象德) 권3, 30-32, 「佛論」, "月也者, 得日之餘氣者也. … 吾聖人之道, 日也, 彼佛氏者, 譬則猶月也. … 彼老聃者, 亦得聖人之餘氣者也. … 天下異說, 何可勝數也. 其本則皆不離乎吾聖人之道者也."

포용적 입장을 보여 주었다. 또한 그는 공자와 노자의 입장이 지닌 공통점과 차이점을 제시하고, 나아가 노자를 받드는 자나 노자를 비판하는 자의 이해태도에서 드러나는 차이점을 구별함으로써 노자에 대한 올바른 인식태도를 확인하고 있다.

임상덕은 유교와 도가에서 '유 · 무(有 · 無)'의 쟁점에 대해, 유교를 옹호하는 자는 '유'를 말하면서 '무'를 배척하고, 노자를 받드는 자는 '무'를 말하면서 '유'를 비방하지만, 공자와 노자는 '유'와 '무'의 한쪽만을 말하지 않았음을 강조한다.[40] 이처럼 그는 후세에 노자를 받드는 자나 유교 입장에서 노자를 비판하는 자의 양쪽 모두가 공자와 노자의 본래 정신을 온전히 인식하지 못하였음을 지적하고, 공자와 노자가 '도의 통찰[觀道]'에서는 근원적으로 일치함을 밝혔다. 그러나 그는 공자와 노자의 중요한 차이는 '도의 언표[言道]'에서 드러나는 것으로 본다. 공자가 '무형(無形)'한 '도'의 본체에 대해 쉽게 말하지 않았던 것은 폐단을 염려함이 깊어서 '도'를 말함을 삼갔던 것으로, 이것이 '도'를 잘 말하는 태도라 한다. 이에 비해 노자는 주나라 말기에 성인의 도가 폐단을 일으켜 학자들이 유형한 도구나 명목, 도수에 몰두하고 '도'의 본체는 찢어지고 갈라지는 것을 보면서, 그 폐단에 대응하기 위해 '무형'한 세계를 극진하게 말하였던 것이라 본다. 여기서 그는 "노자는 공자의 은밀한 뜻을 이해하지 못하여 그 '무형'함을 가볍게 말하였다. 그러나 노자를 받드는 자들이 스승의 본래 뜻을 이해하지 못하고 마침내 '무'를 노자의 종지로 삼으니, 우리 도를 받드는 자들이 그 본말을 궁구하지 않고서 그 무리들의 말을 답습하여 마침내 '무'라고 비방하였다. '무'로 노자의 추종자를 비방하는 것은 옳지만, '무'로 노자를 비방하는 것은 옳지 않다"[41]고 언급하였다. 이처럼 임상덕

40 『老村集』 권3, 32, 「老子論上」, "爲儒者, 言有而斥無, 爲老者, 言無而誹有. 夫孔子何嘗專言有, 而老子亦何嘗專言無乎."

41 『老村集』 권3, 34, 「老子論上」, "老子不達聖人之微意, 遂輕言其無形者, 而爲老子者, 又不達其師之本意,

은 노자의 종지를 '무' 라고 보는 것은 노자의 본래 의도가 아니라 노자의 추종자들이 노자를 잘못 해석한 것으로 보았다. 따라서 그는 노자가 '도의 통찰' 에서는 잘 하고 있지만, '도의 언표' 에서 잘못된 것이 있다는 한계를 지적함으로써, 노자에 대한 자신의 긍정적 입장이 지닌 성격을 확인하고 있다. 또한 그는 『노자』라는 저술이 '시대를 근심하고 풍속을 안타까워하여[傷時憫俗]' 지은 것이라 하고, 그 말한 것이 깊고 고원하지만 실제는 '가만히 근심하고 남몰래 걱정하는[幽傷隱憂]' 뜻이 있다 하고, 노자가 '인' · '의' 와 '예' 를 부정적으로 언급한 것에 대해서도, '울분으로 말한 것[憤而言之者]' 이라고 하여, 적극적으로 이해하는 입장을 보여 주고 있다.

또한 조구명은 노자와 불교를 훨씬 더 자유롭게 넘나들었던 인물이었다. 그는 송(宋)의 장상영(張商英)이 불교를 변호하면서 유교를 비판한 『호법론(護法論)』에 대해, "장상영은 유교의 '도' 를 비판하였으나 불교의 취지는 도리어 더욱 어두워졌으며, 나로서는 불교의 취지를 밝힐수록 유교의 '도' 가 도리어 더욱 높아진다"[42]라고 언급하였다. 이처럼 그는 유교와 불교나 노자가 서로 비난하여 자신을 높이는 태도가 아니라, 서로 깊이 이해함으로써 서로 높아질 수 있다는 상호이해의 포용성을 강조하는 입장을 밝히고 있는 것이다. 그는 일반적으로 노자와 장자가 병칭되고 있는 사실에 대해 '도' 의 본원을 모르고 혼동하는 것이라 비판하면서, "장자는 유교이지만 격동된 자이고, 노자는 유교에서 갈라져 나왔다. 장자는 마음을 논의함[論心]에 정묘하고, 노자는 사물을 관찰함[觀物]에 깊다"고 하여, 노자와 장자의 특징을 지적하고, 노자에 대해서는 "노자는 특히 가득 차고 비움[盈虛]과 더하고 덜함[乘除]의 분수에 밝다"[43]

遂以無爲老子之宗旨, 以爲吾道者, 不究其本末, 襲其徒之說, 而遂以無毁之. 夫以無毁爲老子者可也, 以無毁老子則不可也."

42 『東谿集』(趙龜命) 권8, 20, 「論禪諸篇 · 駁張天覺護法論」, "夫張詆儒道, 而佛旨反益晦, 余明佛旨, 而儒道反益尊."

43 『東谿集』 권7, 24, 「讀老子」, "世之學者, 常竝稱日老莊, 不知其道本源之不相混. 莊子, 儒而激者也, 老

고 하여, 노자가 가득 참과 비움이나 더함과 덜함의 어느 한쪽에 치우친 것이 아닌 것으로 긍정적 해석의 입장을 보이고 있다. 나아가 그는 "노자는 이단의 성인인가. 그 문장이 「계사전」과 유사하다"[44]라고 하여, 『노자』와 『주역』의 「계사전」 사이의 유사성을 지적하면서, 노자가 비록 이단이라고 하더라도 성인의 품격을 지녔음을 인정하는 태도를 보여 준다.

서명응(保晩齋 徐命膺, 1716-1787)은 북학파 실학의 선구적 인물로서 그 학문이 다르다고 하여 실정이 아닌 말로 덮어씌우지 않는 것이 군자의 자세라 하여, 노자에 대한 부당한 비판을 거부하고 『노자』의 취지를 밝히려는 의도에서 주석하여 『도덕지귀(道德指歸)』를 저술하였다. 양명학의 학풍을 일으킨 강화학파의 학맥에서 18세기 후반과 19세기 초 사이에 이광려(月巖 李匡呂, 1720-1783)와 이충익(椒園 李忠翊, 1744-1816) 및 신작(石泉 申綽, 1760-1828)을 중심으로 『노자』에 대한 깊은 관심과 연구가 활발하게 일어났던 사실은 이 시대 유학자들의 『노자』 연구에서 또 하나의 특징적 현상이라 할 수 있다.[45]

먼저 이광려는 「독노자(오칙)(讀老子五則)」을 지어, 『노자』의 해석에 따른 핵심적 견해를 다섯 조목으로 집약시켜 제시하고 있다. 그는 「독노자(오칙)」의 첫머리에서 『노자』 제1장을 해석하여, "이미 '도'라고 말하였으면 이미 이름 붙인 것이요, 그 타고나면서 갖추어진 것은 아니니 '도'는 언제나 이름이 없다"라 하고, "'이름[名]'으로 인하여 '실체[實]'를 변론하고, '드러난 것[顯]'으로 말미암아 '감추어진 것[微]'을 인식하는 것이니, 그 뜻은 말로 표현되는 것 바깥에 있다. 이것은 마음에 간직하고 묵묵한 가운데 아는 것이며, 이름으로 말할 수 없는 것이다. 제2장 이하 마지막 장까지는 '이름'으로 말한 것의 나머

子, 則別於儒矣. 老子特明於盈虛乘除之分, … 莊子妙於論心, 老子深於觀物."

44 『東谿集』 권8, 10, 「靜諦: 學之」, "老子, 其異端之聖乎, 其文類繫辭."

45 李匡呂·李忠翊·申綽의 친족적 연관성에 관해 김학목의 「椒園 李忠翊의 『椒園談老』 연구」, 『인천학연구』 2-2(인천대학교 인천학 연구원, 2003)에 상세하게 서술되어 있다.

지일 뿐이다"[46]라고 하여, 『노자』 전체의 사유체계를 이름과 실체의 명실(名實) 구조로 해석하였다.

다음으로 이충익은 『노자』를 주석하여 『담로(談老)』를 저술하였는데, 여기서 그는 "'무'를 내세우는 학파는 세속의 학풍이 그 근본에 혼미함을 비루하게 여기고, '유'를 내세우는 학파는 현묘한 이치가 사물을 모아들이지 못함을 혐오한다. 각각이 스스로 주인과 종으로 갈라놓고 서로 융합하지 못하니 '유'와 '무'는 갖추어 성립하지 못하여 도술이 분열되었다"[47]고 지적하여, '무'나 '유'가 종합되지 못하고 서로 비난하여 학술이 분열되고 있는 현실을 비판하였다. 그만큼 '유'와 '무'가 종합된 시각에서 『노자』를 적극적으로 해석하는 입장을 보여 주고 있는 것이다.

또한 신작은 고증학에도 탁월한 조예를 발휘한 인물인데, 그는 『노자』를 주석하여 『노자지략(老子旨略)』(1817)을 저술하였지만, 현재 책이 남아 있지 않고 그 서문[老子旨略序]만 남아 있어서 그의 『노자』에 대한 관심의 내용을 엿볼 수 있게 한다. 그는 고증학자답게 『노자』의 본문에 대한 여러 판본의 차이를 점검하고 많은 주석서를 검토하였음을 밝히고 있으며, 장주(莊周), 양주(楊朱), 신불해(申不害)와 한비(韓非), 왕필(王弼)과 하안(何晏)은 한쪽(論 · 身 · 名 · 蕪)에 치우쳐 두 가지(靜訥 · 求人 · 知止 · 利有)를 은폐시켰다고 비판하면서, "비어 있지만 허망하거나 멋대로 하는 허물이 없고, 채워져 있지만 참혹하거나 구획하는 허물이 없으며, 중심을 지킴을 기준으로 삼고 덕의 집에서 노닌다면 함이 없지만 하지 않음이 없을 수 있으며, 임금의 자리를 편안함에 두고 천지의 조

---

46 『李參奉集』(李匡呂) 권4, 8-9, 「讀老子(五則)」, "旣曰道, 已名之矣, 夫非其生而俱者, 則道常無名. … 所以因名辨實, 由顯而識微, 意在言外者也. … 此以心存默識, 而不可以名言也. 自此以下第二至末章, 蓋其名言之餘耳."

47 『椒園談老』, 「後序」, "無家卑世學之迷其本, 有家嫌玄理之不綜物, 各自主奴, 不相融攝, 有無俱不成立, 而道術裂."

화와 양육에 참여할 수 있다"[48]고 하여, 『노자』는 제자백가의 과오를 벗어나 올바른 도리를 제시한 경우로 높이고 있음을 보여 준다. 여기서 그는 노자가 주나라 말의 혼란한 시대를 살면서 주나라 때 드러난 '도'의 폐단이 형식의 '문채[文]'에 치우친 데 있다고 인식하여 '바탕[質]'을 그 구제방법으로 내세우면서 성지(聖知) · 예의(禮義) · 교리(巧利)를 박하게 하고 허정(虛靜) · 관간(寬簡) · 박신(樸信)을 높였다는 것이다. 따라서 노자의 방법은 "'무'를 본체로 삼아 '유'를 거느리고, '질박함'에 말미암아 '명목'을 그치게 하며, 자신을 귀중히 여겨 사랑하면서 언제나 남을 구제하기를 잘하고, 큰 변론을 널리 감싸면서 어눌함으로 지키는 것이 노자의 방법이다"[49]라고 언급하였다. 이처럼 신작은 노자가 '문'에 치우친 폐단을 '질'로 바로잡으면서 전체를 포용하는 균형 있는 방법을 제시하고 있는 것으로 적극적 긍정의 입장을 밝히고 있는 것이다.

조선 후기 실학을 대표하는 정약용(茶山 丁若鏞, 1762-1836)도 「논어대책(論語對策)」(1791)에서 "배우고 익힘에 '도'의 근원을 나누지 않았던 것은 제가 생각하기에 공자 이전에는 천하가 한 집안이요, 이 학문이 하나로 통합되어 있었으니, 노자의 학문도 또한 우리 '도' 가운데서 자애 · 검소 · 겸손 · 은거를 주장으로 삼았을 뿐입니다. 오늘날 이른바 도가의 연단술(鍊丹術)이나 초청재(醮靑齋)의 요사스럽게 속이는 술법과는 다릅니다"[50]라고 하여, 노자와 후세의 도가를 구별함으로써, 노자를 이단의 하나가 아니라 유교의 한 계열로 받아들이

48 『石泉遺稿』(申綽) 권2, 2, 「老子旨略序」, "若虛而無誕任之失, 實而無慘劃之過, 緣督爲經, 游德之宅, 可以無爲無不爲, 而措神器於安泰, 倫天地之化育矣."

49 『石泉遺稿』 권2, 1, 「老子旨略序」, "老君生于周末, 見周道之弊於文. 救文無如以質. 故其所尊者, 虛靜寬簡樸信也, 所薄者, 聖知禮義巧利也. … 夫體無而禦有, 因樸而止名, 貴愛其身, 而常善救人, 宏紆大辯, 而守之以訥, 老氏之術, 有如是者."

50 『論語古今注』(『與猶堂全書』 제2집, 권16, 40), 「(附見)論語對策」, "學習之不分道原者, 臣以爲夫子之前, 天下一家, 斯文一統, 老子之學, 亦於吾道之中, 以慈儉退隱爲主而已, 非如今之所謂道家鍊丹醮靑·妖邪罔誕之術."

는 입장을 밝히고 있는 것이다.

19세기의 석실[石室書院] 학맥 도학자인 김조순(楓皐 金祖淳, 1765-1832)은 노자의 가르침은 유교와 다르다는 것을 전제로 밝히면서도, 노자의 인물을 '옛날에 신성하며 도를 지녔다고 일컬어지던 자[古所稱神聖有道者]' 라고 높이 평가하였다. 여기서 그는 노자의 주장을 깊고 담박하며 치달리지 않는 '청정(淸靜)' 으로 확인하면서, 『노자』에서 '청정' 의 가르침이 사람을 격동시키지 못하자 후세 사람들이 "뒤집고 엎으며[反覆], 열거나 닫아 버리며[闔捭], 날카롭고 교활한[銛黠] 말들을 노자의 책에 혼합하여 자신의 스승의 학술이 진실로 그렇다 하니, 그 속셈을 멋대로 부린 것이요, 노자의 진실함을 손상시키고 어지럽힌 것이다. 노자의 '청정' 과 '과욕' 은 그 '도' 가 천하를 구제할 수 있다"[51]고 하였다. 이처럼 그는 『노자』에서 취할 만한 것이 열에 한둘이라 하였으니, 열에 여덟아홉은 뒷사람이 『노자』 속에 집어넣어 뒤섞어놓은 것이라 보는 것이요, 노자의 핵심사상으로 '청정' 과 '과욕' 은 천하를 구제할 수 있는 '도' 임을 적극적으로 인정하는 입장을 보여 준다. 같은 석실 학맥의 도학자인 홍석주(淵泉 洪奭周, 1774-1842)는 『노자』를 주석하면서 『노자』에 드러나는 극히 일부의 잘못된 견해를 바로잡고 동시에 대부분의 『노자』에 대한 후세의 잘못된 해석을 바로잡는다는 입장에서 『노자』를 주석한 『정로(訂老)』를 저술하였다. 이처럼 도학자들도 『노자』에 대한 비판적 견해를 지니면서도 기본적으로는 긍정적 이해의 입장을 밝혔던 사실을 확인할 수 있다.

19세기 중반의 실학자인 최한기(惠崗 崔漢綺, 1803-1877)는 기학(氣學)을 표방한 만큼 노자의 '무(無)' 나 불교의 '공(空)' 에 대해 거부하는 입장을 밝혔다. 그는 "노자의 '무' 와 불교의 '공' 은 형질이 없고 막힘이 없는 것만 보고, 우주에

51 『楓皐集』(金祖淳) 권16, 9-10, 「讀老子」, "知老氏之玄湛不鶩, 不足以動人也, 則於是乎相與攟摭, 一切反覆·闔捭·銛黠之辭, 以混合於老氏之書, 以爲吾師之術固然, 以恣肆其胸臆, 而老氏之眞, 喪且亂矣. … 老氏淸靜寡欲, 其道有可以濟天下."

가득 차서 만물을 재량하는 것을 보지 못하였기 때문이다"[52]라 하여, 우주에 충만한 '기'를 내세워 '무'나 '공'을 거부하였으며, "노자의 무리는 분별이 있기만 하면 곧 '도'가 아니라 하고, 선학의 무리는 생각으로 얻은 것은 허망한 견해라 하여, '함이 없으면서 함이 있다'라 하고, '본래 한 물건도 없다'고 하니, 그 '도'란 무엇을 얻었다 하며, 무엇을 보았다 하겠는가"[53]라고 하여, 노자가 분별을 거부하고 선학에서 생각을 부정하는 것을 전면적으로 비판하였다. 최한기의 노자나 불교에 대한 비판은 도학자들이 이단으로 배척하는 태도가 아니라, 물질적 존재를 근거로 하는 자신의 '기학'의 입장에서 어떤 관념적 지식체계도 거부하는 입장을 보여 주고 있는 것이라 할 수 있다.

전체적으로 개괄해 보면, 조선시대 유학자들은 도학의 정통적 명분에 따라 『노자』를 이단으로 배척하고 『노자』를 읽는 것조차 거부하는 입장을 표방하지만, 실제로 많은 유학자들이 『노자』를 즐겨 읽었고, 또 긍정적 이해의 입장을 광범하게 지녀 왔던 사실을 보여 준다. 특히 도학자로서 율곡이 가장 먼저 개방적 입장에서 『노자』를 주석한 『순언』을 남긴 이후로, 조선 후기에 실학자로서 박세당이 『신주도덕경』을 저술하고, 이어서 북학파 실학자의 선두에 자리잡은 서명응이 『도덕지귀』를 저술하였으며, 특히 강화학파의 이충익이 『담로(談老)』를 저술하고 신작이 『노자지략』을 저술하였으며, 19세기 도학자 가운데 비교적 개방적 입장을 지녔던 홍석주가 『정로』를 저술하였다.

이러한 『노자』의 주석서들은 『노자』를 비판하는 데 초점을 맞춘 것은 없고, 대체로 노자를 유교적 입장에서 긍정적으로 해석하거나 『노자』의 의미를 적극적으로 이끌어내는 것이 공통적 현상이다. 또한 유학자들 사이에 『노자』 이

52 『推測錄』 권2, 17, 「老氏無佛氏空」, "老氏之無, 佛氏之空, 蓋見無形質·無窒礙, 未見其克塞宇宙·裁和萬物, 良有以也."

53 『推測錄』 권5, 35, 「老佛學推測」, "老氏之徒, 纔有分別, 便不是道, 禪學之類, 意思所得, 以爲妄見, 則無爲而有爲也, 本來無一物, 卽其道也, 云何有得, 云何有見."

해의 긍정적 태도는 조선 후기로 갈수록 확장되고 있으며, 그만큼 유교 정통의 폐쇄적 보수성에 따른 폐단을 벗어나고 포용성을 넓히는 과정에서 무엇보다 『노자』가 유교사상과 가장 가깝게 접근하는 대상으로 받아들여졌던 사실을 확인할 수 있다.

Ⅱ. 『순언』과 율곡의 『노자』 이해

1. 율곡의 『노자』 이해

율곡(栗谷 李珥, 1536-1584)은 조선 중기를 대표하는 성리학자의 한 사람으로서 도학-주자학의 정통성에 대한 확고한 신념을 지녔던 인물이다. 그러나 그가 『노자』를 주석하여 『순언(醇言)』을 저술하였다는 사실은 매우 복합적인 의미를 지닌다. 『순언』은 현재 알려진 조선시대 유학자의 『노자』 주석서 가운데 최초의 저술로 알려져 있다.

먼저 율곡이 『노자』를 주석한 것은 도학의 정통성이 정립된 16세기 조선사회의 도학자가 『노자』를 이해하는 태도가 어떠한 성격을 드러낼 수 있는지 확인할 수 있다는 점에서 중요한 의미가 있다. 도학 정통성에서 벗어나는 지식체계나 신념을 이단으로 엄격하게 배척하는 상황에서, 『노자』를 이단으로 배척하지 않고 유교이념과 긴밀한 연관성을 지닌 것으로 받아들였던 사실은 도학이 단순한 정통주의에 폐쇄되어 있었던 것이 아니라, 유교이념의 보편적 합리성의 원칙 아래 『노자』라는 이질적 사상전통에 대해서도 포용적 태도의 가능성을 보여 주고 있음을 말한다.

『순언』은 1611년 율곡의 『문집』이 처음 간행되고 그 후 『속집』·『외집』·『별집』이 차례로 간행되었으나, 어디에도 수록되지 않았다. 『율곡집』을 편찬하던 율곡의 후학들에 의해서도 『율곡집』에 수록하기를 허용할 수 없을 만큼 파격적 저술로 받아들여졌던 것이다. 사실상 율곡의 학맥에서도 『순언』에 관해 아무도 논의하지 않아 거의 외면당한 형편이었다.[1] 이런 분위기에도 불구하고 도학자로서 율곡이 『순언』을 저술하였던 것은 율곡의 독자적인 『노자』 이해의 입장을 보여 주는 것으로 주목된다.

또한 『순언』을 통해 율곡이 구체적으로 『노자』의 중심개념을 어떻게 해석하고 있는지 유의할 필요가 있다. 그가 이단배척의 정통론적 입장에서 『노자』를 비판하였던 것이 아니라, 『노자』의 중심개념을 유교이념과 상응하는 것으로 해석함으로써, 『노자』 해석의 독특한 시야를 열어 주고 있으며, 동시에 유교적 사유구조로 『노자』를 구성하여 재해석하고 있다는 점은 그 의도가 무엇인지 해명되어야 할 과제이다. 율곡이 『순언』을 저술할 당시, 친우였던 송익필(龜峯 宋翼弼)은 "노자의 본래 취지가 아니요, 구차하게 일치시키는 혐의가 있다"고 하여 저술을 만류하였다고 한다.[2] 그렇다면 율곡은 "구차하게 일치시키는 혐의가 있다"는 친우의 비판적 지적에도 불구하고 왜 『순언』을 저술했던 것인지 설명이 되어야 한다. 이렇게 『노자』를 유교사상과 상응시켜 해석하는 것이 과연 『노자』의 본래 취지와 어떤 점에서 어긋나는 것인지, 그렇지 않다면 유교사상과 상응시켜 해석함으로써 『노자』에 대한 해석에서 어떤 중요한 관점을 드러내 주는 것인지 음미될 필요도 있다.

율곡이 『순언』을 저술한 것은 『노자』를 유교의 사유체계로 끌어들여 『노자』를 이단에서 해방시켜 정당화하려고 의도한 것이라 보기는 어렵다. 그렇다고

---

1 『醇言』이 세상에 알려지게 된 것은 淡窩 洪啓禧(1703-1771)에 의해서 비롯된 것으로 보인다. 홍계희는 1750년(영조 26) 『醇言』의 끝에 붙인 「跋」에서, 그가 충청도 관찰사로 連山(충남 논산군 연산면)을 지나다가 愼獨齋 金集의 후손에게서 金集이 필사한 『순언』을 우연히 구해 보고 소멸될까 염려하여 몇권을 활자로 인쇄하였다고 한다. 『醇言』에 관한 연구논문으로 다음의 몇가지를 들 수 있다.

* 김길환, 「율곡의 老子觀」, 『한국학보』 5집(1976 겨울, 일지사).
* 송항룡, 「율곡 이이의 노자연구와 도가철학」, 『한국도가철학사』(성대 대동문화연구원, 1987).
* 김낙필, 「율곡 이이의 『순언』에 나타난 儒·道 교섭」, 『원불교사상』 20집(원불교사상연구원, 1996).
* 김학목, 「『순언』에 나타난 율곡 이이의 사상」, 『동서철학연구』 23집(한국동서철학회, 2002).
* 김학목, 「『순언』에 나타난 율곡의 경세사상—『新註道德經』 및 『訂老』와 비교하면서」, 『민족문화』 25집(민족문화추진회, 2002).

2 『순언』, 「跋」(洪啓禧), "龜峯宋先生止之曰, 非老子之本旨, 有苟同之嫌."

『순언』을 통해 『노자』를 억지로 유교사상에 일치시켜 왜곡해 놓았다고 하기도 곤란하다고 생각한다. 그렇게 해야 할 필요성이 절실하지 않기 때문이다. 오히려 율곡은 열린 마음으로 『노자』를 읽음으로써, 『노자』에서 유교사상과 소통할 수 있는 길을 발견하였기 때문에 『노자』에 깊은 관심을 가졌던 것으로 보인다. 따라서 그는 『노자』의 중심개념이나 언급들 가운데 유교사상과 충돌되는 부분은 제외하고 유교사상의 체계 안에서 『노자』와 대화하였던 것이라 할 수 있다. 바로 여기서 율곡의 학문 자세는 정통주의에 폐쇄되어 이질적 사유체계에 대해 획일적 비판으로 일관하는 것이 아니라, 거부할 부분과 수용할 부분을 양면으로 볼 수 있는 사유의 폭을 드러내 주는 것이라 하겠다. 따라서 『순언』에서는 유교사상의 빛으로 조명된 『노자』의 새로운 모습을 발견할 수 있을 것으로 기대한다.

2.『노자』 이해의 입장과『순언』의 편성구조

1) 이단에 대한 인식과『노자』 이해의 입장

(1) 이단에 대한 인식

율곡은 당시 도학자의 공통된 태도로서 이단배척론을 엄격하게 주장했던 인물이다. 그는 선비의 기개[士氣]를 진작하기 위한 방법으로 "이단의 교설과 세상을 미혹시키는 술법에 이르러서는 일체 금지하여 끊어야 한다"[3]고 하여, 이단의 금지를 요구하였다. 또한 그는 불교를 이교(異教) 내지 사교(邪教)로 규정하여, "양종(教宗·禪宗)과 선과(禪科)는 나라를 다스리고 천하를 균평하게 하는 데는 정치에 결함이 되며, 임금의 성스럽고 밝음에는 덕에 허물이 된다"[4]고 언급함으로써, 불교를 이단으로 규정하고 정치와 군왕의 덕에 해독이 되는 것으로 배척할 것을 요구하였다. 나아가 그는 독서에서는 "성인의 글이 아니면 읽지 말아야 한다"[5]고 경계할 만큼 이단에 대해 엄격한 배척태도를 밝히고 있다.

그러나 율곡 자신이 19세 때 금강산에 입산하여 불법(佛法)을 닦았던 일이 있었으며, 금강산에서 승려와 문답하면서, "마음이 곧 부처이다[心卽佛]"라는

---

3 『율곡전서』 권3, 13, 「諫院陳時事疏丙寅」, "至於異端之敎, 惑世之術, 一切禁斷, 始于京邑, 達于四方, 則豪傑之士, 必有甚焉者, 而凡民亦有作興者矣."

4 『율곡전서』 권8, 3-4, 「請革兩宗禪科啓」, "兩宗禪科, 爲治平疵政, 聖明累德."

5 『율곡전서』 권15, 35, 「學校模範」, "非聖之書勿讀."

불교의 교설에 대해, "맹자가 성품이 선함을 말하면서 말할 때마다 반드시 요·순을 일컫는 것이 마음이 곧 부처라는 것과 무엇이 다르겠는가"라 하고, "색도 아니요, 공도 아니다[非色非空]"라는 불교의 교설에 대해 『시경』(「大雅·文王之什·旱麓」)의 구절을 끌어들여 "'솔개가 하늘을 날고 물고기가 못에서 뛴다'고 하였으니, 이것은 색인가 공인가"라고 반문하여 유교와 불교의 교설이 근원에서 소통할 수 있음을 지적하고 있다.[6]

나아가 그는 "기(氣)에는 홀로 양(陽)만 있고 음(陰)이 없을 수 없으며, 학문에는 홀로 정(正)만 있고 사(邪)가 없을 수 없으니, 이치와 형세가 그러한 것이다"[7]라고 하여, 현실에서는 음·양이나 선·악이 언제나 병행하듯이 정학(正學)과 사학(邪學) 내지 정통과 이단도 병존할 수밖에 없다는 것을 받아들이는 입장을 보여 준다. 그만큼 그는 이단의 문제를 외면하거나 무시하지 않고 정면으로 대응하는 태도를 보여 주는 것이요, 다만 정통을 밝혀 이단을 억제하는 것이 실현해야 할 과제로 인식했던 것이라 할 수 있다.

율곡은 이단의 양상을 역사적으로 검토하여, ① 상고(上古)시대에도 사흉(四凶) 등의 이단이 세상을 어지럽혔으나 성왕이 물리쳤고, 주(周)나라 말기에 노자(老子)·장자(莊子)와 양주(楊朱)·묵적(墨翟)의 이단이 일어나자 맹자가 배척하여 그 사특함을 드러내었지만 그치게 하지는 못하였음을 지적하였다. ② 중고(中古)시대인 한(漢)나라 이후의 이단으로서 불교와 선학은 이욕(利欲)을 떨쳐 벗어나 사특하면서도 바른 것 같으니 현명한 자도 미혹되기 시작하였다고 지적한다. 이에 정자와 주자가 일어나서 불교와 선학의 이단을 꺾고 깨끗이 쓸

---

6 『율곡전서』 권1, 21, 「楓嶽贈小菴老僧」, "孟子道性善, 言必稱堯舜, 何異於卽心卽佛, … 鳶飛戾天, 魚躍于淵, 此則色耶, 空耶." 이때 그는 승려의 요구로, "물고기 뛰고 솔개 날아도 상하가 같은 이치라 / 이것은 색도 아니요 공도 아니로다 / 무심하게 한번 웃고 신세를 돌아보니 / 석양의 숲속에 홀로 서 있네[魚躍鳶飛上下同, 這般非色亦非空, 等閒一笑看身世, 獨立斜陽萬木中]" 七言絕句 시 한 편을 지어 주었다.

7 『율곡전서』 권13, 32, 「學蔀通辨跋」, "氣不能獨陽而無陰, 學不能獨正而無邪, 理勢然也."

어내니 선학과 불교가 쇠퇴하였다고 언급하였다. ③ 근고(近古)시대로 정자·주자가 죽은 뒤에 겉으로 유학을 하면서 속으로 선학을 하는 자가 꺼진 불씨에서 다시 불길을 살려내어 세상에 성행하고 있음을 주목하였다. 이것은 육상산과 왕양명의 학풍을 가리켜 말한 것이다.

율곡은 이처럼 어느 시대에나 이단이 새롭게 등장하는 역사적 사실을 돌아보면서, "심하구나. 이단을 소멸시키기 어려움이 이와 같구나"[8]라고 탄식하고 있다. 그만큼 정통의 확립은 이단을 어떻게 통제하고 관리해야 할 것인가의 문제를 외면할 수 없는 과제로 안고 있음을 말해 준다. 따라서 그는 "이단의 말이란 어찌 반드시 불교와 노자와 선학과 육학(陸學)만이 그러한 것이겠는가. 세상에서 선왕의 도를 그르다 하고 자기 욕심을 따르는 것은 이단이 아님이 없다. 만약 통속적 관습을 옳게 여겨 부지런히 이욕을 추구하면서 육상산의 학문을 비난하고 비웃는다면, 사흉을 숭상하면서 양주 · 묵적을 꾸짖는 것과 무엇이 다르겠는가"[9]라고 하여, 선왕의 도에 상반하여 이기적 욕심을 따르는 것을 이단의 조건으로 규정하였다. 여기서 그는 이기적 욕심의 추구를 이단의 조건으로 분명하게 제시함으로써, 당시 이단으로 지적된 교설 가운데서도 선왕의 도에 상반하지 않고 이기적 욕심을 벗어난 측면을 찾을 수 있는 길을 열어 주고 있으며, 이와 반대로 정통으로서 도학을 내세우는 입장 가운데도 선왕의 도를 소홀히 하고 이기적 욕심에 매몰된 사실도 가능함을 주의하여 살펴야 할 것으로 확인하고 있다. 곧 율곡은 '이단'을 유교정통과 다른 사상체계에 대한 명칭으로 보는 '교파적 이단'의 관점과 달리, 정통의 가치기준에 따라 판단하는 '가치관에 따른 이단'을 제시한 것이다.

---

8 같은 곳, "甚矣, 異端之難息有如是夫."

9 『율곡전서』 권13, 33-34, 「學蔀通辨跋」, "異端之言, 豈必佛老禪陸爲然乎. 世之非先王之道, 循一己之欲者, 莫非異端也. 若以俗習爲是, 孜孜求利, 而非笑陸學, 則何異於尊尙四凶, 而譏刺楊墨乎."

(2) 『노자』 이해의 입장

율곡은 노자와 불교를 이단으로 인정하였지만 『노자』에 대해 독특한 평가를 하고 있는 점에서 매우 흥미롭다. 그는 『성학집요(聖學輯要)』에서 이단의 해독을 논하면서, 노자에 관해서는 "노자를 배우는 자는 유학을 배척하고 유학도 노자를 배척한다. 도가 같지 않으니 서로 상의할 수 없다[學老子者, 則絀儒學, 儒學亦絀老子. 道不同, 不相爲謀]"는 『사기(史記)』의 언급을 들어, 노자의 학과 유학이 서로 대립되고 있는 사실을 확인한다.

또한 그는 『노자』의 내용을 네 가지로 구분하고 있는 진덕수(眞德秀)의 말을 인용하였다. 곧 ① 무위(無爲)와 무욕(無欲)은 이치에 가까운 말이라 군자도 취한다. ② 양생(養生)의 말은 방사(方士)들이 숭상하며, 여기에서 신선(神仙)과 방약(方藥)이 나온다. ③ 빼앗으려면 반드시 먼저 준다는 것은, 몰래 계략을 꾸미는 말로서 병가(兵家)가 숭상하며, 신불해(申不害) · 상앙(商鞅) · 한비(韓非)가 이에 근거한다. ④ 사물을 조잡한 자취로 삼고 공허(空虛)를 오묘한 작용으로 삼는 것은 청담가(淸談家)가 본받으며, 그 재앙은 왕필(王弼)과 하안(何晏)에 이르러 극심하였다고 구분한다.

여기서 율곡이 "그 이치에 가까운 것으로 말하면 진실로 취할 바가 있으나, 모두 우리 성인이 소유한 것이요, 그 아래는 한쪽으로 치우치고 한쪽으로 왜곡된 학문은 그 폐단을 이루 말할 수 없다. 모두 임금을 미혹하여 어지럽히고 백성을 해친다. 비록 노자 · 장자의 학문이 처음에는 이에 이르지 않았겠지만, 근본에서 털끝만큼의 어긋남에 따라 그 유폐는 반드시 심하다. 이로써 말한다면 어찌 요·순·주공·공자의 도에 말미암아 폐단이 없는 것만 하겠는가"[10]라고 한 진덕수의 말을 인용하고 있는 것은 『노자』에서 취할 만한 부분과 취할

---

10 『율곡전서』 권20, 63, 「聖學輯要: 窮理章·辨異端之害」, "自其近理者言之, 固在所可取, 然皆吾聖人之所有也, 下乎此, 則一偏一曲之學, 其弊有不勝言者, … 皆以惑亂世主, 斲喪生民. 雖老莊之學, 初未至此, 然本原一差, 其流必有甚焉. 以是言之, 曷若由堯舜周孔之道爲無弊哉."

수 없는 폐단의 부분을 엄격히 구분하는 태도를 받아들이고 있는 것이라 하겠다. 그 자신이 『노자』를 정밀하게 읽고 독자적인 체제로 재편하여 주석할 수 있었던 근거는 바로 『노자』에서 이치에 가까운 말이라 취할 만한 부분이 있음을 전제로 하고 있다는 인식에 따른 것이다.

율곡은 『순언』의 끝에 붙인 결론적 언급에서, "무릇 이 책(『노자』)은 '무위(無爲)'를 종지로 삼으며, 그 활용은 '무불위(無不爲)'이니, 또한 허무에 빠진 것은 아니다. 단지 이 말은 현묘함이 많으며, 걸핏하면 성인을 칭하며, '상달처(上達處)'를 논한 것이 많고 '하학처(下學處)'를 논함이 적어, 마땅히 근기가 높은 선비가 접할 것이요, 중등 이하의 인물은 착수하기 어렵다"[11]고 하여, 『노자』의 종지를 아무런 행함이 없다는 '무위'로 제시하면서도, '무위'를 본체로 하여 그 활용에서는 행하지 않음이 없다는 '무불위'를 설정함으로써, 『노자』의 '무위'가 허무에 빠진 것이 아님을 적극적으로 해명하고 있다. 또한 『노자』의 언설이 초월적이고 현묘한 도리의 '상달처'를 주로 논하고 비근한 현실에서 익히는 '하학처'를 논함이 적어서 보통 사람이 착수하기는 어렵지만 식견이 높은 선비들이 접할 수 있는 것이라 하여, 『노자』가 형이상학적 높은 차원의 도리를 논의하는 데 치중된 것으로 인정하고 있음을 보여 준다.

여기서 그는 『노자』의 교설을 구체적으로 평가하여, "다만 자신을 극복하고 인욕을 막음이나, 고요하고 신중함으로 자신을 지킴이나, 겸허함으로 자신을 기르는 것이나, 자애롭고 간략함으로 백성을 다스리는 의리는 모두 친절하고 맛이 있어서 배우는 자에게 유익하니, 성인의 글이 아니라 하여 살펴보지 않아서는 안 된다"[12]고 언급하였다. 이처럼 그는 『노자』의 교설이 수양과 치도에

11 『순언』, "大抵此書, 以無爲爲宗, 而其用無不爲, 則亦非溺於虛無也. 只是言多超詣, 動稱聖人, 論上達處多, 論下學處少, 宜接上根之士, 而中人以下, 則難於下手矣."

12 『순언』, "但其言克己窒慾·靜重自守·謙虛自牧·慈簡臨民之義, 皆親切有味, 有益於學者, 不可以爲非聖人之書, 而莫之省也."

친절하고 유익한 점이 있음을 적극적으로 강조하고, 성인의 글이 아니지만 읽어야 할 중요한 글임을 역설하고 있다. 이렇듯 율곡의 『노자』에 대한 관점은 그 가르침에 유익한 점이 있음을 인정하고 이를 수용하려는 열린 자세를 보여 준다.

2) 편성구조와 체계

율곡이 『노자』를 주석한 『순언』은 우선 그 편성체계에서 매우 특징적인 독자성을 보여 준다. 『순언』의 편성체계가 지닌 특성으로는 첫째, 『노자』를 본문에 따라 주석한 것이 아니라 『노자』에 대한 독자적 이해체계에 따라 본문을 철저히 재구성했다는 점을 들 수 있고, 둘째, 자신의 관심에 따라 『노자』의 본문에서 필요한 장절을 자유롭게 선택했다는 점을 들 수 있다. 『순언』에서 나타나는 『노자』 본문의 재구성은 율곡이 『노자』를 이해하는 시각을 보여 주는 것이요, 『노자』 본문의 취사선택은 율곡이 『노자』를 읽는 관심의 내용을 드러내고 있는 것이다.

율곡은 『노자』 본문의 5천여 자에서 2,098자를 선택하여 40장으로 나누고 또 구(句)를 나누어 장구(章句)체제로 『순언』을 편찬하였다. 『노자』의 본문을 취한 것은 구에 따라 구결(口訣: 懸吐)을 붙이고 주석을 달았다. 따라서 『순언』의 본문 첫머리에는 제목 아래에 율곡이 초록하여 해석하고 구결을 붙인 사실[栗谷先生鈔解口訣]을 밝히고 있다. 『순언』은 『노자』의 본문에서 2/5를 선택하고 3/5을 제외시킨 것이다. 이러한 선택의 원칙은 이치에 가까워 취할 만한 것은 선택하고, 이치에 어긋남이 있어서 버려야 할 것은 제외시킨 것이라 볼 수 있다. 이렇게 『노자』의 본문 전체를 주석한 것이 아니라 취할 것과 버릴 것을 가려서 골랐다는 사실에 대해 홍계희는 "한유(韓愈)는 순자(荀子)가 크게 순수하지만 조금 허물이 있다고 여겨, 그 합당하지 않은 것을 제거하고 성인의 전적에 붙여서 '또한 공자의 뜻이로다' 라고 말하였다. … 경전에 상반되고 이치에 어긋나는 것은 다섯 가운데 셋이요, 그 취한 것은 참으로 해롭지 않으니 '순수하다[醇]' 고 하였다"[13]라고 언급하며, 율곡이 『노자』의 본문에서 순수한 것을 취하여 『순언』이라 제목을 붙인 뜻을 해명하였다. 율곡이 『순자』에서 유교의 성인에 합치하는 순수함과 『노자』에서 성인의 말씀에 합치하는 순수함을 같은 수준으로 보고 있다고 판단하기는 어려운 일이지만, 『노자』에서 성인의 말씀에 어긋나지 않은 순수함을 찾으려고 했던 것이 『순언』을 편찬한 의도라 볼 수는 있을 것이다.

『순언』의 40장 체제는 『노자』를 도경(道經)과 덕경(德經)의 2편으로 나눈 체제나 81장으로 나눈 하상공본(河上公本)의 체제를 전면적으로 재편한 것이다.[14] 율곡은 『순언』 40장의 구성체계를 두 곳에서 제시했는데, 하나는 책 끝에 〈전체의 편차(篇次)〉를 설명한 것이고, 다른 하나는 각 장의 끝에 〈각 장의 요지[章旨]〉를 설명한 것이다. 『순언』 40장의 이 두 가지 편찬체계에 대한 설명을 비교하여 도표화하면 다음과 같다.

章	전체의 편차	각 장의 요지
01	道體	言天道造化發生人物之義.
02	〃	言道德有無對之尊.
03	〃	言道之本體無爲而妙用無不爲. ＊是一篇之大旨.
04	心體	此章以後 始言行道之功, 而以虛心爲先務.

13 『순언』, 「跋」(홍계희), "昔韓愈以荀氏爲大醇而少疵, 欲削其不合者, 附於聖人之籍曰, 亦孔子之志歟, 先生編書命名之意, 或取於此耶. … 盖去其反經悖理者, 五之三尒, 其取者誠不害乎謂之醇也."

14 『史記』「老子韓非列傳」에서는 老子가 "上下篇을 著書하여 道德의 뜻 5천여 언을 말하였다[著書上下篇, 言道德之意五千餘言]"고 하여, 상하 2편으로 이루어져 있음을 밝혔으며, 『노자』의 초기 필사본인 郭店楚簡本이나 帛書本은 모두 「德經」(38-81장) 부분이 「道經」(1-37장) 부분의 앞에 놓여 후기 판본과는 상·하편이 뒤바뀌어 있다.

05	摠論-治己治人之始終	始之以初學遏人欲之功, 終之以參贊天地之盛.
		＊自此以後, 諸章所論皆不出此章之義.
06	損·嗇-治己治人之要旨	承上章以起下章之義.
07	〃	言入道成德, 以嗇爲功, 是損之之謂.
08	推廣其義	＊8-12: 申言7章之意.
09	〃	＊8-12: 言守道克己, 不自矜伐, 常知止足之義.
10	〃	＊8-12: 皆推演嗇字之義.
11	〃	
12	〃	
13	因嗇字-演出三寶之說	言三寶爲修己長物之要道.
		＊14-19: 推廣13章三寶之義, 盖因嗇字之義而伸長之.
14	申言其義	因上章戰勝之說, 而推明慈柔勝剛暴之義.
15	〃	言儉之義.
16	〃	言不敢先之義.
17	〃	〃
18	〃	極言慈柔謙下之德, 可以配天.
19	〃	推明謙虛之德, 合乎道體之本然.
20	輕躁之失	言君子主乎靜重, 而不動於外物, 亦嗇之義.
21	淸靜之正	因上章躁靜之義, 而言淸靜之正, 恐人之偏於靜.
22	推言用功之要	言淸靜自修之功, 而因言其效. ＊23-24: 推說其效.
23	申言其全天之效	申言全德之效.
24	〃	〃 ＊7章所謂嗇以事天者, 其義止此.
25	體道之效	以聖人體道之大爲修己之極, 而起下章治人之說.
26	治人之道, 及其功效	始言治人之道,而推本於修身.
27	〃	＊27-32: 申26章之義.
28	〃	言聖人有善行善言善計, 故能化不善之人.
29	〃	〃
30	〃	言以無事爲天下也.
31	〃	言無爲之化也.
32	〃	申上章無爲之義, 而結之, 夫以無爲治人.

33	〃	兵亦有國之勢不能去者, 故言用兵之道.
34	〃	〃
35	〃	言王道之效, 至於人神各得其所. ＊7章所謂嗇以治人者, 其義止此.
36	愼始慮終	言愼始善終之意, 以盡修己治人之道.
37	天道	言天道福善禍淫之理, 以爲戒. ＊下章同此.
38	〃	與上章皆言天道, 而天道虧盈益兼而已.
39	歎人之莫能行道以終之	敎人之莫知, 而悼道之難行. ＊終篇惓惓爲人之意.
40	〃	言人之不能知不能行者, 由不知率性之道, 而妄求捷徑故.

〈전체의 편차〉와 〈각 장의 요지〉는 구성체계에 대한 설명에 약간의 차이를 보여 준다. 먼저 〈전체의 편차〉를 보면 크게 여섯 부분으로 구분해 볼 수 있다. 곧 ① 제1-3장은 '도체(道體)', ② 제4장은 '심체(心體)', ③ 제5-35장은 '수기치인(修己·治人)[제5-12장: 수기·치인/ 제13-24장: 수기/ 제25-35장: 치인], ④ 제36장은 수기·치인의 결론적 과제로서 '시종(始終)', ⑤ 제37-38장은 '천도(天道)', ⑥ 제39-40장은 '행도(行道)'의 여섯 단계로 나누어 볼 수 있다. 여기서는 첫머리(제1-4장)에서 전체의 통설로서 '도체'와 '심체'를 들고 끝(제37-40장)에서 전체의 총결(總結)로서 '천도'와 '행도'를 들었지만, 중심의 대부분(제5-36장)은 '수기·치인'의 과제로 제시되고 있음을 보여 준다. 그만큼 『순언』의 전체적 구조를 『대학』의 '수기·치인[明明德親民]' 구조로 편찬하고 있음을 의미한다.

이에 비해 〈각 장의 요지〉에서는 좀 더 구체적이고 복합적인 구성체계를 보여 주고 있다. ① 제1장은 '천도'의 조화(造化), 제2장은 '도'와 '덕'의 존귀함, 제3장은 '도'의 체용, 제4장은 '행도(行道)'의 공부를 말한 것으로 제시하면서, 특히 제3장 '도'의 체용으로서 '함이 없음과 하지 않음이 없음[無爲而無不爲]'을 전체의 근본취지[大旨]로 확인하고 있다. ② 제5장은 '시종(始: 初學遏人欲之

功, 終: 參贊天地之盛)'으로, 다음에 오는 전부가 제5장의 뜻을 벗어나지 않는 것이라 하고, 제6장은 제5장을 이어 다음의 제7장으로 연결시켜 주는 것이라 제시한다. ③ 제7장은 '도에 들어가 덕을 이룸[入道成德]'을 말하며, '수렴함[嗇]'을 공부로 삼고 그 방법을 '덜어내는 것[損之]'이라 하였다. ④ 제8-12장은 제7장의 뜻을 펼친 것이며, '도를 지키고 극기하는 것[守道克己]'으로 '수렴함'의 뜻을 미루어간 것이라 한다. 제13장은 수기(修己)의 핵심적 방법으로 '삼보(三寶: 慈 · 儉 · 不敢先)'를 제시하고, 제14-19장은 제13장의 뜻을 확장시킨 것이라 한다. 제20장은 고요함과 신중함[靜重]을 말하고, 제21장은 맑음과 고요함[淸靜]을 말하고, 제22장은 청정자수(淸靜自修)의 공부와 효용[功效]을 말한 것이요, 제23-24장은 덕을 온전하게 하는 효용을 펼쳐 말한 것이라 한다. 여기서 제8-24장은 모두 '수렴함[嗇]'으로 '사천(事天)'함을 말한 것이라 제시한다. ⑤ 제25장은 '도'의 성대함과 '수기'의 극치를 체득하여 다음 장의 '치인'에 관한 교설을 일으키는 것이라 한다. 제26장은 '치인'의 도를 말하면서 '수신'에 근본함을 미루어간 것이다. 제27-32장은 제26장의 의미를 펼친 것으로서, 무위(無爲)로 '치인'함을 드러낸 것이요, 제33-34장은 나라를 다스리는 데 없을 수 없는 '용병(用兵)'의 도를 말한 것이며, 제35장은 왕도(王道)의 효용을 말한 것이다. 제26-35장은 모두 '수렴함'으로 '치인'함을 말한 것이라 제시된다. ⑥ 제36장은 '시종[愼始善終]'을 말한 것으로 '수기 · 치인'의 도를 극진하게 한 것이라 한다. ⑦ 제37-38장은 '천도'를 말한 것이라 한다. ⑧ 제39-40장은 '도'를 행하기 어려움을 말한 것이라 한다.

〈각 장의 요지〉에서 〈전체의 편차〉보다 구체적으로 해명하면서 새롭게 제기되고 있는 것으로는, 우선 제3장에서 말한 '무위'와 '무불위'를 도(道)의 체 · 용(體 · 用)으로 보면서 전체의 근본취지로 확인하고 있다는 점이다. 또한 제5장과 제36장을 '시종'으로 제시하며, '시종'을 '알인욕(遏人欲)과 참찬천지(參贊天地)' 내지 '수기와 치인'의 구조로 그 사이의 여러 장을 포괄하고 있음을 보여 주고, 제7장의 '색(嗇)'으로 실천하는 '사천(事天)'(제8-24장)과 '치인'(제26-32장)의 구성체계를 보여 주고 있는 것은 '알인욕'과 '사천'을 '수신(修身 · 修己)'의 과제로 파악하여 '치인'과 대비시키고 있는 것으로 『대학』의 체계와 『중용』 및 『맹자』의 개념을 결합시켜 『노자』를 파악하고 있는 점이라 할 수 있다.

『순언』 40장의 분장체계를 『노자』 하상공본 81장의 분장체계와 비교하여 도표화하면 다음과 같다(① · ② 등의 번호는 『순언』에서 제시된 구(句)를 가리킴. # 표는 『노자』 81장의 각 장 가운데 부분만 채택한 장을 가리킴).

[01] ① 42#/ ②-③ 5#/ ④ 42#	[02] ① 51#
[03] ① 37#	[04] ①-④ 11
[05] ①-④ 12/ ⑤-⑨ 10#	[06] ① 48#
[07] ①-③ 59#	[08] ① 22#/ ②24/ ③-④22#/ ⑤ 24
[09] ①-⑥ 33	[10] ①-④ 44
[11] ①-③ 47	[12] ①-③ 46
[13] ①-⑥ 67#	[14] ①-③ 76/ ④-⑥ 78
[15] ①-② 9	[16] ① 39#
[17] ① 8#/ ② 66#	[18] ①-⑤ 68
[19] ①-③ 41#/ ④-⑥ 45/ ⑦ 45 · 81#/ ⑧ 41#	[20] ①-③ 26/ ④ 23#
[21] ① 45	[22] ①-④ 56
[23] ①-② 55#	[24] ①50 #
[25] ①-② 34#/ ③ 63#	[26] ①-② 54#
[27] ①-② 81#	[28] ①-③ 27#
[29] ①-② 49#	[30] ①-③ 29
[31] ①-③ 57/ ④-⑥ 58#	[32] ① 43#
[33] ①-④ 30	[34] ①-④ 31#
[35] ① 60#	[36] ① 64#/ ②-④ 63#/⑤ 64#

[37] ①–⑤ 73/ ⑥ 72#

[38] ① 77#/ ② 79#

[39] ①–⑤ 70

[40] ① 53#

여기서 알 수 있듯이, 율곡은 『노자』 81장을 거의 완전히 풀어서 자신이 『순언』에서 세운 구성체계에 따라 필요한 부분을 자유롭게 끌어다 쓰고 있다. 이러한 전면적 취사선택과 재구성은 『노자』의 본문에 근거하여 이루어지고 있지만, 이미 『노자』의 서술체계에서 상당히 멀리 벗어나 『순언』으로서의 독자적 구성체계를 제시하는 것이라 할 수 있다. 특히 『노자』 상편[道經]의 제1장과 하편[德經]의 첫 장인 제38장처럼 전통적으로 『노자』의 핵심 사상을 담고 있는 것이라 인정되었던 부분까지 전혀 취하지 않고 있는 사실은 바로 『순언』의 구성체계가 『노자』를 주석하기 위한 것이 아니라, 율곡 자신의 의도에 따라 『노자』를 해체시키고 있음을 의미한다.[15]

15 『노자』 81개 장 가운데 『순언』에서 전혀 취하지 않은 장은 29개 장(1-4, 6, 7, 13-21, 25, 28, 32, 35, 36, 38, 52, 61, 62, 65, 71, 74, 75, 80)이 있고, 한 장의 전체를 순서대로 한꺼번에 취한 경우는 17개 장(9, 11, 12, 26, 29, 30, 33, 44, 46, 47, 49, 54, 56, 68, 70, 73, 76)이며, 나머지 35개 장은 부분만 취하거나 句로 쪼개어 다른 장에 배치하거나, 다른 구를 끼워넣거나, 순서를 바꾸기도 하였다.

3. '도'의 체용과 실현

1) '도' 개념의 이해와 체용구조

『노자』는 『도덕경』으로 일컬어질 만큼 '도'와 '덕'을 중심개념으로 그 특성을 드러내고 있다. 『순언』 전체 40장 가운데 첫머리의 제1-3장은 '도체(道體)'를 말한 것이고, 제4장은 심체(心體)로서 '행도(行道)'의 공부를 말한 것이며, 끝의 제37-38장은 '천도(天道)'를 말한 것이고, 제39-40장은 '행도'의 어려움을 말한 것이다. 그만큼 『순언』의 구성체계는 '도'에서 시작하여 '도'로써 끝을 맺고 있음을 보여 주는 것이다. 율곡은 『순언』을 통해 '도'의 본체와 실현의 문제를 『노자』 전체의 통설(統說)로 제시하고 있으며, 『노자』 이해의 근거로 삼고 있음을 보여 준다.

율곡은 『순언』 제1-3장을 '도'의 본체를 언급한 것으로 제시하였다. 먼저 『순언』 제1장의 요지에 대해 '천도가 조화하여 사람과 사물을 생성하는 의리[天道造化發生人物之義]'를 말한 것이라 밝히고 있다.[16] 제1구는 "도가 하나를 낳고, 하나가 둘을 낳고 둘이 셋을 낳고 셋이 만물을 낳는다[道生一, 一生二, 二生三, 三生萬物]"라는 구절이다. 율곡은 『순언』을 저술하면서 남송 때 동사정(董思靖)이 『노자』를 주석한 『도덕진경집해(道德眞經集解)』를 기본자료로 삼고 있

16 『순언』 제1장은 『노자』 제42장의 두 구절을 뽑아 1·4句로 삼고, 그 사이에 『노자』 제5장의 한 구절을 2·3句로 삼아 끼워 넣은 형태로서, 4句를 구성하였다.

는데, 여기서 그는 동사정이 인용한 주자의 언급을 그대로 받아들여 이 구절에 대한 해석을 대신하고 있다. 곧 "'도'는 『주역』의 '태극'이요, '하나[一]'는 양(陽)의 홀수요, '둘[二]'은 음(陰)의 짝수요, '셋[三]'은 홀수와 짝수를 누적한 것이다. '둘이 셋을 낳는다'고 말한 것은 둘과 하나가 셋이 된다고 말하는 것과 같고, '셋이 만물을 낳는다'고 말한 것은 홀수와 짝수가 결합하여 만물을 낳는다는 것이다"[17]라는 설명이다. 그것은 '태극→양→음→음양→만물'로 전개되는 생성의 질서를 제시한 것으로, 『주역』「계사상(繫辭上)」에서 '태극→양의(兩儀)→사상(四象)→팔괘(八卦)'로 전개되고, 주렴계의 「태극도설」에서 '태극→음양→오행→남녀→만물'로 전개되는 생성과정에 상응하는 것으로 해석하고 있음을 보여 준다. 다만 『노자』에서는 '오행'의 개념이 없다는 것이 「태극도설」과의 차이점이다.

율곡의 『노자』 이해는 주자의 견해를 따라 『노자』에서 말한 '도'를 태극으로 해석하고, '도'를 생성론적 근원으로 받아들이고 있는 점에 특징이 있다. 그는 『순언』 제2장에서 "도는 낳는다[道生之]"고 언급한 구절을 해석하면서도, "도는 곧 천도이니, 만물을 생성하는 원인이다"[18]라고 하여, 『노자』에서 말한 '도'를 인간과 만물을 생성하는 근거로 해석하고 있음을 보여 준다. 바로 이런 이유로 그는 『노자』에서 '도'를 가리켜 '현(玄·玄牝)', '박(樸)', '자연'으로 형용하는 구절들을 『순언』에서 제외시키고 있다. 율곡은 이처럼 『노자』의 '도' 개념을 생성의 근원으로서 태극과 일치시킴으로써, 『노자』 이해의 토대를 유교적 사유체계 위에 구축하였던 것이다.

『순언』 제1장의 제2구인 "하늘과 땅 사이는 풀무나 피리와 같구나[天地之間, 其猶橐籥乎]"에 대해, 율곡은 동사정의 주석을 그대로 받아들여, "풀무와 피리

---

17 『순언』 제1장, "朱子曰, 道卽易之太極, 一乃陽之奇, 二乃陰之偶, 三乃奇偶之積, 其曰二生三, 猶所謂二與一爲三也, 其曰三生萬物, 卽奇偶合而萬物生也."

18 『순언』 제2장, "道卽天道, 所以生物者也."

는 기(氣)를 받아 바람을 일으킬 수 있는 것이니, 하늘과 땅 사이에 음과 양이 오고 가며 굽혀지고 펼쳐지는 것은 마치 풀무와 피리가 무심하여도 비어서 받아들일 수 있고 대응하지만 간직하지 않는 것과 같다"[19]고 하였다. 또한 제3구인 "비어 있으나 고갈됨이 없고, 활동할수록 더욱 내놓는다[虛而不屈, 動而愈出]"에 대해서는, "형체를 볼 수 없지만 한 가지 사물도 여기에서 형체를 받지 않음이 없으며, 활동하여 낳고 낳아가니 내놓을수록 더욱 무궁하다"[20]고 해석하였다. 여기서 율곡은 '하늘과 땅 사이[天地之間]'를 '도'가 만물을 생성하는 현장으로 확인하여, 풀무나 피리처럼 비어 있어서 모든 것을 받아들이고 활동하여 만물을 끝없이 생성하는 '체와 용'의 현상을 설명하고 있다.

그것은 '도'의 본체를 '허(虛)'로, 그 작용을 '동(動)'으로 제시하는 것이요, '허'의 기능은 '받아들임[受]'이며, '동'의 양상은 '내놓음[出]' 내지 '낳음[生]'이라 할 수 있다. 따라서 『순언』 제1장의 제1구에서 생성의 근원으로 '도'의 본체를 제시하였다면, 제2 · 3구에서는 '허'와 '동'으로 '도'의 본체와 작용을 분석하여 인식하고 있는 것이라 하겠다. 이처럼 율곡은 『노자』에서 말한 '도'의 본체가 '태극'이라는 주자의 해석을 받아들이면서 '허'와 '동'의 체용구조로 파악함으로써 주렴계가 말한 "무극이면서 태극[無極而太極]"의 개념으로 이해하고 있음을 확인할 수 있다. 또한 그는 『순언』 제19장 제8구의 "큰 음률은 소리가 들리지 않고, 큰 형상은 형체가 없으니, 도는 감추어져 이름이 없다[大音希聲, 大象無形, 道隱無名]"는 구절에 대해, "도는 본래 소리도 없고 냄새도 없으나 만물을 생성하여 빠뜨림이 없으니, 억지로 이름지어 '도'라고 하나 그 실지는 이름이 없다. 본체와 작용이 하나의 근원이며, 현저함과 은미함에 틈이 없는 오묘함을 어찌 중등 선비나 하등 선비가 의혹할 수 있는 것이겠는

---

19 『순언』 제1장, "董氏曰, 槖鞴也, 籥管也, 能受氣鼓風之物, 天地之間, 二氣往來屈伸, 猶此物之無心, 虛而能受, 應而不藏也."

20 같은 곳, "無形可見, 而無一物不受形焉, 動而生生, 愈出而愈無窮焉."

가"[21]라고 해석하였다. 곧 '도'는 감각적 지각대상을 초월하는 존재이며, 만물의 생성근원으로 이름붙일 수 없는 형이상(形而上)의 존재임을 확인하고 있다. 여기서 율곡은 '도'를 정이천(程伊川)이 「역전서(易傳序)」에서 이(理)와 상(象)의 관계를 체용일원(體用一源) 내지 현미무간(顯微無間)의 구조로 제시한 성리학적 개념에 따라 『노자』의 '도'를 설명하고 있는 것이다.

『순언』 제1장의 제4구인 "만물은 음을 등에 지고 양을 안고 있으며, 비어 있는 기운으로 조화를 이룬다[萬物負陰而抱陽, 沖氣以爲和]"에 대해, "비어 있는 기운[沖氣]은 음의 고요함[陰靜]과 양의 활동함[陽動] 사이에서 운행한다"는 동사정의 해석과 "만물은 음양으로 형체를 이루지 않음이 없고 비어서 조화로움으로 작용을 이룬다"는 사마광(司馬光)의 해석을 받아들이고 있다.[22] 곧 만물의 형체는 '음·양의 두 기운[二氣]'으로 이루어지는 현상이요, 또 만물의 작용은 '비어 있는 기운[沖氣]'의 활동으로 이루어지는 현상이라 하여, 만물의 생성과 활동을 모두 음양의 작용현상으로 제시하고 있는 것이다. 그것은 율곡이 『노자』에서 '도체'의 핵심을 생성론의 질서로 파악하고, '태극-음양'의 구조로 인식하는 데 초점을 맞추고 있음을 의미한다.

나아가 『순언』 제3장은 『노자』 제37장의 첫 구절인 "도는 언제나 하는 것이 없으면서도 하지 않음이 없다[道常無爲而無不爲]"는 구절로서, 율곡은 이에 대해 '도'의 본체를 '무위(無爲)'라 하고, 작용을 '무불위(無不爲)'라 하여, 체용구조로 제시하였다. 그는 '도'의 본체로서 '무위'를 『시경』(「大雅·文王之什·文王」)의 "하늘의 일은 소리도 없고 냄새도 없다[上天之載, 無聲無臭]"는 구절로 해석하고, '도'의 체용으로서 '무위-무불위'가 인간에게서 드러나는 양상을 『주역』(「繫辭上」)의 "역(易)은 생각함이 없고 행함이 없는 것이니, 고요하여 움직이

21 『순언』 제19장, "道本無聲無臭, 而體物不遺, 强名之日道, 其實無名也, 軆用一源·顯微無間之妙, 豈中下士之所能聽瑩哉."

22 『순언』 제1장, "董氏日, … 沖氣則運乎其間也, 溫公日, 萬物莫不以陰陽爲軆, 以沖和爲用."

지 않으나 감응하여 천하의 연고를 소통시키는 것이다[易无思也, 无爲也, 寂然不動, 感而遂通天下之故]"라는 언급과 일치시켜 해석하였다.[23] 그는 '도'의 체용구조를 '무위-무불위'로 제시하면서, 이를 『순언』 전체를 관통하는 근본취지[大旨]로 확인하였으며, 따라서 『순언』의 끝에서 "무릇 이 책(『노자』)은 '무위(無爲)'를 종지로 삼으며, 그 활용은 '무불위(無不爲)'이니, 또한 허무에 빠진 것은 아니다"라고 밝힘으로써, '무위-무불위'로 '도'의 체용이 갖추어져 있으므로, '무위'의 본체만 말하고 '무불위'의 작용을 말하지 않아서 '허무'에 빠진 교설이 아님을 역설하였던 것이다.

2) '도'의 실현과 '덕'의 성취

율곡은 '도'의 실현원리를 제시하여, 『순언』의 제37 · 38장을 '천도가 선한 자에게 복을 주고 방탕한 자에게 재앙을 주며, 가득 찬 자는 이지러지게 하고 겸손한 자는 보태어 주는 이치[天道福善禍淫 · 虧盈益謙之理]를 말한 것이라 밝히고 있다. 먼저 『순언』 제37장의 제1구에서 "감행하는 데 용기 있는 자는 죽고, 감행하지 않는 데 용기 있는 자는 살지만, 이 두 가지는 혹 이롭게 하기도 하고 혹 해롭게 하기도 한다. 하늘이 미워하는 바는 그 까닭을 누가 알겠는가. 그러므로 성인도 오히려 어렵게 여긴다[勇於敢則殺, 勇於不敢則活. 此兩者或利或害. 天之所惡, 孰知其故. 是以聖人猶難之]"라는 구절에 대해, 율곡은 "굳세고 강한 자는 죽는 무리요, 부드럽고 약한 자는 사는 무리이니, 이것이 항상한 이치이다. 혹 때로는 항상함에 상반되어 강함이 이롭고 약함이 해로우니, 하늘이 미워하는 바는 그 까닭을 알기가 어려워 성인도 오히려 말하기 어렵게 여긴다.

23 『순언』 제3장, "上天之載, 無聲無臭, 而萬物之生, 實本於斯, 在人, 則無思無爲, 寂然不動, 感而遂通天下之故也."

비록 그러하나 그 종국을 찾아보면 애초부터 조금도 잘못됨이 없다"[24]고 해석하였다.

여기서 무모하게 감행하는 자는 죽음을 당하고 무모하게 감행하지 않는 자는 삶을 얻는다는 것이 항상한 이치[常理]임을 전제로 제시한다. 그러나 현실에서는 그 반대의 결과가 일어날 수 있음을 들어서 '천의(天意)'가 어디에 있는지, 또는 '천도'가 무엇인지 성인도 알기가 어려움을 인정하지만, 그 종국에서 보면 '천도'는 복선화음(福善禍淫)의 항상한 이치로 관철되는 것이라 확인한다. 따라서 그는 제3구에서 하늘의 도가 "말을 하지 않으나 잘 대응한다[不言而善應]"에 대해, "하늘이 무슨 말을 하겠는가. 사시가 운행하니, (천도가) 선한 자에게 복을 주고 방탕한 자에게 재앙을 주는 것은 참으로 어긋남이 없다"[25]는 동사정의 해석을 그대로 받아들이고 있다. 그것은 『노자』의 이 언급을 『논어』에서 공자가 "하늘이 무슨 말을 하겠는가. 사시가 운행하고 만물이 생장한다[天何言哉, 四時行焉, 百物生焉]"(「陽貨」)고 말한 것과 일치시키면서, 천도가 '복선화음'의 도덕적 이치임을 확인하고 있는 것이다.

또한 『순언』 제38장의 제1구인 "하늘의 도는 활을 당기는 것과 같구나. 높은 자는 억누르고, 낮은 자는 들어올리며, 남는 자에게서 덜어내고, 부족한 자에게는 보태 주니, 하늘의 도는 넉넉함에서 덜어내어 부족함에 보충해 주는 것이다[天之道, 其猶張弓乎, 高者抑之, 下者擧之, 有餘者損之, 不足者與之, 天之道, 損有餘而補不足]"라는 구절에 대해, "천도는 사사로움이 없으며 항상 중도에 맞게 한다. 그러므로 가득 참은 손실을 초래하고 겸손함은 이익을 받게 되니, 때에 맞는 것이 천도이다"[26]라고 한 동사정의 해석을 그대로 받아들이고 있다.

---

24 『순언』 제37장, "剛强者, 死之徒, 柔弱者, 生之徒, 是常理也. 或有時而反常, 强利弱害, 則天之所惡, 難曉其故, 聖人猶難言也. 雖然要其終, 則未始少失, 故下文歷陳之."

25 같은 곳, "董氏曰, 天何言哉, 四時行焉, 其於福善禍淫之應, 信不差矣."

26 『순언』 제38장, "董氏曰, 天道無私, 常適乎中, 故滿招損·謙受益, 時乃天道."

이것은 『노자』의 '천도'를 유교의 '중용' 내지 '시중(時中)'에 상응시켜 이해하고 있음을 보여 준다. 또한 제2구의 "천도는 친애함이 없으며 항상 선한 사람과 함께 한다[天道無親, 常與善人]"는 언급에 대해, 율곡은 『서경』(太甲下)에서 "하늘은 (사사롭게) 친애함이 없으니 공경할 수 있는 자를 친애할 뿐이다[惟天無親, 克敬惟親]"이라 언급한 것과 같은 뜻이라 지적하였다.[27] 나아가 율곡은 『순언』 제39장 제2구에서 "말에는 근본이 있고 일에는 주장이 있다[言有宗, 事有君]"는 구절에 대해, "말로써 도를 밝히고, 일로써 도를 행하니, 말과 일에 따라서 각각 천연의 저절로 있는 중도가 있으니, 이른바 지극한 선이며, 말의 근본이요 일의 주장이다"[28]라고 해석하였다. 곧 그는 말의 근본이 되고 일의 주장이 되는 '도'의 실현원리를 『중용』의 '중도[中]'요 『대학』의 '지극한 선[至善]'으로 확인하고 있는 것이다. 이처럼 '천도'에 대한 『노자』의 언급과 유교 경전의 언급 사이에 긴밀한 일치점을 확인하고 있는 것은 바로 '도'의 근원적 개념에서 『노자』가 유교와 일치할 수 있는 공통기반을 지니고 있다는 사실을 주의 깊게 점검하고 있는 것이다.

율곡은 『순언』 제39 · 40장에 대해 '사람이 도를 행하기 어려움을 탄식한 것[歎人之莫能行道]'이라 규정한다. 제39장의 제1구인 "나의 말은 매우 알기 쉽고 매우 행하기 쉽지만, 천하 사람이 알지 못하고 행하지 못한다[吾言甚易知, 甚易行, 而天下莫能知, 莫能行]"는 구절에 대해, 율곡은 "성품은 본래 고유한 것이요 도는 사람에게서 멀리 떨어지지 않은 것이다. 이를 가리켜 사람에게 보여 주니 마땅히 알기 쉽고 행하기 쉬운 것이지만, 어질고 지혜로운 자는 지나치며, 어리석고 못난 자는 못 미쳐서 알지 못하고 행하지 못하게 되는 까닭이다"[29]라고

27 같은 곳, "書曰, 皇天無親, 克敬惟親, 卽此意也."

28 『순언』 제39장, "言以明道, 事以行道, 隨言隨事, 各有天然自有之中, 乃所謂至善, 而言之宗也, 事之君也."

29 같은 곳, "性本固有, 道不遠人, 指此示人, 宜若易知易行, 而賢智過之, 愚不肖不及, 所以莫能知莫能行也."

해석한다. 그것은 『중용』에서 공자의 말로 인용된 "도가 사람에게서 멀리 떨어지지 않았다[道不遠人]" 하고, "도가 행해지지 않음을 내가 알겠다. 지혜로운 자는 지나치고 어리석은 자는 못 미친다. 도가 밝혀지지 않음을 내가 알겠다. 어진 자는 지나치고 못난 자는 못 미친다[道之不行也, 我知之矣, 知者過之, 愚者不及也, 道之不明也, 我知之矣, 賢者過之, 不肖者不及也]"라고 언급한 구절로 설명한 것이다. 이처럼 '도'의 인식은 쉬워도 실천은 어려움을 지적한 것이라 하겠다.

또한 『순언』 제40장에서도 "큰 도는 매우 평탄하나 백성이 지름길을 좋아한다[大道甚夷, 而民好徑]"고 언급한 데 대해, 율곡은 "도는 큰길과 같으니 어찌 알기 어렵고 행하기 어렵겠는가. 다만 백성의 정감이 사사로운 뜻에 이끌려 지름길을 찾고 큰길을 따라가지 않을 뿐이다"[30]라고 하여, 사람들이 도를 행하지 못하는 이유를 도가 행하기 어렵기 때문이 아니라, 사사로운 욕심에 이끌려 큰길이 아니라 지름길로 가려고 하기 때문이라 확인한다. 그만큼 율곡은 『노자』의 '도'에 대한 이해에서 '도'를 초월적이고 현묘한 것이 아니라 큰 길처럼 평탄한 길이요 성품을 따르는 항상한 현실의 '도'임을 주목하여 강조하고 있음을 보여 준다.

'도'가 인간과 만물의 생성근원이라면, '덕'은 바로 '도'가 인간과 만물에 부여되어 드러난 것이라 할 수 있다. 『노자』의 곽점본(郭店本)이나 백서본(帛書本)에서 보여 주듯이 『노자』의 경문은 원래 상편을 '덕경'으로, 하편을 '도경'으로 이루어졌던 것이 사실이다. 그러나 실천적으로는 '덕'을 '도'에 선행시킬 수 있지만 논리적으로는 '도'가 '덕'에 선행하는 것으로 보았기 때문에 후세에 와서 '덕경-도경'에서 '도경-덕경'으로 순서를 바꾸었던 것이라 생각된다.

『순언』 제2장의 "도가 낳고 덕이 기르니, 사물은 형체를 갖고 형세가 이루

---

30 『순언』 제40장, "道若大路, 豈難知而難行哉, 只是民情見於私意, 求捷徑, 而不遵大路耳."

어진다[道生之, 德畜之, 物形之, 勢成之]"라는 구절에 대해, 율곡은 "도는 곧 천도이니 만물을 생성하는 원인이요, 덕은 도의 형체이니 이른바 성품이다. 사람과 사물은 도가 아니면 의뢰하여 태어날 수 없고, 덕이 아니면 이치를 따라 스스로 기를 수 없다. 사물이 형체를 이루고 형세가 서로 원인함은 모두 도와 덕에 근본하므로, 도와 덕이 가장 존귀하다"[31]라고 해석하였다. 여기서 그는 '덕'을 도의 형체라 하여, '도'가 인간과 사물에 부여되어 드러난 것임을 지적함으로써 도를 덕의 근원으로 인식하고 있다. 또한 그는 '덕'을 성품[性]이라 하여, '도'가 인간과 사물에 부여되어 인간과 사물이 그 자신의 존재를 실현하는 기준이 되는 것임을 확인하였다. 따라서 사물이란 그 성품으로서 '덕'을 간직한 형체라 한다면, 형세란 그 '덕'을 이루는 데 작용하는 동력이라 해석하는 것이다.

율곡은 '덕'을 성취하는 근거와 기준으로 '도'의 본체를 제시하고, 여기서 나아가 '덕'의 성취를 기반으로 '도'를 실현하는 과정을 제시하는 데 주의를 기울이고 있다. 그는 '도'의 실현과정을 크게 '수기'와 '치인'의 두 영역으로 제시하여 『순언』의 편차를 구성하였다. 또한 그는 마음의 수양을 통해 '도'를 실현하는 과정을 세 단계로 제시하기도 한다. 곧 『순언』 제5장의 제1-5구가 마음을 다스리는 수양의 방법으로서 욕심을 절제하여 비우는 '수기(修己)'의 단계라고 한다면, 제6구는 나라를 다스리는 '치인(治人)'의 단계이고, 제7-9구는 천지의 화육(化育)에 참여하여 돕는 것으로 '평천하(平天下)'의 단계에 해당하는 것이라 할 수 있다. 『순언』에서 이러한 '도'의 실현단계를 제시하고 있는 것은 『대학』의 구성체제에 상응시킨 것이다. 곧 이 세 단계는 '제가(齊家)'의 단계가 빠져 있지만, '수신-제가-치국-평천하(修身-齊家-治國-平天下)'의 단계에 상응하는 것이요, 동시에 '명명덕-친민-지어지선(明明德-親民-止於至

31 『순언』 제2장, "道卽天道, 所以生物者也, 德則道之形體, 乃所謂性也. 人物非道, 則無以資生, 非德, 則無以循理而自養. … 物之成形, 勢之相因, 皆本於道德, 故道德最爲尊貴也."

善)' 의 단계에 상응하는 것으로 파악할 수도 있다.

'수기' 에 해당하는 첫째 단계로서, 제1구의 "오색은 사람의 눈을 멀게 하고, 오음은 사람의 귀를 먹게 하며, 오미는 사람의 입맛을 잃게 한다[五色令人目盲, 五音令人耳聾, 五味令人口爽]"는 구절에 대해, 율곡은 "오색 · 오음 · 오미는 본래 사람을 기르는 것이요, 해치는 것이 아니지만, 많은 사람들은 욕심을 따르고 절제할 줄을 모른다. 그러므로 색깔에 기뻐하는 자는 바르게 보는 법을 잃고, 소리에 기뻐하는 자는 바르게 듣는 법을 잃고, 맛에 기뻐하는 자는 바르게 맛보는 법을 잃는다"[32]라고 해석하였다. 그것은 감각적 대상을 전면적으로 부정하는 입장이 아니라, 욕심에 이끌려 올바른 감각의 절도를 잃은 마음의 무절제를 경계한 것으로 보는 수양론적 과제로 제시하고 있는 것이다.

이에 따라 『순언』 제5장 제4구의 "이 때문에 성인은 배를 위하지만 눈을 위하지는 않는다[聖人爲腹不爲目]"는 구절에 대해, 율곡은 "앞 장(제4장)은 속을 비움의 오묘한 작용을 말하였으므로, 여기서는 바깥의 사특함이 (속을) 채워서는 안 된다는 것을 경계하였다"[33]라고 언급하였다. 곧 마음을 비움[虛心]이 수양의 내면적 근거라면, 수양의 실천에서는 비어 있는 마음에 밖으로부터 바른 것을 채워야 하며 바르지 않은 것을 채워서는 안 된다는 것을 기본원칙으로 요구하는 것이라 하겠다. 그런데 밖에서 바르지 않은 것을 채우게 되는 것은 바로 마음이 욕심에 이끌려 절제를 잃는 데서 초래되는 것임을 전제로 하고 있다. 따라서 제5구의 "물욕을 씻어버리고 현묘한 이치를 환히 살펴서 흠이 없게 할 수 있는가[滌除玄覽, 能無疵乎]"에 대해, 율곡은 "이미 소리 · 색깔 · 냄새 · 맛에 대한 욕심을 제거하고 나면 마음은 비고 대상세계는 밝아져서, 학문과 식견은 더욱 진보하고, 지식과 행실은 아울러 지극함에 이르게 되니, 한 점의 흠도 없

---

32 『순언』 제5장, "五色五音五味, 本以養人, 非所以害人, 而人多循欲, 而不知節. 故悅色者, 失其正見, 悅音者, 失其正聽, 悅味者, 失其正味也."

33 같은 곳, "蓋前章言虛中之妙用, 故此則戒其不可爲外邪所實也."

을 것이다"[34]라고 해석하였다. 여기서 먼저 감각적 대상에 대한 욕심을 제거한다는 '알인욕(遏人欲)' 의 수양론적 과제[工夫]가 제시되고, 안으로 마음[心]이 비고 밖으로 대상세계[境]가 맑아진다는 것과, 학문과 식견의 진보에서 나아가 지식과 행실의 지극함을 이루는 데까지 이르는 것이요, 한 점의 흠이 없는 지선(至善)의 경지에 이르는 수양론적 성과[功效]가 제시되고 있는 것이다.

'치인' 에 해당하는 둘째 단계로서, 『순언』 제5장 제6구의 "백성을 사랑하고 나를 다스림에 함이 없을 수 있는가[愛民治國, 能無爲乎]"라는 구절에 대해, 율곡은 "자기를 닦음이 이미 지극하면 미루어 사람을 다스리는데, 함이 없음으로 교화한다"[35]라고 해석한다. 곧 '수기' 에 근거하여 미루어나가 '치인' 을 하는 것임을 강조하고, '함이 없음[無爲]' 을 원리로 교화(敎化)를 행하는 것이 『노자』에서 '치인' 의 기본방법임을 확인하고 있다. 그것은 '도' 의 체용으로서 '무위-무불위(無爲-無不爲)' 가 '치인' 에 적용되었을 때 '무위의 교화(無爲-化)' 로 드러나고 있음을 보여 주는 것이다.

셋째 단계로서, 『순언』 제5장의 제7-9구는 율곡의 언급으로는 '천지의 성대함에 참여하여 돕는다[參贊天地之盛]' 는 것이요, '도' 의 실현이 '수기' 와 '치인' 을 거쳐 극대화되었다는 점에서 '평천하' 의 단계에 해당하고, 그 실현의 이상적 극치를 이룬 것이라는 점에서 '지어지선' 의 단계에 해당한다고 볼 수 있을 것이다. 먼저 제7구의 "하늘의 문이 열리고 닫히는 데 순응함이 없을 수 있겠는가[天門開闔, 能無雌乎]"라는 구절에 대해, 율곡은 '순응함[雌]' 을 '음의 고요함[陰靜]' 을 뜻하는 것이라 하고, 이 구절의 뜻을 주렴계의 「태극도설」에서 "(성인은) 중정인의(中正仁義)의 덕으로 모든 것을 안정시키되 고요함을 주장

---

34 같은 곳, "蓋旣去聲色臭味之慾, 則心虛境淸, 而學識益進, 至於知行竝至, 則無一點之疵矣."

35 같은 곳, "修己旣至, 則推以治人, 而無爲而化矣."
본래 『노자』 제10장의 구절인 "愛民治國, 能無爲乎"는 「河上公本·景龍碑本·林希逸本」의 경우 '能無爲乎' 로 되어 있지만, 「敦煌丙本·王弼本」에는 '能無知乎' 로 되어 있고, 「帛書乙本」에는 '能無以知乎' 로 되어 있다.

으로 삼는다"고 언급한 것과 같은 뜻이라 해석하였다.[36] 따라서 하늘의 문이 열리고 닫히는 우주의 모든 변화와 생성 현상에 대응하는 자세도 '고요함을 주장으로 삼는' 주정(主靜)의 수양방법에 근거하는 것임을 확인하고 있다.

이어서 제8구의 "밝음이 사방으로 통달하되 앎이 없을 수 있겠는가[明白四達, 能無知乎]"에 대해, 그는 "이것은 천하의 일에 알지 못하는 것이 없고 할 수 없는 것이 없지만, 안다거나 할 수 있다는 마음이 없음을 말한 것이다"라 하고, 『시경』(大雅·文王之什·皇矣)에서 "알지 못하는 사이에도 상제의 법도에 순종한다"는 구절의 뜻과 같은 것이라 하며, "이렇게 할 수 있다면, 위로 하늘과 아래로 땅과 함께 유행하여 만물을 생성하고 양육하는 데 참여하여 도우면서도 스스로 차지하고 있지 않는다"[37]고 하였다. 모든 것을 알고 모든 일을 할 수 있으면서도 안다거나 할 수 있다는 사사로운 자의식에 사로잡히지 않는 것이다. 따라서 천지가 만물을 생성하고 양육하는 데 참여하면서도 자신의 능력과 공적에 대한 자의식이 없는 것이 수양을 통해 실현할 수 있는 인격의 이상적 극치로 제시되고 있다. 그것이 바로 "천지가 만물을 낳지만 그 공로를 갖지 않으며, 만물을 생성하고 운용하지만 그 힘에 의지하지 않으며, 모든 생물을 길러 주지만 주재하려는 마음을 갖지 않으니, 성인의 현묘한 덕도 천지와 같을 뿐이다. 현묘한 덕은 지극하고 성실하며 심원하고 미묘한 덕이다"[38]라고 강조하였다. '도'의 실현은 '덕'의 온전한 성취를 이룬 인격의 이상을 통해 완성되는 것이라 할 수 있다. 그것은 만물을 생성하고 운용하는 '천도'와 일치를 이루는 성인의 현묘한 덕 곧 '현덕(玄德)'에 의해 이루어지는 것이요, 그 실현의 과정에 '수기'와 '치인'의 단계를 내포하는 것으로 인식하고 있음을 보여 준다.

---

36 같은 곳, "雌, 是陰靜之意, 此所謂定之以中正仁義而主靜者也."

37 같은 곳, "此言於天下之事, 無所不知, 無所不能, 而未嘗有能知之心, 詩所謂不識不知, 順帝之則者也, 夫如是, 則上下與天地同流, 參贊化育而不自居也."

38 같은 곳, "天地生物, 而不有其功, 運用造化, 而不恃其力, 長畜羣生, 而無有主宰之心, 聖人之玄德, 亦同於天地而已. 玄德, 至誠淵微之德也."

4. 수기(修己): 수양의 원리와 과제

1) 수양의 기반과 원리

(1) 수양의 기반으로서 '허심(虛心)'

'도'를 실현하고 '덕'을 확립하기 위해서는 그 기반으로 마음의 본체를 확인하는 것이 선결과제이다. 곧 '도'와 '덕'은 인격의 주체로서 마음을 다스리는 수양을 통해 확고하게 정립될 수 있는 것이다. 율곡은 『순언』 제4장의 "그러므로 있음[有]으로써 이로움이 되고, 없음[無]으로써 활용이 된다[故有之以爲利, 無之以爲用]"는 구절에 대해, "바깥에 있어서 형체를 이루고, 속에 없어서 사물을 받아들인다. 이로움이란 순조롭게 적응한다는 뜻이니, 이로움은 활용의 도구가 되고, 활용은 이로움의 기틀이 된다"[39]고 해석하였다. 곧 바깥으로 형체를 지닌 사물은 적응하여 이로움을 이루는 '있음'이요, 속으로 비어 받아들일 수 있어서 활용이 가능한 '없음'이라는 것이다. 여기서 그는 '유(有)'와 '무(無)'의 관계를 적용의 도구[器]와 중추적 기틀[機]로 파악한다. 그것은 '유'와 '무'를 '이익-활용[利-用]'의 관계 내지 '도구-기틀[器-機]'의 관계로 제시하는 것이다. 이어서 그는 "바깥에 있음은 비유하면 신체요, 속에 없음은 비유하면 마음이다. 신체가 아니면 마음이 깃들 곳이 없고, 마음이 비지 않으면 이

39 『순언』 제4장, "外有而成形, 中無而受物, … 利者, 順適之意, 利爲用之器, 用爲利之機也."

치를 용납할 곳이 없으니, 군자의 마음은 반드시 비어서 밝으며 아무것도 없게 한 다음에 사물에 대응할 수 있다"[40]라고 언급함으로써, 유무(有無)의 존재문제를 신심(身心)의 인격문제로 전환하여 해석하는 입장을 보여 준다. 바퀴통이 속이 비어 수레가 운행할 수 있고, 그릇이 속이 비어 그릇으로 쓰일 수 있고, 방이 속이 비어 거처하는 방이 될 수 있는 것처럼 마음이 비어 있음으로써 온갖 사물을 수용하고 온갖 사태에 대응하는 주체가 될 수 있음을 밝히고 있다.

율곡은 제4장의 요지로서 "이 장 이후로 비로소 '도'를 행하는 공부를 말하였는데, 마음을 비울 것을 선행하는 임무로 삼았다. 대개 마음을 비운 다음에 자기의 사사로움을 버리고 남의 선함을 받아들일 수 있어서 학문이 진보되고 행실이 성취될 수 있는 것이다"[41]라고 하였다. 따라서 율곡은 제4장을 전체의 편차에서 '심체(心體)'를 말한 것이라 하여, '유무'의 상호작용 속에서 허명한 심체와 수용하는 덕을 확인하고 있으며, 나아가 '마음을 비움[虛心]'이 '도'를 실현하는 공부의 기본방법이요, 학문과 행실을 연마하고 성취시켜 가는 수양의 방법으로서 주목하였던 것이다.

(2) 수양의 기본원리로서 '손(損)'과 '색(嗇)'

율곡은 『순언』 제6-7장에서 노자의 수양방법이 지닌 기본원리로 '덜어냄[損]'과 '수렴함[嗇]'을 표출시켜, "덜어냄과 수렴함으로 자기를 다스리고 남을 다스리는 핵심적 취지를 삼는다[以損與嗇爲治己治人之要旨]"라고 밝혔다. 먼저 그는 『순언』 제6장에서 "배우는 것은 날마다 보태어 가는 것이요, 도를 실현하는 것은 날마다 덜어내는 것이다. 덜어내고 또 덜어냄으로써 함이 없는 데 이

---

40 같은 곳, "外有, 譬則身也, 中無, … 非身則心無所寓, 而心不虛, 則理無所容, 君子之心, 必虛明無物, 然後可以應物."

41 같은 곳, "此章以後 始言行道之功, 而以虛心爲先務, 蓋必虛心然後, 可以捨己之私, 受人之善, 而學進行成矣."

른다[爲學日益, 爲道日損, 損之又損, 以至於無爲]"는 구절에 대해, "배움은 앎으로 말하고, 도는 행실로 말한다. 앎은 글로써 넓히는 것이므로 날마다 보태어 가고자 하지만, 행실은 예법으로 집약하는 것이므로 날마다 덜어내고자 한다. 무릇 사람의 성품 속에는 모든 선이 스스로 충족되어 있으니 선은 보태어져야 할 이치가 없으며, 다만 마땅히 부여받은 기질이나 사물에 대한 욕심으로 얽매임을 덜어내 제거할 따름이다. 덜어내고 또 덜어내어 덜어낼 수 없는 데까지 이르면 그 본연의 성품이 회복된다"[42]고 해석하였다.

율곡은 배움의 방법과 '도'의 실현방법을 앎[知]의 보탬[益]과 행실[行]의 덜어냄[損]으로 대비시키면서, 『논어』(子罕)에서 제시된 공자의 교학(敎學)방법인 박문(博文)과 약례(約禮)에 대응시키고 있다. 그만큼 덜어냄은 보탬과 대립된 것이 아니라 지·행 내지 박문·약례의 관계로서 상호보완적으로 작용하는 것으로 인식하고 있는 것이다. 여기서 특히 '도'의 실현을 위한 기본원리는 '덜어냄[損]'으로써 '함이 없음[無爲]'을 이루는 것으로 제시된다. 또한 그는 '덜어냄'이란 기품(氣稟)이나 물욕(物欲)의 얽매임을 제거하는 것으로서 본래의 성품[本然之性]을 회복하는 것이라 하여, 덜어냄의 수양방법이 바로 유교적 수양방법으로서 인욕의 발동을 막고 천리를 드러내는 '알인욕·존천리(遏人欲·存天理)'의 과제와 일치시키고 있음을 보여 준다.

또한 율곡은 『순언』 제7장 제1구에서 "사람을 다스리고 하늘을 섬김은 수렴함만 한 것이 없다[治人事天, 莫若嗇]"는 구절에 대해, "하늘을 섬긴다는 것은 자신을 다스리는 것이니, 『맹자』가 '마음을 간직하고 성품을 배양하는 것이 하늘을 섬기는 방법이다'라고 말한 것이다. 자신을 다스리고 남을 다스리는 것은 모두 마땅히 '색(嗇)'으로 도리를 삼아야 하니, '색'이란 소중히 여겨 거

42 『순언』 제6장, "學以知言, 道以行言. 知是博之以文, 故欲其日益, 行是約之以禮, 故欲其日損. 蓋人性之中, 萬善自足, 善無加益之理, 只當損去其氣稟物欲之累耳. 損之又損之, 以至於無可損, 則復其本然之性矣."

두어들인다는 뜻이다"라고 '색' 의 뜻을 해석한다. 이처럼 아껴서 소중히 여기고 몸과 마음을 단속하여 거두어들인다는 '색' 의 수양론적 역할은 유교의 수양론에서 '경(敬)' 에 해당하는 것이라 할 수 있다. 여기서 그는 '색' 의 뜻을 구체적 사례를 들어 설명하여, "자신을 다스리는 것으로 말하면, 즐겨 하고 욕심내는 것을 막으며 정신을 배양하고, 말을 신중히 하며 음식을 절제하고, 거처함에 공경하고 행동함에 간결한 것들이 '색' 이다. 남을 다스리는 것으로 말하면, 법도를 삼가며 호령을 간결하게 하고, 번거로운 조목을 줄이고 사치스러운 비용을 제거하며, 일을 공경하게 하고 사람을 사랑하는 것들이 '색' 이다"[43] 라고 하여, '색' 의 뜻을 설명하는 데 세심한 주의를 기울이고 있다.[44] 그만큼 도를 실현하기 위해서는 마음에서 욕심을 덜어내는 '손' 과 마음을 단속하여 수렴하는 '색' 이 수양의 기본방법으로 확인되고 있음을 보여 주는 것이다.

『순언』 제7장의 제2-3구는 '색' 의 수렴을 통한 수양이 바로 성품의 회복으로서 '복성(復性)' 과 덕을 쌓아 확립하는 '성덕(成德)' 의 실현임을 보여 준다. 곧 "오직 수렴하면 이로써 일찍 회복하고, 일찍 회복하는 것은 거듭 덕을 쌓는 것이라 한다[夫唯嗇, 是以早復, 早復, 謂之重積德]"는 제2구에 대해, "인간의 성품은 본래 선하니 먼저 자기에게 쌓는 바가 있는 것이다"[45]라고 해석하여, 인간이 부여받은 선한 성품이 내재함을 전제로 수양의 출발은 바로 자신에게서 성품을 회복하고 덕을 쌓아 가는 것임을 강조한다. 나아가 "거듭 덕을 쌓으면 이

---

43 『순언』 제7장, "事天是自治也. 孟子曰, 存其心, 養其性, 所以事天也. 言自治治人, 皆當以嗇爲道, 嗇是愛惜收斂之意. 以自治言, 則防嗜慾, 養精神, 愼言語, 節飮食, 居敬行簡之類, 是嗇也. 以治人言, 則謹法度, 簡號令, 省繁科, 去浮費, 敬事愛人之類, 是嗇也."

44 '嗇' 의 뜻에 대해, 韓非는 '적게 소비하는 것[少費之謂嗇]' (『韓非子』, 「解老」)이라 하고, 王弼은 '농부[嗇, 農夫]' (『老子注』)라 하고, 林希逸은 '남김이 있고 다 쓰지 않는다는 뜻[嗇者, 有餘不盡用之意]' (『道德經口義』)이라 하는 등, 여러 가지로 해석되고 있으나, 율곡이 '소중히 아껴 거두어들인다[愛惜收斂]' 는 뜻으로 해석한 데 따라 몸과 마음을 잘 단속하여 거두어들인다는 뜻의 '수렴함' 으로 번역하였다. 또한 敦煌本·遂州碑本·趙志堅本에는 '嗇' 이 '式' 으로 되어 있어서 '法式' 의 뜻으로 해석되기도 한다(朱謙之, 『老子校釋』 제59장).

45 『순언』 제7장, "人性本善, 是先己有所積也."

겨낼 수 없는 것이 없고, 이겨낼 수 없는 것이 없으면 그 극치를 알 수가 없으며, 그 극치를 알 수가 없으면 오래갈 수 있다[重積德, 則無不克, 無不克, 則莫知其極, 莫知其極, 可以長久]"는 제3구에 대해, "멀리 벗어나지 않아 회복하니 자기의 사사로움을 이겨내지 못함이 없다. 자기를 이겨내고 예법을 회복하면 천하가 '인(仁)' 으로 돌아오니, 그 덕이 어찌 한량이 있겠는가. 덕이 한량없어서 넓고 두텁고 높고 밝음에 이르면 이것이 유구하고 한계가 없는 도이다"[46]라고 해석하였다. 여기서 그는 '수렴함[嗇]' 으로 성품을 회복하는 수양방법의 실천이 바로 『논어』(「顔淵」)에서 말한 '자신(사사로운 욕심)을 이겨내고 예법(보편적 이치)을 회복함[克己復禮]' 의 의미임을 확인하고 있으며, 이러한 수양의 실현은 천하에 '인' 을 시행하는 것으로 '도' 의 항구하고 무한함을 실현하는 것임을 밝혀 주고 있다.

율곡은 『순언』의 제8-12장의 요지를 모두 '수렴함[嗇]' 의 뜻을 추론하고 연역한 것이라 하여, '수렴' 의 수양방법을 구체적으로 제시한 것이라 하고, 그 요지로서 "도를 지켜 자신을 극복하고, 스스로 자랑하지 않으며, 항상 만족하여 그칠 줄을 알아야 하는 의리를 말한 것"[47]이라 제시하였다. 먼저 제8장 제2구의 "발돋움한 자는 설 수가 없고, 다리를 넓게 벌린 자는 갈 수가 없다[跂者不立, 跨者不行]"는 구절에 대해, 그는 "양쪽 끝에 미혹되면 하나를 주장할 수 없다"[48]고 하여, '수렴함' 의 수양방법이 양쪽 끝으로 넓혀 가는 것이 아니라, 하나의 중심을 잡아 집중하는 '주일(主一)' 의 방법임을 지적한다. 그것은 유교적 수양론에서 '경(敬)', 곧 하나를 주장하여 바깥으로 관심을 넓혀 나가지 않는 '주일무적(主一無適)' 의 의미에 상응하는 것으로 볼 수 있다. 또한 『순언』

46 같은 곳, "不遠而復, 則己私無不克矣. 克己復禮, 則天下歸仁, 其德豈有限量哉. 德無限量, 至於博厚高明, 則是悠久無疆之道也."

47 『순언』 제12장, "以上五章, 言守道克己, 不自矜伐, 常知止足之義, 皆推演嗇字之義也."

48 『순언』 제8장, "惑於兩端, 而不能主一者也."

제9장 제2구의 "남을 이기는 자는 힘이 있지만, 자신을 이기는 자는 강하다[勝人者有力, 自勝者强]"라는 구절에 대해, 율곡은 "남을 이긴다는 것은 혈기의 힘이지만 자신을 이긴다는 것은 의리의 용기이다. 자기를 극복하고 예법을 회복하면 인욕에 굴복하지 않으니 강함은 더 보탤 수 없다"[49]고 언급한다. 곧 자신을 이기는 것은 혈기의 힘을 넘어서 인욕을 극복하는 보편적 의리의 용기로서 공자가 말한 '극기복례(克己復禮)'의 실현으로 해석하고 있는 것이다.

나아가 『순언』 제11장 제1구의 "문밖을 나가지 않고도 천하를 알고, 창밖을 엿보지 않고도 천도를 본다[不出戶, 知天下, 不闚牖, 見天道]"는 구절에 대해, 율곡은 "만물이 모두 나에게 갖추어 있으니 어찌 다른 것을 기다려 구하겠는가. 풀려난 마음을 찾아들이면 도를 볼 수 있다"[50]고 해석하였다. 여기서 '만물이 모두 나에게 갖추어 있다[萬物皆備於我]'는 것은 『맹자』(「盡心上」)의 말이고, '풀려난 마음을 찾아들인다[求其放心]'는 것도 『맹자』(「告子上」)의 말이다. 그만큼 『맹자』의 수양론적 개념으로 『노자』를 해석하고 있는 것이라 하겠다. 또한 제3구의 "이 때문에 성인은 가지 않고도 알고, 보지 않고도 이름붙이며, 행하지 않고도 이룬다[是以聖人, 不行而知, 不見而名, 不爲而成]"는 구절에 대해, 그는 "이것은 성인은 맑고 밝음이 몸에 있으며 의리가 밝고 투명하니, 곧 참됨으로 말미암아 밝아지는 일을 말하였다. 배우는 자는 갑자기 이에 발돋움할 수 없으며 단지 마땅히 풀려난 마음을 수렴함으로써, 그 앎을 배양하여 그 행하는 바에 힘써야 한다"[51]고 해석하였다. 여기서 '맑고 밝음이 몸에 있다[淸明在躬]'는 것은 『예기』(「孔子閒居」)의 말이고, '참됨으로 말미암아 밝아진다[自誠而明之]'는 것은 『중용』(제21장)의 말이니, 그만큼 율곡이 『노자』를 유교경전의 수양론

---

49 『순언』 제9장, "勝人者, 血氣之力也. 自勝者, 義理之勇也. 克己復禮, 則不屈於人欲, 而强莫加焉."

50 『순언』 제11장, "萬物皆備於我, 豈待他求哉. 求其放心, 則可以見道矣."

51 같은 곳, "此言聖人淸明在躬, 而義理昭徹, 乃自誠而明之事也, 學者不可遽跂於此, 但當收斂放心, 以養其知, 而勉其所行也."

적 개념으로 해석하고 있음을 확인할 수 있다.

특히 율곡은 『노자』의 '만족할 줄 안다[知足]'는 용어의 수양론적 의미를 주목하여, 『순언』 제9장 제3구에서 "만족할 줄 아는 자는 부유하다[知足者富]"는 구절에 대해, "자신을 앎이 이미 밝아, 바깥에서 찾을 것이 없이 항상 만족하면 부유함은 더 보탤 수 없다. 안연이 대그릇의 밥을 먹고 표주박의 물을 마시며 누추한 마을에서 살았고, 공자가 팔을 베고 자며 나물 먹고 물 마셨지만 그 즐거움은 흔들리지 않았으니, 천하의 어떤 것으로도 그 즐거워하는 바를 바꿀 수 없다면 어찌 지극히 부유한 것이 아니겠는가. 물욕에 이끌려 바깥에서 찾는 자는 마음에 항상 부족함이 있으니, 비록 부유함이 천하를 차지하였다고 하더라도 오히려 부유함이 아니다"[52]라고 해석하였다. 곧 만족할 줄 안다는 것은 물질적 욕심의 충족으로 얻어지는 만족이 아니라, 공자나 안연의 '안빈낙도(安貧樂道)' 하는 즐거움처럼 도를 즐거워하여 마음속으로 충족되는 것임을 확인하고 있는 것이다. 또한 『순언』 제12장 제3구의 "그러므로 만족할 줄 아는 만족은 항상하는 만족이다[故知足之足, 常足矣]"에 대해서도, 그는 "바깥에서 찾는 것이 없으면 안에서 덕이 부족함이 없으므로, 응용이 무궁하며 항상 만족한다"[53]고 해석하여, 바깥으로 달리는 욕심이 아니라 안에서 충족된 덕을 확립하는 것이 수양의 기본원리임을 확인하고 있다.

52 『순언』 제9장, "自知旣明, 無求於外而常足, 則富莫加焉. 顔淵簞瓢陋巷, 孔子曲肱飮水, 而其樂自如, 擧天下之物, 無以易其所樂, 則豈非至富乎. 彼牽於物欲, 而有求於外者, 則心常不足, 雖富有天下, 猶非富也."

53 『순언』 제12장, "無求於外, 則內德無欠, 故應用無窮, 而常足矣."

2) 수기의 실천방법과 수양론적 과제

(1) 수기(修己)의 방법으로서 '삼보(三寶)'

율곡은 『노자』에서 수양의 구체적 방법으로 자애[慈]·검소[儉]·겸허[謙: 不敢先]의 '삼보'를 자신을 지키고 사물에 대응하는 핵심적 비결이요, 자신을 닦고 사물을 기르는 핵심의 방법으로 중시하며, 이 '삼보'도 '수렴함[嗇]'의 뜻을 펼친 것이라 한다.[54]

먼저 '자애[慈]'는 부드러움[柔弱]으로 나타나고 있음을 주목하고 있다. 율곡은 『순언』 제14장 제1구의 "사람의 삶은 부드럽고 연약한 것이고, 그 죽음은 굳고 강한 것이다[人之生也, 柔弱, 其死也, 堅强]"라는 구절에 대해, "조화로운 기가 자신에게 있으면 몸에는 굳고 강한 병통이 없으며, 이치로 기질을 이기면 일에는 굳고 강한 허물이 없다"[55]고 해석한다. 곧 '비어 있는 기[沖氣]'는 유연하게 작용하여 딱딱하게 굳어져 막히는 병통이 없다는 것이요, 형상이 없는 이치[理]로 욕심에 쉽게 이끌리는 기질[氣]을 지배하면 바깥의 사물에 집착하여 변통하지 못하는 허물이 없게 된다는 것이다. 따라서 아래로 내려가기를 좋아하는 물은 부드럽고 연약하지만 어떤 굳고 강한 것도 이겨내는 것과 같다고 한다. 여기서 그는 "이른바 부드러움이란 것은 단지 어질고 자애로움의 형상일 따름이요, 한결같이 부드럽기만 할 뿐인 것은 아니다. 만약 한결같이 부드럽고 연약하기만 하다면 어찌 능히 굳세고 난폭함을 이길 수 있겠는가. 또한 이긴다는 것은 이치와 형세의 당연함에서 나온 것일 따름이요, 이기고자 하는 마음이 있는 것이 아니기 때문에 부드럽고 연약함이 된다"[56]라고 하여,

---

54 『순언』 제13장, "不敢先者, 謙也. 慈儉謙三者, 持身接物之寶訣也.… 言三寶爲修己長物之要道.

55 『순언』 제14장, "沖氣在身, 則體無堅强之病, 以理勝氣, 則事無堅强之失矣."

56 같은 곳, "夫所謂柔者, 只言仁慈之形耳, 非一於柔弱而已. 若一於柔弱, 則豈能勝剛暴哉. 且其勝之者, 亦出於理勢之當然耳, 非有心於欲勝而故爲柔弱也."

부드럽고 연약함[柔弱]을 실현하는 그 자체가 수양의 방법이 아니라, 자애를 실천하면서 드러나는 양상이 부드럽고 연약함임을 강조한다. 또한 부드럽고 유약함이 굳세고 난폭함을 이긴다는 언급도 세력으로 이긴다는 것이 아니라, 이치의 당연함을 지니고 있기 때문에 이기려는 마음이 없지만 주도적인 역할을 하게 되는 것임을 강조한다.

다음으로 '검소[儉]'의 실천방법으로서, 『순언』 제15장 제1구의 "붙잡고서 가득 채우려는 것은 그만두는 것만 못하고, 재어 보고 예리하게 하는 것은 오래 보존할 수 없다[持而盈之, 不如其已, 揣而銳之, 不可長保]"는 구절에 대해, "가득 차서 넘칠까 두려워하여 굳게 붙들고 있는 것은 가득 차지 않음이 편안한 것만 못하고, 예리하여 부러질까 두려워서 한도를 헤아리고 있는 것은 예리하지 않음이 보존할 수 있는 것만 못하다"[57]라고 해석하였다. 가득 채우거나 예리하게 다듬어 정도를 극한까지 끌어올리는 것이 아니라, 소박하고 부족하게 낮추는 검소함이 안정되고 보존할 수 있는 방법임을 제시하고 있는 것이다.

그 다음 '감히 앞서지 않음[不敢先]' 곧 '겸허[謙]'의 실천방법이다. 『순언』 제16장의 제1구인 "귀함은 천함을 근본으로 삼고, 높음은 낮음을 기초로 삼는다[貴以賤爲本, 高以下爲基]"라는 구절에 대해, 율곡은 "오직 스스로 천하게 여기면 남들이 반드시 귀하게 여기고, 스스로 낮추면 남들이 반드시 높이니, 이 때문에 천함을 근본으로 삼고 낮음을 기초로 삼는다"[58]라고 해석한다. 곧 '귀함은 천함을 근본으로 삼는다'는 말의 의미를 천함이 귀함의 근본으로서 천함이 귀함보다 중요하다는 역설적 평가기준으로 이해하는 것이 아니라, '남들로부터 고귀한 존재로 높여지려면 자신을 비천하게 낮추는 '겸허'한 태도가 근본이다'라는 뜻으로 파악함으로써, 수양론적 처신태도의 기준으로 이해하고 있음을 보여 준다.

57 『순언』 제15장, "恐盈之或溢, 而持固之, 不若不盈之爲安也, 恐銳之或折, 而揣量之, 不若不銳之可保也."

58 『순언』 제16장, "夫惟自賤, 則人必貴之, 自下, 則人必高之, 是以賤爲本, 以下爲基也".

율곡은 자신을 수양하는 방법으로서 특히 겸허의 덕을 중시하였다. 『순언』 제18장 제4구의 "사람을 잘 쓰는 자는 (자신을) 낮춘다[善用人者, 爲之下]"라는 구절에 대해, "공경을 이루고 예법을 다하며 자신을 굽혀서 낮추는 것이니, 어진 다음이라야 어진 이를 쓸 수 있다"[59]고 해석하고, 『맹자』(「公孫丑下」)의 "탕임금은 이윤에게 배운 다음에 그를 신하로 삼았다[湯之於伊尹, 學焉而後臣之]"라는 언급이 같은 뜻이라 제시하였다. 또한 제5구의 "이를 다투지 않는 덕이라 하고, 이를 사람 쓰는 역량이라 하고, 이를 하늘에 짝한다 하니, 옛날의 극진함이다[是謂不爭之德, 是謂用人之力, 是謂配天, 古之極也]"라고 한 구절에 대해, "겸허하게 낮추어 자신을 기르며 남들과 선을 행하기 때문에, 사람들이 즐겨 (그를 위해) 쓰인다. 그 덕은 하늘에 짝하며 더 이상 높일 수 없다"[60]고 해석하였다. 곧 자신을 낮추는 겸허함의 덕은 자신을 배양하고 남들과 다투지 않고 남들의 재능을 잘 써서 선으로 이끌어가니, 그 덕의 실현은 하늘에 짝하는 데까지 이른다고 한다. 그만큼 자신을 낮추는 겸허함이 바로 자신을 닦고 하늘을 섬기는 수양의 핵심적 방법임을 강조하고 있는 것이다.

나아가 율곡은 『순언』 제19장 제2구의 "옛말에 있기를, 밝은 도는 어두운 듯하고, 나아가는 도는 물러나는 듯하고, 높은 덕은 골짜기 같고, 매우 결백한 것은 욕된 듯하다[建言有之, 明道若昧, 進道若退, 上德若谷, 大白若辱]"라는 구절에 대해, "도에 밝은 자는 본 것이 없는 듯하고, 도에 나아간 자는 물러나 행할 수 없는 듯하며, 덕이 높은 자는 스스로 겸허하여 골짜기가 비어 있는 것 같고, 결백함이 지극한 자는 스스로 처신하기를 이지러지고 더럽혀짐이 있는 것 같다"[61]고 해석하여, 도에 나아가고 덕이 높아질수록 겸허하여 겉으로 드러내지

59 『순언』 제18장, "致敬盡禮, 屈己以下, 賢然後能用賢."

60 같은 곳, "謙卑自牧, 與人爲善, 故人樂爲用. 其德配天, 無以尙矣."

61 『순언』 제19장, "明道者, 若無所見, 進道者, 退然若不能行, 德之高者, 自謙, 如谷之虛, 潔白之至者, 自處如有玷汚也."

않으므로 그 실지의 내용과는 상반된 것으로 보일 수 있다는 것이다. 또한 제7구의 "(이치에 합당한) 큰 변론은 말을 더듬는 것 같으니, 선한 자는 변론하지 않고, 변론하는 자는 선하지 않으며, 믿을 수 있는 말은 화려하게 꾸미지 않고, 화려하게 꾸민 말은 믿을 수가 없다[大辯若訥, 善者不辯, 辯者不善, 信言不美, 美言不信]"는 구절에 대해, 율곡은 "착한 사람은 말이 적으니, 그러므로 그 변론이 어눌한 것 같다. 선으로 주장을 삼으면 변론을 추구하지 않으며, 변론으로 주장을 삼으면 반드시 선하지는 못하다. 충직하고 믿을 수 있는 말은 반드시 화려하고 아름다운 것이 아니요, 화려하고 아름다운 말도 반드시 충직하고 믿음 있는 것은 아니다"[62]라고 해석하였다. 변론(말재주)과 선함이 일치하여 나타나지 않고, 믿음 있는 말과 아름다운 말이 일치하여 나타나지 않는 것은 바로 겉으로 드러내는 것과 안에 간직된 실지가 어긋나기 때문이며, 겸허한 수양의 실천이란 안으로 충실하게 하면서도 겉으로 드러남을 낮추는 태도임을 제시하고 있는 것이다.

율곡은 겸허의 실천을 '수기'의 기본방법으로 강조하면서, 나아가 겸허를 통해 수양의 실천으로 '도'와 일치하는 데까지 나아가는 점을 강조하였다. 따라서 그는 『순언』 제19장의 요지를 '겸허의 덕이 도체의 본연함에 합치는 것을 미루어 밝혔다'고 지적하고, 『맹자』(「離婁下」)에서 말한 문왕이 "도를 바라보고서도 못 본 듯이 하였다"고 한 언급이나 『논어』(「泰伯」)에서 증자가 안연을 가리켜 말한 "능하면서 능하지 못한 이에게 묻고, (학식이) 많으면서 적은 이에게 묻고, 있어도 없는 듯하고, 충실해도 빈 것 같고, 자기에게 잘못을 범해도 따지지 않는다"고 언급한 말이 바로 제19장의 뜻이라 한다.[63] 곧 겸허의 실천

---

62 같은 곳, "吉人辭寡, 故其辯若訥, 以善爲主, 則不求辯, 以辯爲主, 則未必善也. … 忠信之言, 不必華美, 華美之言, 未必忠信." 『순언』 제19장의 제7구는 『노자』 제45장과 제81장을 취하여 합쳐 놓은 구절이다.

63 같은 곳, "推明謙虛之德, 合乎道體之本然. 文王望道而如未之見, 顔子以能問於不能, 以多問於寡, 有若無, 實若虛, 犯而不校, 卽此章之意也."

은 자기를 닦는 수양의 가장 효율적 방법으로서, 자기 수양은 바로 '도'를 실현하는 데로 나아가는 길임을 밝혀 주고 있다.

(2) 수양의 실천에 따른 과제

율곡이 수양의 실천과정에서 또 하나의 중요한 과제로 제기하고 있는 것은 고요함[靜]과 신중함[重]을 주장하여 바깥의 사물에 동요하지 말아야 한다는 것이다. 그것은 고요함과 신중함에 상반되는 가벼움[輕]과 조급함[躁]의 병통을 경계하는 것이기도 하다. 『순언』 제20장 제1구의 "신중함은 가벼움의 뿌리가 되고, 고요함은 조급함의 임금이 된다[重爲輕根, 靜爲躁君]"는 구절에 대해, "신중함은 근본이고 가벼움은 말단이니 근본을 버리고 말단을 따를 수 없으며, 고요함은 임금이고 조급함은 졸개이니 임금을 버리고 졸개들을 쫓아갈 수는 없다"[64]고 하여, 신중함을 근본으로 확립하고 고요함을 주재하는 중심으로 정립할 것을 강조하였다. 이어서 제3구의 "회오리바람은 아침 나절을 마치도록 불 수 없고 갑자기 쏟아지는 비는 하루 종일을 마치도록 내릴 수 없다[飄風不終朝, 驟雨不終日]"는 구절에 대해, 율곡은 "사람에 가볍고 조급한 병통이 있으면 반드시 조급하고 난폭한 행동이 있게 되니, 거칠게 성내는 자는 반드시 후회가 있을 것이요, 갑자기 부유해지거나 갑자기 고귀해진 자에게 반드시 뒤따르는 재앙이 있는 데 이르기까지, 모두 오래갈 수 있는 도리가 아니다"[65]라고 해석하였다. 이처럼 경솔하거나 조급함의 병통을 깊이 경계하는 것으로 수양론의 과제를 삼고 있음을 보여 준다.

또한 『순언』 제21장의 "조급함이 추위를 이기고, 고요함이 더위를 이기니, 맑고 고요함이 천하를 위해 바른 것이다[躁勝寒, 靜勝熱, 淸靜爲天下正]"라는 구

---

64 『순언』 제20장, "重是本, 輕是末, 不可捨本而趨末, 靜是君, 躁是卒徒, 不可捨君而逐卒徒也."

65 같은 곳, "人有輕躁之病, 則必有急暴之行, 暴怒者, 必有後悔, 以至暴富暴貴者, 必有後禍, 皆非長久之道也."

절에 대해,[66] 율곡은 "맑고 고요함이란 고요하여 바깥의 유혹에 얽힘이 없어서 활동과 고요함이 모두 안정된 것이다"[67]라고 해석한다. 곧 마음을 '맑고 고요함[淸靜]'으로 다스림으로써 바깥의 사물을 향한 욕심에 이끌리지 않는 것이 수양방법의 중요한 과제임을 확인하고 있는 것이다.

율곡은 맑고 고요함을 확립하여 자신을 수양하는 공부로서, '침묵하는 가운데 깊이 아는[默而識之]' 통찰과 '깊이 침묵하며 스스로 지키는[淵默自守]' 태도를 중시하였다. 그는 이러한 맑고 고요함의 수양으로 성취하는 효과로서 오묘한 일치를 이루는 '현동(玄同)'을 주목하고 있다. 곧 『순언』 제22장 제3구의 "예리함을 꺾고, 얽힘을 풀며, 빛남을 부드럽게 하고, 세속과 균등하게 하니, 이를 '현동'이라 한다[挫其銳, 解其紛, 和其光, 同其塵, 是謂玄同]"는 구절에 대해, "'예리함을 꺾는다'는 것은 빼어난 재기를 갈아서 각이 진 것을 없게 하고, 모든 이치의 요긴한 대목을 굴려내는 것이요, '빛남을 부드럽게 하고 세속과 균등하게 한다'는 것은 마음속에 덕과 아름다움을 함축하여 스스로 빛내거나 대중과의 차이를 세우지 않는 것이다. 이미 세속을 따르거나 그릇됨을 익히지 않으며, 또 세상을 떠나지도 않고 풍속을 끊지 않으니, 그러므로 '현동'이라 한다"[68]라고 해석하였다. '현동'은 바깥으로 뚜렷하게 드러나거나 남들과 다른 특징을 드러내는 것이 아니면서, 동시에 세속에 빠져 끌려가지도 않는 자신의 내면적 중심을 지키고 모든 것을 포괄하는 역량을 확보하는 것이라 할 수 있다. 이것은 맑고 고요함의 실천을 통한 수양의 성과를 보여 주고 있는 것이기도 하다.

---

66 王淮는 『순언』 제21장의 "躁勝寒, 靜勝熱"(『노자』 제45장)에 대해, "靜勝躁, 寒勝熱(고요함이 조급함을 이기고, 추위가 더위를 이긴다)"로 고쳐야 뜻이 바르게 통할 수 있다는 견해를 제시하고 있다(王淮, 『老子探義』, 臺灣商務印書館, 1969, 186쪽).

67 『순언』 제21장, "淸靜者, 泊然無外誘之累, 而動靜皆定者也."

68 『순언』 제22장, "解其紛者, 明察肯綮, 迎刃而解也, 和光同塵者, 含蓄德美於中, 而不自耀立異於衆也, … 旣不隨俗習非, 而又非離世絕俗, 故曰玄同."

또한 율곡은 『순언』 제22장 제4구의 "친밀하게 할 수도 없고, 소원하게 할 수도 없으며, 이롭게 할 수도 없고, 해롭게 할 수도 없으며, 고귀하게 할 수도 없고, 비천하게 할 수도 없으니, 그러므로 천하에 고귀함이 된다[故不可得而親, 不可得而疎, 不可得而利, 不可得而害, 不可得而貴, 不可得而賤, 故爲天下貴]"라는 구절에 대해, 『논어』에서 말하는 "두루하되 편당 짓지 않고[周而不比]"(「爲政」), "화합하되 주견 없이 동조하지 않는[和而不同]"(「子路」) 군자의 덕과 일치시키고 있다. 그는 여기서 "벼슬에 나가거나 물러남이 의리에 합치하고, 활동하거나 고요함이 때를 따른다. 그러니 어찌 세상 사람들이 사사로운 감정으로 친애하고 소원하거나, 이롭게 하고 해롭게 하거나, 고귀하게 여기고 비천하게 여길 수 있겠는가. 그러한 까닭은 도에 통달하고 욕심이 없기 때문이다. '천하에 고귀함이 된다'는 것은 하늘이 내려준 고귀함이다"[69]라고 해석하였다. 그것은 맑고 고요함의 수양방법으로 성취한 인격이 군자의 덕이요, 그 군자의 덕은 모든 것을 포용하면서 자신의 주체적 중심을 확립하고 있는 것이다. 이러한 인격은 사람들의 평가나 대우에 따라 동요될 수 있는 것이 아니라 하늘이 내려준 덕의 실현임을 밝히고 있는 것이다.

율곡은 수양을 통해 이룬 성과로서 온전한 덕을 이룬 인격을 서술하면서, 안으로 진실하여 거짓됨이 없고, 밖으로 자신의 생명을 온전하게 실현하며, 위로 하늘과 일치하는 것으로 확인한다. 먼저 『순언』 제23장에서 "덕을 품은 두터움은 갓난아이에 견주어진다[含德之厚, 比於赤子]"는 구절에 대해, 율곡은 "지극한 덕을 품은 사람은 진실하고 한결같아 거짓됨이 없으니, 갓난아이의 마음과 같다"[70]고 언급하였다. '진실하고 한결같아 거짓됨이 없다[誠一無僞]'는 것은 바로 『중용』에서 "진실함은 하늘의 도이다[誠者, 天之道也]"(제20장)라 하

69 같은 곳, "君子周而不比, 和而不同, 出處合義, 動靜適時, 豈世人之私情所能親疎·利害·貴賤者哉. 其所以然者, 以通乎道, 而無欲故也, 爲天下貴者, 是天爵之良貴也."

70 『순언』 제23장, "含懷至德之人, 誠一無僞, 如赤子之心也."

고, “진실함은 만물의 시작과 끝이다[誠者, 物之終始]”(제25장)라고 하는 ‘진실함[誠]’의 수양론적 의미로 확인하고 있는 것이다. 사실상 ‘진실함[誠]’과 ‘공경함[敬]’은 유교 수양론의 두 축을 이루는 기본개념이라 할 수 있다.

또한 율곡은 수양을 통해 성취하는 온전한 덕의 효과로서 생명을 온전하게 실현하는 양생론(섭생론)적 의미를 확인한다. 곧 『순언』 제24장의 “듣자니 섭생을 잘 하는 사람은 뭍으로 길을 가도 외뿔소나 호랑이를 만나지 않고, 군대에 들어가도 갑옷 입고 무기를 드는 전쟁을 당하지 않는다[蓋聞, 善攝生者, 陸行不遇兕虎, 入軍不被甲兵]”는 구절에 대해, “섭생을 잘 하는 자는 삶의 이치를 온전하게 다하므로, 만나는 바가 모두 올바른 천명이니, 반드시 갑작스럽게 당하는 환난이 없다”[71]라고 해석하였다. 여기서 섭생(양생)이란 ‘올바른 천명(正命)’을 실현하는 것이요, 장생불사(長生不死)를 추구하는 것이 아니라, 하늘이 내려준 생명의 이치에 합당하게 자신의 생명을 누리는 것이며, 욕심이나 무리한 행동에 따른 환난을 당하지 않는다는 것이다. 따라서 수양의 실천은 궁극적으로 하늘과 일치하는 것이요, 따라서 바로 ‘하늘을 섬기는 것[事天]’으로 확인되는 것이다. 율곡은 『순언』 제25장의 요지를 “성인이 도를 체득함의 위대함은 자기를 닦음의 극치이다”[72]라고 하여, ‘도’를 온전하게 체득함과 ‘수기’를 극치까지 실현함이 같은 것임을 밝히고 있다.

『순언』 제25장 제2-3구의 “만물이 의지하여 생성되지만 사양하지 않고, 공적이 이루어져도 명예를 소유하지 않는다. / 이 때문에 성인은 끝내 큰일을 하지 않으므로 그 큰일을 이룰 수 있다[萬物恃之以生而不辭, 功成不名有./ 是以聖人終不爲大, 故能成其大]”는 구절에 대해, 율곡은 “만물이 의뢰하여 발생하고 생성함은 이 도의 유행이 아닌 것이 없으며, 만물을 생성하여 빠뜨림이 없지만 그

---

71 『순언』 제24장, “善攝生者, 全盡生理, 故所遇皆正命, 必無一朝之患也.”

72 『순언』 제25장, “以聖人軆道之大爲修己之極.”

능력을 자신의 소유로 하지 않는다"[73]라고 하여, 만물을 생성하는 '도'의 유행과 일치하는 인격의 모습을 확인한다. 곧 하늘의 덕과 일치하는 성인의 인격으로서는 당연히 하늘의 덕을 자신의 소유로 인식할 이치가 없음을 말하는 것이다. 또한 그는 "성인은 (사사로운) 자의식이 없으니 도와 더불어 하나가 된다. 그러므로 이루어놓은 것이 비록 하늘의 사업이나 공적과 같더라도 끝내 자신을 위대하게 여기는 마음이 없으니, 이것이 성인이 위대하게 되는 까닭이다"[74]라고 해석한다. 그것은 성인의 인격에서 '사사로운 자의식이 없음[無我]'은 바로 '도' 내지 '하늘'과 일치되는 것이요, 하늘과 일치된 인격을 이루고서도 겸허하여 자신을 위대한 존재로 의식하는 마음이 없는 점이 그 위대함의 근거임을 확인하는 것이다. 여기서 율곡은 『노자』의 이해에서 '수기'의 수양을 통해 성취한 인격의 이상으로서 '성인'의 존재를 적극적으로 표출시키고 있다. 그가 『순언』에서 제시하는 '성인'은 바로 '도' 내지 '하늘'과 일치되는 인격이다. 따라서 '수기'의 수양론은 그 이상이 '성인'이요, 그 기준이 '천도'이며, '수기'의 실천과정은 언제나 하늘을 따르고 받드는 '사천(事天)'의 과제와 동일한 것으로 제시되고 있음을 보여 준다.

---

73 같은 곳, "萬物之資始生成, 莫非此道之流行, 體物不遺, 而不自有其能也."

74 같은 곳, "聖人無我, 與道爲一, 故雖成如天之事功, 而終無自大之心, 此聖人之所以爲大也."

5. 치인(治人): 치도의 원리와 과제

1) 치도의 근본

율곡은 『순언』에서 '도'의 실현방법으로 먼저 마음을 수렴하여 욕심을 제거하고 고요함을 수립하는 자신의 인격수양으로서 '수기(修己)'의 단계를 제시하고, 이어서 안으로 '수기'에 근본하여 밖으로 남을 다스리고 나라를 다스리는 치도(治道)로서 '치인(治人)'의 단계를 제시하고 있다. 따라서 그는 『순언』 제26-36장에서 '치인'의 과제를 제시하면서, 먼저 그 '치인'의 근본이 '수기(수신)'에 있음을 확인하고, '치인'의 실천을 위한 기본원리로서 무사(無事)와 무위(無爲)를 제시하며, 나아가 나라를 다스리는 치도의 한 가지 과제로 용병(用兵)의 문제를 들고 있다.

율곡은 안으로 인격수양(수기)에 근본하여 밖으로 나라를 다스리는 치도(치인)가 실현되는 것임을 중시하여, '치인'의 근본으로서 '수기'의 위치를 강조한다. 곧 『순언』 제26장 제1구의 "잘 세운 것은 뽑히지 않고, 잘 안고 있는 것은 벗어나지 않는다[善建者不拔, 善抱者不脫]"라는 구절에 대해, "중심을 세우고 극치를 세우니 이를 잘 세웠다 하고, 갓난아이를 보호하듯 하니 이를 잘 안고 있다고 한다"[75]고 해석하였다. '중심을 세운다[建中]'는 것은 『서경』(「仲虺之誥」)

---

75 『순언』 제26장, "建中建極, 是謂善建, 如保赤子, 是謂善抱."

에서 말하는 "덕을 밝히는 데 힘써 백성에게 중정(中正)한 도를 세운다[懋昭大德, 建中于民]"는 뜻이고, '극치를 세운다[建極]'는 것은 『서경』(「洪範」)의 "그 극치를 크게 세운다[皇建其有極]"는 말에서 나온 것이니, '건중'과 '건극'은 모두 자신의 인격 속에 중정한 도를 확립하여 이를 사회 속에서 실현하는 것이라 할 수 있다. '갓난아이를 보호하 듯한다[如保赤子]'는 것은 『서경』(「康誥」)에서 백성을 편안하게 다스리는 방법으로 제시한 것이다.

또한 『순언』 제26장 제2구의 "자신에서 닦으면 그 덕이 참되고, 집안에서 닦으면 그 덕이 넉넉하고, 마을에서 닦으면 그 덕이 오래가고, 나라에서 닦으면 그 덕이 풍성하고, 천하에서 닦으면 그 덕이 넓어진다[修之於身, 其德乃眞, 修之於家, 其德乃餘, 修之於鄕, 其德乃長, 修之於國, 其德乃豊, 修之於天下, 其德乃普]"는 구절에 대해, "진실한 이치로 수신하여 그 넉넉함을 미루어 사람을 다스리면, 가정과 나라와 천하를 다스리는 일도 이에서 벗어나지 않을 따름이다"[76]라고 해석하였다. 곧 수신의 덕을 근본으로 하여 제가·치국·평천하로 확장하는 치도의 실현과정을 밝히고 있다. 바로 『대학』에서 제시된 치도의 질서가 『노자』에서 동일하게 제시되는 사실을 확인하고 있는 것이다.

율곡은 '수기'에 근본하여 '치인'을 실현하는 모범으로서 '성인'의 덕을 주목하고 있다. 『순언』 제27장 제1구의 "성인은 쌓아두지 않으나, 이미 남을 위하여 썼지만 자기에게 더욱 많이 있고, 이미 남에게 주었지만 자기에게 더욱 많아진다[聖人不積, 旣以爲人, 己愈有, 旣以與人, 己愈多]"라는 구절에 대해, "성인은 자기를 미루어 남에게 미치며, 자기를 세우고자 하면 남을 세워주고, 자기가 통달하고자 하면 남을 통달하게 하며, 널리 베풀어 대중을 구제하며, 자기에게는 소비하지 않으니, 그 인애함은 더욱 융성하고 그 덕은 더욱 외롭지 않다"[77]라고 해석하였다. 여기서 율곡은 성인의 덕이 자신에 근본하여 남에게로

---

76 같은 곳, "以眞實之理修身, 推其餘以治人, 家國天下, 不外乎是而已."

나가는 본말(本末)구조의 질서와 더불어, 남을 위한 실천을 통해 자신의 덕을 실현할 수 있다는 실천의 선후(先後)구조를 제시하고 있다. 이러한 해석은 『노자』 본문에서 드러나는 것을 넘어서 유교적 수기와 치인의 실천원리를 적극적으로 『노자』 속에 부여하고 있는 것으로 볼 수 있는 것이 사실이다.

또한 율곡은 『순언』 제27장 제2구의 "하늘의 도는 이롭게 하고 해롭게 하지 않으며, 성인의 도는 (남을) 위하고 다투지 않는다[天之道, 利而不害, 聖人之道, 爲而不爭]"는 구절에 대해, "천도는 다만 만물을 낳는 것으로 마음을 삼으므로 이롭게 하고 해롭게 하지 않으며, 성인은 이치에 순응하여 사사로움이 없으므로 (남을) 위하는 바는 있지만 (남과) 다투지 않으니, 이것은 성인이 하늘과 함께하며 따르는 무리가 되는 까닭이다"[78]라고 해석한다. 이처럼 성인은 천리에 순응하고 천도를 따름으로써 자신의 덕을 수립하였으므로 남을 위하고 남과 다투지 않는다고 보았다. 곧 성인이 덕을 닦아 남을 위하는 실천과정은 바로 만물을 생성하여 이롭게 하고 해롭게 하지 않는 천도의 질서와 일치하는 것으로, 성인의 존재는 천도를 실천하는 주체임을 제시하고 있는 것이다.

율곡은 『순언』 제28-29장의 요지를 성인이 선한 행실과 말과 계책을 가지고서 선하지 않은 사람을 교화할 수 있음을 말하는 것이라 한다. 곧 성인의 행위에 대해 "조용히 도에 맞아서 자취를 볼 수 없고, 말을 하면 법도가 되어 지목할 만한 허물이 없으며 생각하지 않고서도 터득하고, 널리 적응하여도 합당하지 않음이 없으니, 이것이 성인의 일이다"[79]라고 하여, 『중용』(제20장)에서 말하는 성인의 덕인 진실함[誠]의 실현양상으로 확인하고 있다. 또한 『순언』 제28장 제2구의 "이 때문에 성인은 항상 사람을 구제하기를 잘하니, 그러므로

77 『순언』 제27장, "聖人以己及人, 己立而立人, 己達而達人, 博施濟衆, 而於己未嘗有費, 其仁愈盛, 而其德愈不孤矣."

78 같은 곳, "天道只以生物爲心, 故利而不害, 聖人順理而無私, 故有所爲而不爭. 此聖人所以與天爲徒者也."

79 『순언』 제28장, "從容中道, 而無跡可見, 發言爲法, 而無瑕可指, 不思而得, 而汎應曲當, 此聖人之事也."

사람을 버리지 않으며, 항상 만물을 구제하기를 잘하니, 그러므로 만물을 버리지 않는다. 이를 밝음의 계승이라 한다[是以聖人常善救人, 故無棄人, 常善救物, 故無棄物, 是謂襲明]"라는 구절에 대해, 율곡은 "가르침에는 종류의 차별이 없으니, 용납하지 못할 사람이 없고 교화시키지 못할 사물이 없다. 먼저 앎을 얻은 사람이 나중에 알게 되는 사람을 깨우치고, 먼저 깨달은 사람이 나중에 깨닫게 되는 사람을 깨우치니, 그러므로 그 밝음을 전승함이 무궁하다"[80]라고 해석하였다. 모든 사람을 가르치고 깨우쳐 교화를 확산해 가는 것으로서 밝음을 계승해 가는 '습명(襲明)'은 바로 '수기'를 기반으로 '치인'을 실현해 가는 양상의 하나라 할 수 있다.

나아가 『순언』 제28장 제3구의 "선하지 못한 사람은 선한 사람의 바탕이다[不善人, 善人之資]"라는 구절에 대해, 율곡은 "선하지 못함에 말미암아 가르쳐 선하게 하니, 곧 나의 인애함은 더욱 커지고 베푸는 것도 더욱 넓어진다. 이것이 선한 사람의 바탕이라는 것이다. 선한 자는 내가 더불어 하고, 선하지 못한 자는 내가 가르치니, 천하는 나의 인애로 돌아온다. '백성은 나의 동포요 만물은 내가 함께하는 것'이라는 뜻을 여기서 볼 수 있다"[81]라고 해석하였다. 곧 '치인'의 실현은 장횡거(張橫渠)가 「서명(西銘)」에서 말하였던, "백성은 나의 동포요, 만물은 내가 함께 하는 것이다"라는 물아일체(物我一體)의 포용정신에서 이루어지는 것임을 보여 준다. 나의 개체에 사로잡혀 다른 인간이나 만물과 단절되는 사사로운 나의 존재가 아니라, 모든 존재를 포용할 수 있는 열린 자아의 실현이 '치인'을 실현하는 길이 되는 것이다.

바로 이런 의미에서 '치인'은 사사로운 마음을 극복하는 데서 가능하다. 『순언』 제29장 제1구의 "성인은 일정한 마음이 없고 백성의 마음으로 마음을

---

80 같은 곳, "有敎無類, 而人無不容, 物無不化, 以先知覺後知, 以先覺覺後覺, 故其明傳襲無窮也."

81 같은 곳, "因其不善, 而敎之使善, 則我之仁愈大而施愈博矣, 此之謂善人之資也. 夫善者, 吾與之, 不善者, 吾敎之, 則天下歸吾仁矣. '民吾同胞, 物吾與也'之義, 於此可見矣."

삼는다[聖人無常心, 以百姓心爲心]"는 구절에 대해, 율곡은 "성인은 천하에서 털끝만큼의 사사로운 마음이 없고 다만 백성의 마음에 근거할 따름이다"[82]라고 확인하였다. 백성의 마음을 자신의 마음으로 삼을 수 있는 포용력과 사사로움의 극복이 바로 성인으로서 치도를 실현하는 근본조건이라 할 수 있다.

또한 『순언』 제29장 제2구의 "선한 자를 내가 선하다 하고, 선하지 않은 자도 내가 선하다 하면, 덕이 선하게 되고, 미더운 자를 내가 믿는다 하고, 믿을 수 없는 자도 내가 믿는다 하면, 덕이 미덥게 된다[善者, 吾善之, 不善者, 吾亦善之, 德善, 信者, 吾信之, 不信者, 吾亦信之, 德信]"는 구절에 대해, 그는 "사람이 태어나면 함께 이 이치를 갖추고 있으니, 성인은 백성에 대해 선하게 하며 미덥게 하고자 하지 않음이 없다. 그러므로 선함과 믿음이란 내가 이미 인정하였으니, 선하지 않고 미덥지 않은 자는 또한 반드시 가르쳐서 선하고 미덥기를 기약한다. 만약 버려두고 가르치지 않는다면, 덕이 선하고 덕이 미덥다고 할 수 없다"[83]고 해석하였다. 이처럼 치도는 선하지 못한 사람과 미덥지 못한 사람도 그 성품의 바탕이 나와 같이 하늘로부터 부여받은 선하고 미더운 것이라는 인식을 전제로 자신의 덕을 모든 사람에게 실현하여 선하게 하고 미덥도록 이끌어가는 것이라 확인되고 있다.

2) 치도의 원리와 과제

율곡은 '치인'의 원리로 『노자』에서 중시되고 있는 '무사(無事)'와 '무위(無爲)'의 의미를 주목하여 그 해석에 주의를 기울이고 있다. 먼저 그는 『순언』 제

82 『순언』 제29장, "聖人於天下, 無一毫私心, 只因民心而已."

83 같은 곳, "人之有生, 同具此理, 聖人之於民, 莫不欲其善信. 故善信者, 吾旣許之, 不善不信者, 亦必敎之, 以善信爲期, 若棄而不敎, 則非所謂德善德信也."

30장 제1구의 "천하를 취하여 어떻게 해보려고 한다면 나는 그 일이 이루어질 수 없다는 것을 안다. 천하는 신명한 물건이라 어떻게 해볼 수가 없다. 해보려는 자는 실패할 것이고, 붙잡고 있으려는 자는 놓칠 것이다[將欲取天下而爲之, 吾見其不得已, 天下神器, 不可爲也, 爲者敗之, 執者失之]"라는 구절에 대해, "천하는 신명한 물건이라 제왕이 일어나는 것도 스스로 운수가 있어서 천하를 취하려는 마음을 가질 수 없다. 천하를 어떻게 해보려는 자는 반드시 실패하고, 천하를 붙잡고 있으려는 자는 반드시 잃어버릴 것이다. 삼대(三代: 夏·殷·周) 이상으로는 성스럽고 밝은 제왕이 모두 자신을 닦고 도를 다 실현하니 천하가 귀속해 온 것이요, 천하에 마음을 두고 있었던 것이 아니다. 뒷날의 제왕은 혹 천하에 마음을 두고 있다가 천하를 얻은 자도 있지만 이것도 역시 천명이 있는 것이지, 오로지 지혜와 역량으로 추구할 수 있는 것이 아니다"[84]라고 해석하였다.

이처럼 율곡은 천하를 다스린다는 치도의 원리로서 '무위'의 정치가 바로 '천명'에 순응하는 것임을 확인한다. 그는 천하를 취하여 다스려 보겠다는 인간의 의지로는 천하를 차지하여 다스리는 데 성공할 수 없고, 천명이 있어야 가능하다는 견해를 밝히고 있다. 곧 치도의 기본원리로서 '무위'의 정치란 자신의 지혜나 능력으로 일을 도모하려는 태도를 벗어나서, 천명에 순응하여 자신의 덕을 닦음으로써 천하가 저절로 귀속되어 오는 사실을 강조하고 있는 것이다. 따라서 그는 '무위'의 정치를 행하는 모습을 서술하여, "성인이 천하를 다스림은 그 형세에 따라 이롭도록 이끌어가며, 그 재질에 따라 돈독하게 해주며, 다만 심한 것을 제거할 따름이니, 이른바 '천지의 도를 재량하여 이루어주고, 천지의 마땅함을 도와서 바로잡음으로써 백성을 돕는다'는 것이다"[85]라

84 『순언』 제30장, "天下乃神明之器也, 帝王之興, 自有曆數, 不可有心於取天下也. 欲爲天下者必敗, 欲執天下者必失矣. 三代以上聖帝明王, 皆修身盡道, 而天下歸之, 非有心於天下者也. 後之帝王, 或有有心於天下, 而得之者, 此亦有天命存焉, 非專以智力求也."

고 하였다. 자기의 의지로 천하를 이끌어가는 것이 아니라, 주어진 형세를 따르고 각각이 지닌 재질을 따라서 성취시켜 주는 것이 바로 '무위' 의 치도라고 본다. 그것은 '무위' 가 자신의 사사로운 욕심이나 의지와 판단을 넘어선다는 의미에서 '무아' 와 같은 뜻이라 이해하고 있는 것이며, 결코 아무런 행위도 하지 않는다는 의미가 아니라 천명을 따르고 대상의 조건을 따라 행하는 것임을 밝히고 있다.

또한『순언』제31장 제1구의 "일이 없음으로써 천하를 취한다[以無事取天下]"는 구절에 대해, 율곡은 "탕임금은 천하의 부강함을 탐낸 것이 아니라 일반 백성을 위해 복수를 하였으니, 동쪽을 정벌하면 서쪽에서 서운하다고 원망하였던 것이 이것이다"[86]라고 해석하였다. 곧 천하를 차지하는 것이 일이 없음으로 할 수 있다는 '무사(無事)' 의 원리는 바로 천하를 차지하려는 의도함이 없는 것이요, 백성을 위해 일함으로써 천하가 자신에게 저절로 돌아온다는 것이다. 따라서 그는『순언』제31장 제6구의 "재앙은 복이 의지하는 곳이요, 복은 재앙이 엎드려 있는 곳이니, 누가 그 극치를 알리오[禍兮福之所倚, 福兮禍之所伏, 孰知其極]"라는 구절에 대해, "한 번 다스려지고 한 번 혼란해지는 것은 기(氣)의 조화가 융성하고 쇠퇴함과 인간의 사업이 성공하고 실패함이 서로 원인이 되어 반복하는 것이니, 그 머물러야 할 극치를 아무도 알 수 없다. 그러나 오직 함이 없는 자가 다스릴 수 있다"[87]라고 해석하였다. 여기서 '함이 없다' 는 '무위' 도 자신의 뜻으로 의도함이 없다는 것이요, 한 번 다스려지고 한 번 어지러워지는 끝없는 변화와 반복의 현실 속에서 사사로운 의도가 없는 '무위' 함으로써 하지 않음이 없는 '무불위' 의 다스림을 이룰 수 있다는 것이다.

---

85 같은 곳. "聖人之治天下, 因其勢而利導之, 因其材而篤焉, 只去其已甚者耳. 所謂裁成天地之道, 輔相天地之宜, 以左右民者也."

86『순언』제31장, "成湯非富天下, 爲匹夫匹婦復讐, 而東征西怨, 是也."

87 같은 곳, "一治一亂, 氣化盛衰, 人事得失, 反復相因, 莫知所止極, 而惟無爲者能治也."

이러한 맥락에서 율곡은 『노자』(제43장)에서 언급한 '말이 없는 가르침[不言之敎]'을 "성인은 말이 없으나 도를 체득함에 숨김이 없어 천체의 형상이 밝게 드러나는 것과 같아서 언제나 사람에게 보여 준다"고 해석하고, '함이 없는 이로움[無爲之益]'을 "지어서 하는 것이 없으나 사물이 각각 사물에 맡겨져서 만물이 각각 그 자리를 얻는다"고 해석하였다.[88] 곧 '말이 없는[不言]' 가르침이란 언어로 표현되지 않았을 뿐이지, 더욱 분명하게 도를 드러내어 제시하는 가르침이요, '함이 없는[無爲]' 이로움도 의도적 행위가 없을 뿐이지, 만물이 그 성질과 능력을 발휘할 수 있게 함으로써 모든 인간과 사물을 이롭게 하는 행함이 있음을 밝히고 있다.

치도의 과제로 끝에 덧붙여진 것은 '용병(用兵)'의 문제이다. 율곡은 『순언』 제33-34장에서 '치인'의 과제로서 나라를 다스리는 데 없을 수 없는 일로 '용병'의 문제를 확인하면서, 용병의 '도'는 과감하게 함이 마땅하지만 강하기를 힘쓰지 말아야 하고, 마땅히 일찍 그치게 할 줄을 알아야 하는 것을 말하는 것으로 보았다.[89] 『순언』 제34장에서 "이겨도 아름답게 여기지 않으니, 아름답게 여기는 자는 사람 죽이는 것을 즐기는 것이다[勝而不美, 而美之者, 是樂殺人]"라고 언급한 데 대해, 율곡은 맹자가 "전쟁을 잘 하는 자는 극형을 받아야 한다[善戰者, 服上刑]"(「離婁上」)고 하고, "사람 죽이기를 좋아하지 않는 자가 통일할 수 있다[不嗜殺人者, 能一之]"(「梁惠王上」)고 언급한 말로써 그 의미를 확인하고 있다.

치도의 문제에서 율곡은 결론적으로 '무위'가 이루는 성과를 주목하였다. 곧 『순언』 제35장의 "도로써 천하에 임하면 그 귀신이 신령스럽지 않고, … 백성을 해치지 않으니, 성인도 백성을 해치지 않으며, 둘이 서로 해치지 않으므로 덕이 서로 귀의한다[以道莅天下, 其鬼不神, 非其鬼不神, … 非其神不傷民, 聖人亦

88 『순언』 제32장, "聖人不言, 而軆道無隱, 與天象昭然, 常以示人, 此謂不言之教也, 無所作爲, 物各付物, 而萬物各得其所, 此謂無爲之益也."

89 『순언』 제33장, "旣盡治人之說, 而兵亦有國之勢不能去者, 故言用兵之道, 宜果而不務强, 且宜早知止."

不傷民, 夫兩不相傷, 故德交歸焉]"는 구절에 대해, "성인이 천하의 사람과 귀신을 다스리는 것은 각각 그 도를 얻으니, 음양이 조화하고 만물은 다스려져서 그 사이에 사특한 기운이 없다. 그러므로 귀신에 현혹하고 괴이한 변괴가 없으니 이를 그 귀신이 신령하지 않다고 하는 것이다. 어찌 귀신의 괴이함이 백성을 다치게 할 수 있겠는가. 성인의 다스림은 백성을 다치게 하지 않으므로 사람과 귀신이 서로 기뻐하고, 모든 덕이 서로 귀의함이 이와 같다"[90]고 해석하였다. 곧 성인의 치도는 이치에 합당하여 사람과 귀신이 각각 제 자리를 얻으며 간사하고 괴이함이 끼어들 수 없음을 말한다. 천도를 따라 조화를 이루는 다스림은 자신의 사사로운 의지가 없는 '무위(無爲)'의 다스림이면서, 동시에 귀신이나 자연현상의 간사하고 괴이함도 없는 '무사(無邪)'의 다스림임을 확인하고 있다.

이에 따라 그는 "후세에 부처와 노자를 숭상하여 법도에 어긋난 제사를 널리 펼치고 사찰과 도관(道觀)이 서로 바라볼 만큼 많은 것은 반드시 그 귀신을 신령하게 하고자 하는 것이니 진실로 이 책(『노자』)의 죄인이다. 세상을 다스리는 자가 이미 금지할 수 없는 데다가 또 따라서 미혹시킨다면 어찌 도리에 어그러진 것이 아니겠는가"[91]라고 하여, 『노자』의 본래 가르침과 후세에 부처나 노자를 숭배하여 신령에게 화복을 비는 행위가 상반된 것임을 강조하고 있다. 따라서 노자를 그릇되게 숭배하는 행위를 금지해야 할 것을 역설하면서도 『노자』의 진정한 가르침을 깨우쳐야 할 것으로 중시하고 있는 것이다. 이처럼 율곡은 치도의 올바른 질서를 이치의 합리적 지배가 실현되는 것으로 인식하고 있음을 보여 준다. 치도가 이루어지면 귀신의 존재도 신령함을 잃고 이성

90 「순언」 제35장, "聖人之治天下人神, 各得其道, 陰陽和而萬物理, 無有邪氣干其間. 故鬼神無眩怪之變, 此謂其鬼不神也, 豈有鬼怪傷民者乎, 聖人之治, 不傷於民. 故人神胥悅, 衆德交歸如此."

91 같은 곳, "後世崇尙佛老, 廣張淫祀, 寺觀相望, 必欲使其鬼有神, 眞此書之罪人也. 治世者, 旣不能禁, 又從而惑之, 豈不悖哉."

적 합리성에 따라 통제되어야 한다고 보고 있는 것이다. 그만큼 귀신의 신령함을 강조하는 신앙적 열정을 치도가 이루어지지 못한 사회적 병리현상으로 보는 것이라 하겠다.

율곡은 끝으로 '수기'나 '치인'의 모든 일에서 시작과 끝마침을 신중하게 하여 미연에 예방할 것을 강조한다. 『순언』 제38장 제2구의 "쉬운 일에서 어려운 일을 도모하며, 미세한 일에서 큰일을 하니, 천하의 어려운 일은 반드시 쉬운 데서 일어나고 천하의 큰일은 반드시 미세한 데서 일어난다[圖難於其易, 爲大於其細, 天下之難事必作於易, 天下大事必作於細]"는 구절에 대해, "선과 악은 모두 점점 쌓이는 데 말미암아 이루어지는 것이니, 만약 작은 일을 미미하다고 하여 소홀히 하고 쉬운 일을 걱정할 것 없다고 하여 신중하게 하지 않는다면, 작은 일은 반드시 커질 것이고 쉬운 일은 반드시 어려워질 것이니, 마땅히 그 시작을 신중하게 하고 그 끝마침을 깊이 생각해야 한다"[92]고 해석하였다. 시작을 신중하게 하지 않으면 끝에는 후회가 따를 것이고, 쉬운 일을 신중하게 하지 않으면 끝에는 구제할 수 없는 어려움에 처하게 될 것임을 경계하고 있는 것이다. 이처럼 그는 시작에서 끝맺음까지[始終]와 쉬운 일이나 어려운 일[難易]의 문제는 바로 수양과 치도의 실천에서 신중하기를 요구하는 기본과제로 확인하고 있다. 이에 따라 율곡은 『순언』 제36장 제5구의 "안정할 때 지키기 쉽고, 아직 조짐이 드러나지 않았을 때 도모하기 쉽고, 무른 것은 가르기 쉽고, 미미한 것은 흩어지기 쉬우니, 아직 생겨나기 전에 대처하고, 아직 어려워지기 전에 다스려야 한다[其安易持, 其未兆易謀, 其脆易泮, 其微易散, 爲之於未有, 治之於未難]"는 구절에 대해, "모든 일은 시작을 신중하게 하면 끝마침에 반드시 근심이 없을 것이니, 자신을 닦음에 있어서는 '머지않아 회복된다'는 뜻이 되고, 나라를 다스림에 있어서는 '하늘에서 비가 오기 전에 둥지의 입구를 수

92 『순언』 제36장, "善惡皆由積漸而成, 若以細事爲微而忽之, 以易事爲無傷而不愼, 則細必成大, 易必成難, 當愼之於始, 而慮其所終也."

리한다' 는 뜻이 된다"[93]고 해석하여, 『주역』(「復卦 · 初九」)과 『시경』(「豳風 · 鴟鴞」)의 말로써 '수기' 와 '치인' 에서 시작을 신중히 하는 의미를 밝히고 있다. 이처럼 율곡은 『노자』 해석에서 '무위' 의 세계로 초탈하는 것이 아니라, 시작부터 끝까지 신중하게 행동하고 세심하게 사려하는 실천적 자세의 성실함을 강조하고 있는 것이다.

93 같은 곳, "凡事愼始, 則終必無患, 在修己, 則爲 '不遠而復'(「復卦 · 初九」), 在爲國, 則爲 '迨天未雨綢繆牖戶'(「豳風 · 鴟鴞」)之意."

6. 율곡의 『노자』 이해가 지닌 의미

율곡이 『순언』을 저술한 것은 45세(1580) 때로 보인다.[94] 곧 송익필은 1580년 율곡에게 보낸 편지에서 『순언』에 대해 비판적 견해를 밝혀, "지난번에 호원(浩原: 成渾의 字)과 향양(向陽)에서 서로 만나 형이 새로 편찬한 『순언』 한 질을 보았는데, 재능이 시켜 한 것 같아서, 형을 위해 의문을 가졌습니다. 주자가 『주역참동계(周易參同契)』에 남긴 뜻이 없는 것입니까? 거듭 세상의 도리를 위해 탄식이 일어납니다. 차이를 억누르고 동일시하고자 하는 것은 『노자』의 본래 취지를 잃는 것이고, 우리 도(유학)에도 구차스럽게 동일시하는 혐의가 있으며, 주석도 또한 억지로 끌어다 합치시킨 것입니다. 형은 끊어진 (도를) 이어갈 것을 기약하여 마땅히 겨를이 없어야 할 터인데, 여유에 글짓기를 희롱하는 것은 내가 형에게 바라는 바가 아닙니다"[95]라고 하였다. 여기에 『노자』를 보는 송익필의 시각과 율곡의 시각이 중요한 차이를 드러내고 있다.

송익필의 견해는 『노자』와 유교사상이 다르다는 차이를 중시한 것으로 당시 도학자의 일반적인 입장을 보여 주고 있다. 이에 비해 율곡은 『순언』을 통해 『노자』와 유교사상이 소통할 수 있다는 일치를 중시하는 견해를 제시하였

94 丁垣在 교수는 宋翼弼이 『醇言』에 관해 언급하면서 율곡에게 준 편지 「與叔獻書」(『龜峯集』 권4, 35, 「玄繩編上」)에 의거하여, 1580년에는 『醇言』이 완성되어 책으로 묶여져 있었음을 고증하였다.

95 『龜峯集』 권4, 35, 「玄繩編上·與叔獻書」, "日者, 與浩原相會于向陽, 見兄新編諄言一帙, 似爲才氣所使, 爲兄致疑焉, 抑無乃朱晦庵參同契遺意耶. 重爲世道興歎. 屈異而欲同之, 失老子本旨, 而於吾道, 亦有苟同之嫌, 註又牽合. 兄以繼絕爲期, 宜日不暇及, 而弄文墨於餘地, 非吾所望於兄也."

다. 물론 율곡은 『노자』와 유교경전이 그대로 일치할 수 있는 것으로 판단하지는 않았다. 그래서 홍계희의 지적처럼 경전에 상반되고 이치에 어긋나는 것을 제거하고 성인의 가르침에 해롭지 않을 것을 추려내어 책의 제목을 '순언(醇言)'이라 이름붙였을 수도 있다. 여기서 율곡의 『노자』를 보는 기본관점은 『노자』와 유교의 '도'가 근원적으로 소통하는 폭넓은 기반이 있다는 사실을 『순언』에서 가장 설득력 있게 제시하였던 것이 사실이다. 그렇다면 『노자』에서 차이를 발견하려는 것이 아니라 일치를 찾으려는 율곡의 관점이 사상사에서 중요한 의미를 지니는 것으로 음미되어야 할 것이다.

정통을 높이고 이단을 배척하면서 '차이'를 강조하는 것이 당시 도학자의 공통된 입장인데도 불구하고, 16세기 도학의 주도적 인물의 한 사람인 율곡이 『노자』가 이단의 서적임을 잘 알고 있으면서도 유교사상과의 '일치'를 확인하는 데 진지한 관심을 보여 주고 있는 사실에서 두 가지 의미 있는 시사점을 찾아볼 수 있다. 먼저 율곡의 도학정신은 도통의 수호에 초점을 맞추고 있는 것이 아니라, 도학이념을 근원적으로 통찰하는 데 초점을 두고 있다는 것을 보여 준다. 곧 학통계승형이 아니라 이념성찰형 사유태도를 지닌 것이라 하겠다. 다음으로 율곡의 『노자』 이해는 유교사상과 대립구도 속에 고유한 특징을 확인하려는 것이 아니라, 유교사상과의 공통기반 위에 조화 가능성을 발견하고 있다. 곧 분별과 특성의 논리가 아니라 포용과 동화의 논리를 제시하고 있는 것이다. 그것은 도학이념이 정통주의와 이단배척을 기본 특징으로 하지만, 여기에 매몰되지 않는 본질적 가치에 대한 성찰과 다양성의 포용을 통한 보편적 질서를 확립하려는 태도가 또 하나의 특징으로 작용하고 있음을 확인할 수 있다.

『순언』의 체제는 5년 앞서 1575년 저술된 율곡의 대표적 저술이라 할 수 있는 『성학집요』의 체제와 매우 많은 유사성을 보여 준다. 『성학집요』가 첫머리에 통설(統說)로서 『중용』 제1장과 『대학』 경(經)1장을 제시한 것은 『순언』의 첫머리에 도체를 제시한 것에 상응한다고 할 수 있으며, 『성학집요』가 중심의 골격을 수기(修己)·정가(正家)·위정(爲政)으로 이루어진 것과 『순언』이 수기와 치인으로 이루어진 것은 기본적으로 상응하는 것이다. 다만 유교전통에서 중시되는 '정가'의 문제가 『노자』에서는 독립시켜 표출하기 어려움이 있었을 것으로 보인다. 『성학집요』의 끝에는 성현도통(聖賢道統)을 제시하였는데, 『순언』에서는 행도(行道)의 문제를 제시하여 그 내용은 다르지만 긴밀한 대응구조를 이루고 있는 것은 사실이다. 그렇다면 율곡은 머리의 '도체'와 몸통의 '수기 · 치인'과 꼬리의 '행도'라는 유교이념을 이해하는 기본구조 위에서 『성학집요』와 『순언』을 저술한 것이라 할 수 있다. 그것은 율곡이 『노자』를 철저히 유교이념체제와 일치성의 시각에서 수용하고 재해석한 사실을 말해 준다. 여기서 율곡의 『노자』 이해는 한편으로 유교와의 조화와 일치의 관점에서 수행되었던 것이요, 동시에 『노자』의 본래 의미를 상당부분에서 왜곡했을 가능성을 쉽게 확인할 수 있다. 이처럼 유교이념의 체계 위에서 포용적 이해를 관철하기 위해서는 『노자』의 체제를 상당부분 변형하지 않을 수 없었던 것이다. 이에 따라 『순언』 40장은 더 이상 『노자』의 독자적 이념체계를 잃어버리고 유교이념 체계에 순치되어 재창조된 것이라 할 수 있다.

이러한 의미에서 『순언』은 『노자』의 새로운 이해를 통해 『노자』의 독특한 면모를 잃어버린 면도 있다. 그러나 다른 한편으로 '무위 · 무불위'의 체용구조 속에 '무위'의 현학(玄學)에서 벗어나고, '수기 · 치인'의 본말구조 속에 수양론과 치도론의 구체적 역할이 확인되며, '무아 · 무기(無我 · 無棄)'의 실천체계로서 자신을 내세우지 않으면서 아무것도 버리지 않는 인격적 이상으로서 성인의 역할을 밝혀 줌으로써, 『노자』를 유교이념의 빛으로 비추어 또 하나의 『노자』 세계를 새롭게 열어 주는 사실이 중요한 의미가 있다고 하겠다.

Ⅲ. 『신주도덕경』과 박세당의 『노자』 이해

1. 박세당의 『노자』를 보는 시야
2. '도' 의 실체에 대한 인식
3. 행도(行道)와 수덕(修德)의 실현
4. 정치의 원리와 과제
5. 박세당의 『노자』 이해가 지닌 특성

1. 박세당의 『노자』를 보는 시야

박세당(西溪 朴世堂, 1629-1703)은 52세부터 65세 사이에 그의 대표적 저작인 『사변록(思辨錄)』을 저술하던 시기인 53세 때 『노자』를 주석한 『신주도덕경(新註道德經)』과 54세 때 『장자』를 주석한 『남화경주해산보(南華經註解刪補)』를 저술하였다. 이러한 사실에서 초기 실학자의 한 사람인 박세당은 그의 학문적 업적이 가장 활발하게 이루어지던 시기에 유교경전의 독자적 해석을 수행함과 더불어 『노자』와 『장자』를 주석하고 있었던 사실이 주목된다. 그것은 주자를 추종하는 도학의 정통적 입장에서 한발 물러나 경전의 본래 정신을 탐색하고 성찰하는 과정에서, 유가와 더불어 중국 사상사에서 또 하나의 원류를 이루는 『노자』와 『장자』를 바라볼 수 있는 열린 시야를 드러내고 있음을 의미하는 것이라 하겠다.

박세당은 『신주도덕경』의 서문에서 노자가 지니는 위상을 그 도의 이념적 성격과 그 도가 전개된 역사적 과정의 양면으로 검토하고 있다. 먼저 그는 노자의 도가 지닌 이념적 의미를 해명하여, "그 도는 비록 성인(공자)의 법도에 합치하지 않으나 그 의도는 또한 자신을 닦고 남을 다스리려는 것이요, 그 말은 간략하지만 그 취지는 심오하다"[1]고 언명하였다. 여기서 그는 공자와 노자의 도가 어긋나는 차이점이 있음을 전제로 하면서도, 노자의 근본과제가 수신

1 박세당, 『新註道德經』(이하 『新註』), 「序」, "其道雖不合聖人之法, 其意亦欲修身治人, 盖其言約, 其旨深."

(修身)과 치인(治人)이라는 점에서 유교와 공통되는 기반이 있음을 확인하며, 나아가 노자의 도에 심오한 의미가 있음을 적극적으로 인정하고 있다. 그가 노자를 바라보는 시각은 공자와 노자의 도가 어떻게 다른지를 판별하는 정통주의적 입장이 아니라, 이 두 가지 도가 현상에서 드러내는 차이를 넘어 근원에서 발견할 수 있는 공통 근거를 인식하는 것이요, 이러한 시각에서 노자를 재해석함으로써 노자의 도가 지닌 의미를 깊이 있게 밝힘으로써 노자의 정당성을 확보하려는 것이라 하겠다.

또한 그는 노자에 대한 이해의 역사적 전개과정을 해명하면서, 노자의 도술(道術)은 한대(漢代) 이전부터 존중되고 활용되어, 위로 임금은 '공경하고 침묵함의 교화'를 행하고 아래로 신하는 '맑고 고요함의 치도'를 삼았으나, 진대에 와서 어그러지고 거짓된 식자들이 노자의 도를 현묘하고 허무하여 실질이 없는 말이나 아득하여 한계가 없는 이론에 의탁하여 거짓됨을 꾸며서 한세상을 속였다고 지적한다.[2] 이처럼 그는 노자의 도술이 선진(先秦)에서 한대에 정치의 원리로 중요한 기능과 역할을 하였던 사실을 확인하고 있다. 이에 비해 위진(魏晉)시대에는 현학(玄學)에 빠져 노자를 해석하면서 풍속을 어지럽히고 나라를 붕괴시키기에 이르는 폐단을 낳게 되었던 것이라 하여, 노자의 본래 정신과 후세의 변질된 양상을 엄격하게 구별하였다.

따라서 그는 위진 현학에서 노자를 미묘한 의미로 천착하여 오류에 빠진 것을 바로잡겠다는 의식을 지니고서, "노자가 비록 성인의 도리는 아니지만, 그 글이 세상에 이미 통행하고 있으니, 그 뜻을 밝히지 않아 다음 세상을 거듭 그르칠 수는 없다"[3]고 하여, 『노자』의 올바른 해석을 위한 자신의 학문적 사명감을 밝히고 있다. 그것은 성인의 도가 아닌 경우라도 배척의 대상으로 삼아야

2 같은 곳, "自漢以前, 尊用其術, 上而爲君, 能行恭默之化, 下而爲臣, 能爲淸靜之治, 及晉之世, 士之狂誕者, 託爲玄虛無實之談·眇茫不可涯之說, 以飾其僞, 以欺一世."

3 같은 곳, "老子雖非聖人之道, 其書旣行於世, 要不可使其意不明, 重誤後世."

하는 것이 아니라, 올바른 해석을 통해 성인의 도술 속에 끌어들여야 한다는 포용주의적 태도를 분명하게 보여 주는 것이다. 또한 그는 『신주도덕경』을 저술하면서 명(明)의 진심(陳深)이 저술한 『노자품절(老子品節)』(陳深의 『諸子品節』 속에 들어 있음)과 송(宋)의 임희일(林希逸)이 주석한 『도덕진경구의(道德眞經口義)』를 이용하고 있는 사실을 밝히고 있다.[4]

박세당은 『노자』에서 '도'의 개념을 해명하는 데 초점을 맞추고 있는 것으로 보인다. 그는 '도'의 본체가 지닌 특성과 '도'의 활용에 드러나는 양상들을 파악하고, '도'를 실현하는 기본과제와 방법을 확인하며, 자연적 '도'와 인격적 '덕'의 관계와 이에 따른 '덕'의 실현방법을 주목하고, 나아가 정치의 현실에서 '도'의 실현 과제를 밝히는 데 관심을 기울이고 있다. 여기서 박세당이 『노자』를 주석하면서 보여 주는 기본입장은 유교와 노자의 근원적 소통성을 전제로 하면서, 『노자』의 경문을 이해하는 데 충실하려는 자세를 지키려는 것이라 하겠다.

---

4 김학목은 박세당의 『신주도덕경』이 『노자』의 經文은 陳深의 『老子品節』을 따른 것이라 확인하고, 『老子品節』의 經文과 차이를 보이는 11곳을 점검하였다(김학목, 『박세당의 노자』, 예문서원, 1999, 64-67쪽).

2. '도'의 실체에 대한 인식

1) '도'의 체용구조

박세당은 먼저 『노자』 제1장의 '도' 개념을 해석하면서, '도(道)'와 '명(名)' 내지 '유(有)'와 '무(無)'를 체용(體用)구조로 파악하는 사실이 주목된다.

> "'도'는 체요, '명'은 용이다. '도'는 '명'을 용으로 삼고, '명'은 '도'를 체로 삼으니, 체와 용의 두 가지는 하나를 폐지할 수 없다. 그러므로 '도'이면서 단지 '도'가 되기만 한다면 그 용이 없어서 체가 스스로 성립할 수 없으니 이른바 '상도(常道)'가 아니요, '명'이면서 단지 '명'이 되기만 한다면 그 체가 없어서 용이 스스로 수행될 수 없으니 이른바 '상명(常名)'이 아니다."[5]

박세당이 '도'와 '명'을 체용의 관계로 제시하고 있는 것은 '도'와 '명'을 본질과 현상의 관계로 이해하는 것이라 할 수 있다. 현상으로 드러난 것이 '명

---

5 『新註』 제1장, "道者體, 名者用. 道以名爲用, 名以道爲體, 體用二者, 廢一不可. 故道而但可爲道, 則無其用, 而體不能自立, 非所謂常道矣, 名而但可爲名, 則無其體, 而用不能自行, 非所謂常名矣."
唐의 陸希聲은 『道德眞經傳』(제1장 注)에서 "夫道者, 體也, 名者, 用也. 夫用因體生, 而體本無用, 名因道立, 而道本無名, 體本無用, 則用無不可, 故曰可道"라 언급하여, '도'와 '명'을 체용으로 제시하고 있는 점에서는 박세당과 일치하고 있다(조민환, 『유학자들이 보는 노장철학』, 1996, 예문서원, 298쪽에서 재인용). 여기서 박세당은 '도'와 '명'이 '體用一源'의 구조로 일체를 이루고 있음을 강조하는 입장이지만, 육희성은 '體本無用'의 인식으로 '도'가 '명'을 넘어서 있는 근원적 존재임을 강조하는 입장으로 차이를 보여 주고 있다.

(명칭)'을 갖는다면 그 현상적 '명'의 근거에는 본질로서 '도'가 내재되어 있다는 것이다. 따라서 '도'는 모든 존재의 본질이지만 현상으로 드러나지 않을 수 없는 것이 필연적 현실이기 때문에 '도'는 '명'으로 드러나고, '명'은 '도'를 내포하고 있는 것으로 보며, 바로 이 점에서 '도'와 '명'은 체용의 관계를 지닌 것으로 보았다. 여기서 그는 현상으로 드러나는 본질이 곧 '명'과 단절되지 않은 '도'로서 '항상한 도[常道]'라 하고, 본질을 내포한 현상이 곧 '도'와 단절되지 않은 '명'으로서 '항상한 명[常名]'이라 한다. 이처럼 참된 의미에서 '도'나 '명'은 체와 용이 서로 내포하여 단절되지 않은 이른바 '체용일원(體用一源)'의 관계임을 밝혀 주고 있다.

여기서 박세당이 '도'와 '명'을 해석하면서 체용의 구조로 파악하고 있다는 사실은 그의 『노자』 해석에서 가장 특징적인 입장을 드러내 주는 것으로 유의할 필요가 있다. 먼저 체용의 구조로 파악하는 것은 중국 철학에서 오랜 연원을 가지고 있다. 또한 체용의 범주에는 대체로 '본질과 현상', '본체와 작용', '실체와 속성'의 세 가지 의미가 내포되어 있는 것으로 지적된다.[6]

체용을 상대시켜 거론하여[對擧] 처음 언급한 경우는 전국시대 순자가 "만물은 같이 우주 안에 있지만 형체가 다르고, 마땅함이 없지만 작용이 있다"[7]고 언급한 구절에서 확인할 수 있다. 그 후 유학자로서 공영달(孔穎達: 唐初의 經學者)은 "'무'로써 말하면 '도'의 체에 간직되어 있고, '유'로써 말하면 '기'의 용에 간직되어 있다"[8]고 하여, 무·유를 '도체기용(道體器用)'으로 제시하였다.

체용론은 도가계열에서 심화되어, 위백양(魏伯陽: 後漢의 道士)은 "봄과 여름은 안으로 체에 의거하고, 가을과 겨울은 밖으로 용에 해당한다"[9]고 하여 '내

---

6 張立文, 『中國哲學範疇發展史』, 中國人民大學出版部, 1986, 622-624쪽.

7 『荀子』, 「富國」, "萬物同宇而殊體, 无宜而有用."

8 孔穎達, 『周易正義』, 「論易之三名」, "以无言之, 存乎道體, 以有言之, 存乎器用."

9 魏伯陽, 『周易參同契』 上卷, "春夏據內體, … 秋冬當外用."

체외용(內體外用)' 을 언급하였고, 왕필(王弼: 魏의 玄學者)은 "만물이 비록 귀중하지만, 무를 용으로 삼으니, 무를 버리고서는 체를 삼을 수가 없다"[10]고 하여, '무겸체용(无兼體用)' 을 주장하였다. '체용' 에 진정한 철학적 범주의 의미를 부여한 것은 왕필에서 시작하는 것으로 지적되고 있다. 왕필 이후 불교나 도교에서 체용론이 활발하게 논의되었다.[11]

유학의 전통에서도 현학이나 불교의 영향을 받아 송대 이후 체용론이 이론적으로 심화되었다. 송대 도학에서 체용론이 정밀하게 논의되어, 장횡거(張橫渠)는 "덕은 그 체요, 도는 그 용이다[德其體, 道其用]"(『正蒙』, 「神化篇」)라 하여, 덕체도용(德體道用: 神體化用)을 언급하고, 정이천(程伊川)은 "체와 용은 하나에 근원하고, 드러남과 미묘함은 빈틈이 없다[體用一源, 顯微无間]"(『易傳』, 「序」)고 하여, 체와 용이 분리되지 않는 근원적 일치[體用一源]를 제시하였고, 주자에 이르러서는 이·기(理·氣), 심·성(心·性), 미발·이발(未發·已發) 등 성리학의 다양한 개념이나 주제를 체용론으로 분석하고 활발하게 토론을 벌였던 사실을 확인할 수 있다. 또한 명대에 와서 왕양명(王陽明)은 "체에서 말하면 용은 체에 있고, 용에서 말하면 체가 용에 있으니, 이른바 체와 용은 하나에 근원한다"[12]고 하여, 주자에서 체와 용을 분별하여 인식하는 측면을 비판하는 입장을 밝

---

10 王弼, 『老子注』 제38장, "萬物雖貴, 以无爲用, 不能舍无以爲體."

11 張立文의 『中國哲學範疇發展史』 제17장 '體用論' 에서는 體用개념의 시대적 전개과정을 상세하게 서술하면서, 불교학자들 사이에서 활발하게 일어났던 체용론으로서, 隋代 天台宗의 開祖인 智顗는 "'體' 라는 글자는 예법으로 풀이하고, '用' 이란 능력과 작용이다[體字訓禮, 禮, 法也, …用者, 力用也]"(『妙法蓮華經玄義』)라 하고, 隋代 三論宗의 開祖인 吉藏은 이른바 五宗體用論(有體空用·空體有用·二諦各自有體·二諦唯一體·二諦以中爲體)으로 체용설을 분석하였다(『大乘玄論』). 唐代 禪宗의 六祖인 慧能은 "'定' (修定)은 '惠' (知慧)의 체요 '惠' 는 '定' 의 용이다[卽定是惠體, 卽惠是定用]"(『六祖壇經』)라 하여, 定體惠用을 제시하였다. 또한 도교에서 체용론의 전개로서, 唐初의 道士인 成玄英은 불교의 雙遣雙非의 논리를 끌어들여 '道' 와 '物' 의 관계를 해석하여 "도 바깥에 사물이 없고 사물 바깥에 도가 없으니, 용은 곧 도의 사물이고, 체는 곧 사물의 도이다[道外无物, 物外无道, 用卽道物, 體卽物道]"(『老子義疏』)라고 언급하였으며, 王玄覽은 "체가 항상함이요 청정함임을 인식하고, 용이 변화요 중생임을 인식한다[識體是常是淸淨, 識用是變是衆生]"(『玄珠錄』)고 하여 常體變用을 주장하였던 사실을 들고 있다.

12 王守仁, 『傳習錄』 卷上, "心不可以動靜爲體用, 動靜時也, 卽體而言用在體, 卽用而言體在用. 是謂體用一源."

혔다. 나아가 청나라 초기 실학자인 이옹(李顒)은 고염무(顧炎武)와 토론하면서 체를 밝히고 용에 적합하게 하는 '명체적용(明體適用)' 을 강조하면서, "도를 밝히고 마음을 간직하는 것으로 체를 삼고 세상을 경륜하고 사물을 주재하는 것으로 용을 삼는다면, 체는 참된 체가 되고 용은 실지의 용이 될 것이다"[13]라고 하여, '진체실용(眞體實用)' 을 표방하여 '허체무용(虛體无用)' 의 입장과 대립시킴으로써 경세의 실학정신을 체용론으로 제시하고 있다. 이처럼 체용론은 도학-주자학에 의해 주도된 이론이 아니라 청대의 실학이나 청 말의 양무(洋務)운동에 이르기까지 대대(對待)형식으로 세계를 해명하는 사유방법의 기본 범주로 적용되어 왔던 사실을 주목할 필요가 있다.[14]

박세당은 『사변록』에서도 "천하의 사물은 체와 용이 있지 않음이 없으니, 용이 아니면 체는 공허한 도구가 되고, 체가 아니면 용은 근본하는 바가 없다. 체와 용의 두 가지는 사물이 시작하고 끝나는 까닭이니, 그 일은 하나이고 그 공효는 같다"[15]고 하여, 주자가 "반드시 체가 수립된 다음에 용이 행할 수 있으니, 그 실지는 또한 두 가지 일이 있는 것이 아니다[必其體立而後用有以行, 則其實亦非有兩事也]"(『중용장구』)라고 언급한 체용일원의 견해를 적극적으로 인정하였다. 그러나 주자가 "계구(戒懼)로부터 집약하면 … 중(中)을 극진하게 하여 천지가 자리잡고, 근독(謹獨)으로부터 정밀하게 하면 … 화(和)를 극진하게 하여 만물이 양육된다[自戒懼而約之 … 則極其中而天地位矣, 自謹獨而精之 … 則極其知而萬物育矣]"(『중용장구』)고 언급한 데 대해, 박세당은 "'중을 극진하게 한다'는 것은 스스로 체의 일이 되고, '천지가 자리잡는' 것은 그 공효가 되며, '화

13 李顒, 『二曲集』 권26, '答顧寧人先生', "明道存心以爲體, 經世宰物以爲用, 則體爲眞體, 用爲實用."

14 淸末에 洋務운동을 벌이던 張之洞이 "중국학술을 체로 삼고 서양학술을 용으로 삼는다[中學爲體, 西學爲用]"는 '中體西用' 을 주창하였는데, 嚴復은 이를 비판하면서 "중국학술에는 중국학술의 체와 용이 있고, 서양학술에는 서양학술의 체와 용이 있다[中學有中學之體用, 西學有西學之體用]"고 밝혀, 중국과 서양의 독자적 차이를 강조하여, 이 시대의 핵심쟁점이 되었던 적이 있었다.

15 『사변록』, '중용 제1장', "夫天下之物莫不有體有用, 非用則體爲虛器, 非體則用無所本, 體用二者, 物所以終始, 其事一而其功同."

를 극진하게 한다' 는 것은 스스로 용의 일이 되고, '만물이 양육되는' 것은 그 공효가 되니, '한 가지는 체요, 한 가지는 용' 이라면 일(事)은 두 가지요 공효는 나누어지니, 이것이 어찌 활동함과 고요함의 다름이 되는 데 그칠 뿐이며, 그 실지가 두 가지 일이 있는 것이 아니라 하겠는가"[16]라고 지적하였다. 여기서 그는 주자가 체·용을 두 가지 일이 아니라 언급해 놓고도 '중' 과 '화' 를 체와 용으로 나눔으로써, '중' 에도 체와 용이 있고, '화' 에도 체와 용이 있음을 소홀히 하여 체 · 용을 분리시키는 모순에 빠지고 말았다는 비판의 견해를 밝혔다. 이처럼 박세당은 체 · 용이 실지에서 분리되지 않는다는 '체용일원' 의 입장을 관철함으로써, 용보다 체를 앞세워 실지에서 체 · 용이 분리되어 해석되고 있는 경향을 엄격하게 비판하였던 것이다.

박세당이 '도' 와 '명' 을 체용구조로 해석하고 있는 사실은 그의 입장이 지닌 특징을 보여 준다. 곧 남송 때 동사정(董思靖)은 『노자』 제1장을 주석하면서, "무욕(無欲)은 고요함이니 체의 항상함이요, 유욕(有欲)은 활동함이니 용의 시행함이다. 비록 동 · 정이 때가 같지 않고 체와 용은 나누어짐이 있다"[17]고 하고, 무욕 · 유욕 또는 무명(無名) · 유명(有名)을 체용구조로 제시하였으나 '도' 와 '명' 을 체 · 용으로 파악하지는 않았던 사실과 좋은 대조를 이루고 있다. 곧 동사정은 " '도' 란 모든 이치의 총체적 명칭이요, '명' 이란 모든 사물의 가리키는 바이다"[18]라고 하여, 이치의 명칭으로서 '도' 와 사물의 명칭으로서 '명' 의 양쪽 모두가 다른 대상을 가리키는 명칭의 병렬로서 대대(對待)관계로

---

16 같은 곳, "是則極其中者, 自爲體之事, 而天地位, 爲其功矣, 極其和者, 自爲用之事, 而萬物育, 爲其功矣. 一體一用, 事二而功以分, 是豈止爲動靜之殊而已, 而乃以爲其實非有兩事."

17 董思靖, 『道德眞經集解』 제1장, "無欲爲靜, 體之常也, 有欲爲動, 用之行也, 雖動靜不同時, 體用必有分, 妙本湛然." 董思靖은 "체와 용이 하나에 근원하므로 '같다' 하고, 나온다는 것은 곧 동·정의 의미이니, 혹은 활동하고 혹은 고요하다고 하여, 체와 용이 나누어지므로 '이름이 다르다' 고 한다[體用一源, 故曰, 同也, 出卽動靜之義, 謂或動或靜, 而體用分焉, 故曰, 異名]"고 하여, 無名·有名 내지 妙·徼를 체·용의 一源과 分別의 양면으로 분석하였다.

18 같은 곳, "道者, 萬理之總名, 名者, 萬物之所指."

볼 수 없는 것이라 보았다면, 박세당은 '도'와 '명'이 실체와 명칭 사이로서 '명(名)'과 '실(實)'이라는 대대관계의 긴밀한 결합구조로 파악하고 있다. 이 점은 그가 『노자』에서 '도'와 '명'의 개념을 도체명용(道體名用)의 체용구조로 파악함으로써, '명'과 '실'의 통합을 추구하는 그의 실학적 사유의 기본명제를 밝힌 것이라 할 수 있겠다.

또한 박세당은 '무명(無名)'과 '유명(有名)' 및 '상무(常無)'와 '상유(常有)'를 체용구조로 해석하고 있다.

> "'무명'의 체는 이치가 천지에 앞서서 갖추어져 있고, '유명'의 용은 형상이 만물의 시초에 생겨난다. '상무'라고 한 것은 위의 '상도'와 '무명'을 갖추어 그 체를 말하니, 여기서 지극히 신묘한 이치가 모든 형상을 포함하는 것을 살피고자 하며, '상유'라고 한 것은 위의 '상명'과 '유명'을 갖추어 그 용을 말하니, 여기서 지극히 뚜렷한 형상이 하나의 이치에 근원하는 것을 살피고자 한다. 체는 용을 떠나지 않고, 용은 체를 떠나지 않으니, '유'와 '무'의 둘은 그 근본이 하나이나 그 명칭이 다르니, 같이 일컬어 '현'이라고 한다."[19]

곧 이름붙일 수 없는 '무명'의 체는 이치[理]요, 이름이 붙은 '유명'의 용은 형상[象]으로 '이체상용(理體象用)'의 체용구조로 해명되고 있으며, '상도'·'무명'에 해당하는 '상무(常無)'는 체이지만 이치가 만물의 형상을 포함하는 것으로서 용을 내포하고 있는 체이며, '상명'·'유명'에 해당하는 '상유(常有)'는 용이지만 형상이 하나의 이치에 근원하는 것으로서 체에 근원하는 용이다. 그만큼 체와 용은 명칭이 다르고 존재양상이 다르지만 서로 머금고 서로 근거가 되어 체용일원(體用一源)을 이루며, 서로 떠날 수 없는 일체로서 '체용불리(體用

19 『新註』 제1장, "無名之體, 理具於天地之先, 有名之用, 象生於萬物之初. 常無云者, 該上常道·無名以言其體, 於此欲以觀至妙之理, 包含萬象, 常有云者, 該上常名·有名以言其用, 於此欲以觀至著之象, 根源一理. 體不離用, 用不離體, 有·無兩者, 其本一, 而異其名, 同謂之玄."

不離)'의 관계임을 강조한다. 이처럼 그가 체와 용이 분리될 수 없음을 역설하는 것은 바로 현실에서 유리된 원리나, 효용을 배제한 실체를 공허한 관념으로 거부하는 그의 실학적 사유방법을 확인시켜 주는 것이라 하겠다.

2) '도'의 실체와 양상

박세당은 『노자』에서 제시된 '도'의 실체를 서술하는 다양한 언급에 따라 '도'의 특성과 의미를 확인하였다. 여기서 그는 『노자』에서 '도'의 실체에 대한 전반적 규정으로 '대(大)'·'시(始)'·'박(樸)'·'허(虛)'의 네 가지 개념을 주목하고 있는 것으로 보인다. ① '대(大)'가 전체적 포괄성을 공간적 크기로 표현하고자 한 것이라면, ② '시(始)'는 생성의 근원성을 시간적 시원으로 표현한 것이라 할 수 있고, ③ '박(樸)'이 근본의 바탕을 가리키는 것이라면, ④ '허(虛)'는 존재의 실상을 가리키는 것이라 할 수 있다.

(1) 대(大)와 무형(無形)

『노자』 제25장에서는 '도'를 가리켜, "혼돈으로 이루어져 천지보다 먼저 생겨난 것이 있다[有物混成, 先天地生]"고 천지에 앞서는 시원적 존재요, 그 형상은 어떤 분별도 할 수 없는 혼돈의 상태로 제시하였다. 여기서 '도'의 기본적 양상으로, "① 적막하고 공허하며[寂兮寥兮], ② 독립하여 바뀜이 없으며[獨立而不改], ③ 두루 운행하나 위태롭지 않다[周行而不殆]"는 세 가지로 제시하고 있다. 또한 이러한 '도'를 일컬어, "'천하의 어미[天下母]'라 할 수 있으며, 별칭[字]으로 '도(道)'라 하고, 억지로 이름붙여 '대(大)'라고 한다"고 서술하고 있다. 박세당은 이 세 가지 도의 양상에 대해 ① 소리를 들을 수 없음[不可聽聞]을 말한다고 하여, 감각적 지각대상이 초월하고 있음을 지적하고, ② 항구함[久]을 말한다고 하여, 시간적 항구불변함을 가리키며, ③ 통달함[通]을 말한다고 하여, 공간적으로 무한한 통용력을 의미하는 것이라 보았다.

이러한 도의 실체는 형용하기가 어려운 것이지만, 억지로 일컬어 '대(大)' 라고 하는데, '떠난다[逝]' · '멀어진다[遠]' 는 것도 '도' 의 실체가 '크다' 는 것을 형용하여 말한 것이라 하여, '도' 가 시간적으로 무한히 지속하고 공간적으로 무궁하게 확장되는 존재임을 확인하고, '돌이킨다[反]' 는 것도 이 '도' 의 광대함 속에서 순환하는 것이니, '도' 의 실체가 '크다' 는 것을 극진하게 밝히는 것이라 강조한다.[20] 이러한 의미에서 『노자』(제28장)에서 "무극이면서 태극이다[復歸於無極]"고 말한 '무극' 의 의미도 '도' 가 크다는 것을 말한 것이라 해석하였다.[21] 주렴계(周濂溪)가 「태극도설(太極圖說)」에서 "무극이면서 태극이다[無極而太極]"라고 언급한 구절에서 '무극' 도 바로 크다[大: 太極]는 뜻으로 해석한 것이라 할 수 있다.

'도' 를 모든 것을 포괄하는 전체성에서 '크다' 고 일컬을 수 있지만, 그것은 어떤 형상으로도 구체화될 수 없는 것이므로 '무형(無形)' 하다고 부정의 형식으로 서술되지 않을 수 없다. 『노자』 제41장에서는 "큰 소리는 들리지 않으며, 큰 형상은 형체가 없고, 도는 감추어져 이름이 없다[大音希聲, 大象無形, 道隱無名]"고 하였는데, 이에 대해 박세당은 "형체가 있은 다음에 이름이 있는데, 도는 형체가 없으니, 그러므로 '도는 감추어져 이름이 없다' 고 한다"[22]고 해석하였다. '대(大)' 는 소리가 큰 경우나 형상이 큰 경우나 이미 궁극적으로 '크다' 는 사실은 감각적 지각대상을 넘어서는 것이다. 따라서 '도' 는 형상화할 수

---

20 『新註』 제25장, "寂兮寥兮, 言其不可聽聞也, 獨立而不改, 言其久也, 周行而不殆, 言其通也. …日逝·日遠, 所以形容其大也, 日反者, 復反於大也, 此極言道體之大."

21 『新註』 제28장, "無極, 言其大也."

22 『新註』 제41장, "有形然後有名, 道則無形, 故日, 道隱無名.
박세당은 『노자』 제35장에서 "큰 형상을 붙잡는다[執大象]"는 구절의 '큰 형상[大象]' 을, '형상이 없는 형상' 으로 '도' 를 가리키는 것이라 해석하였다(『新註』 제35장, "大象, 道也, 卽無象之象").

없으니 '무형'이요, 이름붙일 수 없으니 '무명'이라 일컫게 된다.

또한 『노자』 제14장에서 '보아도 보이지 않는 것[夷]', '들어도 들리지 않는 것[希]', '붙잡아도 얻지 못하는 것[微]'의 세 가지를 들고, "이 세 가지는 분변할 수 없으므로 섞어서 하나로 삼는다[此三者, 不可致詰, 故混而爲一]"는 구절에 대해, 박세당은 "이 도의 실체는 미묘하여 보고 듣고 당기고 붙잡는 것으로 미치는 바가 아니다"[23]라고 언급하였다. 감각이나 행위로 경험되거나 지각될 수 있는 것이 아니다. 이처럼 형상으로 포착할 수 없는 도의 실체를 '홀황(惚恍)'이라 일컫는 것에 대해서도, 그는 "정해진 것이 없다는 뜻이요, 있는 듯하기도 하고 없는 듯하기도 하다"[24]고 하여, 일정한 형상으로 드러나지 않는 '도'의 실체를 표현한 것으로 제시하고 있다.

(2) 시(始)와 모(母)

『노자』 제1장에서 "'무명'은 천지의 시원이다[無名, 天地之始]"라 하고, 제52장에서는 "천하에는 시원이 있으니, 천하의 어미가 된다[天下有始, 以爲天下母]"고 언급하였다. 여기서 박세당은 "시원이란 도의 근본적 실체가 되며, 어미란 도의 신묘한 작용이 된다. 실체로 인하여 작용이 있으므로, '시원이 있어서 어미가 된다'고 말하였다"[25]고 해석하였다. 천하의 시원으로서 '시(始)'를 도의 실체라 하고, 그 실체에 상응하는 작용으로서 만물의 어미인 '모(母)'를 드러내며, 체와 용이 서로 유리될 수 없으므로 시원(始)과 어미(母)를 도의 체용 구조로 제시하고 있는 것이다.

시원과 어미의 체용관계는 바로 '도'가 만물을 생성하는 시원이요 생성하는 어미가 됨을 의미한다. 『노자』 제20장에서 "어미에게서 먹을 것을 구하는

---

23 『新註』 제14장, "此道體之微妙, 非視聽控搏所及也."

24 같은 곳, "惚恍者, 不定之意, 若存若亡."

25 『新註』 제52장, "始爲道之本體, 母爲道之妙用, 因體而有用, 故曰, 有始以爲母."

것을 귀하게 여긴다[貴求食於母]"는 구절에 대해, 박세당은 "도가 만물을 생성하므로 어미라고 한다"[26]고 하여, 도의 작용으로서 '도'가 만물을 생성하는 어미임을 확인하고 있다. 이것은 『노자』 제25장에서 "천지보다 먼저 생겨났다[先天地生]"는 것은 바로 도의 실체로서 '도'가 천지와 만물에 앞서 있는 시원이라는 의미와 대응이 되는 것이다.

박세당은 도의 실체로서 '시(始)'가 『노자』에서 다른 명칭으로 일컬어지는 사실을 지적하고 있다. 곧 『노자』 제6장에서 언급한 '천지의 뿌리[天地根]'라는 말에 대해서도, "도는 천지가 말미암아 생성되는 것이므로 뿌리라 한다"[27]고 하여, '시원[始]'과 같은 의미로서 '뿌리[根]'라 일컫기도 하는 것으로 본다. 또한 『노자』 제14장의 "옛 도를 붙잡고서 지금의 있음을 거느린다. 옛 시원을 알 수 있으니, 이를 '도기'라 한다[執古之道, 以御今之有, 能知古始, 是謂道紀]"는 구절에 대해, 그는 '도'를 '옛 도[古之道]'라고 하는 것은 '도'가 천지에 앞서 있기 때문이라 하여, '고(古)'를 '시(始)'와 같은 의미로 해석한다. 또한 그는 "'무'로써 '유'를 거느리며, '도'로써 사물을 부리니, 도가 스스로 나오는 바를 알기 때문에 '도기(道紀)'라 한다"[28]고 하여, '유(有)'와 '물(物)'의 현상적 세계를 지배하는 시원으로서 도를 가리켜 '도기' 곧 '도의 강령'이라 일컫는 것이라 지적하였다.

『노자』 제39장에서는 "만물이 하나를 얻어서 생성된다[萬物得一以生]"는 구절에 대해, 박세당은 "만물의 생성은 또한 이 도를 얻으니, 비어 있는 기운이 조화를 이룬다"고 하여, '시원'으로서의 '도'를 '하나[一]'라 확인하고, 이 '하나'를 '겸허의 본체'로 제시하기도 한다.[29] 또한 그는 '도'가 만물을 생성함에

---

26 『新註』 제20장, "道生萬物, 故曰母."

27 『新註』 제6장, "道乃天地所由生, 故曰根."

28 『新註』 제14장, "道在天地之先, 故曰古. 執古之道, 以御今之有, 以無御有·以道制物也, 知道之所自生, 故謂之道紀."

29 『新註』 제39장, "一者, 道也. … 知此所謂一者, 卽謙虛之體也. … 萬物之生, 亦得此道, 沖氣爲和."

는 '비어 있는 기운이 조화를 이룬다[沖氣爲和]' 는 현상을 제시하고 있다. 이를 좀 더 구체적으로 설명한 경우로서, 『노자』 제42장에서 "도는 하나를 낳고, 하나는 둘을 낳고, 둘은 셋을 낳고, 셋은 만물을 낳으니, 만물은 음을 등에 지고 양을 가슴에 안아서 비어 있는 기운으로 조화를 이룬다[道生一, 一生二, 二生三, 三生萬物, 萬物負陰而抱陽, 沖氣以爲和]"고 하였다. 이에 대해 박세당은 '하나' 를 태극이라 하며, '둘' 을 양의(兩儀: 陰 · 陽)라 하고, '셋' 을 삼재(三才: 天 · 地 · 人)로 파악한다. 여기서 '하나' 를 바로 '도' 라고 하는 경우와, '도' 가 '하나' 를 낳으며 그 '하나' 가 태극이라 언급하는 경우에는 분명한 차이를 드러내고 있는 것이 사실이다. 그러나 그는 "노자의 도는 '무위' 를 근본으로 삼으니, 그러므로 '도가 하나를 낳는다' 라고 한다"[30]고 하여, "'도' 가 하나를 낳는다"라는 말은 '하나' 의 위에 '도' 가 별도로 있어서 '하나' 를 낳는 것이 아니라 본다. 곧 '도' 와 '하나' 의 사이에 '낳는다[生]' 는 것은 '어떤 행위가 있는 것[有爲]' 이 아니라 '행위가 없는 것[無爲]' 임을 지적함으로써, '도' 가 '하나' 로 드러나는 것이지 낳는 행위를 의미하는 것이 아님을 보여 준다. 따라서 박세당은 '하나' 와 '태극' 이 동일한 것이요, 모두 시원으로서 '도' 를 가리키는 것임을 제시하고 있는 것이다.

이와 더불어 박세당은 만물의 생성에서 '비어 있는 기운이 조화를 이룬다[沖氣爲和]' 는 의미로서, "'음을 지고 양을 안는다' 는 것은 음· 양의 두 기운을 사물이 품부받아서 생겨나므로 지고 안아서 분리되지 않는다"고 하고, "'비어

30 『新註』 제42장, "一, 太極, 老子之道, 以無爲爲宗, 故曰道生一, 二, 兩儀, 三, 三才."
박세당은 "載營魄抱一"을 해석하여, "백(魄: 精 · 氣)에 혼(魂: 神)을 싣고 '하나' 를 안는다"라 하고, 이 '하나[一]' 를 "순수하게 한 가지로 뒤섞임이 없으니 도의 본체이다[純一不雜, 道之體也]"라고 하여, '하나' 와 '도' 를 동일한 것으로 확인함으로써, '도' 와 '하나' 의 관계를 '도' 에서 '하나' 가 산출되어 나오는 것으로 보는 견해가 아님을 밝히고 있다(『新註』 제10장). 또한 그는 "道生之"를 해석하여, "만물이 음· 양의 기운을 갖추어 받아서 태어나니, 음과 양은 하나의 도이다[萬物俱受陰陽之氣以生, 陰陽一道也]"라고 하여, '도' 가 낳는다는 것은 음· 양의 '기(氣)' 로써 만물을 낳는 것이요, 음· 양도 그 근원에서 하나의 '도' 임을 제시하고 있다(『新註』 제51장).

있는 기운'이란 비어 있으나 조화로운 기운이니, 사물이 이 비어 있는 조화로운 기운을 보존하지 않음이 없어서 어울리므로 서로 자리잡아 해치지 않고 스스로 지켜 오래갈 수 있다"[31]고 해석하였다. 여기서 그는 만물의 생성에는 '도'가 시원이요 어미가 되지만, 그 과정에 음·양의 두 기운[氣]이 부여되어 조화를 이루고 있는 것이라 하여, 생성의 조건으로서 음·양의 기를 제시하고 있다. 그는 '음·양의 두 기운[陰陽二氣]'과 '비어 있는 조화로운 기운[沖虛之氣]'의 성격을 명확하게 설명하고 있지는 않지만, '음양의 두 기운'이 생성의 과정에서 나타나는 조건이라 한다면, '비어 있는 조화로운 기운'은 생성의 시원으로서 '도'의 실체를 가리키는 또 하나의 개념으로 이해하고 있는 것이라 생각된다. 그것은 시원으로서의 '도'를 일기(一氣)라 보면 바로 '비어 있는 조화로운 기운'을 가리키는 것이라 할 수 있고, '도'의 생성작용에서 가장 먼저 나타나는 분별의 형식을 '음·양의 두 기운'이라 보고 있는 것이라 하겠다. 그렇다고 박세당이 '도'는 '기(氣)'요 '이(理)'가 아니라는 견해를 제시한 것이라 할 수는 없다. 오히려 그는 '도'의 실체를 설명하는 개념으로써 '이'를 적용시킬 수도 있고 '기'를 적용시킬 수도 있는 것으로 보는 견해라 할 수 있다.

또한 『노자』 제40장에서는 "천하만물이 '유'에서 생기고, '유'는 '무'에서 생긴다[天下萬物生於有, 有生於無]"고 언급하여, '무'에서 '유'가 나오고, '유'에서 만물이 나오는 생성 과정을 보여 준다. 따라서 '무'를 생성의 시원으로 '도'라고 인식하며, '유'는 '무'에서 생성되어 나오는 것으로 이해되고 있음을 알 수 있다. 곧 왕필은 "천하의 사물은 모두 '유'로써 생겨나고, '유'의 비롯함은 '무'를 근본으로 삼는다"[32]라고 하여 생성의 시원으로 '무'를 확인하고 있다. 또한 최근의 왕회(王淮)는 『노자』의 이 구절을 '노자 철학사상에서 우

31 같은 곳, "負陰抱陽, 陰陽二氣, 物之所稟, 故其生也, 亦負抱而不離也. 沖氣, 沖虛之氣. 凡物莫不保此沖虛之氣, 以爲和, 故能相處而不害, 自持而能久."

32 王弼, 『老子注』 제40장, "天下之物, 皆以有爲生. 有之所始, 以無爲本."

주론의 기본공식'이라 지적하고, "'무'는 '도(우주만물이 의거[據]하여 생성되는 기본원리)'를 비유한 것이요, '유'는 '실유(實有: 우주만물이 바탕[資]하여 생성되는 기본원질)'이다. 그러므로 '무'는 선험적 형이상의 도[形而上之道]요, '유'는 경험적 형이하의 기[形而下之器]이다"[33]라고 언급하여, '무'와 '유'를 원리인 '도'와 원질인 '실유'에 해당시켜, 생성과정의 단계에서 위치를 명확히 분별함으로써 '무'가 선행하는 것으로 보고 있다.

그러나 박세당은 이 구절에 대해, "'유'가 '무'에서 생긴다는 것은 무릇 사물이 '무'로부터 생긴다는 것을 말하여, '활동[動]'이 '고요함[靜]'에서 나오고, '강함[强]'이 '약함[弱]'에서 나오는 것임을 밝힌다"[34]라고 해석하였다. 그것은 '유무'의 관계가 '동정[動靜]'이나 '강약[强弱]'의 관계에 상응하는 것으로 파악하는 것이요, 체용관계나 본말관계의 의미로서 "'유'는 '무'에서 생긴다"는 말은 '무'가 '유'의 근본이 된다는 의미를 강조한 것이지, '무'를 '유'에 선행시키는 발생 과정의 순서를 의미하는 것이 아니라 할 수 있다. 이러한 해석은 유교의 우주론과 노자의 우주론을 차별적으로 보는 관점이 아니라 서로 소통할 수 있는 것으로 보는 관점을 드러내 주는 것이라 하겠다.

(3) 박(樸)과 질(質)

『노자』 제32장에서 "도는 항상 '무명'으로 '박'이다[道常無名, 樸]"라 하고, 제37장에서는 '무명의 박[無名之樸]'을 언급하였다. 이에 대해 박세당은 '박'을 '도'라고 확인하고, "'박'은 하는 것이 없고 돈독한 바탕의 실체로서 도의 근본이 된다. 그러므로 '무명'이라 한다"[35]고 해석하였다. 곧 '박'은 어떤 행위로 드러나기 이전인 '무위(無爲)'로서 바탕이 되는 '질(質)'이며, 이름붙일 수도

---

33 王淮, 『老子探義』, 臺灣商務印書館, 1969, 164쪽.

34 『新註』 제40장, "有生於無, 言凡物自無而生, 以明動生於靜, 强生於弱也."

35 『新註』 제37장, "樸, 卽無爲敦質之體, 而爲道之本, 故曰無名."

없는 '무명(無名)' 으로 도의 실체임을 확인하고 있다.

또한 『노자』 제28장에서 " '박' 이 흩어지면 그릇이 된다[樸散則爲器]" 고 언급한 구절에 대해, 박세당은 " '도' 가 천지와 만물을 생성하는 것을 말한 것이다" 라고 해석하여, '박' 을 시원으로서의 '도' 로 보고, 바탕으로서의 '박' 이 흩어져 구체적 형상의 사물인 그릇[器]이 되는 것을 만물의 생성으로 설명하기도 한다. 여기서도 그는 " '박' 은 그 바탕을 말하고, 바탕이란 도의 실체이다"[36]라고 하여, '박' 이 바탕이요, '도' 의 실체임을 확인하고 있다.

(4) 허(虛)와 묘(妙)

『노자』 제4장에서는 "도는 비어 있어서 이를 써도 가득 차지 않은 듯하다[道沖而用之或不盈]" 고 언급한 데 대해, 박세당은 "도의 실체는 본래 비어 있다. 그러므로 써도 언제나 가득 차지 않는다"[37]고 해석하였다. 곧 그는 '도' 의 실체를 '허(虛)' 로 규정함으로써, '도' 는 아무리 써도 그 비어 있음이 사라지는 일이 없음을 보여 준다. 여기서 '도' 가 비어 있다는 것은 아무것도 없는 공허함을 가리키는 존재론적 의미가 아니다. 비어 있음을 가리키는 '허(虛)' 는 '충(冲)' 이라 쓰이는데, '충(沖·冲)' 은 그릇에 속이 비어 있다는 뜻의 옛 글자인 '충(盅)' 과 같은 의미이다. 따라서 빈 그릇의 비어 있음을 가리키는 '충(冲·盅)' 은 모든 것을 받아들일 수 있다는 포용력을 표상한 것이라 할 수 있을 것이다.[38]

도가 비어 있다는 '허' 는 빈 골짜기로 비유하기도 한다. 『노자』 제6장에서는 "골짜기 귀신은 죽지 않으니, 이를 '현빈' 이라 한다[谷神不死, 是謂玄牝]" 고 언급하였다. 박세당은 '골짜기[谷]' 란 '비어 있음[虛]' 이요, '귀신[神]' 이란 '신묘함[妙]' 이라 하고, '현빈' 의 '현(玄)' 은 '귀신' 이요, '빈(牝)' 은 '골짜기' 를 가

36 『新註』 제28장, "樸, 言其質也, 質者, 道之體. 樸散則爲器, 言道生天地萬物也."

37 『新註』 제4장, "道體本虛, 故用之常不盈."

38 朱謙之, 『老子校釋』, 中華書局, 1984, 18쪽, "冲, 傅奕本作盅, … 蓋器中之虛曰盅, 盅則容物."

리키는 것으로 '현빈' 이란 '골짜기 귀신[谷神]' 의 다른 명칭으로 확인한다. 여기서 골짜기의 비어 있음[虛]과 귀신의 신묘함[妙] 사이의 관계를 '체허용묘(體虛用妙)' 의 체 · 용 구조로 제시하고 있다. 따라서 그는 '도' 를 '허(虛: 谷·牝)' 의 체와 '묘(妙 – 神·玄)' 의 용이 중단됨이 없이 항구적으로 살아 움직이는 것임을 보여 준다.[39]

『노자』 제11장에서 "수레 · 그릇 · 방의 경우를 들어 속이 비어서 없음[無]으로써 그 쓰임[用]이 있게 된다고 언급하였는데, 박세당은 이 세 가지[車·器·室]에 대해 "모두 그 '있음' 을 바탕으로 이로움을 삼지만, 그 받아들임에 이르러서는 모두 그 속이 비어 사물을 받아들이는 것에 의거할 뿐이다. '없음' 이란 그 속이 비어 있음[虛中]을 말한다. 이것은 속이 비어 있음의 신묘한 작용을 형용한 것이다"[40]라고 해석하였다. 곧 한 사물에서 형체가 있는 '유(有)' 의 요소와 비어서 형체가 없는 '무(無)' 의 요소로서 두 가지가 있음을 주목하고, '유' 의 요소가 편리함의 이로움을 주지만, 속이 비어 있는 '무' 의 요소가 사물을 수용하는 활용을 가능하게 해주는 전제조건임을 제시한 것이다. 바로 이 점에서 박세당이 『노자』에서 말하는 '무(無)' 는 존재를 지워 버리는 부정의 '무[空無 · 虛無]' 가 아니라고 해석한 것이다. 그는 '무' 를 '속이 비어 있음[虛中]' 이라 강조함으로써, 동일한 존재에서 형체가 있어 편리함을 제공하는 '유' 에 상응하는 것이요, 다른 사물을 받아들일 수 있는 활용의 근거가 되는 것임을 중시하고 있다. 여기서 '무' 는 '속이 비어 있음' 으로써 모든 작용의 근거가 된다는 점에서 바로 '도' 의 실체를 가리키는 명칭이 되고 있는 것이라 하겠다.

또한 '허' 는 감각적 지각을 넘어서는 실체로 제시되기도 한다. 『노자』 제21장에서 " '도' 라는 것은 오직 황홀하다[道之爲物, 惟怳惟惚]" 고 하였는데, 박세당

---

39 『新註』 제6장, "谷, 虛也, 神, 妙也. … 其體虛而其用妙, 故能不屈, 以言道也. 玄, 卽神, 牝, 卽谷."

40 『新註』 제11장, "三者皆資其有以爲利, 而至其受用, 則皆賴其虛中而容物耳. '無' 者, 言其虛中也, 此形容虛中之妙用."

은 이에 대해 "그 신묘함은 볼 수가 없으나, 그 이치는 눈앞에 벌여 있음을 말한다. 지극히 비어 있으면서 지극히 충실하니, 곧 이른바 '형이상자' 요, 주렴계가 말하는 '무극이면서 태극이다' 라는 것이 또한 이 뜻이다"[41]라고 해석하였다. 곧 '도' 는 감각적 형상으로 지각할 수 없기 때문에 '허' 라고 일컫지만, 아무것도 없는 존재의 부정이 아니라, 어디에나 펼쳐져 있는 '이치[理]' 라 제시하며, 따라서 이치로서의 '도' 는 감각적 대상을 초월한 것으로서 '허' 이며, '형이상자(形而上者)' 요, '무극이태극(無極而太極)' 이라 확인된다. 그러나 그는 '무' 가 '유' 와 분리되거나 대립된 것으로 보지 않았던 것처럼, '허(虛)' 도 '실(實)' 과 대립된 것이 아니라, '허' 와 '실' 이 '도' 의 실체가 지닌 양면적 성격으로 제시하여, '도' 는 지극히 '허' 하면서 동시에 지극히 '실' 함을 강조하고 있는 것이다.

나아가 박세당은 '도(道)' 의 실체로서 '허' 를 '고요함[靜]' 과 연결시켜 '허정(虛靜)' 을 중시한다. 곧 『노자』 제40장에서 "돌이키는 것은 '도' 의 활동이요, 약하다는 것은 도의 작용이다[反者, 道之動, 弱者, 道之用]" 라고 언급한 구절에 대해, "돌이킨다는 것은 고요함을 말한다. 고요한 다음에 활동할 수 있으며, 약한 다음에 강할 수 있으니, '도' 는 비우고 고요함을 체로 삼고, 겸손하고 유약함을 용으로 삼는다"[42]라고 하여, '허정(虛靜)' 과 '겸약(謙弱)' 을 '도' 의 체용관계로 제시하고 있다. '돌이킨다[反]' 는 것은 '도' 의 기본적인 작용형식인데, 그는 그 '돌이키는' 작용의 활동적 성격에서 그 근거에 '고요함' 의 본체를 주목하고 있는 것이며, '비우고 고요함[虛靜]' 을 '도' 의 본체로 파악하면서 이 본체에 상응하는 '도' 의 작용으로 '겸손하고 유약함' 을 제시한 것이다. 여기서 박세당이 '도' 의 활동형식인 '반(反)' 을 '허(虛)' 로 해석하면서, '허' 는 비어 있

---

41 『新註』 제21장, "言其妙不可見, 其理則參前, 蓋至虛而至實, 卽所謂形而上者. 濂溪云, 無極而太極, 亦此意也."

42 『新註』 제40장, "反, 謂靜也, … 靜而後能動, 弱而後能强, 道以虛靜爲體, 謙弱爲用."

음의 의미와 더불어 순환하는 '도'의 활동 근거로서 적극적인 의미를 확인하고 있는 것이 주목된다.

3. 행도(行道)와 수덕(修德)의 실현

1) '도'의 실현과 과제

'도'는 스스로 자기실현을 하고 있으므로, 인간은 '도'가 스스로 실현하는 양상을 인식하고 '도'를 따라 실천함으로써, 현실 속에서 '도'의 실현을 확보할 수 있는 것이다. 박세당이 『노자』 해석을 통해 '도'를 실현하는 과제와 방법에 깊은 관심을 기울이고 있는 것도 바로 인간이 '도'를 어떻게 드러내고 실현하느냐의 문제라 할 수 있다. 먼저 인간은 삶의 현실 속에서 '도'를 체득하여 언어[言]로 표출함으로써 '도'를 실현하는 길을 찾아가는 것이 '도'의 실현과정에서 출발점이 될 수 있을 것이다. 이와 더불어 '도'의 양상을 본받아 인간이 '도'를 실현하는 방법으로서는 마음을 비우고 고요하게 하는 '허정(虛靜)'과 태도를 부드럽고 미약하게 하는 '유약(柔弱)'의 방법이 주목된다. 또한 '도'를 실현하는 과정에서는 진실함을 증대시켜 가고 헛된 것은 덜어내 가는 '손익(損益)'이라는 두 방향의 실천과제가 강조되고 있다. 곧 '도'의 실현을 위한 기본과제는 ① '도'의 인식으로 '말[言]', ② '도'를 실현하기 위한 마음의 조건으로서 '허정(虛靜)', ③ '도'를 실현하는 행위의 태도로서 '유약(柔弱)', ④ 실천의 과제로서 '손익(損益)'의 네 가지로 들 수 있다.

(1) 말[言]과 '도'의 인식

여기서 먼저 '도'를 알기 위해서 인간의 언어[言]는 어떤 역할을 할 수 있는 것인지 확인할 필요가 있다. 『노자』 제35장에서 "'도'가 언어로 나오면, 담담하여 맛이 없고, 보아도 볼 수 없고, 들어도 들을 수 없고, 써도 다 쓸 수 없다[道之出言, 淡乎其無味, 視之不足見, 聽之不足聞, 用之不足旣]"는 구절에 대해, 그는 "도는 소리도 없고 냄새도 없으니, 이 때문에 '도'에 말미암은 말은 담담하여 맛을 보아도 맛이라 하기에 부족하고 들어도 듣기에 부족하며, 대중이 기뻐할 것이 아니다"[43]라고 해석하였다. 곧 '도'가 감각적 지각을 넘어서 있으며, 언어로 형용될 수 없는 것이므로, '도'에 말미암아 표출된 언어도 맛이나 소리로 대중의 감각을 기쁘게 해주는 것이 아니지만, 오직 이 '도'를 지킴으로써 천하가 귀의하여 돌아오는 효과를 거둘 수 있음을 지적하고 있는 것이다.

또한 『노자』 제70장에서 "나의 말은 매우 알기 쉽고 매우 행하기 쉬우나, 천하에는 알지 못하고 행하지 못한다. 말에는 종지가 있고, 일에는 주장이 있다[吾言甚易知, 甚易行, 天下莫能知, 莫能行, 言有宗, 事有君]"고 언급한 구절에 대해, 그는 "말에는 핵심이 있고, 일에는 주장이 있으니, 진실로 말에 근거하여 핵심을 찾을 수 있고 일에 나아가서 주장을 찾을 수 있다면 그 알고 행함도 어려움이 없을 것이다"[44]라고 해석하였다. 여기서 '나의 말'이란 '도'를 간직한 말이라 할 수 있다. 소동파(蘇東坡)는 "말이란 도의 통발이요, 일이란 도의 자취이다"[45]라고 하여, '말'이 물고기를 잡는 통발[筌]처럼 도를 간직하여 드러내는 도구로 보았다. 따라서 말을 들으면 그 말에 사로잡히지 말고, 그 말이 가리키는 근본취지[宗·脊]를 파악해야 '도'를 알고 실현할 수 있음을 확인하고 있는

---

43 『新註』 제35장, "大象, 道也, 卽無象之象. … 若道則憮聲無臭, 是以由道之言, 淡淡然, 味之而不足於味, 聽之而不足於聽, 非衆人之所悅."

44 『新註』 제70장, "夫言則有脊, 事則有主, 苟能因言求脊, 就事求主, 則其於能知能行, 亦無所難."

45 "言者, 道之筌也, 事者, 道之迹也." 蘇東坡의 이 언급은 焦竑, 『老子翼』(제70장)에서 재인용함.

것이다. 그만큼 말은 '도'를 그대로 드러낼 수 없는 것이요, '도'는 말로 형상화될 수 없는 것이지만, 말이 '도'를 알 수 있는 매개의 도구가 된다는 사실을 중시하고 있다. 이처럼 '말'이 '도'를 간직하고 있다는 사실은 비유하자면 '겉에는 비천한 자의 누추한 베옷을 입었지만 속에는 보배로운 옥을 품고 있는 것[被褐懷玉]'으로 제시되고 있는 것이다.

(2) 허정(虛靜)과 무위(無爲)

'도'의 실체가 '비어 있고 고요함[虛靜]'이라면, '도'의 실현을 위해서는 마음을 '비우고 고요하게 함[虛靜]'이 중시되지 않을 수 없다. 『노자』 제15장에서 "누가 혼탁함을 고요하게 함으로써 서서히 맑아지게 할 수 있고, 누가 편안함을 오래가게 함으로써 서서히 생겨나게 할 수 있는가[孰能濁以靜之徐淸, 孰能安以久之徐生]"라는 구절에 대해, 박세당은 "'무위'를 하면 만물이 스스로 감화된다"고 해석하여, 고요함이나 오래도록 지속함으로 기다리는 것은 어떤 의도적이나 조작적인 행위가 없는 '무위'라 하여, '무위'를 통해 대상의 사물이 저절로 변화하게 하는 것이 바로 '도'를 실현하는 방법임을 제시한다. 이어서 "이 도를 보존하는 자는 가득 채우고자 하지 않는다[保此道者, 不欲盈]"라는 구절에 대해, 그는 "이 도를 보존하고 유지하는 자는 겸손하여 비우는 것을 귀중하게 여기고 가득 차서 넘치는 것을 경계한다"[46]라고 하여, '도'를 지키는 중요한 조건으로 '겸허[謙冲]'함을 강조하고 있다.

『노자』 제45장에서는 '도'가 드러나는 실현양상을 '크게 이루어진 것은 모자란 듯하고[大成若缺]', '크게 가득 찬 것은 비어 있는 듯하고[大盈若冲]', '크게 곧은 것은 굽은 듯하고[大直若屈]', '크게 교묘한 솜씨는 서툰 듯하고[大巧若拙]', '크게 변론하는 말은 더듬는 듯하다[大辯若訥]'는 다섯 가지로 서술하고

46 『新註』 제15장, "爲無爲而物自化也. … 言保持此道者, 貴謙冲而戒滿溢."

있는데, 박세당은 이 다섯 가지를 '비우고 고요함의 실체'라 하여, '도'의 실체를 설명한 것으로 파악한다. 이어서 그는 "조급함은 추위를 이기고, 고요함은 더위를 이긴다. 맑고 고요함이 천하를 바르게 한다[躁勝寒, 靜勝熱, 淸靜爲天下正]"는 구절에 대해, 그는 "고요함과 조급함의 이치를 말하여 맑고 고요함이 혼탁하고 번성함을 제어하여 천하를 바르게 함을 밝힌 것이다"[47]라고 해석하였다. '도'의 실체가 비우고 고요함[虛靜]이라면, 이 '도'를 세상에서 실현하는 방법도 '맑고 고요함'을 확립함으로써 가능하다는 사실을 제시하고 있는 것이다.

또한 『노자』 제22장에서 "꺾이면 온전하게 되고, 굽히면 곧아지고, 패이면 채워지고, 낡으면 새로워지고, 적으면 얻게 되고, 많으면 미혹된다[曲則全, 枉則直, 窪則盈, 敝則新, 少則得, 多則惑]"라고 언급한 것에 대해, 박세당은 "천도는 가득 찬 것을 기울어지게 하고 겸허한 것을 보태어 준다"고 하여, '천도(天道)'의 실현양상을 '휴영익겸(虧盈益謙)'이라 확인하고, 이어서 그는 성인이 '도[一]'를 안고서 천하의 법도로 삼는 방법으로 '스스로 드러내지 않고[不自見]', '스스로 옳다고 여기지 않고[不自是]', '자랑하지 않고[不伐]', '자만하지 않는다[不矜]'는 실천 조목에 대해 모두 "마음을 비워 다투는 바가 없으니, (자신을) 꺾는 도이다"[48]라고 해석하였다. 곧 '도'의 실현양상이 '가득 찬 것에는 기울어지게 하고, 겸허한 것에는 보태어 주는[虧盈益謙]' 것이라면, 성인이 '도'를 간직하여 천하의 법도를 제시하는 '도'의 실현방법도 '도'의 실현양상을 본받아 마음을 비우고 겸허하게 하는 것이라 확인한다.

---

47 『新註』 제45장, "五者, 皆言虛靜之體, 躁勝寒, 靜勝熱, 此言靜躁之理, 以明淸靜之能御坌濁鬧熱, 而爲天下之正也."

48 『新註』 제22장, "天道虧盈而益謙, … 是以聖人抱道, 以爲天下法, 不自見, 則聰明廣, 不自是, 則德善彰, 不伐, 則克有功美, 不矜, 則能保身名, 四者, 皆虛心而無所爭, 曲之道也."
여기서 '不自伐'과 '不自矜'은 『서경』(大禹謨)의 "汝惟不矜, 天下莫與汝爭能, 汝惟不伐, 天下莫與汝爭功"의 구절과 긴밀하게 상응되는 것으로 보인다.

나아가 『노자』 제47장에서 “성인은 다니지 않아도 알고, 보지 않아도 이름 붙이며, 하지 않고도 이룬다[聖人不行而知, 不見而名, 不爲而成]”고 한 구절에 대해, 그는 “조급하고 소란한 자는 ‘도’에 어둡고, 맑고 고요한 자는 ‘이(理)’에 밝으니, 그러므로 ‘일 없음’을 귀하게 여긴다는 것을 말한다”[49]고 해석하였다. 조급하고 소란한 것이 아니라, 아무런 번거로운 일이 없는 ‘무사(無事)’를 소중히 하여 마음을 맑고 고요하게 함으로써 ‘도’ 내지 ‘이(理)’를 밝게 드러낼 수 있다는 것이다. 여기서 ‘비우고 고요함[虛靜]’이란 안으로 마음을 비우고 고요히 하는 것이요, 밖으로 번잡한 일을 벗어나서 비우고 고요하게 하는 것은 바로 ‘무위(無爲)’요, ‘무사(無事)’로서, 마음의 ‘허정’과 서로 분리되지 않고 서로 연관된 것임을 알 수 있다.

(3) 유약(柔弱)과 약승강(弱勝强)

‘도’의 실체가 ‘부드럽고 미약함[柔弱]’이라면, ‘도’의 실현하는 행위도 ‘부드럽고 미약함[柔弱]’으로 이루어져야 하는 것으로 볼 수 있다. 『노자』 제52장에서 “작은 것을 보는 것을 밝다고 하고, 부드러움을 지키는 것을 강하다고 한다. 그 빛을 쓰면서 다시 그 밝음으로 돌아가면, 자신에 재앙을 남기지 않으니, 이는 항상함을 익히는 것[習常]이 된다[見小曰明, 守柔曰强. 用其光, 復歸其明, 無遺身殃, 是爲習常]”고 한 구절에 대해, 박세당은 ‘작은 것[小]’을 사물의 이치가 매우 미세함이라 하여, ‘작은 것을 본다’는 것이나 ‘그 빛을 쓴다’는 말은 ‘도’에서 생성되어 나온 만물로서 ‘자식을 아는 것[知其子]’에 해당한다 하고, ‘부드러움을 지키는 것’이나 ‘그 밝음으로 돌아간다’는 것은 만물을 생성하는 시원인 ‘도’로서 ‘어미를 지키는 것[守其母]’에 해당하는 것이라 한다.[50]

---

49 『新註』 제47장, “言躁擾者, 暗於道, 淸靜者, 明於理, 故以無事爲貴也.”

50 『新註』 제52장, “見小, 謂知其子, 守柔, 謂守其母, 用其光·歸其明, 謂旣知其子, 復守其母.”

여기서 그는 만물의 이치를 인식하는 '밝음[見小-明]'을 만물을 아는 것이라 하고, 부드러움을 지키는 '강함[守柔-强]'을 시원의 '도'를 지키는 것이라 확인하고 있는 사실은, 한편으로 '도'를 지키는 방법이 바로 '부드러움[柔]'임을 확인하는 것이요, 다른 한편으로 '도'를 지키는 것과 만물의 이치를 아는 것이 체용관계를 이루는 것임을 제시하고 있는 것이다. 이처럼 만물의 미세한 이치까지 보는 '밝음'으로 만물을 알면서, 동시에 부드러움으로써 강함을 이기는 '강함'이 '도'를 지키는 것이 바로 항상한 '도'를 밝히고 실현시켜 가는 것이라는 의미에서 '습상(習常)'이라 일컫는 것이라 해석한다.[51]

'도'를 실현하는 방법으로서 '유약(柔弱)'의 태도는 구체적 비유 속에 해명되고 있다. 『노자』 제76장에서는 '부드럽고 미약함[柔弱]'은 생명이요, '견고하고 강함[堅强]'을 죽음에 대비시키고, 제78장에서는 가장 '부드럽고 미약한' 성질을 지니고서도 굳세고 강한 것을 이길 수 있는 사물로서 물[水]을 들어, "약한 것이 강한 것을 이기고, 부드러운 것이 굳센 것을 이긴다[弱之勝强, 柔之勝剛]"고 언급하였다. 이에 대해 박세당은 물의 성질이 지극히 부드럽고 약하지만 산을 허물고, 언덕을 잠기게 하고, 성벽을 떠내려가게 하며, 고을을 파괴하며 도도하게 넘쳐흘러 감히 대적할 것이 없음을 인정하면서도, "약함이 강함을 이기고 부드러움이 굳셈을 이긴다는 것은 오직 물만이 그러한 것이 아니라 만물이 모두 그러하다"[52]고 주장하여, 약함이 강함을 이긴다는 것은 모든 사물에서 발견할 수 있는 현상임을 강조하였다. 곧 '유약'의 표상으로 '물'을 들 수 있지만, '약함이 강함을 이긴다[弱勝强]'는 것은 '물'에만 한정된 것이 아니라 '도'의 일반적 실현양상임을 지적하고 있는 것이다.

또한 『노자』 제34장에서는 '대도(大道)'가 드러나는 양상으로 만물이 의지

---

51 같은 곳, "襲常, 謂重得常久之道也."

52 『新註』 제78장, "夫弱之勝强, 柔之勝剛, 非唯水獨爲然, 凡物皆然."

하여 생겨나고, 만물을 감싸 기르는 등의 역할과 공적을 들면서, "항상 욕심이 없으니 작다고 이름할 수 있고, 만물이 귀의하나 주인을 알지 못하니 크다고 할 수도 있다. 이 때문에 성인은 그 큼[大]을 이룰 수 있지만, 스스로 크다고 여기지 않으므로 그 큼을 이룰 수 있다[故常無欲, 可名於小, 萬物歸焉, 而不知主, 可名於大, 是以聖人能成其大也, 以其不自爲大, 故能成其大]"고 언급하였다. 이에 대해 박세당은 "만물이 생겨나지만 말하지 않고, 공이 이루어져도 차지하지 않고, 만물을 기르고 보호하지만 주장하지 않는 것은 스스로 작음에 처하는 것이다"라고 하여, '대도(大道)'가 욕심이 없어 스스로 낮추는 것을 확인한다. 여기서 그는 성인이 '스스로 크다고 하지 않음'으로써 '도'의 큼을 이룰 수 있는 것은 바로 "그 크다는 것이 크다고 할 수도 있고 작다고 할 수 있는 것이다"[53] 라고 하여, 스스로 '작음에 처하는[處小]' 것이 바로 '큼을 이루는[成大]' 방법임을 보여 주고 있다. 곧 '작음에 처한다[處小]'는 것은 바로 자신을 낮추고, 부드럽게 하고, 약하게 하는 겸손의 태도를 의미하는 것이기도 하다.

(4) 손(損)과 익(益)

『노자』 제42장에서는 "만물은 덜어내면 보태어지고, 보태면 덜어내진다[故物或損之而益, 益之而損]"고 언급하였는데, 박세당은 『노자』의 이 구절을 옛부터 전해오는 말[古語]이라 하고, "비운 것은 받게 되고, 채운 것은 넘치게 되며, 낮춘 것은 증대되고, 높인 것은 기울어진다. 달은 그믐에서부터 생기고, 보름 다음날부터 이지러지며, 해는 묘시(卯時)부터 올라오고, 오시(午時)부터 기울어진다. 『주역』에서는 '위에서 덜어내어 아래에 보태는 것'이 '보탬'이 된다[益卦] 하니, 자신에게서 덜어내어 보탬을 얻는 것이요, '아래에서 덜어내어 위에 보태는 것'이 '덜어냄'이 된다[損卦] 하니, 나에게 보태어서 덜어냄을 당하는 것

53 『新註』 제34장, "生而不辭, 功成不居, 衣被萬物, 而不爲主', 是自處於小矣. … 其大也, 可大可小."

이다"[54]라고 해석하였다. 『노자』에서는 '덜어냄[損]'을 행위의 기준으로 제시하여, 덜어냄의 성과로서 보탬[益]을 얻게 된다고 한다. 그러나 『주역』에서는 덜어냄이나 보탬의 어느 쪽이 좋다는 것이 아니라, 위에서 덜어내어 아래에 보태는 것을 기준으로 제시하여, 덜어내고 보탬의 대상이 위와 아래의 어느 쪽인가를 중시하였다. 여기서 박세당은 『노자』와 『주역』의 손 · 익에 대한 이해가 상통하는 것으로 보면서, 덜어내고 보탬의 대상을 자기 자신으로 제시함으로써 『노자』의 '덜어냄'을 중시하는 견해를 밝히고 있는 것이 사실이다.

이어서 그는 『노자』 제42장에서 "강경한 자는 제대로 죽지 못한다는 것을 나는 가르침의 으뜸으로 삼고자 한다[强梁者不得其死, 吾將以爲教父]"고 하여, '유약'을 버리고 '강경'함에 집착하는 태도는 그 위험이 크다는 점을 깊이 경계하고 있다. 이에 대해 박세당은 "비우고 조화로우면 사람들이 귀의하고, 교만하고 뽐내면 만물이 해친다. 그러므로 강경한 자는 제대로 죽지 못한다고 하였다. 겸허하면 보태어짐을 받게 되고, 자만하면 덜어냄을 불러들인다 이르니, 천도가 그러하다. 나는 옛 사람의 손 · 익의 말로써 가르침의 으뜸을 삼고자 한다"[55]고 설명하였다. 곧 '덜어냄'의 태도는 자만하는 것이 아니라 겸허하게 자신을 낮추는 것이라 하여, '덜어냄[損]'과 '겸허함[謙]'이나 '비움[虛]'과 같은 것으로 제시하고 있다.

『노자』에서 손 · 익의 문제도 '덜어냄'만을 기준으로 강조하는 것이 아니라, '덜어냄'과 '보탬'을 통한 중도(中道)의 균형을 찾아가는 경우도 볼 수 있다. 곧 『노자』 제77장에서는 하늘의 도를 '활을 당김[張弓]'에 비유하여, "높은 것은 억누르고 낮은 것은 들어올리며, 남는 것은 덜어내고 모자라는 것은 보충

54 『新註』 제42장, "虛者受, 盈者溢, 卑者增, 高者傾, 月自朔而生, 旣望而缺, 日從卯而升, 旣午而昃, 在易, 則損上益下爲益, 是損我而得益也, 損下益上爲損, 是益我而得損也."

55 같은 곳, "沖和則人歸之, 驕矜則物害之, 故强梁者, 不得其死, 謙受益, 滿招損, 天道然也, 吾將以古人損益之說爲教之首也."

한다[高者抑之, 下者擧之, 有餘者損之, 不足者補之]" 하고, '남는 것에서 덜어내고 모자라는 것에 보충하는[損有餘而補不足]' 하늘의 도와 '모자라는 것에서 덜어내어 남는 것을 받드는[損不足以奉有餘]' 보통 사람의 도가 상반됨을 대비시켰다. 여기서 박세당은 '보통 사람의 도[人之道]'에 대해, "아래의 모자람에서 덜어내어 위의 남음에 보태는 것이니, 백성을 학대하여 임금을 받들고, 남에게는 각박하면서 자기에게 후하게 하니, 이는 거의 하늘의 도에 상반되는 것이다"이라 하여, 『주역』(損卦)의 '아래에서 덜어내어 위에 보태는 것[損下益上]'과 같은 의미로 해석하였다. 여기서 그는 보통 사람과는 달리 '도를 지닌 사람[有道者]'이 그 남음을 베풀어서 천하 백성의 부족함을 받드는 사실을 규정하여, "사랑과 검소함은 나의 남음으로 아무리 써도 다함이 없다. 이미 남을 위할 뿐이니, 더욱 이렇게 해가는 것이 도를 지닌 사람이 천하를 받드는 방법이다"[56]라고 밝혔다. 하늘의 도를 따르는 '도를 지닌 사람' 곧 성인과 이에 상반되는 '보통 사람의 도'를 대비시키면서, 하늘의 도를 따라 도를 행하기 위해서는 나에게서 남음을 덜어내어 백성의 모자람을 보태고 천하를 받드는 손 · 익의 실천방법에서 사랑[慈]과 검소[儉]의 덕목이 요구되고 있음을 제시하고 있다.

또한 『노자』 제48장에서는 '학(學)'과 '도'의 관계를 손 · 익의 방법에서 차이로 대비시키고 있다. 곧 "배운다는 것은 날로 보태는 것이요, 도를 행한다는 것은 날마다 덜어내는 것이다. 덜어내고 또 덜어내어 '함이 없음'에 이르면, 함이 없으면서도 하지 않음이 없다[爲學日益, 爲道日損. 損之又損, 以至於無爲, 無爲而無不爲]"고 언급하였다. 이에 대해 박세당은 배움[爲學]과 도를 행함[爲道]의 방법이 손 · 익으로 달라지는 이유를 설명하여, "배운다는 것은 이 도를 찾아가려는 것이므로 날마다 보태고자 하며, 도를 행한다는 것은 배운 바를 행하

56 『新註』 제77장, "損下之不足以益上之有餘, 厲民奉君, 薄於人而厚於己. 此殆反乎天之道矣. 夫孰能施其有餘以奉天下, 元元之所不足者, 其唯有道者可以能之乎. 慈儉我之所有餘, 而用之不窮, 旣以爲人而已, 愈有此, 有道之所以奉天下者也."

고자 하는 것이므로 날마다 덜어내고자 한다"[57]고 해석하여, 배움은 도를 지향하고, 도를 행함은 배움에 기반하는 것으로 배움과 도를 행함이 서로 의존하는 관계임을 지적하여, '학문으로 넓히고 예법으로 집약함[博文約禮]'에서처럼 실천에서 덜어냄[損]과 공부에서 보탬[益]의 두 가지 방법이 서로 맞물려 있는 것으로 제시하고 있다. 그것은 '덜어냄'을 기준으로 확인하는 것을 도의 실천방법으로 확인하고, '보탬'이 '덜어냄'과 상호보완적 관계에 있다는 관점을 밝히고 있는 것이다.

이와 동시에 그는 "노자의 학문은 대중의 허물됨을 회복시키고 만물의 자연함을 돕는 것이므로, 감히 하고자 하지 않으니, 그 도는 '무위'와 '무사'에 있어서, 날로 덜어냄으로 돌아가는 까닭이다. 그러나 대중의 허물됨을 회복하고 이 자연의 도를 찾아갈 수 있는 것은, 만약 늘리고 보탬으로 나아감이 있지 않다면 또한 어떻게 도에 나아갈 것인가. 이것이 날로 보탬의 일함이 있는 것을 귀하게 여기는 까닭이다"[58]라고 해석하였다. 그것은 『노자』의 학문적 기본입장이 '무위(無爲)'·'무사(無事)'로 도를 인식하고 '일손(日損)'을 도의 실천방법으로 삼는 이유를 대중의 허물[過失]을 되돌리려는 절제의 추구와 자연의 도를 따르려는 순응의 태도라는 두 가지로 확인하는 것이요, 그만큼 『노자』에서는 행동규범의 적극적 실천이 아니라 절제와 순응의 소극적 자세에 따른 것이라 본다. 그러나 그는 도의 실현을 위해서는 날마다 늘리고 보태 가는 증익(增益) 내지 일익(日益)의 능동적이고 축적해 가는 실천과제도 중요함을 강조함으로써, '손'을 기준으로 하는 방법과 '손·익'을 상호보완적으로 실천하는 방법의 두 가지 과제를 양면적으로 포괄하고 있음을 보여 준다.

---

57 『新註』 제48장, "爲學者, 將求此道, 故欲其日益, 爲道者, 將行所學, 故欲其日損."

58 같은 곳, "老子之學, 復衆人之所過, 輔萬物之自然, 而不敢爲, 則其道在於無爲·無事, 所以歸於日損. 然其能復衆人之所過, 以求此自然之道者, 若非有將就增益, 則亦何以進於道, 此所以貴於日益之有事."

2) '덕'의 실천과 과제

(1) 도와 덕의 상응

『노자』는 「도경」과 「덕경」의 두 편으로 이루어졌고, 「덕경」이 앞부분에 있었던 만큼, '도'와 더불어 '덕'이 중심문제를 이루고 있는 것이 사실이다. 박세당은 『노자』 제38장에서 "도를 잃은 다음에 덕이 있다[失道而後德]"는 구절에서 도를 덕보다 앞세우는 사실을 해명하여, "도는 하늘을 말하고, 덕은 사람을 말하며, 도는 자취가 없고, 덕은 자취가 있다"[59]고 해석하였다. 곧 도와 덕의 관계는 근원으로서의 하늘과 현실에서의 사람 사이에 상하관계로 나타나는 것이고, 자취가 없는 본체와 자취로 드러나는 현상의 체·용 관계로 보고 있는 것이다.

같은 맥락에서 『노자』 제21장에서는 "큰 덕의 모습은 오직 도를 따른다. … 내가 어떻게 '중보(衆甫)'가 그러한 줄 알겠는가. 이로써 안다[孔德之容, 惟道是從, … 吾何以知衆甫之然哉, 以此]"라는 구절에 대해, 박세당은 "내가 어찌 여러 성인이 '도'를 지녔는지 알겠는가. '도'가 여러 성인에 있는 것은 성대한 덕의 모습을 지니고 있기 때문이다"라 해석하고, 『노자』 제21장의 전체 취지를 "대개 도는 볼 수 없지만 덕은 볼 수 있다는 뜻을 말한 것이다"[60]라고 지적하였다. 이처럼 성인이라는 인격에서 눈으로 볼 수 있는 '덕'의 모습을 통해 눈으로 볼 수 없는 '도'를 지녔다는 사실을 인식할 수 있다는 것이니, 한 인격에서 '덕'은 '도'가 드러난 것임을 확인해 주고 있다.

---

59 『新註』 제38장, "道加於德者, 道以言天, 德以言人, 道則無迹, 而德爲有迹也."

60 『新註』 제21장, "吾何以知群聖之有道哉, 以道在群聖, 而有盛德之容故也, 此章蓋言道不可見, 而德可見之意." 본문의 '衆甫'는 帛書本에서 '衆父'로 되어 있고, 敦煌本 등에서는 '終甫'로 되어 있다고 하며(朱謙之, 『老子校釋』, 90쪽), 왕필은 '만물의 시원[物之始]'(『老子注』)이라 해석하였고, 林希逸은 '여러 가지 아름다움[衆美]'(『道德眞經口義』)이라 해석하였으며, 張錫昌은 '보통 사람[衆人]'(『老子校詁』)이라 해석하기도 하였다. 그런데 박세당이 '중보'를 '고금의 성현[古今聖賢]'이라 한 것은 독특한 해석이라 할 수 있다.

또한 박세당은 『노자』 제51장을 해석하면서, "도는 낳고, 덕은 기른다는 말은 부모가 양육함을 말하는 것과 같다. … 만물이 도를 높이고 덕을 귀하게 여기지 않음이 없다는 것은 사람이 아비를 존중하고 어미를 사랑하는 것과 같다. … 이미 낳고 기르고서도 또 겸허하여 그 공을 자처하지 않으니 '도'는 온전하고 '덕'은 융성하다고 할 수 있다. 그러므로 '현덕'이라 말한다"[61]고 하였다. 여기서 도와 덕은 아비와 어미에 비유되고 있으며, '현덕(玄德)'의 의미를 '도'가 온전하게 실현되어 성대하게 드러낸 '덕', 곧 '도'와 일치된 현묘한 '덕'을 가리키는 것이라 한다. 그만큼 '덕'은 '도'를 기준으로 따름으로써 '도'를 드러내는 것이라는 의미에서, '덕'을 닦아 밝히는 것은 바로 '도'를 실현하는 방법이라 할 수 있다.

박세당은 『노자』를 철저히 유교적 사유체계와 연관 속에 적극적으로 해석하고 있지만, 『노자』 속에는 때로 유교적 사유에서 쉽게 수용되기 어려운 대목이 있는 것이 사실이다. 『노자』 제18장에서 "'큰 도'가 폐지되자 인·의가 일어나고, 지혜가 나오자 큰 거짓이 일어나며, 가족이 불화하자 효도와 자애가 일어나며, 국가가 혼란하자 충신이 일어난다[大道廢有仁義, 慧智出有大僞, 六親不和有孝慈, 國家昏亂有忠臣]"는 구절에 대해, 박세당은 "노자는 여기에서 그 근본을 헤아리지 못하였다고 할 수 있다"고 비판적인 견해를 제시하고, 어떤 이는 "노자가 세상일에 분격해서 한 말이다"라고 언급하였음을 소개하고 있다.[62] 여기서 박세당은 "국가가 혼란한 다음에 충신이 있음을 알게 되나, 잘못

---

61 『新註』 제51장, "道生·德畜, 猶言父母育, … 萬物莫不尊道而貴德, 猶人之嚴父而慈母也. … 旣已生·畜之矣. 而又能謙而不居其功, 則可謂道全德盛矣, 故曰是謂玄德."
박세당은 『노자』 제10장의 '玄德'을 해석하면서도, "조화하여 만물을 낳고 기르면서도 스스로 공로라 여기지 않고, 만물의 어른이 되어서도 주재하는 자취가 없는 것과 같으니, 현묘한 덕이라 할 수 있다[如造化之生養萬物, 而不自以爲功, 爲萬物之長, 而無宰制之跡, 則可以謂之玄妙之德矣]"고 언급하였다.

62 『新註』 제18장, "老子於此, 可謂不揣其本矣. … 或曰, 此老子憤世之辭也."
김학목은 박세당이 '어떤 이의 말[或曰]'로 인용한 내용을 陳深의 『老子品節』에서 확인하고 있다(『박세당의 노자』, 118쪽).

은 혼란에 있지 충신의 허물이 아니요, 가족이 불화한 다음에 효도와 자애가 있음을 알게 되나, 잘못은 불화에 있지 효도와 자애의 허물이 아니며, 큰 도가 폐지된 다음에 인 · 의가 있음을 알게 되나, 잘못은 도가 폐지됨에 있지 인 · 의의 허물이 아니다"[63]라고 해석하여, 관심이 고조되는 계기를 말한 것이지 실제의 인과관계를 말한 것이 아님을 제시함으로써, 유교적 사유틀 안에서 재해석하고 있음을 보여 준다. 따라서 그는 충신(忠臣) · 효자(孝慈) · 인의(仁義)의 덕목이 실천된다면 실제로는 나라가 다스려지고 가족이 화목해지고 큰 도가 행해질 것임을 확인함으로써, 이 덕목들의 가치를 적극적으로 옹호하는 자신의 입장을 밝혔던 것이다. 또한 박세당은 『노자』 제19장에서 "성(聖)을 끊고 지혜를 버리면 백성의 이로움이 백배가 될 것이요, 인을 끊고 의를 버리면 백성이 효도와 자애를 회복할 것이다[絕聖棄智, 民利百倍, 絕仁棄義, 民復孝慈]"라고 언급하고 있는 것도 제18장과 같은 뜻이라 하고, "지혜가 나오면 거짓됨도 일어나니, 그러므로 성(聖)을 끊고 지혜를 버리고자 하는 것이요, 거짓됨이 중단되면 해로움이 그치고, 해로움이 그치면 이로움이 배가된다"[64]고 해석하여, 성 · 지(聖 · 智)나 인 · 의 덕목을 거부하는 것이 아니라 덕목의 그늘에서 발생하는 거짓됨을 거부하는 것임을 밝히고 있다.

(2) 지(知)와 언(言)

올바른 앎이 아니면 인간의 행위는 올바른 방향을 확보할 수 없으니, 덕을 닦는 실천의 과정에서 앎[知]의 문제는 핵심의 기본과제를 이루고 있다. 앎과 행위의 지행(知行) 문제는 처음부터 분리될 수 없는 상호의존적 관계를 지니고 있는 것이다. 그만큼 앎에 대한 이해가 달라지면 행위의 도덕적 실천에 대한

---

63 같은 곳, "國家昏亂, 而後知有忠臣, 失在昏亂, 非忠臣之過也. 六親不和, 而後知有孝慈, 失在不和, 非孝慈之過也. 大道廢, 而後知有仁義, 失在道廢, 非仁義之過也."

64 『新註』 제19장, "智慧出而詐僞興, 故欲絕聖去智, 僞息則害止, 害止則利倍."

이해도 바뀌지 않을 수 없게 된다. 곧 『노자』의 앎에 대한 이해의 특징은 바로 그 도덕성에 대한 인식의 독자적 성격을 드러내 주는 것이기도 하다. 또한 앎의 내용을 말[言]로 표현할 때 앎과 말의 관계를 인식하는 입장도 덕의 실천과 연관되어 주목되는 사실을 볼 수 있다.

박세당은 『노자』 제56장의 해석에서, "아는 자는 말하지 않는다[知者不言]"는 말은 "거울이 사물을 비추듯이 마음이 지극한 이치를 분명하게 인식하여 말로 설명되기를 기다리지 않는 것이다"라 하고, "말하는 자는 알지 못한다[言者不知]"라는 말은 "난쟁이가 사람 많은 장터를 구경하는 것 같아서 앞 사람의 말을 입으로 읊지만 앎에는 아무런 보탬이 없다는 것이다"[65]라고 하였다. 곧 진정한 앎이란 언어로 추상화하거나 묘사하여 표현되는 것을 넘어서 거울이 사물을 비추듯이 대상을 직접적으로 체득하는 것임을 강조하였다. 따라서 도덕의 경우도 도를 체득하여 앎으로써 실천하는 것이지 말로 표현된 도덕규범들을 말로 되풀이하는 것이 아님을 보여 주는 것이다.

이와 더불어 그는 『노자』 제71장의 "모른다는 것을 아는 것이 상등이요, 안다는 것을 아는 것은 병통이다[知不知, 上, 不知知, 病]"는 구절에 대해, "알면서도 알지 못하는 듯하는 것이 상등이 되고, 모르면서 안다고 여기는 것이 병통이 된다"[66]고 해석하고 있다. 곧 알지만 안다고 말로 표현하지 않는 것을 올바른 태도로 보고, 알지 못하면서도 아는 것처럼 말로 표현하는 것이 잘못된 태도임을 밝힌 것이다. 또한 그는 『노자』 제23장의 "드문 말이 자연이다[希言自然]"라는 구절에 대해, "드문 말[希言]이란 간결하고 담박한 말이요, 이른바 '말을 소중히 한다[貴言]' 는 것이다. 자연이란 특이한 데 구애되지 않고 사물에 순

65 『新註』 제56장, "知者不言, 心了至理, 如鏡照物, 無待於言也, 言者不知, 口誦前說, 如矮看場, 無益於知矣."

66 『新註』 제71장, "知而似不知者, 爲上, 不知而以爲知者, 爲病."

응하여 따르는 것이다"[67]라고 해석하였다. 곧 도와 덕은 '수다스러운 말[多言]'로 규정하고 주장함으로써 드러낼 수 있는 것이 아니라 '간결한 말[希言]'로 도와 덕에 순응하여 따르는 삶의 행위를 통해 이루어질 수 있는 것임을 밝히고 있다. 그것은 말로 규정된 규범에 사로잡혀 도와 덕에 일치하는 삶에서 벗어나게 되는 과오를 경계하고 있는 것이기도 하다.

『노자』 제2장에서는 "천하의 모두가 아름다움을 아름다움이라 알지만 이것은 추악함일 뿐이요, 모두가 선함을 선함이라 알지만 이것은 선하지 않음일 뿐이다[天下皆知美之爲美, 斯惡已, 皆知善之爲善, 斯不善已]"라며 미(美)와 선(善)의 가치에 대해 역설적 언급을 하고 있다. 이에 대해 박세당은 "선함을 선함으로 여기면, 남에게서는 선하지 않음이 더욱 그 선하지 않음으로 드러나고, 자기에게서는 선함이 도리어 손상되어 선하지 않음이 된다"[68]고 하였다. 이러한 논리는 미(美)와 추(醜-惡) 또는 선(善)과 악(惡-不善)의 상반된 가치의 분별적 인식은 상대적인 것이므로, 한쪽의 인식은 다른 한쪽의 각성을 불러일으키게 되는 것으로 본다. 이와 더불어 '있음과 없음[有·無]', '어려움과 쉬움[難·易]', '길고 짧음[長·短]', '높고 낮음[高·下]', '소리와 울림[音·聲]', '앞과 뒤[前·後]' 등의 상대적 명목도 '서로 의존하여 있는 것이며 서로가 없을 수 없는 것임[相有而不能相無]'을 확인한다. 곧 덕의 실현은 이러한 상대적 가치의 대립적 분별을 강조할 것이 아니라, 양극단의 포괄적 이해 위에서 근원적인 도를 따르는 것이라 할 수 있다. 이러한 그의 입장은 도학의 강경한 정통주의에 따른 의리론적 가치관에서 분별과 변척을 엄중하게 하는 '벽이단(闢異端)'적 배척 태도와 달리, '상생(相生)'과 '상유(相有)'의 다원적 요소를 수용하는 포괄주의적 입

67 『新註』 제23장, "希言, 簡淡之言也, 所謂貴言者, 是也. 自然, 不苟崖異, 而隨順於物也."
羅運賢은 '希言'의 '希'를 無의 뜻이라 하고, 장석창은 '希言'을 '不言'·'貴言'과 같은 뜻이라 하여, 無言·不言으로 해석하고 있다(張錫昌, 『老子校詁』, 155-156쪽).

68 『新註』 제2장, "以美爲美, 在人則惡益著其惡, 在己則美反損而爲惡, 以善爲善, 在人則不善益著其不善, 在己則善反喪而爲不善."

장으로 '집기양단(執其兩端)' 하는 포용성을 보여 준다. 이런 의미에서 그는 『노자』의 제1장에서 존재의 근원을 '체용일원(體用一源)' 의 논리로 해명하고자 하였다면, 제2장에서 가치판단의 기준을 '양단상유(兩端相有)' 의 논리로 제시하자 하였던 것이라 하겠다.

이에 따라 그는 "분별하면 남들이 원망하고, 자만하면 남들이 미워한다. '함이 없음으로 일을 처리하고, 말하지 않음으로 가르침을 행한다' 는 것은 분별하고자 하지 않는 까닭이요, '일으켜 주고도 말하지 않고, 낳아 주고도 소유하지 않고, 행하고서도 그 행함에 의지하지 않고, 이루어 놓고도 머물지 않는다' 는 것은 스스로 자만하지 않는 까닭이다"[69]라고 해석하였다. 따라서 '아름다움' 이나 '선함' 을 강조하면서 그 분별의 기준을 독단적으로 내세우게 되면 남의 추함이나 악함을 부각시키게 되고, 자기의 아름다움이나 선함도 손상당하게 될 것이다. 동시에 차별적 분별의 인식을 남에게 각박하게 적용하면 원망을 불러일으킬 것은 당연하고, 또 '아름다움' 이나 '선함' 의 분별적 인식에서 자신을 판단의 주체로 내세우며 자만하면 미움받지 않을 수 없게 된다. 그만큼 덕의 실현에서 가치기준을 내세워 엄격히 차별화하는 분별(辨別)이나 자신을 가치기준의 판단주체로 내세워 자만[矜伐]하는 것을 경계하고 있는 것이다.

또한 『노자』 제20장에서 "배움을 끊으면 근심이 없다. '예' 하는 공손한 대답과 '아' 하는 한만한 대답은 서로 거리가 얼마이며, 선과 악은 서로 거리가 어떤가[絕學無憂, 唯之與阿 相去幾何, 善之與惡 相去何若]"라고 언급한 구절에 대해, 박세당은 "배우는 자가 선을 행하고 악을 버리고자 하면서 선과 악이 서로 떨어진 거리가 '예' 와 '아' 라고 대답하는 차이와 같을 뿐임을 알지 못하면, 어찌 뜻으로 삼을 만하겠는가. 진실로 선과 악을 분별하고자 하면 재앙과 해독이 반드시 이를 것이다. … 오직 배움을 끊으면 분별의 마음이 없어서 해독이

69 같은 곳, "辨別, 則人怨之, 矜伐, 則人惡之, 處無爲之事·行不言之敎, 所以不欲辨別也, 作不辭·生不有·爲不恃·成不居, 所以不自矜伐也."

몸에 미치지 않을 것이니 근심이 없게 될 것이다"[70]라고 해석하였다. 곧 배우는 자는 선과 악의 거리를 엄격하게 분별함으로써 선을 행하고 악을 버리려 하게 되는데, 이러한 분별의 마음은 재앙을 불러오게 되는 것이므로, 배움을 끊어야 근심이 없게 된다는 것이다. 그만큼 박세당은 덕의 온전한 실현을 위해서는 배움에서 분별의 마음을 끊어야 할 것으로 강조하고 있다. 여기서 그는 '배움을 끊으면 근심이 없다[絕學無憂]'는 구절과 제48장의 '배운다는 것은 날로 보태는 것[爲學日益]'이라는 구절과의 차이에 대한 의문을 해명하면서, 끊어야 할 배움이란 '유위(有爲)'의 배움이요, 보태 가야 할 배움이란 '무위(無爲)'의 배움이라 대비시키면서, "노자가 어찌 과연 어리석은 사람이겠는가? 진실로 어둡고 무지하고자 하여 스스로 그 성품을 혼미하게 하겠는가? 그렇지 않다면 5천 언(『노자』)이 무슨 일을 설명하는 것이며, 이것은 이른바 배운다는 것이 잘못되었다는 것인가?"[71]라고 반문하여, 『노자』에서 '배움[學]'이 부정되고 있는 것이 아님을 밝혀 주고 있다.

(3) 덕의 실천과제

박세당은 『노자』 제15장에서 도를 터득한 선비의 미묘하고 깊이 통달한 행동의 여러 모습을 가리켜, '행하기 어려워함', '극진히 삼감', '근엄하고 장중함', '풀어지는 대로 맡김', '쌓아서 간직함', '형체를 비움', '번쩍이는 빛을 부드럽게 함'의 일곱 가지로 형용한 것이라 해석하였다.[72] 이처럼 '도'를 지닌 사람은 삼가고 근엄한 '덕'을 갖춘 인격체의 모습으로 드러남을 확인하고 있는 것이

---

70 『新註』 제20장, "學者欲爲善而去惡, 不知善惡相去, 猶唯阿之間耳, 何足爲意, 苟欲分別善惡, 禍害必至, … 唯絕學, 則無分別之心, 而害不及身, 可以無憂也."

71 『新註』 제48장, "或疑 '爲學日益', 與二十章所云 '絕學無憂', 不合恐此章之旨, 別有所存, 此殊不然, 上所云學者, 有爲之學, 此所云學者, 無爲之學, … 老子豈果愚人也哉, 眞欲昏然無知, 自迷其性耶, 不然, 五千言所說何事, 此其所謂學者非耶."

72 『新註』 제15장, "豫兮若冬涉川, 爲之難也; 猶兮若畏四隣, 謹之至也; 儼若客, 矜莊也; 渙若氷將釋, 委解也; 敦兮其若樸, 蘊藏也; 曠兮其若谷, 虛其體也; 渾兮其若濁, 和其光也"〈爲無爲而物自化/貴謙〉.

다. 곧 '덕'을 드러내기 위한 실천 과제는 다양하게 많으나, 그 중에서 가장 중시되는 조목으로, 무욕(無欲)과 부쟁(不爭), 겸손[謙]과 자애[慈]의 네 가지를 들 수 있다.

먼저 '무욕'은 『노자』 제55장에서 "덕을 간직함이 두터움[含德之厚]"을 갓난아이[赤子]에 견주고 있는 데서 확인할 수 있다. 이에 대해 박세당은 "덕을 간직함이 두터움은 갓난아이가 지각이 없고 욕심이 없으며, 사물에 대처함이 무심하지만, 지극한 조화로움이 넘쳐흐르는 데 견주어진다. … 지극한 조화로움이란 순수한 기운이 모이고 융성한 덕이 쌓이는 것이니, 그러므로 안으로 조용하고 담박하여 욕심으로 나의 생명을 해치지 않고, 밖으로 부드럽고 순응하여 강경함으로 해치는 일을 저지르지 않는다"[73]라고 해석하였다. 곧 덕을 속에 쌓아 간직함은 갓난아이처럼 무지(無知)·무욕(無欲)·무심(無心)으로 지극한 조화로움[至和]을 넘쳐흐르게 함으로써 덕을 이룰 수 있다는 것이다.

다음으로 『노자』 제81장에서는 "성인의 도는 남을 위하면서 남과 다투지 않는다[聖人之道, 爲而不爭]"고 하였고, 제8장에서는 "상등의 선은 물과 같으니, 물은 만물을 잘 이롭게 하면서 다투지 않는다[上善若水, 水善利萬物而不爭]"고 하여, '부쟁'을 덕의 실천조목으로 강조하고 있다. 박세당은 "다투지 않는다는 것은 성질이 부드러워 사물에 거스르지 않는 것이다"[74]라고 하여, 강경함으로 대립하는 것이 아니라, 유순함으로 조화를 이루는 것이 덕을 실천하는 방법임을 밝혀 주고 있다.

그 다음 '겸손'은 『노자』 제13장에서 "총애를 받거나 모욕을 당하면 두려운 듯이 한다[寵辱若驚]"는 구절에서 찾아내고 있다. 곧 박세당은 이에 대해 "모두 겸손하며 두려워하고 삼감이 지극하여 자기 몸을 사사롭게 지니지 않는 것이

73 『新註』 제55장, "含德之厚, 則比於赤子之無知無欲, 處物無心, 而至和盎溢, … 夫至和者, 純氣之所蘊, 而盛德之所蓄, 故內能恬淡, 而不以欲戕我生, 外能柔順, 而不以强犯害."

74 『新註』 제8장, "不爭, 謂其性柔而不忤於物也."

다”[75]라고 해석하였다. 총애나 모욕을 받는 등 생활 속의 모든 경우에서 겸손하고 두려워하고 삼감을 극진하게 한다는 것은 자기 몸을 자기만의 것으로 지니는 것이 아니라, 천하를 자기 몸처럼 아끼고 소중히 하여 사사로움에서 벗어나는 덕의 실천방법임을 제시하고 있는 것이다.

그 다음으로 ‘자애’는 『노자』 제67장에서 세 가지 보물[三寶]로 ‘자애[慈]’·‘검소[儉]’·‘감히 천하에 앞서지 않음[不敢爲天下先]’을 들고 있는 데서 확인할 수 있다. 박세당은 이 세 가지 보물의 덕목을 자애·검소·물러섬[慈·儉·後]으로 보고, 특히 ‘자애’를 중시하여, “‘자애로 전쟁을 하면 승리할 수 있고 수비를 하면 견고할 수 있다’고 하는 것은 아랫사람을 사랑하여 아랫사람이 목숨을 바치니, 하늘도 구원해 줄 것이라는 것이다. 왜 그런가? 자애의 도는 스스로 지킬 수 있기 때문이다. 사람이 귀의하는 바는 하늘이 돕는다는 것을 말한다”[76]고 하여, ‘자애’가 세 가지 보물 가운데 으뜸이 되고 다른 덕목도 포함할 수 있는 것이라 한다. 곧 ‘자애’의 실천은 사람들을 사랑함으로써 사람들이 신뢰하여 귀의해 오게 되고, 이렇게 사람들을 결합시키는 힘이 부드러운 ‘자애’를 가장 강한 힘으로 발휘될 수 있는 것이고, 사람들이 귀의하는 결합된 자리에 하늘의 도움이 주어지는 것임을 밝혀 주고 있다.

75 『新註』 제13장, “皆謙遜畏謹之至, 不有其身也.”

76 『新註』 제67장, “慈之能戰勝守固者, 以愛下, 而下爲致死, 雖天亦將救之, 何者, 慈之道, 足以自衛故也, 言人之所歸, 天之所助也. … 慈爲三寶之首, 擧一而包餘也.”

4. 정치의 원리와 과제

1) 무위(無爲)의 정치원리

『노자』의 사상적 중심개념은 '무위(無爲)'로 제시되고 있다.[77] 따라서 『노자』 전체의 중심개념이 '무위'라고 한다면, 그 정치사상도 한마디로 집약하면 '무위'의 치도라 할 수 있다. 정치의 원리로서 '무위'의 개념도 다양한 의미를 내포하고 여러 가지 양상으로 드러나고 있는데, ① '미리 막음[防豫]'은 인간이 사태를 판단하여 대처하는 행위의 원칙이며, ② '박(樸)' 내지 '자연(自然)'은 인간이 받아들여 따라야 할 기준이라 할 수 있고, ③ '청정(淸靜)'은 마음의 상태로 드러나는 것이요, ④ '자족(自足)'은 욕망과 행동을 절제하는 기준이라 할 수 있다. 박세당은 『노자』에서 '무위'의 의미를 밝히는 과정에서 특히 '미리 막음'의 개념을 해석하는 데 가장 깊은 관심과 정밀한 분석태도를 보여 주었던 점이 주목된다.

(1) 미리 막음[防豫]

『노자』 제63장의 "함이 없음에서 하고, 일이 없음에서 일삼고, 맛이 없음에서

---

77 勞思光은 『노자』의 주요관념을 세 가지 구조로 분석하여, ① 사상의 根基로 '常·道·反'을 들고, ② 사상의 중심으로 '無爲·無不爲'를 들고, ③ 중심사상이 人事에서 응용된 것으로 '守柔·不爭·小國寡民'을 들면서, '無爲'를 중심사상으로 강조하고 있다. 勞思光, 『中國哲學史』(1), 三民書局, 臺北, 1981, 183-184쪽.

맛본다[爲無爲, 事無事, 味無味]"는 구절에 대해, 박세당은 '함이 없음에서 하고, 일이 없음에서 일삼는다'는 것은 간결함[簡]이요, '맛이 없음에서 맛본다'는 것은 담박함[淡]이라 구별하면서, '간결하고 담박함'은 쉬운 것이라 하여, 이 구절은 쉬움을 취하는 것이라 해석하였다.[78] 여기서 그는 '함이 없음에서 한다[爲無爲]'는 것은 일체의 행함을 부정하는 부동(不動)의 상태를 가리키는 것이 아니라, 의도적으로 일을 만들어내거나 한 가지 일이 다른 일들과 연관되어 가면서 점점 복잡하고 번쇄해 가는 것에 빠지지 않는 간결한 행위를 의미하는 것임을 명확히 밝히고 있다. 이러한 행위의 간결함이나 담박함은 평이한 것이니, '무위'를 제기하는 것은 평이함을 추구하는 것이다. 따라서 그는 성인의 행동원칙으로서 "언제나 그 작은 것을 하며 큰 것을 하지 않으므로 큰 것을 이룰 수 있고, 쉬운 것을 도모하며 어려운 것을 도모하지 않으므로 어려움이 없게 마칠 수 있다"[79]고 하여, '무위' 혹은 '무사'가 행위나 일을 거부하고 배제시키는 것이 아니라, 말단의 번쇄한 일에 빠지지 않고 근본의 간결하고 쉬운 대목에서 처리하는 것으로서, 행하거나 일하는 방법을 제시하는 것으로 확인하고 있다.

또한 박세당은 『노자』 제64장에 가장 길게 주석을 붙이면서 '무위'의 의미가 일이 복잡해지고 어려워지기 전에 미리 처리하는 '미리 막음[防豫]'의 방법임을 정밀하게 분석하여 해명하고 있다. 곧 '무위'를 행하는 양상으로 ① 위험이 닥치기 전에 '안전[安]'할 때는 지키기 쉽고, ② 재난의 '조짐이 아직 없는[未兆]' 때는 도모하기 쉽고, ③ 형체가 '연약[脆]'하면 깨뜨리기 쉽고, ④ 세력이 '미약[微]'하면 흩어지기 쉽고, ⑤ '아직 있기 전에 한다[爲未有]'는 것은 그 조짐이 아직 있기 전에 도모하는 것이요, ⑥ '아직 어지러워지기 전에 다스린다'는 것은 연약하고 미약한 때를 타서 깨뜨리고 흩어지게 하는 것의 여섯

78 『新註』 제63장, "爲無爲, 事無事, 簡也, 味無味, 淡也, … 簡淡也, 取易."

79 같은 곳, "聖人常爲其小, 而不爲其大, 故能成大, 圖其易, 而不圖其難, 故能終無難也."

가지를 '미리 막음'의 경우로 들었다. 여기서 그는 ① '안전[安]' 할 때란 기미가 아직 움직이지 않은 단계, ② '조짐이 아직 없는[未兆]' 때란 기미가 이미 움직였지만 아직 형체로 나타나지 않은 단계, ③ '연약[脆]' 함과 ④ '미약[微]' 함이란 형체가 이미 드러났지만 아직 굳게 응결되지 않아서 쉽게 깨뜨리고 흩을 수 있는 단계로 분석하였다.[80] 이처럼 그는 '무위'를 행하기 위해 일이 진행되어 굳어지고 강성해지기 이전이나 아직 일의 조짐이 일어나기 이전에 '미리 막음'의 조건을 중시하여 강조하고 있는 것이다.

그러나 박세당은 여기서 "단지 '미리 막음'을 알기만 하면 불가할 뿐이다. 그 처리하는 방도를 얻지 못한다면 행하는 것은 너무 번거로움을 면할 수 없고 붙잡음은 너무 막힘을 면할 수 없어서 끝내는 실패로 돌아갈 따름이다. 행하고서도 실패하니 '벼의 싹을 뽑아 올리는 것[揠苗]'이 이것이요, 붙잡고서 잃어버리니 '뱃전에다 잃어버린 곳을 새겨두는 것[刻舟]'이 이것이다"[81]라고 하여, '미리 막음'의 방도를 모르면 실패하게 됨을 경계하고 있다. 따라서 그는 성인에 의해 '미리 막음'이 실행되는 양상을 들어서, "함이 없고 붙잡음이 없으며, 자연에 순응한다. 그러므로 번거로움이 없고 막힘이 없어서 끝내 실패하거나 잃어버림이 없다"고 하여, '무위(無爲)'·'무집(無執)'과 '자연에 순응함[順於自然]'을 '미리 막음'의 실천방도로 제시하고 있다. 곧 그는 『노자』에서 '무위'의 기본원리를 '미리 막음'의 의미로 해석하고, 동시에 '미리 막음'의 실천방법으로 확인하고 있음을 보여 준다. 여기서 그는 '미리 막음'의 방법을 실행하다가도 거의 이루어지는 단계에서 근심할 것 없다고 여겨 소홀히 하다가 실패하게 되는 경우가 많음을 경계하면서, "진실로 시작에서처럼 끝까지

---

80 『新註』 제64장, "方其安, 易爲持, 方患之未兆, 易爲謀, 形脆, 則易破, 勢微, 則易散, 爲未有, 及其未兆, 而謀之也, 治未亂, 乘其脆微, 而破散之也, 皆所以防之於豫, 如此然後, 可以能保其安. 安, 則幾未動也, 未兆, 則幾已動, 而形未著也, 脆·微, 則形已著, 而尙未至於堅凝, 而難破散也."

81 같은 곳, "徒知防豫之不可而已, 不得其處之之道, 則未免爲之太煩, 執之太滯, 亦終歸於失敗而已. 爲而敗之, 揠苗是也, 執而失之, 刻舟是也."

신중할 수 있다면 일에 실패함이 없을 것이다"라고 '시작부터 끝까지 신중할 것[愼終如始]'을 강조하였다. 여기서 그는 '미리 막음'의 방법을 실천하는 과정을 세 단계로 제시하고, 보통 사람은 그 어느 단계에서 실패하지만 성인은 이를 온전하게 행하는 경우로 제시한다. 곧 ① 조짐이 아직 없을 때 도모할 수 없다는 것은 '미리 막음'을 알지 못하는 것이요, ② 행하고 붙잡는다는 것은 '미리 막음'을 알지만 그 방도를 얻지 못한 것이요, ③ 거의 이루었다가 실패한다는 것은 '미리 막음'의 방도를 얻었지만 끝까지 신중할 수 없는 것이라 한다.[82] 이처럼 '무위'는 결코 행위의 부정이 아니라, 일을 가장 온전하게 실현할 수 있는 행동의 방법이며, '미리 막음[防豫]'의 행위로서 '무위'의 의미와, 그 실천방법은 구체적 단계로 제시되고 있는 것이다.

또한 박세당은 성인이 행하는 조목으로 제시된 세 가지로서, ① "하고자 하지 않음을 하고자 한다[欲不欲]"는 것은 남들이 하고자 하지 않는 것인 안전할 때 지키고 조짐이 아직 없을 때 도모하는 등 '미리 막음'을 행하는 것이요, 보통 사람들이 탐욕 때문에 하고자 하지 않는 것을 성인은 고요하고 담박함[恬淡]을 주장으로 삼아 미리 막음을 행한다는 것이다. ② "배우지 않음을 배운다[學不學]"는 것은 남들이 행함이 있고 붙잡음이 있는 데 사로잡혀 실패하게 되는 것은 배움이 적은 데 따른 것이므로 행함이 없고 붙잡음이 없는 것을 배운다는 것이다. ③ "만물이 저절로 그러함을 돕고 감히 하고자 하지 않는다[輔萬物之自然, 而不敢爲]"는 것도 보통 사람이 배우고자 하지 않는 '미리 막음'의 도리라 확인한다.[83] 곧 그는 '무위(無爲)'·'무사(無事)'·'불욕(不欲)'·'불학(不學)'

82 같은 곳, "無爲無執, 順於自然, 故不煩不滯, 而終無敗失矣. … 苟能愼終如始, 則無敗事矣. … 不能謀於未兆者, 不知防豫者也, 爲之執之者, 知防豫, 而不得其道者也, 幾成而敗之者, 得其道, 而不能愼終者也, 聖人, 則無三者之失矣."

83 같은 곳, "欲不欲, … 盖人之不能安其身, 而禍患生於所忽者, 皆出於多欲而貪貨也, 聖人, 則以恬淡爲主, 乃衆人之所不欲者, 其防豫如此. 學不學, …盖人之有爲有執, 以至失敗者, 皆由出於寡學而不知過也. 聖人, 則輔萬物之自然, 而不敢爲, 乃衆人之所不學者, 其爲防豫之道, 又如此."

등의 '무(無)' 나 '불(不)' 은 행위나 일 자체를 부정하는 것이 아니라, 잘못되거나 지나친 모든 행위와 일을 극복하여 올바른 행위와 일을 실현하는 방법임을 역설하고 있는 것이다.

나아가 '무위' 의 행위와 연관된 양상으로 『노자』 제73장의 "감행하는 데 용기가 있으면 죽고, 감행하지 않는 데 용기가 있으면 산다[勇於敢則殺, 勇於不敢則活]" 는 구절에서 말한 '감행하지 않음[不敢]' 을 찾아볼 수 있다. 이에 대해 박세당은 "감행함이란 안전한지 위험한지 묻지 않고 재앙과 복을 헤아리지 않으며 언제나 나아가고 물러날 줄을 모르니 자칫하면 죽음으로 달려가는 까닭이요, 감행하지 않음이란 안전한지 위험한지 살피고 재앙과 복을 삼가며 언제나 물러나고 나아가고자 하지 않으니 그 생명을 보존할 수 있는 까닭이다"[84]라고 해석하여, '감행하지 않음' 이란 행동의 거부가 아니라 무모하고 어리석음을 버리고 신중하고 지혜로운 행동을 요구하는 것임을 보여 준다. 또한 그는 『노자』 제43장에서 말한 '무위의 유익함[無爲之有益]' 을 해석하면서 "오직 지극한 부드러움 다음에 지극히 견고함 속으로 달릴 수 있으니, 무위는 부드러움의 도이다"[85]라고 하여, '무위' 가 어디에서나 작용할 수 있는 것은 그 성질이 물이나 바람처럼 '부드러움[柔]' 에 있음을 확인하고 있다.

(2) 박(樸) 내지 자연(自然)

『노자』 제37장에서는 '도' 를 '함이 없으면서 하지 않음이 없는 것[無爲而無不爲]' 이라 하고, "임금이 이 도를 지키면 만물이 저절로 변화되니, 변화되었는데도 뭔가 하려는 욕심이 생기면, 나는 '이름 없는 질박함' 으로 진압할 것이다[侯王若能守之, 萬物將自化, 化而欲作, 吾將鎭之以無名之樸]" 라고 언급하였는데,

84 『新註』 제73장, "敢, 則不度安危, 不量禍福, 常進而不知退, 所以動趨於死. 不敢, 則察於安危, 謹於禍福, 常退而不欲進, 所以能保其生."

85 『新註』 제43장, "夫唯至柔, 然後方可以入於至堅, 無爲, 柔之道也."

박세당은 사람이 교화되고 진작되면서 '유위(有爲)' 의 일에 관련되므로, 다시 돈독한 바탕의 실체로 도의 근본이 되는 '이름 없는 질박함[無名之樸]' 으로 진정시킴으로써 '유위' 의 뜻을 회복시켜야 할 것임을 지적하고 있다.[86] 그것은 '무위' 의 도에 따라 정치를 행한다 하더라도 행하는 과정에서 '유위' 에 젖어 들게 될 때, 다시 '무위' 를 회복시켜 주는 역할로서 '박(樸)' 을 도의 한 가지 기준으로 제시하고 있는 것이다.

『노자』 제27장에서는 통행[行]·말[言]·셈[數]·닫음[閉]·매듭[結]을 잘 하면 바퀴자국[轍迹]·흠[瑕謫]·산가지[籌策]·빗장[關鍵]·노끈묶음[繩約]의 자취가 없음을 말하였는데, 여기서 박세당은 "성인은 함이 없으며, 항상 자연에 순응하여 그 자취를 드러내지 않는다"[87]라고 하여, '무위' 의 실행은 자연에 순응하기 때문에 자취가 드러나지 않는 것이라 밝히고 있다. 곧 '무위' 를 실행하는 방법으로서 그 기준이 나의 판단이나 의지가 아니라 대상 세계로 주어진 자연의 질서를 따르는 데 있음을 제시하고 있는 것이다. 또한 그는 『노자』 제29장의 해석에서도 천하는 '유위(有爲)' 로 행하여 얻을 수 없는 것임을 밝히고, 사물에는 앞서감[行]·뒤따름[隨]·숨내쉼[呴]·불어냄[吹]·강함[强]·약함[羸]·이룸[成]·무너뜨림[隳]의 성질은 자연의 이치와 형세에서 나오는 것으로서 억지로 다스릴 수 없음을 들면서, "성인이 천하에 임해서는 사물을 각각에 맡겨서 그 자연에 일임하며, 다만 그 지나치게 심한 것을 제거할 뿐이다"[88]라고 하여, 심한 행위[甚]·사치함[奢]·교만함[泰]의 지나친 것을 제거하는 데 그치고, 사물의 타고난 성질인 '자연' 에 맡기는 것이 바로 '무위' 로 다스림[無爲而治]이라 밝히고 있다.

---

86 『新註』 제37장, "人化於善, 皆有振作之意也, 如此則涉於有爲, 故復鎭之以樸, 樸, 卽無爲敦質之體, 而爲道之本, 故曰無名."

87 『新註』 제27장, "聖人無爲, 常順自然, 而不見其迹."

88 『新註』 제29장, "天下不可以有爲爲之而得, … 言凡物之有行·隨·呴·吹·强·羸·成·隳, 八者, 本出於自然之理勢, 不可强而治之也. 是以聖人之於天不也, 物各付物, 而一任其自然, 但去其泰甚者而已."

(3) 청정(淸靜)

박세당은 『노자』 제16장을 해석하면서, 만물의 생성에서 태어나면[生] 움직이고[動], 움직임이 극도에 이르면 고요하며[靜], 태어나서 오래되면 무너지니[敝], 낙엽이 뿌리로 돌아가듯 하는 것은 고요함이며, '복명(復命)' 이라 하고, 이처럼 생명이 되돌아가는 '복명' 은 항상함[常]으로서, 음양이 열리고 닫히며[陰陽開闔], 한 번 움직이고 한 번 고요한[一動一靜] 생성과정의 항구한 이치임을 확인한다. 여기서 그는 "이 이치를 모르는 자는 비우고 밝아져서 편안하고 고요할 수 없으니, 망령되게 동작함이 있어서 반드시 재난을 불러들이게 될 것이다. 이 이치를 아는 자는 움직임에 고요함이 있는 줄을 알고, 태어남이 무너짐이 있는 줄을 알아서 사물을 각각에 맡기고 그 자연함을 따르니 나는 함이 없다"[89] 고 밝혔다. 곧 생성과정에서 동·정(動·靜) 순환이 불변하는 이치를 알아야만 자신이 '허명안정(虛明安靜)' 을 이루고 밖으로 자연에 순응하여 '무위' 를 실현한다는 것이다. 이처럼 안으로 마음의 맑고 고요함[淸靜]은 밖으로 자연에 순응함이 되고, 안과 밖이 일치되어 '무위' 를 행하는 것으로 보고 있다.

또한 그는 『노자』 제60장의 "큰 나라를 다스리는 것은 작은 생선을 삶은 것과 같다[治大國, 若烹小鮮]" 는 구절에 대해, "나라를 다스리는 요령은 동요하게 하지 않는 데 있을 뿐이다" 라고 밝히며, "'도' 를 가지고 천하에 나서면 그 귀신도 신령스럽지 않다[以道莅天下, 其鬼不神]" 는 구절에 대해, "임금이 '도' 를 가지고 천하에 나설 수 있다면 맑고 고요하여 함이 없으며, 백성을 침해하거나 동요시키지 않으면 그 귀신도 재난을 내려서 백성을 상하게 하지 못한다"[90]고 해석하였다. '무위' 의 도에 따라 다스림은 백성을 동요시키지 않는 것이요,

---

89 『新註』 제16장, "不知此理者, 不能虛明安靜, 而妄有所動作, 必致凶咎, 知此理者, 知動之有靜, 生之有敝, 物各付物, 聽其自然, 而我無爲焉."

90 『新註』 제60장, "治國之要, 在於勿擾而已. … 人主能以道莅天下, 淸靜無爲, 而不侵擾百姓, 則其鬼神不降災異以傷人."

맑고 고요함[淸靜]을 이룸으로써 자연의 조화를 깨뜨리지 않으니 귀신도 재난이나 괴이함을 드러내는 신령스러운 힘을 발휘하지 못한다는 것이다. 여기서 귀신의 신령스러움도 '청정'과 '무위'의 정치가 이루어지지 못하여 사회가 동요하는 데 따라 발생하는 것이라는 지적은 『노자』에서 귀신관을 밝혀 주는 대목이라 할 수 있다.

(4) 지족(知足)

『노자』 제46장에서는 "죄악은 하고자 하는 것보다 큰 것이 없고, 재앙은 만족할 줄 모르는 것보다 큰 것이 없다[罪莫大於可欲, 禍莫大於不知足]"고 하였는데, 박세당은 이에 대해 "죄를 짓고 허물을 지어 재앙과 혼란으로 나아가는 것은 모두 욕심이 많아 만족할 줄을 모르는 데 말미암는 것이다. 그러므로 만족할 줄 아는 것이 만족함이 될 수 있으면, 항상 스스로 만족할 수 있어서 재앙과 혼란의 근심이 없을 것이다. … 다스림과 혼란의 근원을 만족할 줄 모르는가 만족할 줄 아는가에 귀속시킨다"[91]라고 해석한다. 죄악과 재앙이 모두 욕심에서 나오는 것이라 보고, '만족할 줄 아는[知足]' 것은 하고자 하는 마음 곧 욕심을 버리고 '무위'를 이루는 것이요, 그것은 바로 다스림의 전제조건이면서 죄악과 재앙에서 벗어나는 길이라 확인하고 있는 것이다.

또한 박세당은 『노자』 제72장의 해석에서도, "만족할 줄 아는 자는 항상 만족한다. 그러므로 성인은 다만 모든 이치를 통달하는 앎이 있지만 스스로 나타내어 출세하기를 구하는 일이 없으며, 다만 자기 한 몸을 아끼지만 스스로 고귀하게 여겨 사치스럽기를 구하는 일이 없다"[92]고 하여, 죄를 두려워하지 않

---

91 『新註』 제46장, "凡所以爲罪爲咎, 以階禍亂者, 皆由於多欲, 而不知足, 故能知足之爲足, 則常能自足, 而無禍亂之憂矣. 以治亂之源, 歸之於不知足與知足也."

92 『新註』 제72장, "知足者, 常足, 故聖人但有通知萬理, 而未嘗自見, 以求聞達, 但自愛惜一身, 而未嘗自貴, 以求侈美."

아서 죽음의 형벌에 이르게 되는 백성의 어리석음과 달리, 성인은 출세나 사치를 추구하는 욕심을 버려 스스로 '만족할 줄 아는' 인격임을 확인하고 있다. 이와 더불어 그는 『노자』 제44장의 해석에서도, "명성을 멀리하고 재물을 가볍게 하는 것은 자신을 보존하는 방법이며, 재물을 중시하고 명성을 가까이 하는 것은 생명을 잃는 길이다. … 만족할 줄 아는 자는 재물을 간직함에 따른 얽매임이 없고, 그칠 줄 아는 자는 명성을 아낌에 따른 허물이 없을 것이다"[93] 라고 하여, 명성[名]과 재물[貨]을 추구하는 인간의 욕망이 생명을 잃게 하는 요인이 됨을 경계하면서, 욕심을 비우고 '만족할 줄 아는' 삶이 바로 '무위'를 실천하는 방법이 되는 것임을 보여 주고 있다.

2) 정치의 과제와 방법

(1) 치자(治者)와 치국(治國)

『노자』에서 정치의 기본과제는 정치의 기본원리로서 '무위(無爲)'의 원리를 기반으로, '치자(治者)'의 성격에 대한 인식과 '치민(治民)'의 방법에 대한 확인이라는 두 가지 문제를 중심축으로 하고, 여기에 '용형(用刑)'과 '용병(用兵)'의 문제가 그 시대의 배경 속에서 특수한 과제로 비중 있게 논의되었던 사실을 주목할 필요가 있다.

먼저 『노자』에서 '치자'는 주로 '성인(聖人)'·'천자(天子)'·'왕(王·王公·后王)'으로 일컬어지고 있다. 『노자』 제25장에서 이 세계에서 네 가지 큰 것으로 도(道)·천(天)·지(地)·왕(王)을 들고 있는데, 여기서 박세당은 '왕'의 존재에 대해, "임금된 자가 큰 까닭은 하늘과 땅을 본받고 도와 합할 수 있기 때문이

93 『新註』 제44장, "疎名輕貨, 保身之術, 重貨親名, 喪生之道. … 知足者, 無藏貨之累, 知止者, 無愛名之失."

다"[94]라고 하였다. 임금은 하나의 인간 존재이지만, 하늘과 땅의 자연적 질서를 본받아야 하고, 자연 자체라 할 수 있는 도와 일치하여 '도'를 따라 정치를 해야 하는 존재임을 확인하고 있는 것이다.

『노자』 제78장에서는 "나라의 허물을 받는 이를 사직의 주인이라 하고, 나라의 불길함을 받는 이를 천하의 왕이라 이른다[受國之垢, 是謂社稷主, 受國之不祥, 是謂天下王]"라고 하였다. 박세당은 이에 대해 "저 굶주리고 추위에 떨며 비천하고 누추한 자와 홀아비·과부·고아·자식 없는 늙은이는 천하에 이른바 허물과 불길함이 큰 자들인데, 내가 참으며 받아들일 수 있어서 모두에게 낮춘다면, 이것은 굴욕이 극진한 것이다. 그러므로 사직의 주인이나 천하의 왕이 될 수 있는 까닭이요, 곧 부드럽고 약하나 아무것도 이겨낼 수 없다는 증험이다"[95]라고 해석하였다. 곧 한 나라나 천하의 임금이 된다는 것은 가장 고귀한 신분으로 모든 사람 위에 군림하는 것이 아니라, 그와 정반대로 백성들 가운데 가장 가련하고 곤궁한 자들을 받아들여 이 비천한 백성보다 자신을 낮출 수 있을 때에 임금 노릇을 할 수 있다는 사실을 말한다. 이것이 바로 유약함이 강경함을 이긴다는 원리를 정치의 현실에 적용시켜 가장 높은 임금이 된다는 것은 역설적으로 자신을 가장 낮게 함으로써 모든 백성을 포용할 수 있는 데서 가능함을 보여 주는 것이다. 따라서 그는 아비가 없는 자를 가리키는 '고(孤)'나, 남편이 없는 자를 가리키는 '과(寡)'나, 선하지 못함을 가리키는 '불곡(不穀)'이란 말은 사람들이 모두 싫어하는 것인데, 임금은 자신을 일컫는 칭호로 삼고 있는 사실에 대해, "담박하게 비워 자신을 배양함으로써 귀하고 높은 형세에 대처하고자 하는 것이다"라고 해석한다.[96] 이처럼 '고'·'과'·'불곡'의

---

94 『新註』 제25장, "夫王者之所以爲大者, 以其能法天地, 而合乎道也."

95 『新註』 제78장, "彼飢寒賤汚·鰥寡孤獨, 乃天下所謂垢與不祥之大者, 而吾能忍而受之, 皆爲之下, 此乃屈辱之至, 故所以能主社稷, 而王天下, 卽柔弱而莫之能勝之驗也."

96 『新註』 제42장, "人之所惡者, 無父無夫與不善之名, 而王公以爲稱者, 亦欲以沖虛自養, 以處其貴高之勢也."

호칭도 임금된 자가 자신을 비우고 낮춤으로써, 그 지위의 고귀함으로 자만이나 난폭함에 빠지는 것을 막아 주는 '겸허'의 덕을 보여 준다고 밝히고 있다.

따라서 임금은 그 역할을 어떻게 하였는가에 따라 차등적인 평가를 받을 수 있는 것으로 제시된다. 박세당은 『노자』 제17장에서 제시한 최상[太上]은 "백성이 단지 임금이 있다는 것만 알 뿐이니, 위에서 함이 없으니 아래에서 스스로 잊은 것이다"라 하고, 그 다음의 왕은 "덕의 혜택을 베풀기 때문에 백성들이 친애하고 칭송한다" 하고, 그 다음의 왕은 "형벌과 행정을 정비하므로 백성들이 두려워한다" 하고, 그 다음의 왕은 "덕과 형벌을 모두 잃어버리니, 백성들이 비로소 업신여긴다"고 해석하였다.[97] 이처럼 왕의 치도를 4등급으로 나누었을 때, 최상의 등급은 '무위'의 정치를 하여 백성들이 그 정치의 혜택을 입으면서도 알지 못하고 "나는 저절로 이루어졌다[我自然]"라고 말하는 단계라는 것이다. 이러한 '무위'의 정치[無爲之治]는 '법에 의한 정치[法治]'는 물론이요, '덕에 의한 정치[德治]'를 내세우는 것보다 더 높은 이상정치의 단계로 확인되고 있다. 여기서 '무위'의 의미도 아무것도 하는 것이 없다는 말이 아니라, 어떤 하는 일이 있는지 각성하지 못할 만큼 자연스럽게 이루어지는 것을 의미한다.

따라서 '무위'의 정치도 임금의 덕이 실현되어야 가능한 것이다. 『노자』 제54장에서는 덕을 자신[身]과 집안[家]과 고을[鄕]과 나라[國]와 천하(天下)에 닦음으로써 넓혀 가는 것을 다섯 단계로 제시하였는데, 박세당은 『노자』 제54장이 가장 순수하다고 하여 유교정신과 일치하는 점을 중시하면서, 수신(修身)은 덕을 자신에 간직하여 놓치지 않는 것이라 하고, 수가(修家)·수향(修鄕)·수국(修國)·수천하(修天下)는 덕을 백성들 속에 수립하여 뽑히지 않는 것이라 한다.[98]

---

97 『新註』 제17장, "太上, 其民但知有君而已, 上無爲而下自忘也, 其次, 則施德惠, 故其民親之譽之, 又其次, 則修刑政, 故其民畏之, 又其次, 則德刑俱亡, 故其民始侮之."

98 『新註』 제54장, "所建者德, 則樹之民而不拔, 所抱者德, 則存之身而不脫. … 修之於身, 則實德在我, 修

이처럼 치자는 덕을 자신에서부터 천하에 이르기까지 실현해야 하는 것으로 인식되고 있을 뿐만 아니라, 나라와 나라 사이에서도 겸허하게 낮추는 덕을 중시한다. 곧 『노자』 제61장에서는 "큰 나라는 남을 아울러 기르고자 하는 데 불과하고, 작은 나라는 남을 들어가 섬기려 하는 데 불과하니, 양쪽이 각각 바라는 바를 얻으려면 큰 쪽이 마땅히 낮추어야 한다[大國不過欲兼畜人, 小國不過欲入事人, 夫兩者各得其所欲, 大者宜爲下]"고 제시하였다.

이에 대해 박세당은 "큰 나라가 작은 나라에 낮추는 것은 천명을 즐거워하는 것이니, 포용력은 남을 기를 만하고, 작은 나라가 큰 나라에 낮추는 것은 천명을 두려워하는 것이니, 공경함은 남을 섬길 만하다. … 작은 나라는 언제나 큰 나라를 두려워하니 낮출 수 있지만 큰 나라는 언제나 작은 나라를 업신여겨서 낮출 수 있는 경우가 드물다. 이렇게 되면 작은 나라의 마음을 잃고 말아 사모하여 따르게 할 수 없으니 끝내 큰 나라를 이룰 수 없다"[99]고 해석하였다. 나라와 나라 사이에서도 큰 나라가 작은 나라에 낮추어 포용하는 것처럼 임금과 백성 사이에서도 임금이 낮추어 백성을 포용해야 하는 질서를 요구하고 있는 것이다. 『맹자』에서 어진 자[仁者]가 '큰 나라로 작은 나라를 섬겨[以大事小]' 천명을 즐거워하고, 지혜로운 자[智者]가 '작은 나라로 큰 나라를 섬겨[以小事大]' 천명을 두려워하는 것으로 대비시킨 것과 같은 의미로 받아들이고 있는 것이다.[100]

之於家, 則推餘而及人, 修之於鄕, 則所施者漸遠, 修之於國, 則所被者益廣, 修之於天下, 則凡有血氣, 莫不尊親, 而德乃普矣. … 此章最醇, 修身之善抱, 修家以下, 則指善建."

99 『新註』 제61장, "以大下小, 則樂天, 而容足以畜人, 以小下大, 則畏天, 而恪足以事人, … 盖小國常畏大國, 能下之, 而大國常侮小國, 罕能下之者, 如此則失小國之心, 而不能懷服, 卒無以成其大."

100 『맹자』, 「梁惠王下」, "惟仁者爲能以大事小, … 惟智者爲能以小事大, … 以大事小者, 樂天者也, 以小事大者, 畏天者也, 樂天者保天下, 畏天者保其國."

(2) 치민(治民)의 방법

나라를 다스리는 정치의 근본과제는 바로 백성을 다스리는 것이요, 백성을 다스리는 것은 치자가 백성의 마음을 얻는 데서 가능하다. 『노자』 제49장에서는 "성인은 일정한 마음이 없고 백성의 마음으로 마음을 삼는다[聖人無常心, 以百姓心爲心]"고 하였는데, 이에 대해 박세당은 "사람은 각각 스스로 그 마음을 가지고 있으니, 나도 각각 그 마음을 따라서 마음으로 삼으며 저쪽과 이쪽이나 선과 악을 분별하려는 뜻이 없다"[101]는 것으로 해석하였다. 백성의 마음과 치자의 마음이 일치한다는 것은 마음의 본질에서 공통성을 확인한다는 의미가 아니다. 백성의 마음에는 선하거나 악하거나 믿거나 못 믿거나 무수한 차이를 지니고 있겠지만 치자는 어떠한 분별과 취사선택의 마음도 내지 않고 모든 사람의 마음을 받아들일 수 있는 포용력을 지녀야 한다는 의미이다. 치자가 모든 백성의 마음을 포용할 때 백성들은 치자를 향하고 마음으로 복속할 수 있게 된다는 것이다.

또한 치자의 포용력은 강이나 바다가 모든 계곡의 물을 받아들이는 것에 비유되기도 한다. 박세당은 『노자』 제66장의 해석에서, "강이나 바다가 모든 물줄기의 높이는 바가 될 수 있는 것은 모든 물줄기의 아래에 처하기 때문이다. … 스스로 아래에 내려가 백성을 위로 삼은 다음이라야 백성보다 위에 오를 수 있고, 스스로 뒤처져서 백성을 앞세운 다음에 백성보다 앞설 수 있다. 이 때문에 자신을 낮추고 남을 공경하면 위에 처하여도 아래에서 무거워하지 않고, 자신을 박하게 하고 백성을 후하게 하면 앞에 처하여도 뒤에서 해롭게 여기지 않는다"[102]고 밝혔다. 겸허함으로 자신을 낮추고 백성을 높이며, 자신을 낮추어 백성의 모든 다양함을 받아들이며 누구와도 다투지 않는 포용력이 치

---

101 『新註』 제49장, "以百姓心爲心, 言人各自有其心, 吾亦各隨其心而爲心, 無分別彼此·善惡之意也."

102 新註』 제66장, "江海所以能爲衆流所尊者, 以其處衆流之下, … 自下而上民, 然後可上於民; 自後而先民, 然後可先於民, 是以卑身而敬人, 則處上, 而下不以爲重, 薄己而厚民, 則處前, 而後不以爲害."

자의 권위와 지위를 확보할 수 있게 해준다는 것이다. 포용력에 대한 논의는 『노자』 제27장에서도 "성인은 언제나 사람을 잘 구제하므로 사람을 버림이 없으며, 사물을 잘 구제하므로 사물을 버림이 없다[聖人常善救人, 故無棄人, 常善救物, 故無棄物]"는 구절에서도 보인다. 박세당은 이 구절이 맹자가 "중도를 지닌 자가 중도에서 벗어난 자를 가르치고, 재주 있는 자는 재주 없는 자를 가르친다. 만약 중도를 지닌 자가 중도에서 벗어난 자를 버리고, 재주 있는 자가 재주 없는 자를 버린다면 어진이와 못난이 사이의 거리는 그 사이가 한 치도 될 수 없을 것이다[中也, 養不中, 才也, 養不才. … 如中也, 棄不中, 才也, 棄不才, 則賢不肖之相去, 其間不能以寸]"(「離婁下」)라고 언급한 말과 같은 뜻임을 확인하고 있다. 그만큼 치자의 덕과 백성을 다스리는 기본태도가 포용력에 있다는 인식에서 노자와 유교의 입장을 일치시키고 있는 것이다.

박세당은 "임금된 자가 하늘의 도를 받드는 것은 백성을 배양하는 것을 중시하기 때문이다"[103]라고 밝혀, 하늘의 도를 받드는 것과 백성을 가르치고 육성시키는 것이 같은 도리임을 제시한다. 따라서 그는 『노자』 제53장의 해석에서, 사람들이 평이한 '큰 도[大道]'를 버려두고 지름길로 가기를 좋아하는 경우로서, "바른 이치를 버리고 사특한 욕심을 따르며, 아랫사람을 학대하여 윗사람을 받들며, 백성에게서 덜어내어 자기에게 보태는 것"을 들고서, "윗사람이 화려하게 입고 물리도록 먹고 재물을 넘치게 가지는 것은 백성에게서 빼앗아 자기 욕심껏 제멋대로 하지 않은 것이 없다"[104]고 하여, 치자가 사치하고 욕심대로 누리는 것은 백성을 배양하는 도리에 상반되는 것임을 절실하게 경계하고 있다.

또한 『노자』 제75장에서는 위에서 세금을 많이 거두어 '백성이 굶주리게

---

103 『新註』 제51장, "盖王者奉天之道, 以養民爲重故也."

104 『新註』 제53장, "大道甚平, 而人反好徑, 捨正理而從邪欲, 虐下而奉上, 損民而益己, … 夫上之所以被服華美, 飮食充厭, 資財有餘, 無非取於民以恣其嗜欲者."

되고[民之饑]', 하려는 일이 있어 백성을 부리면 '백성이 다스리기 어려워지고 [民之難治]', 넉넉히 살려고 하다가 법을 범하여 '백성이 죽음을 가볍게 여기는 [民之輕死]' 현상의 정치적 문제점을 제시한 데 대해, 그는 백성이 죽음을 가볍게 여기고 다스리기 어려워지는 원인을 밝혀, "(백성들에게) 이미 넉넉하게 살려는 마음이 있는데, 위에서 또 스스로 생활을 넉넉히 하려고 하여 가혹하게 거두어들이고 혹독하게 부려서 가난과 속임에 이르게 됨을 면치 못하였기 때문이다"[105]라고 지적하였다. 넉넉하게 살려는 욕심은 백성과 임금이 같이 가지고 있는데, 임금이 자기 욕심을 도모하여 백성을 착취하는 데서 정치가 그릇되는 근본원인이라 진단하고 있는 것이다. 이에 따라 그는 상하에서 욕심이 충돌하는 데 따라 발생하는 정치의 곤란을 해결하는 방책을 제시하여, "만약 위에서 욕심을 버리고 백성의 힘을 느긋하게 풀어주어 그 마음을 교화하면, 아래에서 저절로 죽음을 가볍게 여기고 다스려지기 어려운 근심이 없어질 것이다. 이렇게 되면 위와 아래가 서로 편안해지고, 또한 형벌과 살육으로 두렵게 하기를 일삼음이 없어질 것이다. 이것이 근본을 미루어 가는 논의이다"[106] 라고 밝혔다. '근본을 미루어 가는 논의[推本之論]' 란 바로 근본적 해결의 방책을 말하는 것이요, 그것은 임금이 욕심을 버림으로써 백성을 양육하고 교화하는 것이 정치의 근본방법임을 제시해 주는 것이다.

『노자』에서 정치의 근본원리인 '무위(無爲)' 의 정치를 시행하는 방법으로 백성을 '무지(無知)' · '무욕(無欲)' 하게 하는 것이 강조된다. 곧 『노자』 제3장에서는 "성인의 정치는 마음을 비게 하고 배를 차게 하며, 의지를 약하게 하고 뼈대를 강하게 하여, 백성으로 하여금 언제나 아는 것이 없고 하고자 하는 것

---

105 『新註』 제75장, "民之所以輕死, 而難治者, 以旣有此厚生之心, 而上又不免以自厚其生者, 苛斂虐使, 令至於貧而且詐故也."

106 같은 곳, "若上能黜欲紓其力, 而化其心, 則下自無輕死難治之憂, 如此則上下相安, 而亦無所事於刑殺以懼之矣, 此其推本之論也."

도 없게 하여, 지혜로운 자가 감히 하지 못하게 하는 것이니, '무위'를 하면 다스려지지 않음이 없다[聖人之治, 虛其心, 實其腹, 弱其志, 强其骨, 常使民無知無欲, 使夫智者不敢爲也, 爲無爲, 則無不治]"고 하였다. 이에 대해 박세당은 "성인은 다만 백성으로 하여금 배불리 먹게 하고 다른 사모하는 것이 없게 하며, 힘은 모두 씩씩하지만 다툴 곳이 없게 하니, 백성은 순박하여 아는 바가 없고 하고자 하는 바가 없음을 말한다"[107]고 해석하였다. 여기서 백성의 욕망을 자극하지 않아 순박하게 한다는 것은 '박(樸)'의 도를 정치에서 실현하는 것이라 할 수 있다. 그러나 '무위'의 정치가 백성을 '무지'·'무욕'으로 이끌어간다는 것은 기교에 빠지는 것을 벗어나도록 한다는 의미에서 '무지'를 요구하는 것인지, 좀 더 구체적 설명이 요구된다.

이에 관하여 『노자』 제58장과 제65장은 백성을 '무지'로 이끌어가는 '우민(愚民)' 정치의 의미를 설명해 주고 있다. 곧 제58장에서는 "정치가 흐리멍덩하면 백성은 순박해지고, 정치가 세밀하면 백성은 경박해진다[其政悶悶, 其民醇醇, 其政察察, 其民缺缺]" 하였고, 제65장에서는 "옛날에 도를 잘 행하던 사람은 백성을 밝게 하지 않고 어리석게 하니, 백성이 다스려지기 어려운 것은 지모가 많아지기 때문이다[古之善爲道者, 非以明民, 將以愚之, 民之難治, 以其智多]"라고 하였다. 여기서 박세당은 제58장과 제65장의 연관성에 주목하여 '백성을 밝게 한다[明民]'는 것은 '정치가 세밀하여 백성을 경박하게 한다'는 뜻이고, '백성을 어리석게 한다[愚民]'는 것은 '정치가 흐리멍덩하여 백성을 순박하게 한다'는 뜻이라 일치시키면서, "언제나 백성으로 하여금 아는 것이 없고 하고자 하는 것이 없게 하려는 것도 백성을 어리석게 하는 것이다. 백성이 교활한 지모가 많아지면 다스리기는 더욱 어려워진다"[108]고 해석하였다. 곧 그는 '무지'란

107 『新註』 제3장, "言聖人但使民飽於食, 而無他思慕, 力皆壯, 而無所趍競, 故其民淳樸, 而無所知·無所欲."

108 『新註』 제65장, "明民, 則其政察察, 而使民缺缺, 愚民, 則其政悶悶, 而使民醇醇, 常使民無知無欲, 亦所以愚之也, 民多智巧, 則治之愈難."

교활한 지모가 없는 순박함을 가리키는 것임을 분명하게 제시하였다. 따라서 '우민'의 정치도 백성을 맹목화된 무지의 상태로 이끌어간다는 의미가 아니라 교활한 지모[智巧]가 없는 순박함을 의미한다는 것을 확인할 수 있다. 또한 그는 "그 정치가 흐리멍덩하면 옳고 그름을 분별하지 않아서 그 백성이 순박한 바탕으로 돌아가게 되고, 그 정치가 세밀하면 선과 악을 반드시 밝혀서 백성이 경박함으로 돌아가게 된다"[109]고 하여, 가치판단과 분별기준의 적용이 지나치게 엄격하면 도리어 백성이 순박함을 잃고 경박하게 되는 역설적 현실을 지적하고 있는 것이다. 이것이 또한 '박(樸)'으로 돌아가는 것이요, '대순(大順)'을 행하는 것이라 한다.

또한 『노자』 제80장에서는 '나라가 작고 백성이 적은[小國寡民]' 정치의 이상형을 묘사하면서, "이웃나라가 서로 바라보며 닭 우는 소리 개 짖는 소리가 서로 들려도 백성들은 늙어 죽을 때까지 서로 왕래하지 않는다[鄰國相望, 鷄狗之聲相聞, 民至老死不相往來]"고 하는 것에 대해, 박세당은 "돈독하고 질박하여 찾는 것이 없다는 뜻을 극진하게 말한 것이다. 모두 위에서 총명함을 몰아내고 몹시 부러워함을 제거함으로써 그 마음이 하는 바를 교화시킨 데서 말미암는다"[110]고 해석하였다. 여기서 '총명(聰明)'이나 '몹시 부러워함[健羨]'으로 바로 '지교(智巧)'와 욕심으로 마음의 순박함을 해치는 것을 가리키며, '안분자족(安分自足)'을 기준으로 추구하는 것이라 할 수 있다.

(3) 용형(用刑)과 용병(用兵)

『노자』에서는 정치의 실무에서 당면하는 주요문제로서 형벌과 군사의 문제에 대한 주의 깊은 관심을 보여 주고 있다. 먼저 형벌의 문제로서, 『노자』 제74장

---

109 『新註』 제58장, "其政悶悶, 是非不分, 而其民反醇醇以質, 其政察察, 善惡必明, 而其民反缺缺以薄."

110 『新註』 제80장, "所以極言敦朴無求之意, 皆由於上之能黜聰明去健羨, 以化其心之所爲也."

에서는 "백성이 죽음을 두려워하지 않으면 어떻게 죽임으로써 두려워하게 하겠는가[民不畏死, 奈何以死懼之]"라고 하였는데, 이에 대해 박세당은 "하늘은 선하지 않은 자를 일찍이 용서하지 않았으니, 선하지 않은 자를 죽이는 데 그 권한을 맡은 자는 하늘이 아니고 누구이겠는가? 내가 형벌을 쓰는 것은 하늘이 토죄함을 쓸 수 있다면 이는 하늘이 죽이는 것이지 내가 죽이는 것이 아니다. 만약 하늘의 토죄함을 따르지 않고 망령되어 멋대로 죽인다면 이는 죽이는 일을 맡은 사람을 대신하여 사람을 죽이는 것이니 그 분수를 넘은 것이다"[111]라고 해석하였다. 여기서 박세당은 백성에게 죽음의 형벌을 내릴 수 있는 권한은 근원적으로 하늘에 있는 것임을 확인하고, 치자가 백성을 형벌로 다스린다는 것은 치자의 고유한 권한이 아니라 하늘의 권한을 대신하여 수행하는 것이므로, 하늘의 뜻에서 벗어나 자신의 뜻을 개입시킨다면 그 형벌은 원천적으로 부당하다는 것이다. 이처럼 그는 백성을 다스리는 정치는 치자의 의지나 욕구가 없는 '무위'의 정치라야 하고, 그것은 하늘의 뜻을 따라 수행하는 것이라야 하는 것임을 강조하고 있는 것이다.

다음으로 군사를 동원하여 전쟁을 하게 되는 '용병'의 문제에서 『노자』 제31장에서 군사를 '상서롭지 못한 도구[不祥之器]'라 하고, '군자의 도구[君子之器]'가 아니라 강조하며, "부득이 군사를 쓰게 되더라도 고요하고 담박함을 상등으로 삼고 이겨도 좋게 여기지 말아야 한다. 좋게 여기는 자는 사람 죽이는 것을 즐거워하는 것이다. … 전쟁에 이기면 상례로 처해야 한다[不得已而用之, 恬淡爲上, 勝而不美, 而美之者, 是樂殺人也, … 戰勝, 以喪禮處之]"고 하여, 군사의 동원과 전쟁이 부득이한 것임을 역설하고, 이기더라도 상례로 슬퍼할 것을 요구하고 있다. 이에 대해 박세당은 "옛날 군사의 의례로서 군사를 동원할 때는 항상 따랐으니, 노자가 이를 인용하여 군사가 상서롭지 못한 도구임을 밝힌 것

111 『新註』 제74장, "天於不善, 未嘗赦之, 則殺不善, 而司其柄者, 非天而誰, 吾之用刑, 能用天討, 則是天殺之也. 非己殺之, 若不從天討, 妄肆誅戮, 是代司殺而殺人, 越其分矣."

이다"[112]라고 하여, 실제로 옛 군례(軍禮)에서는 전쟁에 이겼을 때도 상례로 슬퍼하였음을 밝히고 있다. 또한 박세당은 『노자』 제69장의 해석에서도 '감히 앞장서지 않고 뒤따르며', '나아가기를 신중히 하고 물러나기를 가볍게 한다'는 등 옛날 용병술의 격언에 대해, "모두 억누르고 덜어내며 물러서고 피하는 방법으로, 전쟁을 하고자 하지 않지만 부득이한 경우에 응하는 것이 용병의 보배로 삼는 것이다"[113]라고 하여, 용병에서는 결코 나서거나 나아가는 것이 아니라 뒤따르고 물러나며 전쟁은 부득이한 경우에만 해야 한다는 것이 보배로 삼아야 할 원칙임을 강조하고 있다. 그만큼 『노자』에서 전쟁으로 다투는 것을 경계하는 '부쟁(不爭)'이 '무위'의 정치원리를 시행하는 원칙이 되고 있음을 확인해 주는 것이다.

112 『新註』 제31장, "皆古軍禮, 而行師者常用之, 故老子引之以明兵之爲不祥之器."

113 『新註』 제69장, "此皆所以爲抑損退避, 若不欲戰, 不得已而後應之者, 乃用兵之所寶也."

5. 박세당의 『노자』 이해가 지닌 특성

박세당은 자신이 『노자』를 주석하는 목적을 "그 뜻을 밝히지 않아 다음 세상을 거듭 그르칠 수는 없다"(「新註道德經序」)고 제시하였다. 그가 『노자』에서 밝혀내고자 하였던 바른 뜻은 '수신(修身)'과 '치인(治人)'의 주제이고, 그것은 유교의 기본과제와 일치하는 것이 사실이다. 이처럼 그는 『노자』와 유교의 가르침이 근원적으로 통할 수 있고, 『노자』의 올바른 이해를 통해 『노자』를 유교적 가르침의 주변에 가까이 받아들일 수 있는 길을 열어 주고자 하였다.

이러한 그의 『노자』에 대한 이해 태도는 기본적으로 포용의 정신에 근거하고 있는 것이며, 엄격한 정통주의에 따르는 이단배척의 배타적 폐쇄성을 이미 벗어던졌다고 할 수 있다. 따라서 그의 『노자』 이해는 유교의 입장에서 『노자』를 해석하는 '이유석로(以儒釋老)'라 할 수 있다.[114] 그러나 박세당이 『노자』를 유교와 소통할 수 있는 것으로 해석한 것은 사실이지만, 그렇다고 그가 『노자』를 유교적 사유체계에 맞추어 해석하기 위해 의도적으로 의미를 변형시켰던 것은 아니다. 그는 『노자』를 해석하면서 매우 긴밀한 유사성을 보이는 유교경전의 구절을 인용하여 상응시키고 있지만, 율곡의 『순언』에 비하면 그렇게 자주 유교경전의 구절을 끌어들이고 있는 것도 아니다. 오히려 『노자』에서 제시된 개념이 유교적 사유와 충돌할 수 있는 대목에 대해서도 노자의 사유체

114 김학목은 도가의 입장에서 『노자』를 해석하는 '以道釋老'와 대비시켜 박세당의 『노자』 해석은 유가의 입장에서 해석한 것으로 '以儒釋老'라 지적하였다(김학목, 『박세당의 노자』, 275쪽).

계 안에서 일관되게 해석할 수 있는 논리를 찾아내고 있는 사실이 주목된다.

곧 『노자』 제29장의 "배움을 끊으면 근심이 없다[絶學無憂]"라는 언급과, 제48장에서 "배운다는 것은 날로 보태는 것이다[爲學日益]"라는 언급에서, '배움[學]'이라는 말의 의미가 서로 상반되어 충돌하는 것으로 이 두 구절의 '배움'에 대한 인식이 서로 다른 것이라 보는 견해가 있다. 박세당은 이러한 견해를 부정하면서, 전자의 '배움'을 '유위의 배움[有爲之學]'이라 하고, 후자의 '배움'은 '무위의 배움[無爲之學]'이라 해석함으로써, '배움'이란 말의 의미 내용이 다르지만, 『노자』에서 '배움을 끊는다'고 하여 '배움' 자체를 거부하는 입장을 보여 주는 것이 아님을 명확히 하였다(『신주도덕경』 제48장). 이렇게 『노자』 자체에서 유교적 가치와 모순되지 않는 논리로 일관되게 해명할 수 있다는 것은 그가 유교로 『노자』를 해석하여 유교 속에 끌어들이려고 했다기보다는, 『노자』가 유교와 함께 갈 수 있는 '도'를 찾아갔던 것으로 볼 수 있다. 이러한 의미에서 박세당에게서 유교와 『노자』의 도는 이른바 『중용』(제30장)에서 말하는 "도가 병행하지만 서로 어긋나지 않는다[道竝行而不相悖]"는 차원의 발견이라 할 수 있을 것이다.

박세당의 『노자』 해석에서 중심문제로 주목하였던 것은 '도(道)'와 '덕(德)'과 '치(治)'의 세 주제로 집약시켜 볼 수 있다. 여기서 그는 '덕(德: 修身)'과 '치[治人]'의 문제를 해명하기 위하여 그 근거로서 '도'의 개념을 해명하는 데 가장 큰 관심을 기울였던 것이 사실이다. 그는 『노자』 해석의 첫머리에서부터 '도' 개념의 체용 구조를 집중적으로 조명함으로써, 『노자』에서 '도'가 결코 공허한 관념으로서 본체를 드러내려는 것이 아니라, 본체와 응용이 서로 떠나지 않은 일원적 통합성 속에서 '도'의 실체를 해명하고, 그 실현방법을 구체적으로 제시하는 데 주의를 기울였던 것이다. 이에 따라 '도'와 '덕'이나 '도'와 '치' 내지 '덕'과 '치'의 관계에서도 체용일원적 일체로서 실현되는 과제를 구체적으로 드러내고자 하였던 것이 그의 『노자』 해석이 보여 주는 중요한 특징이라 할 수 있다.

나아가 박세당은 『노자』의 중심개념으로서 '무위'가 '도'의 개념에서 인식될 뿐만 아니라, '덕'과 '치'의 실천에서 '무위의 도'가 실현되는 의미를 명확하게 해석하는 데 힘썼던 것으로 보인다. 이러한 '무위'가 '도'에서 드러나는 의미와 '덕'이나 '치'에서 실현되는 양상을 구체적으로 해명하는 것은 바로 『노자』를 그 자체로서 충실하게 해석하면서, 동시에 노자와 유교가 만나고 조화를 이룰 수 있는 길을 열어 주고 있다는 점에서 또 하나의 특징을 확인할 수 있다. 이런 의미에서 박세당의 『노자』 이해는 유교와 조화 속에 『노자』의 세계를 일관되게 해석하는 것이면서, 동시에 유교적 사유를 정통주의적 폐쇄성에서 벗어나 다른 사유의 전통과 만날 수 있는 포용력을 확보하게 하는 것으로 주목할 필요가 있는 것이다.

Ⅳ. 『도덕지귀』와 서명응의 『노자』 이해

1. 서명응의 『노자』 이해 시각
2. 『노자』 해석의 입장과 체제
3. '도' 의 본체와 '덕' 의 실현
4. 심법과 양생의 과제
5. 치도(治道)의 원리와 과제
6. 서명응의 『노자』 이해가 지닌 특성

1. 서명응의 『노자』 이해 시각

서명응(保晩齋 徐命膺, 1716-1787)은 소론계 학자로 농서(農書) 연구에 관심이 깊었고, 그의 가학(家學)이 아들 서호수(徐浩修, 1736-1799)와 손자 서유구(楓石 徐有榘, 1764-1845)로 이어감으로써, 그를 북학파 학풍의 선구적 인물로 보기도 한다. 또한 그는 『역선천학(易先天學)』, 『역학계몽집전(易學啓蒙集箋)』, 『참동직전(參同直詮)』 등을 저술하여 『역경』과 『참동계(參同契)』에 조예가 깊고, 상수(象數)에 정밀한 이해를 지니고 있음을 보여 준다. 그가 노년에 『노자』에 심취하여 『도덕지귀(道德指歸)』를 저술하였던 것은 18세기 후반에서 『노자』 해석의 독자적 입장을 보여 줄 뿐만 아니라, 이 시대 유학자의 『노자』를 수용하는 학문적 관심과 태도를 가장 잘 드러내 주는 경우로 주목된다.

서명응의 『노자』 해석은 유학의 정통성에 대한 신념에서 벗어나 『노자』에 빠져드는 것이 아니라, 유학과 『노자』의 입장이 약간의 차이점이 있음을 유의하면서도 양자가 근원적으로 일치한다는 인식을 전제로 밝히고 있다. 그가 『노자』의 '도'를 태극·음양·오행의 존재론적 개념체계로 해명한 사실은 주자학의 존재론과 충돌되지 않는다는 입장을 확인시켜 주는 것이라 할 수 있다. 그는 『노자』를 『역경』 「계사전(繫辭傳)」에서 제시한 개념체계나 주렴계로부터 제시된 성리설의 무극·태극·음양·오행의 우주론을 끌어들여 이해하고 있는 데서 특징적인 면모를 보여 주고 있다. 특히 그의 『노자』 해석에서는 『역경』과 『참동계』를 깊이 끌어들이고 있는 사실이 주목된다. 그만큼 그의 『노자』 해석은 유교경전과 성리학의 체계를 기반으로 하고 있는 것이 사실이다.

그는 『노자』의 해석에서 '도'의 본체를 태극·음양·오행의 개념체계를 기초로 확립하고, 그 위에 '도'의 활용으로서 무위(無爲)·허정(虛靜)의 원리를 확인하고, 나아가 이 '도'가 인간에게서 무욕(無欲)·겸하(謙下)의 덕으로서 전개되는 논리를 밝히는 데 주의를 기울이고 있다. 이와 더불어 그는 『노자』의 '도'가 인간의 마음을 닦는 수양과 세상에 대처하는 처세와 생명을 배양하는 양생의 원리가 되며, 동시에 정치의 원리와 방법으로 일관하게 적용되고 있음을 명확하게 제시한다. 여기서 그는 『노자』에서 우주와 인간을 일관하는 '도'의 본체와 활용의 구조를 체계적으로 해석함으로써, 유교사상과 『노자』를 근원적으로 일치시켜 해명하면서도, 『노자』의 독특한 사유체계와 논리를 선명하게 드러내려는 두 가지 상충하기 쉬운 양면적 과제를 조화롭게 해결하고 있는 점이 주목된다. 특히 그의 『노자』 해석은 '도'의 본체론적 이론틀을 확고하게 정립하고 있지만, 실제로 그의 관심은 수양과 처세와 양생의 방법을 명확히 제시하는 데 초점을 맞추고 있는 것으로 보이는 것이 사실이다.

서명응은 『도덕지귀』에서 유교경전뿐만 아니라 제자백가 및 주자를 비롯한 송대에서 명대에 이르는 여러 유학자들의 『노자』 해석을 다양하게 끌어들여 자신의 입장을 뒷받침하고 있으며, 상고(上古)시대의 변천과정을 『노자』해석에 폭넓게 적용하고 있음을 보여 준다. 이러한 그의 『노자』 해석은 성리학적 세계관을 충실하게 지키고 있는 것이요, 실학적 관심을 찾아보기 어려운 것이 사실이며, 상고(上古)의 소박함을 사회적 이상으로 받아들이는 태도를 엿볼 수 있게 하는 것이다. 또한 그는 몇 가지 중요한 대목에서 『노자』에 대한 전통적 해석과 다른 자신의 독자적 견해를 제시하거나, 『노자』의 핵심 정신을 한 차원 더 깊이 통찰하는 데서 오는 자신의 확신을 밝히기도 한다. 그만큼 그는 정밀하고 일관된 자신의 관점으로 『노자』를 해석하고, 이를 통해 유교와 『노자』 사이의 깊은 연관성을 새롭게 해명하고 있는 점을 조명해 보고자 한다.

2.『노자』해석의 입장과 체제

1)『노자』에 대한 해석 입장

『도덕지귀』는 서명응이 54세(1769) 때 저술하고, 그 후 62세(1777) 때 겨울 황해도 연백(延白)에 유배되어 있는 동안 수정 보완하여 완성한 것이다.[1] 그가『노자』를 해석하는 기본자세는 "노자의 학문은 유학과 매우 가까우며, 그 학설에서 조화(造化)를 말하고 일의 실정[事情]을 말한 것은 비록 유학이라도 바꿀 수 없는 것이다. 다만 도덕과 인의(仁義)를 둘로 나누고, '인의' 이하는 '도'에 관여할 수 없게 한 것은 유학과 다른 바이다"[2]라고 언급한 데서 보여 주는 것처럼, 기본적으로 노자와 유교의 친밀성을 전제로 '인의'의 규범에 대한 인식에서 유학과 차이점이 있음을 지적하는 입장이다. 따라서 그는『노자』에 대해 유학자들의 실정에 맞지 않는 비판태도가 잘못된 것임을 밝히고, 사마천(司馬遷)이 유교와 노자의 유파가 서로 배척한다는 사실을 처음으로 언급하였지만,『논어』나 오경(五經)의 어디에도 노자를 언급한 일이 없으며, 이단이나 사

---

1 徐命膺은 1769년『道德指歸』를 저술한 뒤, 1777년 塩州(황해도 延白郡)에 유배가 있는 동안 전면으로 수정 · 보완하여『道德經解』라 제목을 붙이고서 아들 徐浩修를 시켜 정서하게 하여 책으로 묶어서 보관하였다. 이 정서본은 그가 생전에 유실하였는데, 그가 죽은 다음해인 1788년 손자 徐有榘가 폐기된 책의 뒷면에서『道德指歸』의 친필 수정본 원고의 전문을 발견하여 다시 정서해서 전해지게 되었다 한다.『도덕지귀』라는 제목은 前漢末 嚴遵(姓 莊氏)이 저술한『노자』주석서의 제목과 동일하다.

2『도덕지귀』,「道德指歸序」, "老子之學, 切近儒學, 其說造化·說事情, 雖儒學不能易也, 但以道德仁義, 分而爲二, 自仁義以下, 不使與於道, 此其所以與儒學異也."

설(邪說)을 엄격히 비판하였던 맹자도 노자를 비판한 일이 없음을 지적하고 있다. 이처럼 그는 『노자』를 유교와 일치하는 관점에서 이해함으로써 『노자』를 비판하는 유학자의 태도가 유학의 본래 입장이 아님을 강조하고 있는 것이다.

그는 『노자』를 배척하는 것이 공평하지 못함을 지적하면서, "그 공평하지 못한 것은 노자의 실정을 알지 못함에 말미암는 것이요, 노자의 실정을 알지 못하는 것은 노자의 말을 알지 못함에 말미암는 것이다. 그러므로 내가 노자의 '도덕 5천 언'을 장구로 해석하고 그 귀결처를 밝힌 것은 노자를 위해서가 아니요, 우리 유학에서 노자를 공격하는 자들을 위하여 그 실정을 공평하게 하려는 것이다"[3]라고 언명하였다. 곧 그 자신이 『노자』의 근본정신을 밝혀 『도덕지귀』를 저술하는 의도는 『노자』의 실정을 공평하게 드러냄으로써 유학자의 『노자』에 대한 그릇된 비판태도를 바로잡는 것임을 확인한다.

이렇게 그가 노자를 비판하는 태도를 해명하는 또 하나의 근거는 노자 자신의 사상과 후세에 노자를 계승한다고 표방하는 유파의 사상을 구분함으로써, 노자 자신이 아니라 노자를 계승한다는 유파들의 오류와 폐단을 비판해야 한다는 것이다. 따라서 그는 "학문에 폐단이 있는 것은 그 학문의 죄가 아니라 배우는 자가 전승하지 못하였기 때문이다"라 하여, 학문의 본래 면모와 후세의 왜곡된 양상을 분별하도록 요구하였다. 곧 그는 장자(莊子)나 신불해(申不害)·한비자(韓非子)나 동진(東晉)의 청담가(淸談家)들은 노자를 가탁하여 '도'를 내걸었지만 애초부터 노자와 비슷하지도 않다고 비판하고, 한(漢)나라에서 장량(張良)이 노자의 유풍을 잘 배웠고, 효문제(孝文帝)·조참(曹參)·가의(賈誼)·급암(汲黯)은 노자의 '도'를 따라 맑게 닦고 고요히 침묵함[淸修·玄默]으로써 정치와 법도를 바로잡았고, 노자의 '도'에 대해 유향(劉向)은 임금이 다스리는 방법으로 일컬었으며, 사마담(司馬談)은 사무는 적어지고 공적은 많아지는 이

3 같은 곳, "其不平者, 由不得老子之情也, 不得老子之情者, 由不得老子之言也, 余故於老子之道德五千言, 章解句釋, 明其指歸, 盖非爲老子也, 爲吾儒攻老子者, 平其情也."

로움을 칭송하였던 사실을 열거하였다. 따라서 그는 노자를 계승한다는 말류(末流)들의 폐단으로 노자를 배척하는 안건으로 삼는 것은 실정에서 벗어난 것이라 지적하였다.[4]

이와 더불어 그는 정자와 주자가 당시 노자나 불교에 빠져들어 배우는 무리들이 많아져 유교에 장애가 심하였던 현실에서 노자와 불교를 비판하지 않을 수 없었던 사정에 대해, "저쪽(노자 · 불교)을 향하는 자를 가볍게 여기고, 이쪽(유교)을 향하는 자를 존중하게 하자는 것이니, 이것이 성현이 시대를 구제하고 폐단을 고치는 뜻이다"라고 해명하였다. 또한 채원정(西山 蔡元定)이 "노자는 대체로 사람을 격동시킨다"고 하였는데, 주자도 이 말을 옳게 여겼다고 하여, 송대 도학자들이 노자를 긍정적으로 받아들였던 사실을 지적함으로써, 후세의 유학자들이 전해들은 말만 이어서 노자를 배척하는 것을 일삼거나 실정에 어긋나는 말로 욕하는 것이 잘못된 것임을 강조하고 있다.[5] 그는 순수한 유학자[醇儒]로 일컬어지는 송의 사마광(涑水 司馬光), 원의 오징(草廬 吳澄), 우리나라의 율곡이 모두 『노자』를 주석했던 사실과 소옹(康節 邵雍), 양시(龜山 楊時), 주자와 같은 유교의 정맥으로 도를 수호하는 것으로 자신의 임무를 삼았던 사람들이 노자에 대해서는 말씀을 그치지 않았던 사실을 지적하고, "유학은 본래 이치에 마땅하고 하늘에 합치하고자 할 따름이다. 진실로 그 말이 이치에 마땅하고 하늘에 합치한다면 비록 부녀자나 젖먹이의 말이라도 오히려 취할 것인데 하물며 노자에서랴?"[6]라고 하였다. 이처럼 그는 유학의 기준이 이치와

---

4 같은 곳, "學之有弊, 非其學之罪也. 學之者, 失其傳也. … 蔣生之荒唐, 申韓之慘刻, 東晉之淸虛, 皆自托老子, 以售其道, 而氣象規摹, 初不髣髴於老子, 漢初張子房, 受黃石旨訣, 善學老子流風, 傳襲終漢之世, 孝文帝·曺參·賈誼·汲黯, 皆以淸修玄默, 爲幹於政事法度, 遂使劉向稱其君人南面之術, 司馬談贊其事少功多之利, 今以末流之弊, 而爲斥老子之案, 則又豈其情乎."

5 같은 곳, "使向於彼者輕, 則向於此者重, 此聖賢救時矯弊之意也, … 蔡季通謂, 老子大段鼓動人, 而朱子是之 … 乃後之儒者, 徒襲傳聞, 以絀老爲家計, 必肆其醜詆, 加之以不情之說."

6 『도덕지귀』, 「後序」, "儒者之學, 本欲當於理合於天而已, 苟其言, 當於理合於天也, 則雖婦孺之言, 猶且取之, 況老子乎."

천명에 있음을 확인함으로써, 『노자』에 대한 평가도 이치에 맞는지 아닌지를 따지는 것에서 벗어난 배타적 비난이라면 유학의 정신에 어긋나는 것임을 확인해 주는 것이다.

서명응은 유교와 노자의 사상적 연관성을 구체적으로 지적하면서, 『노자』에서 "학문을 하는 것은 나날이 보태는 것[爲學日益]"이라 한 것은 유가에서 '학문으로 넓히는[博文] 일'이요, "'도'를 하는 것은 나날이 덜어내는 것[爲道日損]"이라 한 것은 유가에서 '예법으로 돌이켜 집약하는[反約] 일'이라 하였다.[7] 『노자』에서 "앎이 있으면서 알지 못하는 듯하는 것은 상등이다[知不知, 上]"라는 구절은 유가에서 이른바 "있지만 없는 듯하고, 충실하지만 비어 있는 듯하다[有若無, 實若虛]"는 것과 같고, "알지 못하면서 아는 것이 있는 듯하는 것은 병통이다[不知知, 病]"라는 구절은 유가에서 이른바 "없으면서 있다 하고, 비어 있으면서 많다고 하니 면하기 어렵다[無而爲有, 虛而爲泰, 難乎免也]"는 것과 같다고 언급하였다.[8] 또한 『노자』에서 "덕을 품음이 두터움은 갓난아이에 견주어진다[含德之厚, 比於赤子]"라는 구절에 대해 "갓난아이에 견준다는 것은 『맹자』에서 '대인은 갓난아이의 마음을 잃지 않는다'고 말하는 것과 같다. 노자의 말이 때때로 우리 유교와 서로 가까운 것이 이러한 종류이다"[9]라고 강조하였다. 이와 더불어 『노자』에서 "나라의 치욕을 받아들인다[受國之垢]"는 구절은 『좌전』(宣公 15)에서 "임금은 수치를 마음에 품고 참는 것이 하늘의 '도'이다[國君含垢, 天之道也]"라는 구절과 뜻이 합치한다고 하며, "큰 원망을 화해시킨다[和大怨]"는 구절에서 '화해시킨다[和]'라는 말은 『주례』(「地官·司徒」)에서

---

7 『도덕지귀』 제48장에서 儒家의 '博文'·'反約'을 인용한 것은 『논어』에서 "博學於文, 約之以禮"(「雍也·顏淵」), "博我以文, 約我以禮"(「子罕」)라고 언급한 '博文'·'約禮'를 가리키는 것이다.

8 『도덕지귀』 제71장에서 인용한 儒家의 "有若無, 實若虛"는 『논어』「泰伯」 편의 구절이고, "無而爲有, 虛而爲泰, 難乎免也"는 『논어』「述而」 편의 "亡而爲有, 虛而爲盈, 約而爲泰, 難乎有恒矣"를 부정확하게 인용한 것으로 보인다.

9 『도덕지귀』 제55장, "比於赤子, 猶孟子所謂, 大人者, 不失赤子之心也, 老子之言, 往往與吾儒相近者, 此類是已."

"조인(調人)은 백성들 사이에 원망을 화해시키는 일을 맡아서 관장한다"는 구절의 '화해시킨다'는 뜻이라 확인한다.[10] 이처럼 그는 『노자』의 구절이나 용어가 유교경전 전반에서 상통하는 구절을 정밀하게 확인하고 있어, 유교와 노자의 일치기반을 확인하고 있는 것이다.

나아가 그가 『노자』에서 '홀황(惚恍)'이라 말한 것은 "하나로 붙잡을 수 없다는 뜻을 형용한 것일 뿐이다"라고 해석하면서, 장자(莊子)가 지나쳐서 황당(荒唐)하다고 한 것은 노자의 본래 취지가 아니요, 그 취지도 못 보고 그 결말도 못 본 것이라 하였다. 이에 비해 주자가 『태극도설해(太極圖說解)』에서 "앞에서 미루어도 그 시초를 볼 수 없고, 뒤에서 끌어당겨도 그 종국을 볼 수 없다"라고 말한 것이 『노자』에 나온 '홀황'의 뜻이라 제시하며, 주나라 말엽 공자가 저술한 「계사전(繫辭傳)」이 '도'의 본체를 형상하여 표출시켜서 가장 명백하고 갖추어져 있다고 언급하였다.[11] 여기서 그는 노자가 말한 '홀황'의 취지를 장자는 잘못 알고 있지만, 주자의 언급은 노자의 뜻과 일치하는 것임을 확인하면서, 공자의 「계사전」(『역경』)은 노자가 '도'의 본체를 표출시키지 못하여 '홀황'이라 표현한 것을 오히려 명백하게 표출시켰던 것이라 밝히고 있다.

또한 그는 주렴계가 「졸부(拙賦)」에서 "교묘한 자는 말하고 서툰 자는 침묵하며, 교묘한 자는 수고롭고 서툰 자는 편안하다. … 천하가 서툴면 형벌과 정치는 다스려져서, 윗사람은 편안하고 아랫사람은 순종하며, 풍속은 맑아지고 폐단은 끊어진다[巧者言, 拙者默, 巧者勞, 拙者佚, … 天下拙, 刑政徹, 上安下順, 風淸弊絕]"고 읊었는데, 이에 대해 주자는 "그 말이 노자와 흡사하다[其言似老子]"고 언급한 사실을 제시하였다. 여기서 그는 "주렴계의 '도'를 지킴이 절실하고

---

10 『도덕지귀』 제78장, "傳曰, 國君含垢, 天之道也, 意與此合." 제79장, "和, 如周禮調人掌司萬民之難, 而諧和之之和."

11 『도덕지귀』 제14장, "惚恍, 所以形容其不可執一之意而已, 至莊生, 遂流爲荒唐, 非老子之本旨也, 不見其旨, 不見其後, 猶朱子, 太極圖解, 所謂推之於前, 而不見其始, 引之於後, 而不見其終也, 當周之末, 吾夫子繫辭之外狀出道體, 未有若斯之明且備者云."

'도'를 맡음이 무거움에도 노자의 좋은 말에서는 즐겨 취하고 못 미칠까 걱정하는 듯하며, 주자는 도통 연원이 되는 종사(宗師)의 말에서 털끝만큼도 숨기거나 꺼리는 뜻이 없으니, 성현의 지극히 공정한 마음 쓰는 법을 볼 수 있다"고 하여, 주렴계가 노자의 말을 즐겨 받아들인 점이나 주렴계의 「졸부」가 노자의 말과 흡사함이 주자에 의해 거리낌없이 지적된 사실을 성현의 '지극히 공정한 마음 쓰는 법[至公之心法]'이라 확인한다.

또한 그는 주렴계가 「졸부」에서 노자를 받아들이고 있을 뿐만 아니라 「태극도설」에서 '무극(無極)'·'주정(主靜)'을 언급하고 있는 것은 '도'의 큰 근원이요, 큰 근본도 노자에서 취하고 있음을 지적하였다. 그는 주렴계가 이렇게 노자를 받아들일 수 있는 이유를 밝혀, "주렴계는 하늘을 바라는 것으로 학문의 표준으로 삼으니, 진실로 그 말이 하늘에 합치한다면 어찌 나의 스승이 아니라 하여 버리겠는가. 하늘이 나의 스승이다"[12]라고 밝혔다. 이처럼 그는 학문의 기준을 하늘, 곧 천리에 합치하는 것이라 확인함으로써, 노자의 말도 하늘에 합치하기만 한다면 도통이 아니라 하여 배척할 수 없음을 역설한다. 그만큼 그는 폐쇄적 정통성이 아니라 '하늘' 내지 '이치'라는 진리의 보편적 기준을 근거로 노자를 수용할 수 있는 정당성의 논리를 제시하는 것이다.

2) 『노자』 해석의 체제

서명응의 『도덕지귀』는 『노자』 주석의 체제에서 몇 가지 특성을 보여 준다. 첫째, 책머리에 「도덕지귀서(道德指歸序)」와 「후서(後序)」에 이어 「노자본전(老子本

12 『도덕지귀』 제65장, "愚按以周子衛道之切, 任道之重, 其於老子之善言, 樂取之, 如將不及, 而朱子於淵源宗師之言, 未嘗有一毫掩諱之意, 聖賢至公之心法, 可以見之矣, 然周子之言, 似老子者, 豈特拙賦而已哉, 如無極主靜, 乃是道之大原·大本, 而亦有取於老子, 是何爲哉, 周子以希天爲學之準的, 苟其言合天, 豈可以非吾師而舍之乎, 天吾師也."

傳)」을 수록하고 있는 점이 눈에 띈다. 「노자본전」은 『사기』 「열전」(史記 列傳)을 비롯하여 『열선전(列仙傳)』 등에 수록된 내용을 정리한 것이지만, 그가 『노자』 경문의 해석을 하면서 노자의 인물에 관한 자료를 수집하여 관심 깊게 소개하여 「노자본전」을 기록하고 있다는 사실은 노자라는 인물의 중요성을 부각시킴으로써 『노자』에 대한 그 자신의 긍정적 해석태도를 강조하고 있는 것으로 보인다.

둘째, 『노자』의 전편과 후편을 「도경(道經)」과 「덕경(德經)」으로 이름붙이고 있는 점이 하나의 특징이다. 여기서 그는 오징(吳澄)의 말을 인용하여 「도경」과 「덕경」이라는 명칭은 각 편의 첫 글자로 편명을 붙인 것으로 후세에 두 편을 합쳐서 '도덕경'이라 일컫게 되었던 사실과 『한서』 「예문지」(漢書 藝文志)에서 '노자'로 일컫게 되었던 것임을 밝히고 있다. 그는 「도경」과 「덕경」의 체제를 단지 각 편의 첫 글자를 따온 명칭으로 보는 것이 아니라, 어느 정도 내용도 그 명칭에 따라 구성되어 있어야 한다는 인식을 보여 준다. 곧 그는 통상적인 『노자』 81장 체제에서 상편(道經) 제21장의 내용이 '덕'과 '신(信)'을 언급한 것이라는 점에서 옛 판본에 착간이 있었던 것으로 파악하여, 하편(德經)의 첫장인 제37장의 앞으로 옮겨놓고 있다.[13] 따라서 『도덕지귀』의 편장 순서는 통상본의 제22-36장이 제21-35장으로 하나씩 앞으로 당겨지고 통상본의 제21장이 제36장으로 '덕경'의 첫 장이 되는 변화를 보여 주게 된다.

셋째, 『도덕지귀』의 체제가 지닌 가장 중요한 특징으로 『노자』 81장을 9절로 나누고 있는 점을 들 수 있다. 여기서 그는 우선 『노자』의 편장체제가 변천하는 과정을 해명하면서, 상 · 하 2편 81장 체제는 처음부터 있었던 것으로 본다. 곧 이 81장 체제가 한대(漢代)에 하상공(河上公)으로부터 유향(劉向)에게 까지 전해졌으며, 엄준(嚴遵: 莊遵)에 의해 72장으로 나누어지고, 위(魏)의 왕필(王

13 『도덕지귀』 제37장, "此章, 舊本錯簡, 在上篇絶學無憂之下, 今以言德·言信, 明是下篇之首章, 故更正在此."

弼)은 장을 나누지 않았는데, 북송(北宋)의 사마광은 왕필본을 따르면서도 그 주석의 의도는 81장 체제와 합치하는 것이라 하고, 그 후 원대(元代)의 오징은 68장으로 나누었다고 한다.[14] 그 자신은 유향의 편장체제를 따라 81장을 바른 것으로 확인한다. 이러한 『노자』 편장체제의 변천 과정에 대해서는 왕필본이 원래 81장 혹은 80장으로 되어 있음을 고증하는 견해도 제시되어 그의 견해와는 차이가 있는 것도 사실이다.[15] 여기서 그는 『도덕지귀』의 81장을 9절로 나누고 그 의미를 상수(象數)의 개념으로 설명하고 있다.[16]

제1절: 1장(1개)/ 태극-일(象太極之一)
제2절: 2-10장(9개)/ 태양-함구(象太陽之含九) * 원문의 누락을 보완
제3절: 11-16장(6개)/ 태음-함륙(象太陰之含六) * 원문의 '太極'을 교정
제4절: 17-23장(7개)/ 소양-함칠(象少陽之含七)
제5절: 24-31장(8개)/ 소음-함팔(象少陰之含八)
제6절: 32-36장(5개)/
제7절: 37-51장(15개)/
제8절: 52-66장(15개)/
제9절: 67-81장(15개)/
(여기서 장의 번호는 통용본이 아니라 『도덕지귀』의 장 번호를 따름.)

그는 제81장의 수는 9와 9를 곱한 것으로, '9' 수는 양(陽)이 회복되는 시작이요, 하늘[乾元]의 수이고, 황종(黃鍾)의 음이 구분되는 것으로, '도'의 본체가 지닌 은미함[細微]과 부드러움[柔弱]과 소박함[樸素]이 모두 이 수에 근본하는

---

14 『도덕지귀』 제81장, "老子:上,下二篇, 共八十一章, 傳自河上公, 以及劉氏向, 而嚴氏君平, 分爲七十二章, 王氏弼, 未嘗分章, 司馬溫公, 雖從王本, 然其註意, 與八十一章者合, 臨川吳氏, 分爲六十八章. … 今從劉本, 以八十一爲正云."

15 張錫昌, 『老子校詁』, 成都古籍書店, 1988, 7-8쪽.

16 김학목의 「〈道德指歸〉 편제에 나타난 保晩齋 徐命膺의 象數學」, 『철학연구』 64(철학연구회, 2004)은 『도덕지귀』를 상수학적 관심에서 해명하고 있다.

것이라 하고, 『노자』를 장으로 나눈다면 반드시 '도'의 근본을 형상하지 않을 수 없을 것임을 강조한다.[17] 이처럼 『노자』의 편장체제가 내용에 따라 장을 나눈 것이 아니라, '9' 수를 제곱하여 이루어진 '81' 수로 나누어서 '도'의 근본을 형상화해야 한다는 인식은 그의 우주론이 지닌 상수적 성격을 엿볼 수 있게 하는 것이다.

그는 「도경」(상편) 36장을 6절로 나누고, 「덕경」(하편) 제45장을 3절로 나누어 전체를 9절로 나누고 있는 것도 '9' 수에 맞추어 나눈 상수적 분장(分章)이라 할 수 있다. 먼저 「도경」의 6절은 제1절과 제2-5절과 제6절의 세 영역으로 다시 나누어볼 수 있다. 곧 제1절은 '태극'을 형상하고, 제2-5절의 4개 절은 '사상(四象)'을 형상하는 것이라 지적하였다. 제6절에 대해서는 원문에 설명이 전혀 남아 있지 않지만, 제6절이 5개 장으로 이루어져 있으므로, 그의 도체(道體)에 대한 인식체계에서 본다면 '오행(五行)'을 형상하는 것으로 볼 수 있지 않을까 유추된다.

그는 제1절이 제1장의 한 장으로만 이루어진 것으로 '태극'의 '1' 수를 형상하는 것으로 본다. 그리고 제2-5절은 역학(易學)의 상수적 체계에 따라 '태양'(9)·'태음'(6)·'소양'(7)·'소음'(8)의 수와 각 절의 장(章) 수를 일치시켜, '사상'의 체계로 제시하고 있다. 만약 서명응이 5개 장으로 구성한 제6절이 '오행'의 형상이라 보는 것이면, '도경'은 '도'의 본체로서 태극·음양·오행을 형상화하는 것으로 확인할 수 있다. 이에 비해 '덕경'은 제7-9절의 3개 절로 각각 15개 장으로 나누고 있는데, '15'라는 수는 '낙서(洛書)'에서 종횡으로 수의 합이 '15'라는 사실에 상응하는 것으로 볼 수 있다. 그것은 '도경'이 '도'의 본체를 형상화한 것이라면 '덕경'은 이 '도'가 활용된 세계를 보여 주는 것이라 이해할 수 있을 것이다.

---

17 『도덕지귀』 제81장, "夫八十一者, 乃九九之積, 陽復之始, 乾元之數, 黃鍾之分, 而細微·柔弱·樸素, 皆本於此數, 使老子而不分章, 則已, 果分章也, 其必象道之本乎."

서명응은 각 절의 내용에 관련해서는 제1 · 2 · 3절 및 제9절에만 설명을 붙이고 있다. 먼저 제1절에 대해서는 "노자가 『역경』이 '음양' 만을 말하고 '오행' 을 말하지 않은 것을 보고서, 드디어 태극이 음양에 갖추어져 있는 것을 천지가 생성되는 시초의 본연이요, '도' 가 여기에 있는 것이라 하였다. 그러므로 자신을 닦고 성품을 다스리고 백성을 교화하며 나라를 다스림이 모두 이 '도' 가 미루어진 것이며, 무(無)로써 유(有)를 부리고, 허(虛)로써 실(實)을 부리고, 정(靜)으로 동(動)을 부리고, 유약(柔弱)으로 강강(强剛)을 부리는 것이라 하고, '인의(仁義)' 와 같은 것은 '오행' 이 품부된 것이나 탐탁하게 여기지 않았다. 이 책은 스스로 그 말이 조화(造化)와 유사하니, 또한 장을 나누고 절을 이룸에 모두 역수(易數)로 형상을 세웠다"[18]고 언급한다. 그것은 『노자』에서 '도' 의 본체와 활용의 세계를 전체적으로 규정하는 것이요, 노자의 '도체' 에 대한 인식을 『역경』과 일치하는 것으로 확인하고, 『노자』가 조화의 생성질서를 말하고 있으므로 『역』의 상수로 장절을 형상화할 수 있음을 지적한 것이다.

나아가 그는 공자가 『역경』(「繫辭上」)에서 "지혜로운 자는 (도를) 보고서 지혜롭다고 한다"라 말하거나, 『중용』에서 "지혜로운 자는 지나치다"라고 말한 것은 노자를 가리키는 것이라 하여, 노자가 인(仁)보다 지(智)에 치우치며 중도에서 지나친 특성을 지닌 것으로 제시한다. 특히 그는 『노자』가 『역경』의 이치를 깊이 이해하였던 것이라 파악하면서, 그 증거로 소옹(邵雍)이 "노자는 '역' 의 본체를 얻었다"라고 언급한 사실과, 주자가 "노자는 이 도리를 알았다" 하고, " '지극히 신묘한 이치가 끊임없이 생성한 뜻을 가지고 있다' 는 것은 정자는 노자의 말씀에서 취한 것이다"라고 언급한 사실을 인용하였다.[19] 이처럼 그는

18 『도덕지귀』 제1장, "盖老子見大易, 專言陰陽, 不言五行, 遂以爲太極具於陰靜之中者, 乃天地始生之本然, 而道於是乎在也, 故修身·理性·化民·治國, 皆是道之推焉, 而以無制有, 以虛制實, 以靜制動, 以柔弱制强剛, 雖如仁義, 亦以五行所稟, 而不屑爲也, 其爲此書, 自以其言侔擬造化, 且凡分章作節, 皆以易數立象."

19 같은 곳, "孔子曰, 知者見之謂之知, 又曰, 知者過之, 指老子也, 然其於易理, 則看得深切, 故邵子曰, 老

『노자』와 『역경』의 연관성에 대한 송대 유학자들의 견해를 소개함으로써, 송대 유학자들이 노자를 깊이 인정하였던 사실을 입증하고 있는 것이다.

제2절(제2-10장)은 인간의 정(精)·기(氣)·신(神)을 단련하는 공효를 말한 것이라 한다. 그는 이 절에서 "시어(詩語)로 시작과 끝이 하나의 운이 맞으니, 옛 사람이 마음을 말할 때는 말은 유한한데 뜻은 무궁하기 때문에 반드시 시어로 감탄을 발하는 것이다"[20]라고 언급한다. 이 절이 인간의 마음에 대해 일관되하게 말하고 있는 것은 아닌데, 이렇게 규정하는 것은 이 절에서 가장 중요한 주제가 마음의 문제라 파악한 것이라 이해할 수 있다. 여기서 그는 『노자』의 이 절에서 협운(叶韻)이 있는 시어적 문체를 마음에 대한 옛 사람의 표현형식으로 주목하고 있음을 보여 준다.

제3절(제11-16장)에서는 절의 끝에서 "'허(虛)'를 이루고 '정(靜)'을 지킴이 유(有)에서 말미암는 것과, 무(無)로써 왕이 곧 하늘이요, 하늘이 곧 '도'요, '도'가 곧 항구함이 되는 성취된 효과와 극진한 공적에까지 이르게 된다는 것을 갖추어 말하였다"[21]고 언급하였다. 그것은 '허'와 '정'의 수양과 '무'의 실현을 통해 이루는 성인의 덕을 제시하고 있는 것이다.

제9절(제67-81장)에서는 '지(知)'와 '신(信)'으로 끝맺고 있음을 지적하였다. 그는 "'지'는 겨울[冬]이요 수(水)이며, '신'은 중앙[中]이요 토(土)이다. '지'와 '신'은 도와 덕이 시작을 이루고 마침을 이루는 것이니, 곧 황종궁(黃鍾宮)이며, 토(土)는 겨울에서 생겨나니 수(水)의 형상이다"[22]라 하여, 제9절 마지막에서 '지'와 '신'으로 끝맺고 있는 사실을 '오행'의 생성질서로 설명하고, 이것

子得易之體, 朱子曰, 老子見得此箇道理, 又曰, 至妙之理, 有生生之意, 程子所取老氏之說者也."

20 『도덕지귀』 제10장, "言煉精·煉氣·煉神之功用, 爲詩語首尾叶一韻, 古人言心, 以爲言有盡, 而意無窮也, 必以詩語歎發之."

21 『도덕지귀』 제16장, "備言致虛守靜之自有, 而無以及乎王乃天, 天乃道, 道乃久之成效極功焉."

22 『도덕지귀』 제81장, "以知信結之於終焉, 盖知是冬水, 信是中土, 以知信爲道德之成始成終, 卽黃鍾宮, 土生於冬, 水之象也."

이 도 · 덕의 시작과 끝을 이루는 것임을 밝히고 있다. 여기서 그는 『노자』의 상편에서는 '지'와 '신'이 '오행'에서 중앙 토[五土]의 시작과 끝에 자리잡고 있는데, 하편에서는 '지'와 '신'이 함께 『노자』 전체의 끝에 있는 이유를 검토하면서, "무릇 조화는 반드시 끝에 두 가지가 있으나 마치 사방위의 북쪽에 거북과 뱀이 두 종류가 되고 있는 것이다. 그러므로 성인이 말씀을 수립함은 모두 두 가지로 마친다"라 하고, "하물며 노자는 동지(冬至)에 양(陽)이 회복되는 것을 '도'로 삼으니, 이것은 이미 금년의 일이 이루어지면 또 내년의 일이 시작되는 것이요, 역시 한 가지로 거북과 뱀의 둘이다. 그러므로 하나의 책(『노자』)에서 '지'와 '신'의 둘로 끝맺으니 그 뜻이 미묘하다"[23]고 언급한다. 곧 『노자』의 끝에서 '지'와 '신'을 제시한 것은 조화의 질서가 두 가지로 끝을 맺는다는 사실을 보여 주는 것이라 확인하고, 이처럼 두 가지로 끝맺음의 사례를 들면서, 『역경』의 끝은 기제(旣濟) · 미제(未濟)의 두 괘요, 『서경』의 끝은 비서(費誓) · 진서(秦誓)의 두 편이요, 『시경』의 끝은 노송(魯頌) · 상송(商頌)의 두 편이요, 「요전(堯典)」의 끝에서는 두 번 흠재(欽哉)라 하고, 『대학』의 끝에서는 두 번 의(義)와 이(利)를 말하고 있는 것들을 열거하며, 이렇게 두 가지로 끝을 맺는 것은 모두 조화(造化)를 형상한 것이라 한다. 그만큼 서명응은 『노자』의 끝에서 제시한 '지'와 '신'의 두 개념이 『노자』 전체에서 결론적 의미를 지닌 것으로 중시하여, '오행'의 질서나 조화의 질서로 해명하고 있는 것이라 하겠다.

한 가지 덧붙일 사항으로 앞뒤 장의 연관관계를 대조시켜 제시한 경우로 두 가지를 들 수 있다. 곧 그는 『도덕지귀』의 체제에서 제33장과 제34장을 대비시켜, "제33장은 대도(大道)를 '태극'으로 말하였고, 제34장은 대상(大象)을 '음양'으로 말하였다"라 하고, 제54장과 제55장을 대비시켜, "제54장은 덕이 남

23 같은 곳, "大凡造化, 必有兩於終, 如四方之北, 龜·蛇爲兩之類, 是也, 故古聖立言, 皆以兩終之, … 況老子以冬至陽復爲之道, 則是其旣成今歲之事, 又始來歲之事, 亦一龜蛇之兩也, 故以知信兩終, 於一書其旨微矣."

에게 미치는 것을 말하였고, 55장은 덕이 자기에게 있는 것을 말하였다"고 하였다.[24] 이처럼 그는 장과 장의 사이에 대비구조가 성립하는 경우에 대해 세심하게 주의를 기울여 지적하고 있는 것이다.

24 『도덕지귀』 제34장, "前章, 大道以太極言, 此章, 大象以陰陽言." 제55장, "上章, 以德之及人者言之, 此章, 以德之在已者言之."

3. '도'의 본체와 '덕'의 실현

1) '도'의 본체와 존재개념의 구조

서명응은 『노자』에서 말하는 '도(道)'와 '명(名)'을 『역경』(「繫辭上」)의 태극 · 음양으로 해석하여, '도'를 소리와 냄새도 없고 방위와 형체도 없는 태극에 해당시키고, '명'을 '기(氣)'의 조화가 이미 드러난 다음에 동정(動靜) · 합벽(闔闢)의 양상으로 명목이 세워지는 '음양'에 해당시킨다.[25] 또한 그는 『노자』에서 말하는 '무명(無名)'을 무극(無極)이라 하여, "천지가 막 생겨나기 시작할 때 이미 무극이 있다. … 천지가 이미 생겨난 다음에 태극이 비록 갖추어져 있으나, 역시 형상은 무극이니 이름붙일 수 없다"[26]고 하여, 이름붙일 수 없는 '무명'의 근원적 본체로서 무극과 태극 개념을 제시하고 있다.

그는 '무극'과 '태극'의 관계에 대해, "천지가 아직 있기에 앞서서 무극이 있어 태극의 근본이 된다"라고 하여, 『노자』에서 "'무명'이 천지의 시작이다[無名天地之始]"라고 말한 것이 무극이요, 무극이 태극의 근본이 된다고 제시한다. 그는 『도덕지귀』에서 "무극은 태극의 본연이다"라 하여, 태극의 근원으로

25 『도덕지귀』 제1장, "道者, 易所謂太極是也, 無聲臭, 無方體, … 名者, 易所謂陰陽是也, 氣化已形, 然後動而闢者, 名之爲陽, 靜而闔者, 名之爲陰, 其名乃立."

26 같은 곳, "無名, 卽無極也, 天地方生之始, 已有無極, … 天地旣生之後, 太極雖具, 亦象無極, 不可以名之也."

무극을 제시하고 있으며, 또한 "홀로 서서 고쳐질 수 없다[獨立而不改]"라는 말은 "무극이 음양의 속에 떨어져 존재하여 태극이 되니, 우뚝하게 홀로 서서 음양이 뒤섞여 그 형체를 고칠 수 없다는 것을 말한다"[27]라고 하여, 음양 속에 떨어지기 이전의 초월적 근원을 무극이라 하고, 이 무극이 음양 속에 떨어져 있는 내재적 근원을 태극이라 하여, 하나의 존재가 두 양상으로 드러나는 것이라고 제시한다. 나아가 『노자』에서 "물체가 없는 데로 돌아간다[復歸於無物]"고 언급한 데 대해, 태극이 중심축[樞紐]이 되어 음양의 모든 변화가 이루어지지만 그 종국에는 고요하여 물체가 없는 데로 돌아가는 것이라 하고, 이를 "노자가 '무(無)'의 본원을 극진하게 말하는 것으로, 무극이 이와 같다"[28]고 하여, 태극 · 음양의 생성 과정이 종국에 귀결되는 세계는 본원으로서의 '무'인 무극임을 확인하고 있다.

그는 『노자』가 '도'를 해명하면서 "상제(上帝)의 앞을 형상한다[象帝之先]"라고 언급한 것을 해석하면서, "'도'는 곧 태극이 나의 마음에 갖추어 있는 것이요, 그 나오는 곳은 무극이다"[29]라고 하여, 마음에 갖추어진 '성(性)'에 해당하는 것이 태극이라면, '성'이 '천(天)'에서 부여되는 것처럼 태극의 근원을 무극으로 제시하고 있다. 여기서 그는 『노자』에서 '도'를 "상제의 앞을 형상한다"고 하여, '도'와 상제를 둘로 구별하는 병통이 있으며, 유교의 견해와 차이가 있음을 지적한다. "유교의 '도'는 천지가 있기에 앞서는 무극이 곧 천지가 있은 뒤인 태극이요, 천지가 있은 뒤인 태극이 곧 천지가 있기에 앞서는 무극이라 하여, 시작과 끝이 일치하며 숨겨짐과 드러남이 일관하니, 어찌 형상의 종류로 말할 수 있는 것이겠는가"[30]라고 밝혔다. 그것은 유교에서 무극과 태극

---

27 『도덕지귀』 제27장, "無極者, 太極之本然也." 제24장, "未有天地先, 有無極以爲太極之本, 無極墮在陰陽之中, 則遂爲太極, 卓然獨立, 而不爲陰陽所雜, 改其形體也,"

28 『도덕지귀』 제14장, "太極樞紐, 陰陽 … 繩繩然, 變化于中, … 及其終, 則寂然, 復歸於無物, 是盖老子極言無之本原, 無極如此云."

29 『도덕지귀』 제4장, "盖道卽太極之具於吾心者, 而其所從出, 則無極是也."

이 천지에 앞서고 뒤서는 것을 가리키더라도 동일한 존재임을 명확히 인식하고 있는 데 반하여, 노자는 '도'와 상제, 내지 무극과 태극을 둘로 나누어 보는 문제점이 있음을 지적하고 있는 것이다.

그는 '태극'과 '음양'의 관계에 대해서도 "태극과 음양은 생겨나면 더불어 생겨나니 나오는 것이 같으나, 하나는 '무명'이요 하나는 '유명'이라 그 이름이 다르다"라 하고, 『노자』에서 "혼돈하여 하나가 된다[混而爲一]"고 말한 것도, "태극과 음양이 혼돈하여 하나가 되는 것이다"라고 밝혔다.[31] 그것은 태극과 음양이 명칭이나 존재의 형식이 다른 것이지만, 현상의 생성 과정에서는 동시에 존재하는 것이요, 분리되어 존재하는 것이 아님을 밝히고 있는 것이다.

또한 『노자』에서 생성의 질서를 '도(道)'·'덕(德)'·'물(物)'·'세(勢)'의 네 가지 단계로 제시하고 있는 데 대해, "'도'는 태극을 가리키니 낳는다고 말한 것은 만물이 아비요, '덕'은 음양을 가리키니 기른다고 말한 것은 만물의 어미요, '물'은 오행을 가리키니 만물은 모두 오행이 서로 섞여 생성되며, '세'는 조화의 기틀을 가리키니 만물은 조화의 기틀이 운행하여 이루어진다"[32]고 말하였다. 곧 『노자』에서 제시된 '도'·'덕'·'물'·'세'의 네 가지 요소를 태극·음향·오행·화기(化機)라는 생성의 요소로 해석하고 있는 것이다. 여기서 그는 만물의 생성 과정에서 태극과 음양의 관계를 만물의 아비와 어미로 비유하여 제시하였고, 오행은 만물을 생성하는 바탕이 되고, '화기(化機)' 곧 조화의 기틀이 작용하여 만물의 생성변화를 이루는 것임을 밝히고 있다. 곧 태극·음양·오행이 만물의 생성을 위한 실체의 요소라면 '화기'는 만물의 생성을 위

30 같은 곳, "以道爲象帝之先者, 微有與道爲二之病, 此又老道與儒道不同處, 儒道則曰, 先天地之無極, 卽後天地之太極, 後天地之太極, 卽先天地之無極, 始終一致, 微顯一貫, 夫何象類之可言者乎."

31 『도덕지귀』 제1장, "太極·陰陽, 生則俱生, 是其出之同也, 一則無名, 一則有名, 是其名之異也." 제14장, "混而爲一, 太極·陰陽, 混而爲一也."

32 『도덕지귀』 제51장, "道, 指太極也, 日生之者, 萬物之父也, … 德, 指陰陽也, 日畜之者, 萬物之母也, … 物, 指五行也, 萬物皆五行之錯綜以生也, … 勢, 指化機也, 萬物皆化機之斡運以成也."

한 작용의 요소를 가리키는 개념으로 보인다.

나아가 그는 태극과 음양에 의한 만물의 생성 과정에서 『노자』에서는 '음(陰)'이 중시되는 점을 주목하고 있다. "무릇 노자의 뜻은 태극이 비록 음양에서 행해지고 있지만, '양'은 기(氣)의 기틀이 움직여 흔들리니 태극의 참된 실체를 드러내지 못하지만, 오직 '음'은 지극히 고요하고 지극히 비어서 마치 물이 담담하고 한결같은 것과 같으니, 그러한 다음에 태극의 참된 실체가 바야흐로 드러난다"[33]고 하여, 활동하는 '양'에서보다 고요한 '음'에서 태극의 실체가 드러날 수 있음을 지적하고 있다. 여기서 '음'이란 '양'이 움직이는 시초인 동지(冬至)의 고요함으로서 사람에서는 갓난아이가 이에 해당하고, 역사에서는 오제(五帝) 이전의 태고가 이에 해당한다는 것이다.

그는 음양과 오행의 개념을 대비시켜 설명하면서, "음양은 큰 형상이니, 음양에서 나누어져 오행이 되는 것이 곧 작은 형상이다. 오행은 각각 한 물건을 갖추고 있지만 음양은 전체를 아울러 통솔한다"[34]고 하여, 『노자』에서 말하는 큰 형상[大象]을 음양으로 보고, 오행은 작은 형상[小象]이라 제시하였다. 또한 그는 "오행이 이루는 만물과 만사는 음양에서 시작하지 않음이 없으니, 사람의 몸이 어미의 포태에서 시작하는 것과 같다"[35]고 하여, 음양이 오행의 생성 근원으로 확인하고 있다.

특히 그는 『노자』에서 '충기(沖氣)'의 개념을 오행으로 이해하는 태도를 보여 주고 있다. 그는 『노자』에서 "'도'가 하나를 낳고, 하나가 둘을 낳고, 둘이 셋을 낳고, 셋이 만물을 낳는다[道生一, 一生二, 二生三, 三生萬物]"라는 생성과정의 언급에 대해, "하나란 '양'의 하나요, 둘이란 '음'의 둘이요, 셋이란 '충기'

---

33 『도덕지귀』 제6장, "大抵老子之意, 以爲太極, 雖行於陰陽, 然陽則氣機動盪, 不見太極之眞體, 惟陰之至靜至虛, 如水湛一, 然後太極之眞體, 方能呈露, 故以人則必欲如嬰兒, 嬰兒卽人之冬至也, 以世則必欲如五帝以前, 五帝以前, 卽世之冬至也."

34 『도덕지귀』 제34장, "陰陽大象也, 自陰陽分爲五行, 則小象也, 五行各具一物, 陰陽兼統全體."

35 『도덕지귀』 제52장, "五行所成之萬物 · 萬事, 莫不始於陰陽, 如人身之始於母胞也."

가 음과 양의 교류에서 성립한다. 음양은 '충기'를 얻은 다음에 만물을 낳는다"[36]고 하여, '충기'가 '음'과 '양'의 교류에서 성립하고 음양도 '충기'를 얻어서 만물을 생성한다는 것은 바로 '충기'가 그의 생성질서에서 보면 '오행'에 해당하는 것으로 볼 수 있는 것이 사실이다. 또한 그는 『노자』에서 "만물은 '음'을 등에 지고, 양을 가슴에 품으며, '충기'로 조화를 이룬다[萬物負陰而抱陽, 沖氣以爲和]"라는 구절에 대해, "사물에서 뒤에 있는 것은 '음'의 고요함에 속하고, 앞에 있는 것은 '양'의 활동함에 속한다. … '충기'는 앞과 뒤에서 운행하여 앞과 뒤를 조화시키는 것이다. 노자는 사람들이 천지에 오행이 없어서 조화를 이룰 수 없다고 여겨 자신의 말을 책망할까 염려하였으므로 미리 이 논의로 꺾어놓았다"[37]라고 하였다. 여기서 그는 노자가 오행을 말하지 않은 문제점을 해결하기 위해 '충기' 개념을 제시하고 있는 것으로 보았으며, 따라서 『노자』에서 '충기'가 오행에 해당하는 것임을 확인하고 있는 것이다.

『노자』에서는 '도'의 본체와 만물의 생성을 해명하는 데 '유(有)'·'무(無)'를 핵심 개념으로 삼는 것이 사실이다. 『노자』에서 "천하의 만물은 '유'에서 생겨나고, '유'는 '무'에서 생겨난다[天下萬物生於有, 有生於無]"고 하여, '유'·무'의 개념을 제시하였다. 이에 대해 그는 먼저 명(明)의 설혜(薛蕙)가 저술한 『노자집해(老子集解)』 제40장 주(註)의 언급에서 "장횡거가 '『역경』에서 유·무를 말하지 않았는데, 유·무를 말하는 것은 제자백가의 좁은 견문이다'라고 하였지만, 주렴계의 말에 고요함은 '무'이고 활동함은 '유'이다라고 한 것은 어떠한가. 역시 좁은 견해라 말할 것인가? 무릇 옛 사람이 이치에 이름을 붙인 말은 그 실지는 같으나 명칭이 다르니, 마치 『역경』의 '적(寂)'·'감(感)'이 곧

36 『도덕지귀』 제42장, "一者, 陽之一也, 二者, 陰之二也, 三者, 冲氣立于陰陽之交也, 陰陽得冲氣, 然後萬物生焉."

37 『도덕지귀』 제42장, "凡物在後者, 屬陰而靜, 在前者, 屬陽而動, … 若夫冲氣, 則運行于前後, 而和其前後焉, 老子恐人以爲天地, 若無五行, 不能成造化云爾, 而誚己之言, 故預爲是論, 以折之也."

노자의 '유' · '무' 요, '현(顯)' · '장(藏)' 이 곧 노자의 '유' · '무' 인 것과 같다"[38]라는 지적을 인용하고 있다. 이러한 인용에서 그는 노자의 유·무 개념이 유교의 입장에서 적극적으로 이해될 수 있음을 밝혀 주고 있는 것이다.

또한 그는 『노자』에서 바퀴통[轂]이 비어서 수레를 쓸 수 있다는 비유는 '무' 가 '유' 의 중심축임을 말하는 것이고, 그릇이 비어서 쓸 수 있다는 비유는 '무' 가 '유' 를 생성함을 말하는 것이요, 창과 문을 뚫어서 방을 쓸 수 있다는 비유는 '무' 가 '유' 의 주인임을 말하는 것이라 밝히고 있다.[39] 그것은 『노자』에서 '유' · '무' 관계는 '유' 에 대해 '무' 가 중심축이 되고 생성근원이 되고 주체가 되는 것으로서, '무' 를 근원으로 인식하는 세계관임을 확인하고 있는 것이다.

2) '덕' 의 실현과 덕목

(1) 덕의 기반: 무위(無爲)와 허정(虛靜)

서명응은 『노자』에서 '덕' 의 실현이 '도' 와 일치하는 것임을 확인하고 있다. 곧 "사람은 '천도' 와 합할 수 있으면 '천도' 로써 밝게 빛나고 순서에 따르니 '천도' 도 얻을 수 있고, 사람이 '천덕' 에 합할 수 있으면, '천덕' 으로써 조화롭고 고르게 적응하니 '천덕' 도 얻을 수 있다"[40]고 하는 것은 '천도(天道)' 와 '천덕(天德)' 에 일치하여 따르는 것이 인간의 덕을 실현하는 방법임을 밝히는

---

38 『도덕지귀』 제40장, "大寧薛氏曰, 橫渠張子云, 大易不言有無, 言有無, 諸子之陋也, 然則周子之言, 靜無而動有, 何也, 亦將謂之陋乎, 大抵古人名理之辭, 同實而異名, 如大易之寂·感, 卽老子之有·無也, 顯·藏, 卽老子之有·無也"

39 『도덕지귀』 제11장, "有車之用, 是無者有之樞也. … 器用, 是無者有之生也. … 若無戶牖, 雖有室, 亦不能居止, 是無者, 有之主也."

40 『도덕지귀』 제22장, "人能合天道, 則天道以之章明順序, 是天道亦有得矣, 人能合天德, 則天德以之調和均適, 是天德亦有得矣."

것이다. 이와 더불어 그는 『노자』에서 "상등의 덕은 덕으로 삼지 않는다[上德不德]"는 말에 대해, "상등의 '덕'은 '도'가 자리에 없음을 더불어 하니, 유가에서는 '성(聖)'에 가까운 것이다. '덕'으로 삼지 않는다는 말은 '도'가 스스로 머물지 않음을 본받는 것이다"[41]고 하였다. 그는 여기서 『노자』에서 '덕'이 '도'의 특성인 일정한 모습으로 있지 않고 일정한 자리에 머물지 않음을 따르는 것으로 확인하고, 이러한 '덕'은 유교에서 '덕'을 온전하게 성취한 인격인 '성(聖)'에 가까운 것이라 지적하고 있다. 따라서 그는 『노자』에서 말하는 '현덕(玄德)'을 "아득히 멀고 그윽이 깊은 '덕'으로 '덕'의 최고이며 '도'와 하나가 되는 것이다"라 하고, "'도'와 '덕'이 합하여 하나가 되면 심원하고 묵묵하여 조물주와 더불어 노닐며 초연하게 세상에서 홀로 벗어나 있다"[42]고 하여, '도'와 '덕'이 합일된 이상적 경지의 초월적 세계를 제시하기도 한다.

그는 『노자』에서 '도'를 따르는 '덕'의 기반을 '무위(無爲)'와 '허정(虛靜)'으로 파악하고 있다. 먼저 『노자』의 "행함이 없으나 행하지 않음이 없다[無爲而無不爲]"라는 언급에 대해, "이미 인위(人爲)와 사지(私智)가 생각에 개입됨이 없으면 '도'의 '무위'와 같으니, 일에 미루어서 모두 통하지 않음이 없는 것은 또한 '도'의 '무불위'와 같다. 이것이 '덕'의 활용이다"[43]라고 해석하였다. 그것은 행함이 없다는 '무위'와 행하지 않음이 없다는 '무불위(無不爲)'가 '도'의 양상임을 전제로 확인하고, 이에 따라 '도'에서 벗어나는 인간의 자의적인 행위로서 '인위'나 개인의 사사로운 지모로서 '사지'가 없는 것이 '도'의 '무위'를 따르는 방법임을 제시한다. 그리고 '인위'와 '사지'가 없는 '무위'의 '도'로써 일과 행위에 미루어가면 모든 일이 형통하여 '도'의 '무불위'를 실

41 『도덕지귀』 제38장, "上德, 與道爲不在, 儒家則幾於聖者也, 不德, 法道之不自居也."

42 『도덕지귀』 제51장, "玄德, 謂玄遠幽深之德, 德之最高, 而與道爲一也." 제56장, "道德合一. 窈冥玄默, 與造物者游. 而超然獨出於世."

43 『도덕지귀』 제48장, "旣無人爲·私智介於念慮. 如道之無爲, 則推之事爲, 莫不皆通, 亦如道之無不爲, 此德之用也.,

현하는 것이 바로 '덕' 을 실현하는 방법임을 밝히고 있는 것이다.

여기서 그는 『노자』에서 "행하지만 행위함이 없고, 일하지만 일삼음이 없고, 맛보지만 맛들임이 없다[爲無爲, 事無事, 味無味]"는 말에 대해, "모두 고요하고 자연한 것으로 작위함이 없는 것이다. 작위하면 사사로운 생각이 일어나서, 마음으로는 천리가 모이고 머무름이 없어지고, 일에서는 천리가 도리어 어지러워진다"[44]고 하여, '무위' 의 '덕' 을 실현하는 방법으로서 인위적인 '작위(作爲)' 를 없게 함으로써 사사로운 생각[私意]이 일어나지 않게 함으로써 행위나 일에서 천리를 따를 수 있어야 할 것을 확인하고 있다. 그는 '무위' 는 자연을 따르는 것이요 자취가 없는 것으로 '체(體)' 가 되고, '무불위' 는 가는 곳마다 모두 통하는 것으로 '용(用)' 이 되는 것이라 하여, '무위' 와 '무불위' 사이에 체용관계가 성립하는 것으로 제시한다.[45]

나아가 그는 『노자』에서 말하는 '무위의 일[無爲之事]' 과 '불언의 가르침[不言之敎]' 의 관계를 해명하면서, "'무위의 일' 은 태극의 시원을 체득하는 것이요, '불언의 가르침' 은 음양의 시초를 본받는 것이다"[46]라 하여, 각각 태극과 음양의 시초에 해당시킴으로써, 양자가 모두 천도를 따르는 것이지만 체용의 관계를 이루는 것으로 해명한다. 특히 그는 '불언의 가르침' 에 대해, "'불언의 가르침' 은 몸소 행하여 거느리며 번거롭게 말하지 않는 것을 말한다. … 도덕은 행함이 없으나 천지가 이루어지고, 천지는 말하지 않으나 사시가 운행되니, 이 두 가지는 신명의 부절이요 자연의 증험이다"[47]라고 언급하였다. 곧 '도' 의 '무위' 를 따라 '덕' 이 '무위' 를 실현함으로써 천지가 이루어지게 된다

---

44 『도덕지귀』 제63장, "皆恬靜自然, 無有作爲也, 作爲則私意起, 而以心, 則天理無所湊泊, 以事, 則天理反爲汨撓矣."

45 『도덕지귀』 제36장, "無爲, 順自然, 而無跡也, 無不爲, 惟所往而皆通也, 無爲, 體也, 無不爲, 用也."

46 『도덕지귀』 제2장, "無爲之事, 體太極之始也, 不言之敎, 法陰陽之初也."

47 『도덕지귀』 제43장, "不言之敎, 謂躬行而率之, 不煩言說, … 道德無爲, 而天地成, 天地不言, 而四時行, 此二者, 神明之符, 自然之驗也."

는 것은 '신명(神明)' 의 부절(符節)로서 '도' 와 인간이 일치를 이루는 공효라고 한다면, 천지가 '불언' 하지만 사시가 운행되는 것은 자연의 질서를 가장 명백하게 증거해 주는 것이라 밝히고 있는 것이다.

그는 '무위' 를 천도 내지 태극의 양상으로 보는 데 비해, '허정' 을 지(地)의 양상으로 보는 견해를 제시하고 있다. 곧 그는 "인심이 겸허하고 유약함은 땅의 비고 고요함을 본받은 것이요, 땅의 비고 고요함은 하늘의 깊고 온화함을 본받은 것이요, 하늘의 깊고 온화함은 '도' 의 태극 · 음양을 본받은 것이요, '도' 의 태극 · 음양은 '무극' 의 자연함을 본받은 것이니, 이것이 천 · 지 · 인의 도이다. … 노자의 이 말은 정밀하고 깊으며 미묘하여 『역경』의 요지를 얻은 것이다. 다만 스스로 태극 · 음양에 머물고 오행 이하는 모두 가볍게 보아 '도' 에 더불지 않게 하였으니 유교의 도와 다르다"[48]라고 밝혔다. 인심의 겸허[謙沖]하고 유약(柔弱)함이 '땅의 비고 고요함[虛靜]' 을 본받았다는 것은, 한 단계 더 근원이 되는 '하늘의 깊고 온화함[玄穆]' 이 '무위' 와 통하는 것이라 본다면 '허정' 의 근원을 '무위' 로 보는 것을 의미하게 된다. 이처럼 그는 천도 · 지도 · 인도 사이에 단계적 서열과 '도' 의 일관된 연속성을 제시함으로써 '허정' 을 인간의 근본덕목으로 확인하고 있는 것이다. 여기서 그는 『노자』에서 '덕' 의 근원이 되는 '도' 를 태극 · 음양으로 해석하면서 『역경』의 요지를 얻은 것으로 적극적 긍정입장을 밝히면서도, 『노자』에서 '도' 의 체계에는 '덕' 의 근원으로서 오행의 단계가 제시되지 않는 것이라 하여 유교의 '도' 와 차이점이 있음을 지적하였다. 그것은 노자와 『역경』의 세계관에 일치점을 인정하면서도 성리학의 세계관과 차이점이 있음을 확인하는 것이라 하겠다.

그는 "태극이 본래 비어 있으므로 인심이 비어 있음의 극치를 이루면 태극

48 『도덕지귀』 제24장, "人心之謙冲 · 柔弱, 法地之虛靜, 地之虛靜, 法天之玄穆, 天之玄穆, 法道之太極陰陽, 道之太極陰陽, 又法無極之自然, 此所以天地人之道也, … 盖老子此言, 精深微妙, 得大易之要旨但其自居於太極陰陽, 而五行以下皆藐視之, 不使與於道者, 與儒道爲不同也."

이 이에서 드러난다. … '양'은 활동하고 '음'은 고요한 것이 그 본질이니, 그러므로 고요함을 지키기를 독실히 하면 '양'의 활동이 이로 말미암아 수립된다"[49]고 하여, '양'의 활동[動]은 '음'의 고요함[靜]에서 성립하는 것으로 '음'의 고요함이 근원이 되고, 활동과 고요함의 근원에는 태극의 비어 있음[虛]이 근원이 되는 것으로 제시한다. 그것은 '허정'의 덕이 태극·음양에 근원하는 것임을 확인하고 있는 것이다.

여기서 그는 '정(靜)'에 근원하여 '동(動)'이 발생하는 사실을 가장 잘 드러내주는 현상으로서 동지(冬至)의 지극한 고요함 가운데서 한 가닥 '양'이 돌아와 회복되는[一陽來復] 현상을 중시하고 있다. 곧 "선왕이 동짓날 관문을 닫는 것은 '도'가 고요함에 근본하는 까닭이다"라 하고, 또한 "동지의 때는 기(氣)의 기틀이 가라앉아 고요하며 천지가 비어서 적적하니, 또한 아득하고 또 아득하며 비고 또 비었다고 할 수 있다. 그러나 한 가닥 '양'의 기운은 이로 말미암아 처음 움직이니, 고요하고 비어 있음은 곧 한 가닥 '양'의 문이다"[50]라고 밝혔다. 이처럼 동지의 기(氣)가 가라앉아 고요함[潛靜]은 한 가닥 '양'의 활동이 처음 나오는 문으로, '정(靜)'이 '동(動)'의 근원이 됨을 확인하고 있는 것이다. 따라서 자연의 질서가 '정'을 근원으로 삼는 만큼 인간의 덕은 '정'을 주장으로 삼아야 하는 정당성의 근거를 확보할 수 있게 된다.

그는 『노자』에서 "무극에 되돌아간다[復歸於無極]"는 말을 해석하면서, "오직 '음'의 고요함이 태극의 본연함을 닮았다. 그러므로 사람이 마음을 간직하고 일을 일으킴에는 항상 고요함을 주장으로 삼는다. … 진실로 여기에서 참됨을 쌓아서 오랫동안 힘쓰면 무극의 본연함을 회복할 수 있다"[51]고 언급하였

49 『도덕지귀』 제16장, "太極本虛, 故人心致虛之極, 則太極於是乎著矣. … 陽動陰靜, 而陰靜乃其本質, 故守靜之篤, 則陽動由是立矣."

50 『도덕지귀』 제16장, "吾獨觀於冬至靜寂之中, 一陽來復也, 此先王之至日閉關, 而道之所以本於靜也." 제6장, "冬至之時, 氣機潛靜, 天地空寂, 亦可謂玄之又玄, 虛之又虛矣, 然一陽之氣, 由是初動, 則靜虛者, 乃一陽之門也."

다. 곧 태극의 본연함과 '음'의 고요함을 본받아 인간은 고요함을 주장으로 삼아야 한다는 '주정(主靜)'의 입장이 노자의 기본적 사유방법으로 인식하고 있음을 보여 준다. 여기서 그는 『노자』에서 "무극에 되돌아간다"는 명제를 통해 드러나는 주정(主靜)의 논리는 바로 『중용』에서 군자의 덕으로 제시한 '담박함·간략함·온화함[淡·簡·溫]'이나 하늘의 일을 말한 '소리도 없고 냄새도 없다[無聲無臭]'는 말의 뜻과 같은 것이라 지적하고 있다. 이처럼 그는 '정(靜)'을 덕의 근본과제로 삼는 점에서 노자와 유교가 같은 입장에 있는 것으로 보는 그 자신의 관점을 보여 주는 것이라 하겠다.

나아가 그는 "지극히 비어 있으므로 지극히 고요할 수 있다. … 인심의 지극히 미묘함은 지극히 비어 있음에서 생겨난다"[52]고 하여, '허'와 '정'의 사이에도 '허'가 '정'의 근거가 되는 것이요, 인간의 마음도 지허(至虛)의 본체에서 지묘(至妙)의 작용이 발생하여 나오는 것임을 밝히고 있다. 또한 그는 『노자』에서 말하는 '수중(守中)'을 마음을 지키는 것이라 해석하면서, "마음을 지킨다는 것은 신명의 작용이 내 마음속에 돌아오도록 돌이켜서 그 비고 고요함이 풀무의 속처럼 되게 하는 것이다"[53]라고 언급하였다. 그것은 풀무가 비어 있으면서 끝없이 바람을 일으키는 것처럼 인간의 마음에 '허정'한 덕을 수립함으로써 '허정'에 바탕하여 끊임없이 신명의 작용이 이루어질 수 있게 해야 한다는 '덕'의 근거와 실현방법을 제시하고 있는 것이다.

이와 더불어 그는 『노자』가 말하는 '부드럽고 약함[柔弱]'과 '강하고 억셈[强剛]'의 사이에서 '부드럽고 약함'이 덕에서 '음'의 고요함이 되는 것이라 하여, '허정'의 덕이 드러나는 양상으로 '유약(柔弱)'을 제시하였다.[54] 또한 그는

---

51 『도덕지귀』 제27장, "惟陰靜肖無極之本然, … 故人之處心·立事, 常主於靜, … 誠能於此, 眞積力久, 則可以復歸無極之本然, … 復歸無極, 如中庸篇末, 淡·簡·溫, 無聲無臭之意."

52 『도덕지귀』 제5장, "蓋惟至虛, 故能至靜也, … 夫人心之至妙, 生於至虛."

53 같은 곳, "守中, 謂反其神用, 歸吾心中, 使其虛靜, 如橐籥之中."

54 『도덕지귀』 제42장, "蓋柔弱之爲道, 强剛之爲非道, … 此言柔弱爲德之陰靜也."

『노자』가 "상등의 선은 물과 같다[上善若水]"고 말한 데 대해, "물은 천일(天一)에서 생겨나니, 그 기질이 가볍고 맑아서 도의 본체를 가리고 막음이 없기 때문이다. 노자의 '도'는 핵심이 그 기질의 근본과 시원을 온전하게 하는 데 있으니, 그러므로 물로써 선함을 비유하였다"[55]고 언급한다. 곧 물이 역학의 상수에서는 천일(天一)에서 나오는 것으로 기질이 맑아 '도'를 그대로 드러내는 형상을 지니고 있음을 지적하면서, 노자의 '도'에서는 기질의 근본과 시원[氣之本始]으로서 태극 · 음양이나 자연을 온전히 드러내는 것을 요령으로 한다는 것은 바로 '덕'의 선함이 '도'의 근원을 온전하게 실현하는 것을 기준으로 삼는 것임을 확인해 주고 있는 것이다.

(2) 덕의 조목: 신(信)과 인(仁)· 의(義)· 예(禮)

서명응은 『노자』에서 제시된 도덕규범의 조목에서 '신(信)'이 중시되고 있음을 주목하였으며, '인' · '의' · '예'의 조목에 대한 부정적 이해의 입장을 해명하는 데도 관심을 기울이고 있다. 먼저 그는 '신'의 덕목을 오행의 체계에서 해석하여, "'신'은 '토(土)'에 속하며, '토'는 음양의 '충기(沖氣)'이다. 그러므로 노자는 오행에서 홀로 '토'를 취하였다"[56]라고 하여, '신'이 오행의 중앙에 위치하는 '토'에 속하는 것이므로 노자가 '신'의 덕목만을 취하였다고 파악하였다. 여기서 그는 "'신'은 '성(誠)'이요, '중(中)'이요, '토'이다. '토'는 두 기운(음양)을 조화하며, '중'은 모든 운행을 제어하고, '성'은 모든 변화를 통솔하며, '신'은 네 가지 덕(仁·義·禮·智)을 관통한다"[57]고 하여, '신'의 덕목이 지닌 덕성으로 '토(土)' · '중(中)' · '성(誠)'의 세 가지를 제시하며, 특히 인·의 ·

55 『도덕지귀』 제8장, "蓋水生於天一, 其質輕淸, 而道體無所遮隔故也, 老子之道, 要在全其氣之本始, 故亦以水喩善."

56 『도덕지귀』 제17장, "蓋信屬土, 土爲陰陽之冲氣, 故老子於五行, 獨取土焉."

57 『도덕지귀』 제22장, "蓋信者, 誠也 · 中也 · 土也, 土沖二氣, 中制萬運, 誠統萬化, 信貫四德."

예·지의 네 가지 덕을 포함하고 있는 대표적인 덕목임을 강조하고, 또한 "'신'에 이르면 그 집은 '토'이고, 그 위치는 '중'이고, 그 전체는 '성'이며, 그 오묘한 작용은 '일(一)'이요, 그 오로지 하는 기상은 '충(忠)'이다"[58]라고 하여, '신'의 덕목을 '토'·'중'·'성'의 세 가지 덕성에 '일'과 '충'을 더하여 다섯 가지 덕성을 지닌 것으로 제시하기도 한다. 이처럼 그는 『노자』에서 '신'이 모든 덕목을 포괄하는 대표적 덕목으로 중시되고 있음을 밝히고 있는 것이다.

나아가 그는 『노자』에서 유교의 기본덕목으로 제시되고 있는 '인'·'의'·'예'가 상당한 정도 부정적으로 서술되고 있는 사실을 노자의 입장에 따라 해명하고 있다. 곧 『노자』에서 "큰 도가 폐지되니 인·의가 있다[道廢有仁義]"고 언급하였다. 이에 대해 그는 "노자의 뜻은 큰 '도'란 곧 태극·음양을 말하는 것이요, '인·의'란 곧 음양이 나뉘어 오행이 된 다음에 생겨나는 것으로 큰 '도'의 순수하고 폐단이 없는 것과 같을 수 없는 것이라 여겼다. … 오백(五伯)은 지혜와 교묘한 속임으로 상하를 다스리니 이에 '인의'를 가장하여 그 속임을 이룬다"[59]라고 해석하였다. 여기서 그는 큰 '도'를 태극·음양의 단계에 해당시켜 순수하고 폐단이 없지만 '인의'를 음양·오행의 단계에 해당시켜 큰 '도'에 비해 한 단계 떨어지는 것으로 보는 것이 노자의 입장이라 파악하였다. 그것은 큰 '도'에 비해 '인의'가 한 단계 낮은 것임을 확인하는 것이지만, '인의'가 인간의 덕목으로 부족하고 잘못된 것이 아님을 확인하는 것이기도 하다.

또한 『노자』에서 '성·지(聖·智)'와 '인·의'의 '교·리(巧·利)' 세 가지를 끊어 버림에 대해 언급하였는데, 그는 이 구절에 대해 그동안의 주석가들이 해

58 『도덕지귀』 제37장, "至於信者, 以其宅, 則土也, 以其位, 則中也, 以其全體, 則誠也, 以其妙用, 則一也, 以其專氣, 則忠也."

59 『도덕지귀』 제18장, "老子之意, 以爲大道, 卽所謂太極陰陽, 而仁義, 乃陰陽分爲五行, 然後生焉, 則不能如大道之純美無弊."

석에 착오가 있어서 노자의 본래 취지를 전혀 잃었을 뿐만 아니라 말한 의도가 귀결됨이 없다고 비판하면서 자신이 바로잡겠다는 입장을 밝히고 있다.[60] 여기서 그는 "노자의 '도'는 근본과 시초로 말단과 종결을 제어하는 것이다. … 또한 사람들이 헛되어 근본과 시초를 숭상하고 말단과 종결을 끊어 버려서 또한 행할 수 없는 것이 있을 것임을 염려하였다"고 하여, 노자가 이 말을 하게 된 의도가 어디에 있는지를 재검토할 것을 지적하고, "'성·지'와 '인·의'와 '교·리'의 세 가지는 '도'에서 문채[文]가 되는 것이다. 만약 이 세 가지를 끊어 버린다면 반드시 문채가 부족하여 문채와 바탕이 서로 함께 할 수가 없게 된다. 천지와 자연의 '도'는 단지 그 속에 주·객의 구분이 있는 것은 가능하지만, 어찌 끊어 버릴 수 있겠는가. 그러므로 이 세 가지를 관할하는 것이 있게 하여 다음 문장의 '소박(素樸)'에 속하게 하였으니, '소박'은 주인이요 이 세 가지는 손님이다. 이것은 노자가 '도'를 수립한 핵심이다. 여기에 한 번 어긋나면 그 나머지는 모두 어긋난다"[61]라고 주장하였다.

따라서 그는 '성·지'와 '인·의'와 '교·리'를 끊어 버려야 할 대상으로 보는 기존의 해석이 노자의 의도에 어긋나는 것임을 지적하면서, 그는 노자의 기본입장으로 '근본과 시초로 말단과 종결을 제어하는 것[以本始制末終]'이라 하여, 근본과 시초로서 '소박'의 덕에 이 세 가지 덕목들이 소속되지 않을 때 문제가 발생하게 되는 것임을 제시한다. 따라서 이 세 가지 덕목들은 문채[文]요, 말단이며, '소박'은 바탕[質]이요 근본이라는 질서를 제시함으로써, 문채

---

60 『도덕지귀』 제19장, "此一段, 前後註家, 皆錯解之, 不惟全失本旨, 且使意趣無所歸宿, 今悉正之."

61 같은 곳, "老子之道, 以本始制末終, … 又恐人徒尙本始·棄絕末終, 則亦有所不可行者, … 然聖智·仁義·巧利, 此三者, 於道爲文, 若絕棄此三者, 則文必不足, 夫文質不可相與, 乃天地自然之道, 但於其中有主客之分, 則可也, 豈可使之絕棄哉, 故令此三者, 有所管屬於下文之素樸, 而素樸爲主三者爲客也, 此是老子立道之肯綮, 於此一差, 則其餘皆差." 서명응은 노자의 도를 '근본과 시초로 말단과 끝을 제어하는 것[以本始制末終]'으로 제시하며, 아울러 '근본과 시초의 〈무〉로 말단과 끝의 〈유〉를 주재하는 것'이라 언급하여, 本始와 末終의 有-無의 관계로 제시하기도 한다(『도덕지귀』 제12장, "老子之道, 欲以本始之無, 而主宰末終之有"). 곧 서명응이 『노자』의 '도'를 '以無制有'의 논리로 제시하고 있는 것과 일치한다.

나 말단은 끊어 버릴 대상이 아니라 바탕이나 근본과 연결되어야 함을 주장하는 문·질(文·質) 내지 본·말(本·末)의 논리로 해명하고 있는 것이다. 이러한 논리에서 그는 『노자』에서 "학문을 끊으면 근심이 없어진다[絶學無憂]"는 구절에 대해서도, "만약 '도'와 '학'을 끊어 버린다면 진실로 나아가고 닦는 근심이 없을 수 있다. … 옛날의 주석들은 '학'을 세속의 '학'으로 삼아 노자가 진실로 끊고자 하였는데, '세속'이라는 두 글자는 이미 노자가 말한 바가 아니다. 또한 전체의 편들에서 '학'을 말하지 않음이 없고, 하편에서는 또 '학문을 하는 것은 날로 보태어 가는 것이다'라고 말하였으니, 어찌 '학'을 용납하지 않고 다시 사람들이 끊게 하고자 하였겠는가. 반드시 그렇지 않다"[62]라고 언급하였다. 여기서도 그는 '학'을 끊게 되면 향상하려고 애쓰는 근심이 없게 된다는 것을 말하여, 학문을 향상에 필요한 것으로 긍정하는 입장을 반어법적으로 표현한 것이지, 결코 학문을 세속적 학문으로 한정시켜 끊어야 할 대상으로 보았던 것이 아님을 역설하고 있다.

나아가 『노자』에서는 상인(上仁)·상의(上義)·상례(上禮)를 단계적으로 퇴락해 가는 현상으로 보는 견해를 제시하였다. 그는 이에 대해, "음양이 활동하고 고요하며 열리고 닫힌 다음에 '목(木)'과 '금(金)'이 생겨나는데, '목'의 신명이 '인'이 되고, '금'의 신명이 '의'가 된다"라고 하여, '인'과 '의'를 오행의 질서로 설명하고, "'인'은 만물을 이롭게 하는 것을 주장하니, 만물을 이롭게 하지 않을 수 없으나 스스로 머물지 않으니 또한 행할 수 있는 것이 없다. 그러므로 상덕(上德)에 견주어 보면 이미 등급이 있다. … '의'는 사물에 대처하는 것을 주장하니, 나에게서는 그 마땅함을 추구하므로 행하지 않을 수 없고, 사물에게는 그 마땅함을 추구하므로 행하지 않을 수 없다"[63]고 하여, '덕'에 견

62 『도덕지귀』 제20장, "若絕棄道學, 則固可無進修之憂矣, … 舊註以學爲世俗之學·而謂老子眞欲絕之, 則世俗二字, 旣非老子之所言, 且通篇無非言學, 下篇又曰爲學日益, 豈容言學, 而復欲人絕之哉, 必不然也."

주어보면, '인' 이 그 아래이고 '의' 가 더 아래라고 한다. 이어서 그는 "'예' 는 왕래에 응답하지 않음이 있으면 다투고 싸움으로 나아가고, '예' 는 절도와 문채가 합하지 않음이 있으면 문책과 원망으로 나아가고, '예' 는 항상함과 변화함이 같지 않음이 있으면 엎어지고 곤란함으로 나아간다. 그러므로 '예' 를 좋아하는 학자는 송사가 모여든다고 한다. '인' 과 '의' 에 견주어 보면 더욱 내려간다. '예' 는 '인' 의 가지가 퍼지는 데서 생겨나고 형기의 조화가 점차 미루어 나가면서 점차 폐단이 일어나는 것이 그 형세의 자연이다. 그러므로 '예' 의 폐단은 '인' 과 '의' 보다 심하다. 이를 말하여 근본이 시초를 힘쓰지 않을 수 없음을 보여 준다"[64]고 하여, '예' 가 그 폐단에서 '인' · '의' 보다 한 단계 낮은 덕목임을 자세히 설명하고 있다. 그러나 그는 '인' · '의' · '예' 의 덕목 사이에 현실적 폐단에서 등급이 있음을 인정하고 있지만, 노자의 의도가 이 덕목들을 폐지하자는 것이 아니라, 근본과 시초에 더욱 힘써서 그 폐단을 극복하게 하자는 데 있음을 강조하고 있는 것이다.

『노자』에서는 이어서 "'도' 를 잃고 난 다음이 '덕' 이요, '덕' 을 잃고 난 다음이 '인' 이요, '인' 을 잃고 난 다음이 '의' 요, '의' 를 잃고 난 다음이 '예' 이다[失道而後德, 失德而後仁, 失仁而後義, 失義而後禮]"라고 언급한 데 대해, 그는 앞에서 덕목의 차등화를 언급한 것은 사람이 스스로 닦아가는 데 덕목의 등급이 있는 것임을 밝힌 것이고, 여기서는 시대가 변하면서 퇴락하는 과정에서 덕목의 등급을 밝힌 것이라 하여, 도덕의 수양론적 등급과 시대변동에 따른 등급으로 구별하고 있다. 곧 복희·신농의 순박한 '도' 가 내려가 오제(五帝)의 성철

---

63 『도덕지귀』 제38장, "陰陽動靜開闔. 然後乃生木金, 而木神爲仁, 金神爲義, 仁主於利物, 則不能不爲之利物, 而不自居, 則亦無可以爲之, 視上德已有等級矣, 義主於處物, 則在我求其當, 故不能不爲之, 在物求其宜, 故亦有可以爲之."

64 같은 곳, "禮有節文不合, 則責望而就之, 禮有常變不同, 則覆難而就之, 故好禮之家, 謂之聚訟, 視仁義, 又益下矣, 盖禮生於仁之條達, 而氣化之漸推漸弊, 乃其勢之自然, 故禮之弊, 甚於仁義也, 言此以見本始之不可不務焉."

(聖哲)한 '덕'이 되고, 다시 내려가 우(虞: 舜)·하(夏: 禹)의 화락한 '인'이 되고, 다시 내려가 탕(湯)·무왕(武王)의 정벌하는 '의'가 되고, 다시 내려가 주(周)나라 말기의 문채가 바탕보다 우세한 '예'가 되었다는, 시대가 내려갈수록 도덕이 퇴락해 가는 현상으로 설명하고 있다.[65] 이러한 역사퇴보론의 입장은 유교의 복고주의적 역사의식과 일치하는 것이요, 이를 덕목의 등급적 양상에 대한 해석에 적용시키고 있는 것은 유교의 입장이라 보기는 어렵고, 오히려 그가 『노자』의 언급을 충실하게 해명하는 태도를 보여 주는 것이라 할 수 있다.

65 같은 곳, "前以人之自修, 而明道德仁義禮之等級, 此以下, 又以世變之升降, 而明道德仁義禮之等級, 蓋自羲農淳樸之道, 降而爲五帝聖哲之德, 自五帝聖哲之德, 又降而爲虞夏熙皞之仁, 自虞夏熙皞之仁, 又降而爲湯武征伐之義, 自湯武征伐之義, 又降而爲周末文勝質之禮."

4. 심법과 양생의 과제

1) 겸허(謙虛) · 무욕(無欲)의 심법

인간이 '덕'을 실현하는 방법은 '도'를 본받아 마음을 지키는 것이라 할 수 있다. 서명응은 『노자』에서 '덕'을 실현하는 마음의 자세로 '겸허'와 '무욕'을 주목하고 있다. 그는 "가득 차면 이지러지는 것이 '천도'의 항상함이다. 그러므로 사람은 마땅히 겸허하여 그 뜻이 가득 차지 않게 한 다음에 이 '도'를 항구하게 보존할 수 있다"[66]고 하여, '겸허'의 심법은 '천도(天道)'를 따르는 것임을 확인한다. 그는 '겸허'를 특히 '지(地)'와 '물[水]'의 덕으로 해명하고 있다. 곧 "땅은 항상 아래에 있어서 기반이 된다. 그러므로 고요함은 활동함의 아래에 있어서 활동함의 기반이 되고, 겸허함은 명성의 아래에 있어서 명성의 기반이 된다"고 하여, 인심은 땅의 고요하고 겸허한 덕을 따름으로써 '도'와 합일하는 '덕'을 이룰 수 있는 것으로 강조하고, 또한 "(물이) 이롭게 하며 다투지 않는 것은 조화로움이요, 사람들이 싫어하는 곳에 머무는 것은 겸허함이다. 오직 겸허하고 조화로우므로 '도'에 가깝다"[67]고 하여, 물이 사람들이 싫어하는 낮은 데로 흘러내려가서 모습을 '도'의 겸허함을 드러내는 덕으로 제

---

66 『도덕지귀』 제15장, "盈則必虧, 天道之常, 故人當謙虛, 其志不使滿盈, 然後可以常保有此道也."

67 『도덕지귀』 제27장, "地常在下爲基, 故靜在動下, 爲基於動, 謙在名下, 爲基於名也." 제8장, "善利不爭, 冲也, 處人所惡, 謙也, 惟謙與冲, 故幾於道矣."

시한다.

그는 『노자』에서 "덜어내고 또 덜어내어 '무위'에 이른다[損之又損, 以至於無爲]"는 구절이 '겸허'를 말하는 것이라 보고, '겸손함[謙]'과 '비움[虛]'의 덕으로 해석하여, "겸손하면 교만하고 인색함을 굴복시키며, 마음을 비우면 물욕을 물리친다. 습관과 성품에서 그 극치를 이루면 생각들이 일어날 때 맑고 고요함이 저절로 있게 되고, 인간의 자의적 행위나 사사로운 지모가 그 틈에 전혀 개입됨이 없어서, '도'의 '무위'와 더불어 하나가 된다"[68]고 하였다. '겸허'의 덕을 실현함으로써 궁극적으로는 '도'와 일치할 수 있는 것임을 밝히고 있는 것이다. 『노자』에서 "끝마침을 시작처럼 신중하게 하라[愼終如始]"는 구절에서 신중함[愼]에 대해서도 "신중함이란 겸손이요, 고요함이요 덕스러움이다"[69]라고 하여, 일을 끝까지 마무리할 수 있는 신중함을 바로 겸허함으로 확인하고 있다.

『노자』에서 "항상한 '무욕'으로 그 신묘함을 보고, 항상한 '유욕'으로 그 가장자리를 본다[常無欲以觀其妙, 常有欲以觀其徼]"라고 하여, '무욕'과 '유욕'을 대비시켰는데, 그는 이 두 구절에 대해 "사람으로 하여금 한 마음에 나아가 도체(道體)의 참됨을 체득하여 알게 하는 것이다"라 하고, 이어서 첫 구절인 '무욕'에 대해, "항상하고 일이 없는 때에 머물면서, 한 마음이 비고 고요하며 욕심이 없게 하면, 이것은 바로 음양이 처음 생겨나고 태극이 처음 타는 때이니, 무한한 신묘한 이치가 끊임없이 변화하고 생성하는 것이다"고 하여, 마음이 '허정(虛靜)'이라도 '무욕'하면 태극과 음양이 생성 변화하는 처음과 일치할 수 있는 것이라 한다. 또한 둘째 구절인 '유욕'에 대해, "만약 한 마음이 비고 고요하지 않아서 감정과 욕망이 어지럽게 싹트면, 이것은 바로 음양이 이미

68 『도덕지귀』 제48장, "謙則驕吝摧伏, 虛則物慾退聽, 習與性, 成以造其極, 則念慮之發, 淸靜自在, 絕無人爲·私智, 介於其間, 與道之無爲, 合以爲一."

69 『도덕지귀』 제64장, "愼, 亦謙也, 靜也, 德也."

오행을 생성한 때이므로 '기(氣)' 의 기틀이 주인이 되고 태극이 손님이 되어, 뒤흔들리고 어지러워져 그 본연의 실체를 점차 잃게 되고 마지막에 흘러가는 경계는 선악이 되고 화복이 되고 길흉이 되고 존망이 된다"[70]고 하여, 감정과 욕망이 일어나는 것은 오행이 작용하는 단계로서 이 단계에서 선과 악이 갈라져나오는 계기가 드러나는 것이라 한다. 곧 '무욕' 은 단지 선과 악의 갈림에서 선을 선택하는 방법이라기보다, 선 · 악이 갈라지기 이전인 태극 · 음양의 본체와 일치하는 것으로 덕의 근원적인 실현을 위한 조건이라 인식하고 있는 것이다.

『노자』에서는 성인의 덕으로 "하고자 하지 않음을 하고자 함[欲不欲]"을 언급하였는데, 이에 대해 그는 " '하고자 하지 않음' 이란 『맹자』(「盡心下」)에서 '하고자 할 만한 것이 선이다' 라는 말과 같은 뜻이다. '도' 란 대중이 하고자 하지 않는 것이니, 오직 '도' 를 하고자 하므로 재물을 (추구)하고자 하지 않을 수 있다"라 하여, '하고자 하지 않음[不欲]' 이란 대중이 추구하는 재물의 욕망을 추구하고자 하지 않는 것이요, 이러한 욕망의 추구를 하지 않음으로써 '도' 를 추구할 수 있음을 강조한다. 또한 『노자』에서 "배우지 않음을 배움[學不學]"을 언급하였는데, 이에 대해 그는 " '배우지 않음' 이란 배움의 '무위' 이다. 대중은 언제나 가정이나 나라에서 많이 듣고 널리 알고 '유위' 함을 배움으로 삼는다"[71]고 하여, 대중이 추구하는 인위적 조작행위로서 '유위' 의 지식을 버림으로써 '무위' 의 '도' 를 배울 수 있는 것이라 해석하였다. 그것은 '하고자 하는 것' 과 '하고자 하지 않는 것' 사이에서 어느 한쪽을 올바른 방법으로 삼아 형식적으로 선택하는 것이 아니라, '도' 를 따르는 것이라면 하고자

---

70 『도덕지귀』 제1장, "令人就一心, 體認道體之眞也, 言居常無事之時, 試使一心虛靜 · 無欲, 則此正陰陽初生 · 太極初乘之時, 無限妙理, 化化生生. … 言若一心不虛不靜, 情欲紛然萌芽, 則此正陰陽已生五行之時, 故氣機爲主, 太極爲客, 推盪汨撓, 漸失其本然之體, 而末流境界, 爲善惡 · 爲禍福 · 爲吉凶 · 爲存亡."

71 『도덕지귀』 제64장, "不欲, 語意如孟子所云, 可欲之謂善, 盖道者, 衆人所不欲也, 唯其欲於道, 故能不欲於貨也, … 不學, 學之無爲者也, 盖衆人, 常以多聞 · 博識 · 有爲於家國爲學."

해야 하고 배우고자 해야 하는 것임을 유의함으로써, 지향하는 대상이 무엇인지 확인하는 가치기준의 확립을 강조하는 입장을 밝히는 것이다. 이와 더불어 그는 "그 본체로서 말하면 교만함과 인색함과 자만함의 허물을 보태 가면 하늘의 소리도 없고 냄새도 없는 기상에 어긋날 것이요, 그 작용으로 말하면 집착하고 실패하는 허물을 보태 가면 하늘의 자재하고 자연한 기상에 어긋날 것이다"[72]라고 하여, '무욕'의 방법은 바로 하늘[上天]의 형체가 없고 자연한 기상을 본받아 자신의 욕망에 사로잡혀 교만함과 집착을 추구하는 태도를 버리는 것임을 제시하였다. 그만큼 '무욕'은 하늘을 따름으로써 인간의 사사로운 욕망을 벗어나야 하는 것임을 역설하고 있다.

나아가 그는 '도'를 따르는 마음의 실천방법으로서 '도'의 돌이키는 작용형식을 따라 마음의 수렴이 중요함을 강조한다. 『노자』에서는 '도'의 작용양상으로서 "크다는 것은 떠나감을 말하고, 떠나감은 멀어짐을 말하고, 멀어짐은 돌이킴으로 말한다[大曰逝, 逝曰遠, 遠曰反]"고 하였는데, 그는 '돌이킨다[反]'는 의미를 해석하여 "'선천은 상대하여 기다리고, 후천은 상대로 돌이킨다[出典 未詳]'는 것과 같으니, 선천의 끝은 반드시 후천이 되고, 상대하여 기다림의 끝은 반드시 상대로 돌이키게 되는 것을 말한다"[73]라고 하였다. 곧 '도'의 작용은 새로운 것으로 전개하는 연속적 진행 과정의 선천과 되돌아가는 반복적 진행 과정의 후천으로 이어지는 순환운동으로 제시한다. 따라서 그는 『노자』에서 "돌이키는 것은 '도'의 활동이다[反者, 道之動]"라는 언급에 대해, 동지에 한 가닥 '양(陽)'이 처음 움직이는 상태를 가리키는 것으로 보며, "돌아와 회복하는 기틀은 실지로 반복하는 가운데 있으니, 그러므로 사람은 그 마음과 신명을 응결시키고 수렴시켜 내 몸에 돌이켜 회복하게 한다면 하늘의 기틀도 그

---

72 같은 곳, "以其體言之, 則益其驕吝·矜伐之過, 違上天無聲·無臭之氣象也, 以其用言之, 則益其爲執·敗失之過, 違上天自在·自然之氣象也."

73 『도덕지귀』 제24장, "反, 如先天對待, 後天反對之反, 言先天之終, 必爲後天, 對待之終, 必爲反對也."

속에 돌이켜 회복하는 것이다"[74]라고 하였다. 곧 천도가 동지에 한 가닥 '양'이 회복하는 것에 상응하여 사람의 자신에서 마음과 신명이 응결되고 수렴시켜 원초의 상태로 되돌아가는 것이 '도'를 따라 마음을 지키는 방법임을 확인하고 있는 것이다.

2) 양생(養生)의 과제와 방법

서명응은 『노자』에서 양생의 문제에 깊은 관심을 기울이고 있다. 그의 양생법은 도교의 전통에서 보면 단약(丹藥)을 먹어 장생을 추구하는 외단(外丹)의 양생법이 아니라, 심신의 수련을 통한 내단(內丹)의 양생법에 가까운 것이라 할 수 있겠지만, 도교적 내단의 양생법과도 다른 유교적 도덕의 수양을 통한 양생법을 제시하는 것이라 할 수 있다. 그는 '도'와 '덕'의 개념을 대비하면서, "'도'는 태극이 지극히 고요한 가운데 타고서 음양의 중심축이 되어, 한 가지 기운[氣]이 두루 운행하여 다하여 끝남이 없으니, 천지가 장구한 까닭은 '도'와 하나가 되기 때문이다. 그러므로 사람이 '도'에 종사할 수 있으면 천지의 실체와 같아서 언제나 장구할 수 있다. '덕'이란, … 비록 '도'의 장구함과 같을 수는 없지만, 또한 이른바 '도'에 다음가는 것이다. 그러므로 사람이 '덕'에 종사할 수 있다면 천지의 활용과 같아서 또한 장구할 수 있다"[75]고 하였다. 곧 '도'의 무궁함에 일치하여 천지가 장구할 수 있으니, '도'를 본받아 따른다면 사람도 장구할 수 있으며, '덕'을 실현하는 것도 천지의 장구함처럼 장구

---

74 『도덕지귀』 제40장, "此章, 專以一陽初動於冬至狀, … 來復之機, 實在於反復之中, 故人能凝聚·收斂其心神, 使反復吾身, 則天機亦反復于其中也."

75 『도덕지귀』 제22장, "道者, 太極乘于至靜之中, 以樞紐於陰陽, 一氣周流, 無有窮已, 天地之所以長久, 以其與道爲一, 故人能從事於道, 則可以如天地之體, 常於長久也, 德者, … 雖不能如道之長久, 而抑亦爲次於所謂道者矣, 故人能從事於德, 則可以如天地之用, 亦能長久也."

할 수 있다는 것이다. 여기서 '도'와 '덕'을 따름으로써 장구함을 이루는 것이 인간으로서 장생을 실현하는 근본 방법이 되는 것임을 확인하고 있다.

『노자』에서는 "죽어도 없어지지 않는 자는 장수한다[死而不亡者, 壽]"라고 하였는데, 이 구절의 해석이 하나의 쟁점으로 드러나고 있음을 볼 수 있다. 곧 북송의 양시(龜山 楊時)에 의하면, "안자(顔子)는 비록 요절하였지만 없어지지 않는 것은 남아 있는 것과 같으니, 성품을 알고 하늘을 아는 자가 아니면 누가 이를 알아낼 수 있겠는가"라고 하여, 안자의 경우처럼 성품을 알고 하늘을 안다면 일찍 죽어도 없어지지 않을 수 있다는 해석이 제시되었다. 그러나 주자는 양시의 해석이 유교에서 마땅히 말하는 바가 아니라 지적하면서, '없어지지 않는다[不亡]'는 것에 대해, "하늘이 명령한 성품으로 말하면 이것은 옛날이나 지금이나 성인이나 어리석은 자에게 공유되는 것이니 안자에게만 오로지 할 수 있는 것이 아니요, 기운이 흩어져도 그 정신과 혼백이 남아 있는 것과 같다고 말하면, 이것은 어떤 것이 변화하지 않는다는 뜻이니, 오히려 어둡고 막연한데 막히는 것이니 더욱 안자에 대해 말하는 바가 아니다"라고 양시의 해석을 비판하였다.

양시의 해석에 대한 주자의 비판은 안자가 일찍 죽어도 없어지지 않고 남아 있다는 것은 성품을 알았기 때문이라 하여 성품의 보편성을 근거로 삼거나 정신이나 혼백이 불멸하기 때문이라 하여 혼백의 불멸설을 내세울 수도 없는 것임을 지적한 것이다. 이에 대해 서명응은 "몸은 비록 죽더라도 그 명성이 항상 존재하는 자는 그 몸이 오래 남아 있는 것과 다름이 없다"는 뜻이라 하여 죽은 뒤에 명성의 지속성을 의미하는 것으로 해석하고, "노자의 뜻은 오로지 아름다운 명성을 말한 것인데, 양시의 유추함이 너무 지나쳐 불교의 진성(眞性)이 항상 존재한다는 주장에 빠져들게 되므로 주자가 변론하였다"[76]고 확인하였

76 『도덕지귀』 제32장, "身雖死, 而其名常存者, 亦無異其身之長存也, 龜山楊氏曰, … 顔雖夭, 而不亡者, 猶在也, 非夫知性知天者, 其孰能識之, 朱子曰, 若曰天命之性, 則是古今聖愚, 公共之物, 而非顔子所能

다. 그것은 『노자』에서 죽은 뒤에 남아서 장수한다는 것은 결코 보편적 실체인 성품의 깨달음이나 개체적 형기의 정수를 이루는 혼백이 지속됨을 가리키는 것이 아니라, 오직 명성의 존속을 가리키는 것으로 제시함으로써 어떤 형태로이든 사후 존재의 지속성에 의한 장수를 인정하지 않는 입장을 밝히고 있는 것이다.

그는 『노자』에서 "('혼'이 '백'에) 실리어 경영하고 '백'이 하나[魂]를 안고 있지만, 분리됨이 없을 수 있겠는가[載營魄抱一, 能無離乎]"라는 구절을 해석하면서 '혼(魂)'과 '백(魄)'의 상호관계와 존재양상을 통해 양생론적 성격을 음미하고 있다. 먼저 그는 "'백'은 '음'으로 둘이니 체질을 주장하고, '혼'은 '양'으로 하나이니 운영을 주장한다. 그러나 '혼'은 형체가 없으니 반드시 '백'에 붙어서 걸려 있다"고 하여, '백'과 '혼'의 존재양상을 음양 내지 체질(體質)과 운영[營爲]의 관계로 대비시키고, 무형한 '혼'이 유형한 '백'을 운영하지만 '백'에 의지하여 존립하는 것이라 확인한다. 여기서 그는 혼백의 관계를 인간의 품격에 따라 3등급으로 구분하여, "지극한 사람은 '혼'이 '백'이요, '백'이 '혼'으로 혼합되어 틈이 없으나, 그 다음 단계는 '혼'이 많고 '백'이 적기도 하고, '백'이 많고 '혼'이 적기도 하며, 하급 단계에 이르면 '혼'과 '백'이 교류하고 관여할 수 없다. 여기에 기틀과 일이 성기거나 치밀할 뿐 아니라, 나누어지는 것은 장수함과 요절함이 말미암는 기반이다. 그러므로 '혼'이 올라가고 '백'이 내려가면 죽어 없어지는 것이요, '백'을 단련하고 '혼'을 왕성하게 하면 수명을 늘이게 된다"[77]고 하여, '혼'과 '백'이 일치하는 것을 인격의 최상 단계로 보고 분리되는 것을 최하 단계로 제시하였다.

專, 若曰氣散, 而其精神魂魄, 猶有存者, 則是物而不化之意, 猶有滯於冥漠之間, 尤非所以語顔子也, 愚按老子之意, 專言令名之常存, 而楊氏推之太過, 流入佛氏眞性尙在之說, 故朱子辨之."

77 『도덕지귀』 제10장, "魄陰而二, 主乎體質, 魂陽而一, 主乎營爲, 然魂無形體, 必附麗於魄, 故至人, 魂卽魄, 魄卽魂, 混合無間, 其次, 或魂多魄少, 或魄多魂少, 以及下品, 魂魄不能交涉, 盖不惟機事, 踈密於此焉, 分亦, 壽夭之所由基, 故魂升魄降, 則死亡, 魄煉魂旺, 則延年, 此盖言以魂載魄."

이처럼 '혼'과 '백'의 관계에 따라 양생의 이치와 방법이 확인될 수 있는 것이다. 곧 '혼'과 '백'이 서로 분리되어 갈라지면 죽어 없어지는 것이고, '혼'과 '백'을 단련하여 결합시키는 것이 목숨을 연장하는 양생의 방법임을 밝히고 있는 것이다. 따라서 그는 "('혼'은) 반드시 '백'에서 운영되는 것이니, '백'으로 하여금 항상 '혼'의 '양'을 안고서 한순간도 떠나게 하지 않아야 한다. '분리됨이 없을 수 있겠는가'라고 한 것은 그 일이 어려움을 경계한 것이다"라고 하여, '혼'과 '백'이 분리되지 않도록 하는 것이 바로 양생의 기본방법이요 과제가 됨을 강조하고 있다. 여기서 그는 "어떤 사람(누구인지 未詳)이 말하기를, 노자는 몸이 물러난 다음에 이어서 하나를 안았던 자이니, 그 뜻은 하나를 안는 '도'가 물러난 다음에 쉽게 이루어질 수 있는 것이니, 바로 한 가닥 '양'이 지극히 고요한 가운데 돌아와 회복되는 것과 같은 것이다. 한(漢)의 장량(張良)이 병을 핑계하여 벼슬을 사퇴하여 벽곡[生食]하였던 것은 노자의 미묘한 뜻을 깊이 얻은 것이다"[78]라고 다른 사람의 말을 인용하여, 양생의 실천은 벼슬에서 물러난 다음에 이루기가 쉽다는 사실과, 그 근거는 바로 '혼'과 '백'을 일치시키는 양생의 실천은 고요한 가운데 한 가닥 '양'을 살려내어 돌이키는 방법과 연관된 것임을 확인하며, 역사 속에서 그 실행의 모범적 사례로서 장량이 공을 이룬 다음에 벼슬을 버리고 '벽곡'하여 양생에 힘썼던 사실을 들고 있다.

또한 그는 『노자』에서 "그 빛을 활용하면 그 밝음이 되돌아온다[用其光, 復歸其明]"는 구절에 대해, "빛[光]이란 이 마음의 '정(精)'으로 빛의 작용이요, 밝음[明]이란 이 마음의 '신(神)'으로 밝음의 본체이다. 이 마음의 '정'인 빛의 작용으로써 이 마음의 '신'인 밝음을 본체로 돌아오는 것을 말한다. '혼'과 '백'은

78 같은 곳, "凡厥營爲必於魄, 而使魄恒抱魂之陽, 一無少暫離也, 能無離乎, 難其事而戒之也, 或曰, 老子於身退之後, 卽繼之以抱一者, 其意抱一之道, 惟斂退之後, 可以易成, 正如一陽來復, 至靜之中也, 漢之張良, 謝病辟穀, 深得老子微旨."

서로 안고 서로 살리는 것이니, 왕성해지면 모든 질병이 일어나지 않고 몸에는 아무 재앙과 허물이 없게 된다"[79]고 해석하였다. 여기서 그는 빛과 밝음의 관계를 밝음이 '체'가 되고 빛이 '용'이 되는 명체광용(明體光用)의 체·용 구조로 파악하고, 마음의 '정'과 마음의 '신'에 상응시키고 있다. 그는 마음의 '정'을 '백'으로, 마음의 '신'을 '혼'으로 제시하고 있으니, '혼'은 밝음에 '백'은 빛에 비유하고 있는 것이다. 따라서 빛과 밝음이 서로 결합되어 있듯이 분리되지 않고 서로 상승하여 왕성하게 한다면 그것은 마치 '혼'과 '백'이 일치되어 왕성하게 되는 양생의 실현으로서, 그 효과는 질병과 재앙과 허물이 없는 생명을 이루는 것임을 역설하고 있는 것이다.

그는 도교의 내단(內丹) 수련법에서 말하는 정·기·신(精·氣·神)의 개념을 적극적으로 끌어들여 『노자』 해석에 적용하고 있다.[80] 곧 "정·기·신은 허무의 '도'로써 단련하지 않는다면 정·기·신의 활용이 됨에 부족하다"라 하고, 『노자』에서 "배를 위하고 눈을 위하지 않는다[爲腹不爲目]"는 구절에 대해, "배는 곧 정·기·신이 '무'로써 '유'를 제어하는 것이요, 눈은 곧 … '유'로써 '유'를 하는 것이다"라고 하여, '허무의 도'로 단련하거나 '무'로써 '유'를 제어하는 것이 정·기·신을 단련하는 양생의 방법으로 확인하고 있다.[81]

또한 그는 양생법을 설명하는 데 내단이론을 제시한 도교의 문헌인 위백양(魏伯陽)의 『참동계(參同契)』를 끌어들이기도 한다.[82] 곧 『노자』가 '섭생(攝生)'을 말하면서 '삶의 무리[生之徒]'와 '죽음의 무리[死之徒]'와 '사람이 살면서 죽음

---

79 『도덕지귀』 제52장, "光者, 此心精, 光之用也, 明者, 此心神, 明之體也, 言以此心精, 光之用, 歸此心神, 明之體, 魂與魄, 抱互相生, 旺則百疾不作, 身無殃咎也."

80 精·氣·神은 도교의 『玉皇心印經』에서 上藥의 三品으로 제시하고, 『太淸經』에서 인간의 三寶로 제시하고 있다.

81 『도덕지귀』 제11장, "精·氣·神, 若不以虛無之道煉之, 則不足以爲精·氣·神之用也." 제12장, "腹, 卽精氣神之以無制有也, 目, 卽 … 以有爲有也."

82 『참동계』 혹은 『삼동계』는 後漢의 魏伯陽의 저술로서 『역경』과 黃老와 爐火의 三家를 귀일시킨 것으로 『주역참동계』라 일컬어진다. 이윤희의 『譯解 參同契闡幽』(여강출판사, 2000)의 해제가 매우 상세하다.

으로 가는 자[人之生, 動之死地者]'의 세 가지가 각각 삼분(三分)씩을 차지하고 있음을 언급하였는데, 그는 여기서 나머지 일분(一分)은 양생의 '도'를 잘하는 사람으로 보았다. 또한 『노자』에서 섭생을 잘하는 효과로서 "코뿔소는 뿔로 받을 곳이 없고, 호랑이는 발톱으로 할퀼 곳이 없고, 병장기는 칼날로 찌를 곳이 없다[兕無所投其角, 虎無所措其爪, 兵無所容其刃]"고 언급하였는데, 이에 대해 그는 『참동계』에서 "물에 들어가도 젖지 않고, 불에 들어가도 타지 않는다[入水不濡, 入火不焦]"는 말과 같은 것으로 섭생의 효과를 말한 것이라 하고, 『노자』에서 "죽는 자리가 없다[無死地]"고 말한 것에 대해, "그 '도'와 '덕'을 온전히 하면 만물이 사랑하고 공경하지 않음이 없어서 보호하니, 이것은 지극한 사람이 죽을 수 있는 자리가 없는 까닭이다"[83]라고 밝혔다. 생명을 지키고 기르는 섭생의 방법은 '도'와 '덕'의 온전한 실천임을 근본전제로 확인하고, 그 위에서 온갖 신통함을 말하는 것도 섭생의 효과를 제시하는 것이라는 이해의 입장을 보여 주고 있는 것이다.

그는 『참동계』에서 『노자』가 말한 "이미 그 어미를 얻으면 그 자식을 아는 것이요, 이미 그 자식을 알아서 그 어미로 돌아와 지키면 죽을 때까지 위태롭지 않다[既得其母, 以知其子, 既知其子, 復守其母, 沒身不殆]"는 말을 인용하여 수양의 방법을 밝히고 있는 사실을 주목하면서, 음양과 오행을 어미와 자식의 관계로 파악하여, "음양에서 오행이 생겨나오니 오행은 강성하고 음양은 유약하다. 그러나 강성함을 알지 못하면 어찌 유약함이 유약함을 알 수 있겠는가. 그러므로 그 자신을 알지 않을 수 없다. 비록 강성함과 유약함을 아울러 알지만, 그 지킴에 있어서는 유약함에 있으니 그러므로 그 어미를 지키는 것이요, 이렇게 하면 죽을 때까지 위태롭지 않을 수 있다" 하고, 음양 · 오행의 질서로 이치를 이해하는 도가(道家)의 철학적 입장과 효과를 추구하여 양생의 방법을 찾

---

83 『도덕지귀』 제50장, "全其道德, 物莫不愛敬之, 保護之, 此其所以至人無可死之地也."

는 선가(仙家)의 신비적 입장이 갈라지는 차이를 주목하였다.[84] 여기서 그는 '도가'와 '선가'를 오늘날에서 말하는 '도가'와 '도교'의 구별처럼 사용하면서, 양생법에서도 철학적 근거의 이해를 기초로 하는 '도가'의 기반 위에 양생의 효과를 추구하는 '선가'를 수용하는 입장을 보여 주고 있다.

또한 『노자』에서 "뼈는 약하고 근육은 부드러워도 단단하게 붙잡는다[骨弱筋柔而握固]"고 하여 갓난아이의 '정(精)'이 극진함을 말하였는데, 이에 대해 그는 "갓난아이가 처음 태어나서 손으로 매우 단단하게 붙잡는 것은 순수한 '양'이 지극한 '정(精)'을 머금고 있기 때문이다. 순수한 '양'으로 지극한 '정'을 머금고 있다는 것은 하늘의 본체로서 조화로움을 얻은 것이요 중앙의 '토(土)'가 온전함이다. 그러므로 『참동계』에서 '15일에는 건(乾)의 형체가 이루어진다'고 함은 정월을 말하는 것으로, 양생하는 자가 갓난아이의 '정'을 일그러지지 않게 하는 것이니, '도'와 하나가 될 수 있어서 장생한다"[85]고 하였다. 그것은 양생하는 방법이 갓난아이의 순수한 '양'이 지닌 '정'을 잘 간직하는 것이요, 그 성과로 '도'와 일치할 수 있어서 장생을 누릴 수 있음을 제시하는 것이다.

그는 양생의 방법에서 기운[氣]의 조화로움[沖和]을 중시한다. 곧 "조화로움이란 중앙 '토'의 기운이니 '도'를 행하는 중심축이 되어, 만고에 한결같으므로 항상하다고 한다. 이(항상함)를 안 다음에 밝아진다고 할 수 있다"고 하여, 조화로움이 바로 중심의 기운이요, '도'를 행하는 중심축이 되는 것임을 강조하며, 조화로움의 실현을 통해 항상하고 밝아질 수 있는 것임을 제시하고 있

84 『도덕지귀』 제52장, "陰陽之子, 五行是也, 自陰陽生出五行, 而五行强盛, 陰陽柔弱, 然不知强盛, 則安知柔弱之柔弱, 故不得不知其子, 雖并知强盛·柔弱, 而若其守之, 則在於柔弱, 故又守其母, 夫如是, 則可以歿身不殆也, 參同契亦引此, 以明修養之法, … 皆以五行言之, 觀于此, 則道家·仙家之所由分可知也."

85 『도덕지귀』 제55장, "赤子始生, 手握甚固者, 以純陽含至精故也, 以純陽含至精, 是謂乾體而得冲和, 中土之全, 故參同契, 以十五乾體滿(就), 言一月之中, 而使養生者, 不虧赤子之精, 則亦可以與道爲一, 而長生也.

다. 여기서 그는 『노자』가 말하는 '조화로움을 앎[知和]'과 '항상함을 앎[知常]'은 유가의 '지(知)'에 해당하고, '생명을 보태어 감[益生]'을 유가의 '행(行)'에 해당하는 것이라 하여, 노자에서 양생의 문제가 유가에서 지행의 구조를 지니고 있음을 주목하고, "이것(조화로움과 항상함)을 아는 것은 그 생명을 돕고 보태니, 갓난아이가 청정하고 무욕함과 같으면 장생하여 생명을 늘려 갈 수 있으니 그 상서로움이 막대하다"[86]고 하였다. 이처럼 그는 조화로움과 항상함을 알고 실행하는 양생의 방법이 바로 갓난아이의 청정하고 무욕한 순수함을 잃지 않고 지킴으로써 장생을 할 수 있는 것임을 강조하고 있는 것이다. 따라서 그는 『노자』 제55장을 사람에게 양생의 요결을 지극히 밝고 절실하게 보여 주는 것이라 하고, "양생의 요결은 한 마음이 조화롭고 겸허하게 하여 기쁨이나 노여움과 근심이나 욕망으로 동요되지 않게 하고자 하는 것일 뿐이다"[87]라고 역설하여, 양생의 핵심 방법이 마음의 조화와 겸허로 감정의 동요가 없는 평정함을 실현하는 것임을 확인하고 있다.

그는 『노자』에서 "사람을 다스리고 하늘을 섬김은 아끼는 것만 함이 없다[治人事天莫如嗇]"고 언급한 양생론으로서의 의미를 음미하여, "양생으로 하늘을 섬긴다는 것은 맹자에서 '마음을 간직하고 성품을 배양하는 것이 하늘을 섬기는 방법이다'라고 말하는 것과 같다. … 사람의 정기(精氣)는 하늘에서 얻는 것이요, 그 유행하고 운용함은 천도와 항상 상응한다. 만약 먼저 섬기며 보존하고 아껴서 그 생명을 장구하게 할 수 있으면, 마치 나라를 다스림에 덕을 거듭 쌓아 가는 것이니, 이것이 또한 하늘을 섬기는 '도'인 것과 같다"[88]고 밝

---

86 『도덕지귀』 제55장, "冲和者, 中土之氣, 所以爲道之樞紐, 而萬古如一, 故日常, 知此, 然後可以謂之明也. … 知和知常, 儒家之知也, 益生, 儒家之行也, 以此所知, 資益其生, 如赤子之淸靜無欲, 則可以長生延年, 其爲祥也, 莫大焉."

87 같은 곳, "今按老子此章, 示人養生之訣, 至明且切, 養生之訣, 要使一心冲和謙虛, 不爲喜怒憂欲所動而已."

88 『도덕지귀』 제59장, "蓋以養生爲事天, 猶孟子所謂, 存其心, 養其性, 所以事天也, … 人之精氣, 得之於天, 其流行運用, 與天道常相應, 若能先事保嗇, 長久其生, 如有國之重積德, 則是亦事天之道也."

혔다. 이처럼 그는 『노자』에서 양생과 사천(事天)이 연결됨을 지적하고, 이를 맹자의 존양(存養: 存心養性)의 수양론과 일치시켜 해석하고 있는 것은 양생이 생명연장의 추구를 일차적 목적으로 삼는 것이 아니라 수양의 도덕성을 확보함으로써 그 성과로서 장생을 얻을 수 있다는 것으로 철저히 유가적 입장과 일치시켜 해석하고 있는 것이다. 여기서 그는 주자가 "수양이란 이 몸이 아직 손실되지 않아서 아끼고 기를 수 있는 것을 일찍 회복하고 거듭 쌓는 것이라 말하는 것이다"라고 한 말을 인용하면서, "주자가 이단을 변론함이 엄격하지만 수양에서 노자의 견해를 취함이 이와 같으니, 여기에 성현이 남에게서 선함을 취하는 것이 광대하고 공평한 마음임을 볼 수 있다"[89]고 하여, 주자에서도 노자의 양생론을 유가의 수양론과 일치하는 것으로 받아들이는 공정한 심법을 확인할 수 있음을 밝히고 있다.

나아가 그는 사사로운 마음이 없는 것을 양생의 방법으로 중시되고 있음을 강조하여, 『노자』에서 천지가 장구할 수 있는 까닭으로 '자기만이 살고자 하지 않음[不自生]'을 지적한 사실을 주목한다. 곧 "장생하는 것으로 마음을 삼지 않음을 말한다. 사람이 만약 살기로 마음을 삼으면 생각마다 살고자 하여 사사로운 뜻이 일어나서 도리어 그 생명을 해칠 것이니, 이것이 또한 비우지 않음의 병통이다"[90]라고 하여, 생명을 늘이고자 하는 장생의 추구는 사사로운 생각에 빠지고 마음을 비우지 못하여, 도리어 생명을 해치는 결과를 낳을 것임을 경계하였다. 그것은 도덕적 수양에 기초하지 않는 도교의 장생술이 도리어 장생을 해치는 결과를 낳을 것임을 지적하고 있는 것이다. 따라서 그는 『노자』가 '만족할 줄을 아는 것[知足]'과 '그만둘 줄을 아는 것[知止]'이 장구할 수

89 같은 곳, "朱子曰, 修養者, 此身未有所損失, 而又可以嗇養, 是謂早服, 而重積, … 愚按以朱子辨異之嚴也, 而其於修養取老子如此, 此可見聖賢取人爲善, 廣大公平之心也."

90 『도덕지귀』 제7장, "言不以長生爲心也, 人若以生爲心, 念念欲生, 則私意起, 而反傷其生, 此亦不虛之病也."

있는 방법임을 제시한 사실을 들어서, "충족되지 않음도 만족할 수 있는 것임을 알면 추구함이 없고, 추구함이 없으면 어찌 욕됨이 있겠는가. 아직 그만둘 수 없는 것이 그만둘 수 있음을 알면 쟁탈이 없으니, 쟁탈이 없으면 어찌 위태로움이 있겠는가. 한소(漢疏)와 광수(廣受) 두 사람은 이 글에 감동됨이 있어서 하루아침에 벼슬을 버리고 고향으로 돌아가나 살아서 재앙과 환난을 면하여 그 타고난 목숨을 다하였고, 죽어서도 아름다운 명성을 남기어 백대에 드리웠으니 어찌 장구한 자가 아니겠는가"[91]라고 하였다. 그것은 처세의 방법으로서 욕심을 버림으로써 만족할 줄 알고 그만둘 줄 아는 것이 바로 양생의 현실적 실천방법임을 제시하고 있는 것이다.

---

91 『도덕지귀』 제44장, "知不足之亦足, 則無求, 無求, 則豈有辱乎, 知未止之可止, 則無爭, 無爭, 則豈有殆乎, 漢疏廣受, 二子有感斯文, 一朝致仕歸鄕, 生免禍患, 而盡其天年, 沒留令名, 而垂之百世, 豈非長久者乎."

5. 치도(治道)의 원리와 과제

1) 무위(無爲)·허정(虛靜)의 치도

서명응은 『노자』에서 제시된 정치의 원리가 바로 '무위'와 '허정'의 '도'와 '겸허'의 '덕'을 실현하는 데 있는 것으로 일관되게 해석하고 있다. 그는 『노자』에서 "얻기 어려운 재물을 귀하게 여기지 않는다[不貴難得之貨]"고 한 것은 재물을 처리함에서 '무위'요, "하고자 하는 것을 드러내지 않는다[不見可欲]"고 한 것은 백성을 다스리는 데서 '무위'라 해석한다. 여기서 그는 "교묘한 지혜가 없고 하고자 욕심이 없는 것이 인심이 본래 이러한 것이니, 그러므로 백성들로 하여금 교묘한 지혜와 욕심이 없게 하는 것은 다만 그 근본으로 돌이키는 것일 따름이다. 교묘한 지혜는 일을 일으키기를 좋아하여 천하의 백성을 동요시키니, 이미 지혜와 욕심이 없게 되면 비록 지혜가 있는 자도 해볼 수 있는 일이 없게 된다"[92]고 하여, 교지(巧智)와 욕심이 없는 본래의 마음으로 돌아가 '무위'를 실천하는 것이 천하의 백성을 안정시키고 순조롭게 다스릴 수 있는 원리임을 제시하고 있다.

그는 '무위'의 정치를 실현하는 양상으로, "임금된 자가 명령을 내리고 시행할 때 느리게 펼치는 것을 귀중하게 여기면 백성은 동요하지 않고 공은 저

92 『도덕지귀』 제3장, "夫無知無欲, 人心本如是, 故使民無知無欲, 只是反其本而已, 知者好生事, 以擾天下民, 旣無知無欲, 則雖有知者, 無事可爲也."

절로 이루어지며 일은 저절로 수행된다. …가장 높은 경지는 '무위'를 으뜸으로 삼는다"[93]라고 밝혔다. 이러한 '무위'의 정치가 바로 『노자』에서 말하는 "백성이 모두 나는 저절로 그렇게 되었다고 말한다[百姓皆曰, 我自然]"고 하는 것으로서, 다스리는 자의 의지나 다스림의 행위가 지각되지 않는 상태요, 심지어 다스리는 자의 존재조차 잊게 되는 상태를 가리키는 것이다. 또한 『노자』에서 "몸으로 몸을 보고, 집안으로 집안을 보고, … 천하로 천하를 본다[以身觀身, 以家觀家, 以鄕觀鄕, 以邦觀邦, 以天下觀天下]"고 언급한 데 대해, 그는 남의 몸으로 남의 몸을 보며 그 몸을 자신이 사사롭게 하지 않으며, 마찬가지로 집안, 마을, 나라, 천하를 보는 데에서도 자신의 사사로움을 개입하지 않고 그 자체로 보는 태도를 치도의 방법으로 제시하며, "다만 사물을 각각 그 사물에 맡기니, 일이 없음으로써 천하를 취한다는 뜻이다"[94]라고 하였다. 그것은 유교의 수신 · 제가 · 치국 · 평천하(修身 · 齊家 · 治國 · 平天下)가 자신의 덕을 닦는 '수신'을 근본으로 집안 · 나라 · 천하로 다스림을 확장해 가는 치도의 원리를 보여 주는 것과는 달리, 관신 · 관가 · 관향 · 관방 · 관천하(觀身 · 觀家 · 觀邦 · 觀天下)의 모든 대상에서 사사로움을 버리고 '무위'의 원리로 그 대상을 실현해 가는 치도의 원리를 보여 주는 것으로 대조를 이루는 것이라 할 수 있다.

나아가 『노자』에서 "큰 나라를 다스림은 작은 생선을 삶는 것과 같다[治大國, 若烹小鮮]"고 한 말에 대해, 옛 주석이 작은 생선을 삶는다는 것을 허물어지지 않도록 요동시키지 않는 것으로 보는 것과는 달리, 그는 큰 생선을 삶을 때 지느러미를 자르고 비늘을 벗기고 내장을 제거하는 것과는 달리 작은 생선을 삶을 때는 전체를 그대로 삶는 것으로서, "큰 나라는 번거롭고 동요시켜 다스릴 수 없으며 반드시 청정함과 '무위'로 백성을 안정하게 해야 함을 비유하는

93 『도덕지귀』 제17장, "爲人上者, 能使發號施令, 舒遲貴重, 則不撓其民, 功自成, 事自遂, … 蓋亦太上, 以無爲宗之意也."

94 『도덕지귀』 제54장, "以身觀身, 以人身視人身, 而不自私其身也, 以家觀家, 以人家視人家, 而不自私其家也, 鄕 · 邦 · 天下放此, 只是物, 各付物, 以無事取天下之意也."

것이다"[95]라고 해석하였다. 곧 작은 생선을 통째로 삶듯이 아무 조작을 하지 않고 저절로 이루어지게 하는 '무위'의 정치가 큰 나라를 다스리는 원리임을 제시하고 있는 것이다. 따라서 그는 "'유위'를 하는 자는 본래 쉽게 다스리고자 하지만 도리어 다스리기 어려워지는 것은 번거롭게 하고 동요하게 하여 뒤섞이고 어지럽게 되기 때문이다"[96]라고 하여, '무위'의 정치에 상반하여 '유위'의 정치가 드러내는 문제점은 동요와 혼란을 일으킨다는 데 있음을 지적하고 있다.

'무위'는 인위적인 행위가 없으므로 그 드러남이 비어 있고 고요함의 '허정'으로 나타난다. 『노자』의 "성인은 어질지 않다[聖人不仁]"는 구절에 대해, 그는 "성인이 어질다고 자처하지 않고 백성을 교화함에 감정이 없으니, 이것은 또한 천지가 지극히 비고 지극히 고요함이다"[97]라고 해석하였다. 곧 천지의 지극히 '허정'함을 본받은 성인의 다스림은 어질다는 덕을 내세움이 없으며 어떤 감정도 드러내지 않는 것임을 말한다. 그는 이렇게 마음을 비우고 고요함을 실행하는 '허정'의 정치는 어떤 인위적 의도나 조작이 없이 자연을 따른다는 의미에서 '인응(因應)'으로 제시될 수 있음을 강조하고 있다. 곧 『노자』에서 "성인은 심한 것을 제거하고 사치스러운 것을 제거하고 교만한 것을 제거한다[聖人去甚, 去奢, 去泰]"는 구절에 대해, "성인은 천하의 자연스러운 형세에 따라서 다만 그 가운데 근거하여 너무 심한 것을 덜어내어 제거함으로써 대응한다. 이것이 치도의 '허정'이요, '인응'이다"[98]라고 하였다. 여기서 자신의 뜻을 버리고 자연에 따라 대응하는 것으로서 '인응'은 『노자』에서 나오는 개념

95 『도덕지귀』 제60장, "烹小魚, 則不然, 擧全體之所未有者, 但以水烹之而已, 以喩人不可以大國, 而煩撓爲治, 必須淸靜無爲以安百姓也."

96 『도덕지귀』 제75장, "有爲者, 本欲易治, 而反爲難治者, 以其煩擾雜亂也."

97 『도덕지귀』 제5장, "聖人不以仁自居, 化民無情, 是亦天地之至虛至靜也."

98 『도덕지귀』 제28장, "聖人因天下自然之勢, 而但於其中, 損去泰甚者, 以應之, 此盖治道之虛靜, 因應也."

이 아니다. 그러나 그는 사마천(司馬遷)·주자의 언급이나 『관자(管子)』·『장자(莊子)』·『여씨춘추(呂氏春秋)』의 문헌을 인용하여 '인응'의 개념을 확인하면서, "어찌 '인응' 두 글자가 본래 옛 경문(『노자』)에 있다가 뒤에 혹시 빠져 버린 것이 아니겠는가. 그렇지 않다면 후세 사람이 노자를 위해 이 명칭을 창립한 것으로 마치 '이발·미발(已發·未發)'이 공자가 말씀하지 않았지만 자사(子思)가 말한 것과 같은 것인가"[99]라고 하여, '인응'의 개념이 노자에서 '허정'의 개념을 매우 적절하게 드러내 주는 것으로 주목하고 있다. 또한 그는 "천하에 이미 나간 다음에 비우고 고요함으로 '인응'하여 '유위'로 해치지 않는다면 풍속은 자연히 안녕하고 균평하며 편안하게 펼쳐진다"[100]고 하여, '유위'로 해치지 않는 '무위'의 정치는 '허정'으로 자연을 따라 대응하는 '인응'하는 것임을 확인한다.

2) 군덕(君德)과 치도의 과제

다스리는 자로서 군왕의 덕은 비우고 고요함의 '허정'을 실현하여 자신을 낮추는 '겸허'를 중시한다. 곧 '허정'의 '도'는 '겸허'의 덕으로 구체화될 수 있는 것이다. 『노자』에서 "'도'가 크고, 하늘이 크고, 땅이 크고, 임금도 크다[道大·天大·地大·王亦大]"라고 언급한 데 대해, 그는 "'도'는 하늘의 중심이 되고, 하늘은 땅의 중심이 되고, 땅은 하늘의 중심이 되며, 임금은 하늘과 땅의 중심을 주장한다. 하늘과 땅의 중심은 두 기운(음양)이 오르내리니, 임금은 실로 중심축이 된다. 그러므로 「홍범」 편의 '황극(皇極)'은 또한 임금의 마음으로 말하

99 같은 곳, "豈因應二字, 本在經文古本, 而後或脫簡歟, 抑後人之爲老子者, 創立此名, 如已發未發, 孔子未之言, 而子思言之也歟."

100 『도덕지귀』 제34장, "天下旣往之後, 若能虛靜因應, 不以有爲而害之, 則風俗自然安寧·平均·泰舒也."

였다"[101]고 하여, 임금의 위치를 천지의 중심에서 주관하는 존재로 제시하고 있다.

그는 "임금은 지극히 높은 지위에 머물기 때문에 반드시 스스로 억누르고 덜어내어 남들이 싫어하는 것으로 자신을 일컫는다면 백성 대중은 그 겸허하고 조화로움을 기뻐하여 모두 귀의할 것이다. 이것이 이른바 덜어내는 데 보태어지는 것이다. 그렇지 않고 스스로 높이는 데 힘쓰면 높은데 더욱 높아지니 반드시 뒤집어질 것이다. 이것은 겸허하고 조화로움이 덕의 조화로운 기운임을 말한다"[102]라고 하여, 높은 지위에 있기 때문에 자신을 낮추는 '겸허'의 덕을 발휘해야 백성들이 즐겨 귀의할 수 있음을 강조하였다. 따라서 그는 "귀한 것은 스스로 귀한 것이 아니라 천한 것을 근본으로 삼아서 귀하게 되는 것이요, 높음은 스스로 높은 것이 아니라 낮은 것을 기반으로 삼아 높게 되는 것이다"[103]라고 하여, 임금이 지극히 높고 귀하지만 자신을 아비가 없다는 '고(孤)'라 일컫고, 덕이 부족하다는 '과인(寡人)'이라 일컫고, 착하지 못하다는 '불곡(不穀)'이라 일컫는 것이 바로 낮고 비천한 것을 근본으로 삼는 겸허한 태도를 보여 주는 것임을 밝히고 있다.

군왕의 덕으로서 '겸허'는 모든 것을 받아들이는 포용력으로 나타난다. 그는 "항상함을 알면 지극히 비어서 사물을 용납할 수 있고, 사물을 용납하면 지극히 공정하여 두루 미칠 수 있으니, 곧 제왕의 덕이요, 하늘의 일이요 큰 '도'의 요령이다"[104]라고 하여, 하늘의 일을 행하고 '도'를 실현하는 제왕의 '덕'은 마음을 비워서 모든 것을 받아들일 수 있는 포용력과 지극히 공정하여 두루

---

101 『도덕지귀』 제24장, "道爲天之中, 天爲地之中, 地爲天之中, 而王又主天地之中, 盖天地之中, 二氣升降, 王實爲之樞紐, 故「洪範」皇極, 亦以王心言之."

102 『도덕지귀』 제42장, "王公居至高之位, 故必自抑損, 而以人之所惡者自稱, 則衆民悅其謙冲, 咸歸附之, 此所謂損之而益也, 不然, 而或自矜高, 則高而益高, 必致顚覆, 此所謂益之而損也, 此言謙冲爲德之冲氣也."

103 『도덕지귀』 제39장, "貴不自貴, 以賤爲本而貴焉, 高不自高, 以下爲基而高焉."

104 『도덕지귀』 제16장, "知常, 則至虛而容物, 容物, 則至公而溥遍, 乃帝王之德, 上天之事, 大道之要也."

미칠 수 있는 보편성으로 제시하고 있다. 이에 따라 그는 "사람에 착하지 않음이 있으면 고쳐서 착하게 하는 것이니, 어찌 착하지 않다고 하여 갑자기 버리겠는가. 그러므로 예로부터 천자를 세우고 삼공(三公)을 두어 착하지 않은 사람을 교화한다"[105]고 하는 것도, 정치는 착하지 않은 사람까지 포용하여 이끌어가는 것임을 강조하고 있다.

그는 '겸허'의 덕을 행한 역사적 사례로서 은나라 탕(湯)임금이 신하인 이윤(伊尹)에게 자신을 낮추고, 주나라 문왕(文王)이 여망(呂望)에게 자신을 낮추었던 사실이나, 장수로서 전단(田單)이 전쟁터에서 늙은 병졸에게 자신을 낮추어 절하였던 사실을 들면서, "『역경』의 겸괘(謙卦) 단사(彖辭)에서 '하늘의 도는 아래로 사귀어 빛난다'고 하였다. 하늘의 '도'는 겸허하게 낮추어 다투지 않아서 이기고 '무위'로 이루니, 성인의 '덕'도 역시 그러하다"[106]고 하여, 『역경』의 '겸괘'를 이끌어 천도(天道)가 겸허하며, 성인의 '덕'은 하늘을 본받아 겸허함으로써 하늘에 짝이 될 수 있음을 밝히고 있다. 또한 그는 "겸허하게 낮추면 대중의 마음이 귀의하니, 그러므로 나라는 크거나 작거나 오직 겸허하게 낮추는 것으로 취해야 한다. … 작은 나라가 큰 나라에 겸허하게 낮추는 것은 자연의 형세이니 귀하게 여길 만한 것이 못 되지만, 오직 큰 나라가 작은 나라에 겸허하게 낮춘 다음에 그 겸허하게 낮추는 것이 진정으로 겸허하게 낮추는 것이 된다"[107]고 하여, 겸허하게 낮추는 '덕'은 다스리는 자의 기본덕목일 뿐만 아니라, 큰 나라와 작은 나라 사이에도 서로 낮추어야 하는 것임을 확인하고, 특히 큰 나라가 작은 나라에 겸허하게 낮춤으로써 포용하는 것이 진정한 가치를 발휘할 수 있는 것으로 강조한다.

---

105 『도덕지귀』 제62장, "人有不善, 改則爲善, 豈可以不善, 而遽棄之乎, 故自古立天子·置三公, 以教化不善之人也."

106 『도덕지귀』 제68장, "易, 謙之彖曰, 天道下濟而光明, 蓋天道謙下, 不爭而勝, 無爲而成, 聖人之德亦然."

107 『도덕지귀』 제61장, "謙下者, 衆心之所歸, 故國無大小, 唯謙下者, 取之也. … 蓋小國之謙下大國, 乃是自然之勢, 不足爲貴, 唯大國 謙下小國, 然後其謙下方爲眞謙下也."

이와 더불어 『노자』에서 다스리는 자의 덕으로 자애[慈]· 검소[儉]· 겸허[不敢爲天下先]의 세 가지를 삼보(三寶)라 제시한 것에 대하여, 그는 "자애[慈]는 삼보의 첫머리이니, … 겸허를 포함한다. … 어질고 자애로움은 하늘의 덕이다"[108] 라고 하여, 자애 곧 '인(仁)'의 덕을 군왕의 덕에서 근원적인 것으로 확인하고 있다. 이처럼 그는 노자에서 '인'의 덕이 부정된 것이 아니라, 진정한 의미에서 '인'의 덕은 하늘의 덕으로 받아들이고 있는 것이 노자의 입장이라 파악하고 있음을 보여 준다.

그는 '무위'의 도와 '겸허'의 덕을 정치의 원리로 삼아 백성을 다스리는데 실현하여야 할 과제로서 지혜[智巧]를 쓰지 않는 '박(樸)'으로 돌이킴과 균평함[均]의 실현을 중시하고 있다. 『노자』의 "백성을 밝게 하지 않고 어리석게 하고자 한다[非以明民, 將以愚之]"는 언급에서 어리석음[愚]을 질박함[樸]으로 해석하여, "사람의 지각을 열어 주는 것은 그 지혜를 밝게 하기 위함이 아니라 그 질박한 어리석음에 돌이키고자 하는 것임을 말한다. … 지혜를 써서 나라를 다스리면 백성은 지혜롭게 되어 (거짓을 지어내고 속임으로 꾸미니), 거짓을 지어내고 속임으로 꾸미는 풍속은 어찌 나라의 해독이 되지 않겠는가. 지혜를 쓰지 않고 나라를 다스리면 백성은 질박하게 되어 순후하고 삼가며 꾸밈없고 성실하니, 순후하고 삼가며 꾸밈없고 성실한 풍속은 어찌 나라에 복이 되지 않겠는가"[109]라고 해석하였다. 여기서 그는 백성을 어리석게 한다는 것이 백성을 무지몽매한 상태로 우민화(愚民化)하려는 것이 아니라, 간교한 지혜로 거짓을 일삼게 하는 것을 막고, 순후하고 성실하게 하는 질박함을 회복시키고자 하는 것이 치도의 과제임을 확인하고 있다.

---

108 『도덕지귀』 제67장, "慈爲三寶之首, 故覆言之於終, 以包儉與謙也, … 夫仁慈, 天德也."

109 『도덕지귀』 제65장, "言所以開人知者, 非爲明其智慧, 將欲使之反其樸愚也. … 用智治國, 則民化爲智, 而(造僞飾詐), 造僞飾詐之俗, 豈非國之害乎, 不用智治國, 則民化爲樸, 而淳謹質實, 淳謹質實之俗, 豈非國之福乎."

그는 '질박함[樸]'이 근원으로서 자연의 모습이요 자연의 생성질서를 따르는 것임을 주목하여, "만물은 모두 질박함에서 시작하여 근본으로 돌이키고 뿌리로 돌아가는 것이 물성의 항상함이다. 그러므로 자연은 질박함에 복속하는 것이니, 천지의 질박함은 '양'이 열리고 '음'이 닫히는 것일 뿐이다. 그러므로 천지 가운데 있는 만물의 임금노릇을 함은 진실로 질박함에 한결같이 할 수 있다면 유행하는 기운을 이끌어가서 음양의 근본에 합하게 하는 것이다"[110]라고 하였다. 이처럼 그는 음양이 열리고 닫히는 자연의 운행질서가 바로 질박함이요, 군왕이 만물을 다스리는 원리는 질박함을 일관하게 행함으로써 자연의 질서와 일치하는 데 있음을 강조하고 있다. 이런 의미에서 질박함이란 '무위'가 드러난 형상이라 할 수 있을 것이다.

또한 『노자』에서 "하늘의 '도'는 남는 것을 덜어내어 모자라는 데 보태는 것이다[天之道, 損有餘而補不足]"라는 구절에서 천도의 질서를 '균평'으로 인식하여, "천도는 한결같이 균평할 따름이다. 인도가 균평하지 못함은 하늘을 거스름이 심한 것이다. 오직 '도'를 지닌 자는 그렇지 않으니, 자기의 남음을 미루어서 천하를 받듦으로써 천도를 순수하게 따르는 것이다"[111]라고 하였다. 그것은 자신이 넉넉하게 가진 것으로 천하의 백성에게 봉사하는 것이 다스리는 자가 천도를 따라 천도의 균평함을 실현하는 방법임을 제시하는 것이요, 군왕으로서 자신이 가진 재물이나 지위나 덕을 자신이 향유하는 것이 아니라 모든 백성에게 균평하게 나누어주는 것이 바로 천도를 실현하는 정치의 방법임을 밝히고 있는 것이다.

그는 정치의 실제 사무로서 형벌에 대해 『노자』에서 "백성은 죽음을 두려워

110 『도덕지귀』 제31장, "盖萬物, 皆始於樸, 而反本歸根, 物性之常, 故自然, 賓服於樸也, 天地之樸, 陽開陰闔是已, 故侯王萬物在天地之中者, 誠能一於樸, 則導達流行之氣, 使合陰陽之本."

111 『도덕지귀』 제77장, "天道一於均平而已, 人道之不平, 其逆天甚矣, 唯有道者, 則不然, 推己之有餘, 以奉天下, 而純乎天道也."

하지 않으니 어떻게 죽임으로써 두려워하게 하겠는가[民不畏死, 奈何以死懼之]"라고 언급한 데 대해, 그는 "정치를 하면서 형벌을 맡은 자는 죽임으로써 백성을 두려워하게 하고자 하지만, 어리석은 백성은 본래 죽음을 두려워할 줄을 모른다. 죽음을 두려워할 줄 모르는데 죽임으로써 두려워하게 한다는 것은 너무 동떨어진 것이 아니겠는가"라고 하여, 형벌의 위엄으로 백성을 두려워하게 하는 것이 정치의 올바른 방법이 아님을 지적한다. 따라서 그는 "죽임을 맡은 자는 하늘이니, 오직 하늘만이 사람을 죽일 수 있고 사람은 사람을 죽일 수 없다"[112]고 하는 것도 형벌로 죽이는 일이 다스리는 자의 권한이 아니라 하늘의 뜻을 따라 대신하는 것일 뿐이라는 인식을 요구하고 있다. 또한 용병(用兵)의 문제에서도, 『노자』에서 "사물은 왕성하면 노쇠하게 되니, 이것은 '도'가 아니라 한다[物壯則老, 是謂不道]"는 구절에 대해, 그는 "용병이 비우고 고요함을 따라서 대응하는 것이다"[113]라고 하여, 용병이란 자신의 힘이 강성함을 내세우는 것이 아니라, '허정'의 도를 따르는 것임을 강조하였다.

그는 치도가 실현되는 양상을 역사에서 해명하면서, 상고시대에 이상적 실현이 이루어졌으나 시대가 내려갈수록 퇴락해 가는 사실을 확인하고 있다. 곧 "복희 · 신농의 시대에는 아래의 백성이 다만 그 임금이 있는 줄만 알 뿐이니, 소송의 변론도 없고 권고하고 징계함도 없었다. … 탕임금과 무왕의 시대에 내려오면 인 · 의(仁 · 義)로 다스리니 천하가 따르고 사모하였으며, 그 성스러운 덕을 친애하고 그 정치를 칭찬하여 기리지 않음이 없었다. … 오백(五伯: 춘추시대의 五覇)의 백성들은 다만 그 뚜렷한 위엄을 두려워할 뿐이다"[114]라고 하여, 후세로 내려올수록 다스리는 자의 위엄은 강해지나 정치는 쇠퇴하고, 상

112 『도덕지귀』 제74장, "爲政任刑者, 欲以死懼民, 而殊不知, 愚民本不知畏死也, 不知畏死, 而以死懼之, 不亦疎甚矣乎. … 司殺者, 天也, 唯天爲能殺人, 人不得殺人也."

113 『도덕지귀』 제29장, "皆用兵之虛靜因應."

114 『도덕지귀』 제17장, "羲農之世, 下民但知有其君而已, 無訟辨, 無勸懲也. … 降及湯武之世, 以仁義爲治, 而天下嚮慕, 莫不親愛其聖德, 稱譽其政治也. … 五伯之民, 但畏其威明也."

고로 올라갈수록 다스리는 권위가 보이지 않으나 정치는 순조롭게 이루어지고 있음을 밝히고 있다. 또한 그는 『노자』에서 "덕이 있는 자는 '계(계약)'를 맡고, 덕이 없는 자는 '철(징세)'을 맡는다[有德司契, 無德司徹]"는 말에 대해, 그는 '철(徹)'을 징세에서 '철법(徹法)'이라 하여, "주나라 사람은 정전(井田)을 만들어 가운데 공전을 두고 10분지 1을 거두는 것을 조법(助法)이라 하고, 하나라 사람은 공전이 없고 70무(畝: 1畝는 100평)를 통(通: 토지구획 단위)으로 하여 10분지 1을 거두는 것을 철법(徹法)이라 한다"고 하여, 고대의 토지제도와 조세제도로서 '조법'과 '철법'이 있음을 제시한다. 이에 따라 그는 "덕이 있는 자는 남에게 주고 남에게서 취하지 않으니 그러므로 '계'를 맡는다. … 덕이 없는 자는 다만 남에게서 취할 줄만 알고 남에게 줄 줄을 모르니 그러므로 '철'을 맡는다"[115]고 하였다. 백성에게 허락해 주고 빼앗지 않는 것이 계약을 시행하는 공정함이요, 백성에게 빼앗을 줄만 알고 그 권익을 보장해 줄 줄을 모르는 것이 징세에 몰두하는 착취임을 대비시켜 제시하고 있다. 그만큼 정치의 바른 방법은 다스리는 자의 권익을 위해 백성에게서 빼앗는 것이 아니라 백성의 권익을 보살펴 계약을 지키는 것임을 확인하고 있는 것이다.

115 『도덕지귀』 제79장, "周人爲井地, 而中爲公田, 什一取之, 謂之助法, 夏人則無公田, 通七十畝, 什一取之, 謂之徹法, 有德者, 與人而不取於人, 故司契, … 無德者, 但知取人, 而不知與人, 故司徹."

6. 서명응의 『노자』 이해가 지닌 특성

서명응의 『도덕지귀』는 『노자』의 해석에서 몇 가지 특징적 성격을 보여 주고 있다. 첫째, 『노자』를 유교경전인 『역경』과 깊이 연관시켜 해석하고 있는 사실이다. 그는 『노자』 81장을 9절로 나누면서 상편(「道經」)의 6절에서 태극과 태양 · 태음 · 소양 · 소음의 사상(四象)과 오행에 상응시키는 것은 『역경』의 구성체계인 태극-사상의 구조를 『노자』의 체계 속에 끌어들여 일치시키려고 시도하는 독특한 관점을 보여 주고 있는 것이다.

둘째, 성리학의 존재론적 질서인 태극-음양-오행의 구조로 『노자』를 해석하고 있는 것이다. 그는 '오행'의 사유형식이 『노자』에서 언급되지 않고 있음에도 불구하고, 그 자취를 찾아볼 수 있다는 견해를 보이고 있다. 또한 『노자』에서 '무위'로서 '도'의 근원성을 '무극'의 개념과 연결시켜 해석하고 있는 사실도 성리학적 무극-태극의 개념과 직접 연관된 것이라 하겠다.

셋째, 도교적 견해도 『노자』 해석에 어느 정도 적극적으로 끌어들이고 있다는 점이다. 그가 도교 문헌인 『참동계』를 끌어들여 해석하기도 하고, 특히 내단(內丹) 수련법에서 제시하는 정·기·신(精 · 氣 · 神) 개념도 끌어들여 해석하고 있다는 점은 조선시대 유학자의 『노자』 해석에서는 매우 독특한 면모라 할 수 있다.

넷째, 양생법에 매우 깊은 관심을 보여 주고 있다는 점이다. 물론 그는 양생법을 심성의 도덕적 수양의 논리로 해석하고 있는 것은 사실이지만, 『노자』에서 심성의 수양을 통한 양생이 중요한 과제로 주목하고 있음을 보여 준다.

전체적으로 보면, 그가 『노자』를 『역경』의 기본 구조나 성리학의 존재론으로 해명하고 있는 도덕과 수양의 문제에 긴밀하게 연결시키는 태도는 무엇보다 『노자』와 유교적 사유가 근원적으로 일치할 수 있다는 입장을 철저하게 관철하고 있는 것이라 하겠다. 곧 그는 유교와 『노자』가 그 우주론의 근거에서 동일한 체계로 해석될 수 있는 것이라 보며, 『노자』에서 제시되는 도덕규범에 대한 견해가 유교적 입장과 충돌하는 것으로 보이는 경우에도, 그 내면적 의미를 깊이 있게 음미함으로써, 양자가 서로 모순되지 않음을 확인하는 데 세심한 주의를 기울이고 있는 것이 사실이다.

그러나 그는 『노자』를 유교의 입장으로 억지로 끌어들여 견강부회하려고 시도하였던 것은 아니다. 그는 오히려 『노자』가 유교와 다른 특성을 그대로 드러내면서, 근원적으로 유교의 논리와 사유에 모순되지 않는 것임을 드러냄으로써, 사실상 『노자』와 유교의 일치를 추구하는 것이라기보다, 『노자』의 이해를 통해 유교의식의 지평을 넓혀 주는 역할을 하고 있는 것으로 보인다.

그의 『노자』에 대한 이해체계는 '도'의 본체를 '무위'와 '허정'으로 확인하고, 인간이 이 '도'의 본체를 받아들이고 따름으로써 '겸허'와 '무욕'의 '덕'을 실현하는 것을 밝혀, 하늘의 '도'와 인간의 '덕'이 일관하는 것임을 확인하는 것을 기본논리로 제시한다. 그것을 바로 유교와 『노자』의 공통된 사유논리로 확립하고 있는 것이다. 그는 특히 『노자』에서 비판적으로 언급되고 있는 인(仁)·의(義)·예(禮)의 덕목이나 학(學)에 대해서도 비판하는 노자의 입장을 해명함으로써 그 비판이 진실한 의미에서가 아님을 확인하여 복권시켜 주는 작업을 하고 있다. 특히 그는 『노자』에서 덕목으로 신(信)이 중시되고 있음을 부각시켜, 오행에서 중앙의 위치에 자리잡은 토(土)에 상응시킴으로써, '신'을 근본적 도덕규범으로 강조하고 있음을 보여 준다.

한마디로 서명응의 『노자』 이해는 '무위'와 '겸허'를 중심으로 '도'의 본체와 인간의 '덕'과 치도의 방법에 이르기까지 하나의 체계로 꿰뚫는 일관성을 명확히 밝힘으로써, 『노자』의 사유체계가 지닌 논리적 성격을 선명하게 집중적으로 제시하면서, 근원적으로는 『노자』와 유교 사이에 세계관과 도덕적 가치와 치도의 원리가 일치하고 소통되며, 나아가 서로 보완할 수 있는 것임을 확인하고 있는 것이라 할 수 있다.

V. 『담로』와 이충익의 『노자』 이해

1. 『담로』와 『노자』 이해의 과제

2. '도'의 실체로서 '유·무(有·無)'의 문제

3. '도'의 작용과 '덕'의 실현

4. 치도의 원리와 실현

5. 이충익의 『노자』 이해가 지닌 특성

1. 『담로』와 『노자』 이해의 과제

이충익(椒園 李忠翊, 1744-1816)은 노자를 '현성(玄聖)' 으로 일컬어 성인으로 높이고 있는 사실에서 노자를 보는 그의 기본입장을 가장 선명하게 드러내고 있다.[1] 노자를 성인으로 높이는 관점에서는 당연히 『노자』도 경전으로 높여지게 된다. 따라서 이충익은 비판적 시각에서 『노자』를 보는 것이 아님은 말할 것도 없고, 『노자』의 긍정적 측면과 부정적 측면을 양면적으로 보려는 입장도 아니요, 『노자』 자체의 진실성에 대한 확신을 전제로 해석하는 태도를 일관되게 지키고 있는 것이 사실이다.

이충익은 정제두(霞谷 鄭齊斗) 계열의 강화(江華)학파에 속하는 인물로서, 『노자』에 대한 도학의 정통주의적 견해로부터 자유로울 수 있었던 것으로 보인다. 따라서 그는 정통주의적 입장에 따른 비판론의 전제나 포용론의 제약에서 벗어나 『노자』를 그 자체로 읽을 수 있었던 것이라 할 수 있다. 그가 『노자』를 읽으면서 '유 · 무(有 · 無)' 의 문제를 핵심적 주제로 삼아 조명했던 것은 "'무' 를 내세우는 학설은 세속의 학문이 근본을 상실함을 경멸하며, '유' 를 내세우

1 『椒園談老』(이하 『談老』로 줄임. 『談老』에서는 篇章을 구분할 뿐 숫자를 표시하지 않았지만 王弼本에 따라 숫자로 篇章을 표시함)의 제63장에서는 "玄聖之道"를 말하고, 제81장에서는 "玄聖之値衰周"라 하여 노자를 '玄聖' 이라 칭하고 있다. '玄聖' 이란 말은 『장자』 「天道」 편의 "玄聖素王之道"라는 언급에서 나온 것으로 보이는데, 唐의 成玄英은 『南華眞經注疏』에서 '玄聖' 을 노자[老君]로 '素王' 을 공자[尼父]라 보았다. 노자를 '玄聖' 이라 한다는 것은 『맹자』(「萬章下」)에서 伯夷를 '淸聖' (聖之淸者)으로, 伊尹을 '任聖' (聖之任者)으로, 柳下惠를 '和聖' (聖之和者), 孔子를 '時聖' (聖之時者)으로 일컫는 것과 같이 노자를 성인의 등급에 올려놓고 있음을 의미하는 것이라 하겠다.

는 학설은 현묘한 이치가 사물을 다스릴 수 없음을 혐오하여, 각자가 스스로 자기를 주인이라 하고 상대방을 종이라 하며, 서로 융화하거나 포섭하지 못하여, '유'와 '무'가 함께 성립할 수 없으니, 도술(학설)이 분열되었다"[2]라고 언급하는 데서도 잘 엿볼 수 있다. 그것은 불교나 노장사상의 전통에서 '무'를 중심개념으로 내세우는 입장인 '무론(無論: 無家)'과 유학사상의 전통에서 '유'를 중심개념으로 내세우는 입장인 '유론(有論: 有家)'이 대립하여 서로 융화하지 못하는 당시 사상계의 현실을 반성하면서, '유'와 '무'가 서로 조화하고 포용하는 종합적 사유를 참된 학문의 자세로 보는 자신의 입장을 밝혀 주는 것이다. 곧 '유'와 '무'를 통일하는 사유로서 자신의 진리관을 확인하고, 이러한 진리관을 『노자』에서 읽어내며, 또한 이를 통해 『노자』를 해석하고자 하는 것이 그의 『노자』 해석이 지닌 기본과제라 할 수 있다.

이충익의 『노자』 주석인 『담로(談老)』(필사본으로 남아 있는데 표제는 '椒園談老'이다)는 저작시기를 알 수 없으나, 그 원본은 명나라 초횡(焦竑)의 『노자익(老子翼)』이라 지적되고 있다.[3] 『담로』에서는 『노자』의 본문 체제에 대해 지적하고 있는 경우로 세 가지를 들어볼 수 있다. 그 하나는 제31장의 본문에서 90자(兵者不祥之器 … 戰勝以喪禮處之)는 본래 주석[義疏]에 있던 글인데 경문에 뒤섞여 들어간 것이라는 명나라 왕심일(王心一)의 언급을 옳은 견해로 받아들이고 있는 것이다.[4] 다음으로 제61장부터 제71장까지의 11개 장은 뜻이 꿰뚫어 통하는 것이라 하고, 그 다음으로 제72장부터 제75장까지의 4개 장도 뜻이 꿰뚫

---

2 『담로』, 「後序」, "無家卑世學之迷其本, 有家嫌玄理之不綜物, 各自主奴, 不相融攝, 有無俱不成立, 而道術裂."

3 김학목은 「江華學派의 『道德經』 주석에 관한 고찰 — 椒園 李忠翊의 『椒園談老』를 중심으로」, 『동서철학연구』 34(한국동서철학회, 2004)에서 "『椒園談老』 원문 첫 쪽 첫 줄에 椒園談老라는 글자가 있고 6-7자 정도의 간격을 두고 北海 焦竑本이라는 글자가 있다"고 확인하였다.

4 『담로』 제31장, "王純甫(明 王心一)云, 自兵者不祥之器以下九十字, 似古之義疏, 渾入于經者, 其言良是, 如易係, '河出圖 · 洛出書, 聖人則之'(「繫辭上」), 毛奇齡以爲 '天生神物, 聖人則之' 之義疏, 渾入于經, 亦此類也."

어 통하는 것이라 한다.[5]

사실상 이충익은 『노자』의 구성체제를 분석하거나, 글자의 훈고적 의미를 확인하고, 구절의 의미를 해석하는 데는 별다른 관심을 기울이지 않았으며, 그만큼 도의 본체를 해석하는 데 정밀한 관심을 집중하고 있었던 것으로 볼 수 있다. 곧 그의 『노자』 해석은 도의 본체를 '유 · 무' 개념구조로 해명하는 것을 중심과제로 삼으면서, 그 기반 위에서 '덕'의 문제나 '치도'의 문제에 대한 이해도 제시하고 있음을 확인할 수 있다.

---

5 『담로』 제71장, "自大國者下流, 至此十餘章, 意相串通, 讀者知之."
『담로』 제75장, "自民不畏死, 至此四章, 意亦串通." 여기서 "民不畏死"는 제74장이므로 제75장까지 2개 장밖에 되지 않으니, 제72장인 "民不畏威"의 착오로 보인다.

2. '도'의 실체로서 '유· 무(有· 無)'의 문제

1) '유· 무'의 항상함과 상호관계

(1) 상유(常有)와 상무(常無)

이충익은 『담로』의 서문에서부터 '유·무' 문제를 집중적으로 논의함으로써, 『노자』 해석을 존재론적 인식의 기초 위에 수립하고자 의도하고 있음을 보여준다. 그의 '유·무' 개념에 대한 해석은, 근원적 실체의 항상함[常]으로 확인하며, 이와 더불어 양자의 상호관계로서 같은지 다른지의 동이(同異) 문제로 검토하고, 나아가 생성현상의 필연적 법칙으로서 자생(自生)과 자연(自然)을 통해 해명하고 있다.

먼저 그는 근원적 실체로서 '유·무'의 성격을 밝히기 위하여 그 논리적 근거로서 『노자』 제1장의 첫머리에서 말하는 '도(道)'와 '명(名)'의 개념구조로서 '유'와 '무'의 관계를 해석한다.

> "'도'를 '도'라고 할 수 있는 것은 행위가 말미암고 자취가 붙어 있기 때문이요, '명'을 '명'이라 할 수 있는 것은 형상이 비유되고 물체가 일컬어지기 때문이다. '상도'는 이치가 행위와 자취의 앞에서 끊어지고, '상명'은 취지가 형상과 물체의 겉에서 감추어진다. '상도'는 지극하고 높아서 말이 미칠 바가 아니요, '상명'은 이름이 자연에서 나오는 것이다. 마치 '도'를 '도'라고 이름붙이는 것은 행위와 자취에서 빌려온 것이 참으로 이름붙일 수 있는 이름이지만, 왕래함이 무궁하고 성인과 어리석은 자가 함께 말미

암는 바요, 만고에 길이 존재하여 폐지될 수 없는 것이 곧 이른바 '상도' 인 것과 같다."[6]

그것은 기준으로서의 '도' 와 명칭으로서의 '명' 을 '도' 와 '명' 이라 이름 붙일 수 있는 차원으로 파악하고, 여기서 나아가 근원적 실상으로서 '상도(常道)' 와 '상명(常名)' 을 이름붙일 수 없는 차원으로 구별할 수 있다는 사실을 보여 주는 것이다. 따라서 그는 '유무' 도 이름붙일 수 있는 개념적 분별의 차원과 그 너머의 진정한 실상으로서 '상유' · '상무' 실체적 통찰의 차원을 구별하여 제시하고 있는 것이다.

"천지가 아직 있지 않음을 이름붙여 '무' 라 하고, 만물이 이미 생성됨을 이름붙여 '유' 라 한다. '무' 는 '유' 에 상대되는 '무' 가 아니요, '유' 는 '무' 에서 나오는 '유' 가 아니다. '무' 는 이에 '상무' 요, 이름붙일 수 있는 '무' 가 아니니, 그 신묘함을 헤아릴 수 없다. '유' 는 또한 '상유' 요, 이름붙일 수 있는 '유' 가 아니니, 그 드러남이 끝이 없다. 헤아릴 수 없는 신묘함과 끝없이 드러남을 볼 수 있으니, '유' 와 '무' 는 '상유' 와 '상무' 가 되고 이름붙일 수 있는 '유' 와 '무' 가 아님을 알 수 있다."[7]

'도' 와 '명' 의 경험적 세계에서 일컫는 것을 넘어서 그 근원적 실체로서 불변의 진실인 '상도' 와 '상명' 을 제시하는 것과 같은 논리적 구조로서 '유' 와 '무' 를 해명한다. 곧 개념적 분별에 따라 이름붙일 수 있는 단계인 만물이 생성한 이후의 '유' 와 천지가 생성하기 이전의 '무' 의 차원과 경험적이고 상대적인 구분을 넘어서 이름붙일 수도 없는 진정한 근원적 실체로서 '상유' 와 '상무' 를 확인하고 있는 것이다.

---

6 『담로』 제1장, "道之可道者, 行之緣而跡之寄也, 名之可名者, 形之喻而物之號也. 若夫常道者, 理絕於行跡之先, 常名者, 趣隱於形物之表, 常道者, 至矣, 尙矣, 非言之所及也. 常名者, 名出於自然, 如道之名道, 其假借於行跡者, 固可名之名, 然往來無窮, 聖愚之所共由, 萬古長存, 而不能廢者, 卽所謂常道也."

7 같은 곳, "天地未有, 名之曰無, 萬物旣生, 名之曰有, 無非對有之無, 有非自無爲有, 無乃常無, 而非可名之無, 則其妙不測, 有亦常有, 而非可名之有, 則其徼無際, 能觀不測之妙, 與無際之徼, 則有無之爲常有無, 而非可名之有無, 可知矣."

(2) '유·무'의 동이(同異)

다음으로 이충익은 '유·무'의 존재론적 특성을 구명하기 위하여 양자의 상호관계를 해석하고 있다. 곧 그는 '상유'·'상무'로서의 진정한 '유'와 '무'는 상대적 개념이 아니라 일체를 이루는 하나의 존재임을 강조한다.

> "'무'는 하나만의 '무'이므로 '유'와 다르지 않으며, '유'는 단독의 '유'이므로 '무'와 구별되지 않는다. 둘은 이름이 비록 다르지만 그 항상함은 같으며, 같이 자연에서 나왔다. 이를 '현(玄)'이라 한다. '상유'이니, 그러므로 곧 '유'요, 곧 '무'이다. '상무'이니, 그러므로 또한 '유'요 또한 '무'이다. 이를 '또 현[又玄]'이라 한다. 거슬러 들어가면 '하나의 진실함[一眞]'이 역력하고, 따라 나오면 '모든 변화[萬化]'가 빽빽하다. 이것은 모든 신묘함이 열리고 닫히는 문이요, 천 갈래 길 만 갈래 길이 함께 말미암아 가는 것이다."[8]

곧 '상무'·'상유'로서의 '무'나 '유'는 서로 모순되거나 대립된 상대개념이 아니다. '특무(特無)' 혹은 '독유(獨有)'라 일컬어지는 단독적 개념이라 밝히고 있는 것은 이러한 '무' 또는 '유'라고 말하면, 그 속에는 '무'와 '유'의 양면을 포괄하는 개념임을 확인하고 있는 것이다. 여기서 '현(玄)'이란 바로 '유' 또는 '무'가 '유'와 '무'의 양면을 포괄하는 근원적 실체임을 가리키는 개념이다. 이러한 '무' 또는 '유'는 이 세계의 전체를 포괄하는 하나의 존재에서, 그 근원을 거슬러 올라가 하나의 진실한 실체인 '일진'을 확인하여 '무'라고 일컫기도 하고, 하나의 존재에서 그 현상에 따라 드러나는 온갖 변화의 양상인 '만화'를 확인하여 '유'라고 일컫기도 하지만, 결국 하나의 존재를 가리키는 다른 명칭일 뿐이라 보는 것이다. 이러한 '무·유' 내지 '일진(一眞)·만화(萬化)'의 존재구조에 대한 해명은, 곧 성리학에서 말하는 이일(理一)과 분수

---

8 같은 곳, "無乃特無, 故不殊於有, 有乃獨有, 故不別於無, 二者名雖異, 而同其常, 而同出於自然, 斯之謂玄矣, 常有, 故卽有卽無, 常無, 故亦有亦無, 斯之謂又玄, 逆以入, 則一眞歷然, 順而出, 則萬化森如, 此卽衆妙開闔之門, 而千歧萬逕所共由, 以之適者也."

(分殊)의 구조에 상응하는 것이라 할 수 있다. 그는 '무'와 '유'가 근원적으로 일치하는 하나의 존재라는 사실을 '일진'과 '만화'가 서로 분리되지 않는 동일한 존재구조로서 확인하고 있다. 그만큼 '무'와 '유'는 상대적 분별개념을 넘어서 하나의 세계로 통일된 진정한 실체의 일원적 개념임을 강조하고 있는 것이다.

이충익의 『노자』 해석에서 '유'와 '무'는 상반되거나 모순된 개념이 아니다. 그는 노자의 말에서 "'유'와 '무'는 서로 형용한다[有無相形]"는 구절을 주목하여 음미하면서, "'유'가 아니면 '무'를 형용할 수 없고, '무'가 아니면 '유'를 형용할 수 없다"[9]고 하였다. 이처럼 '유'와 '무'는 서로의 개념을 형용해 주는 상호보완적 역할을 하는 것으로 제시되기도 한다. 그러나 이러한 보완적 역할은 개념적 상이성을 전제로 한 것이 아니라, 서로 성립 근거가 되는 것이요 서로 내포하여 일체의 존재개념으로 확인한다. 그는 "'무'이면 곧 '유'이고, '유'이면 곧 '무'이다. 이를 '모습이 없는 모습'이요, '형상이 없는 형상'이라 한다. '상유'와 '상무'가 되는 것은 매우 정밀하고 진실한 것이요, 천지의 시원과 만물의 어미를 이름붙이는 것은 예로부터 지금까지 만물의 근원을 거쳐서 떠나지 않은 것이다"[10]라고 언급한다. 여기서 그는 '도'의 본체가 '모습이 없는 모습'이나 '형상이 없는 형상'으로서, 황홀하게 드러나지만 규정되기 어려운 현실에 대해 '무'이면서 '유'로서 '무'와 '유'가 동시적으로 성립되며 일체를 이루는 것이 진실한 실체의 모습임을 밝히고 있다.

이충익은 '유'와 '무'가 상호의존적 관계이면서 동시적 존재임을 밝히면서, "'유'는 '무'가 아니면 그 이로움을 활용할 수 없고, '무'는 '유'가 아니면 그

---

9 『담로』, 「後序」, "夫老子之言曰, 有無相形, 非有無以形無, 非無無以形有也."
이충익이 노자의 언급으로 인용한 "有無相形"은 『노자』에 보이지 않는다. 다만 『노자』 제2장의 "有無相生, 難易相成, 長短相形 …" 구절이 가장 유사한 것으로 볼 수 있다.

10 『담로』 제21장, "卽無而有, 卽有而無, 是謂無象之象, 無狀之狀, 所以爲常有·常無, 而甚精且眞焉者也, 所以名天地之始, 與萬物之母, 自古及今, 閱衆甫以不去者也."

활용을 이룰 수 없다. '유' 와 '무' 가 상즉(相卽)함을 알아서 이로움과 활용이 되면, 같이 나온 것이요 이름만 다른 것이라는 뜻이 드러난다"[11]고 하였다. 곧 그는 도구로서의 이로움[利]과 기능으로서의 활용[用]으로 '유' 와 '무' 를 해석하고 있는 것은 질료와 형상의 관계처럼 서로 떠날 수 없는 하나의 존재이면서 서로 다른 존재양상으로 드러나는 것임을 보여 준다. 또한 그는 '유' 와 '무' 를 '상즉(相卽)' 의 관계로 제시하는 것은 불교에서 '상즉' 을 파도와 물의 관계처럼 서로 드러나는 양상의 차이를 넘어서 실체에서는 동일한 것을 가리키는 의미로 해석하고 있는 것이다.[12] 이와 더불어 그는 "'유' 가 아니므로 '무' 라 할 수 있지만, '무' 는 끝내 '무' 가 아니다. … 이에 '무' 도 아니고 '유' 도 아니며, 곧 '유' 요, 곧 '무' 이며, '상유' 와 '상무' 의 그림자 모습이 드러난다"[13]고 하여, '유' 와 '무' 의 통합된 실체가 드러나는 모습을 '형상이 없는 형상[無狀之狀]' 이나 '사물이 없는 모습[無物之象]' 이라 말하고, '황홀' 이라 이름붙이는 사실에서 확인하고 있다.

이러한 '유 · 무' 의 상관관계는 바로 '유' 와 '무' 가 같은 것인지 다른 것인지의 '동이(同異)' 문제나 하나인지 둘인지 '일 · 이(一 · 二)' 문제로 검토되기도 한다. 그는 『노자』 제1장에서 "'무' 는 천지의 시원을 이름붙이고, '유' 는 만물의 어미를 이름붙인 것이다[無名天地之始, 有名萬物之母]"라 하고, "이 두 가지는 같이 나왔지만 이름이 다르다[兩者同出而異名]"라고 언급한 구절에 근거하여, "'유' 와 '무' 는 이름이 다르지만 같이 나온 것이니, '무' 가 있으면 곧 '유' 가 있어서, 천지의 시원과 만물의 어미는 다르고 같음이 있는 것이 아니

11 『담로』 제11장, "有非無, 無以用其利, 無非有, 無以致其用, 知有無之相卽, 而爲利用, 則同出異名之旨見矣."

12 운허용하 편, 『불교사전』(법통사, 1961)에서는 '상즉(相卽)' 을 "이것과 저것이 서로 자기를 폐하여 다른 것과 같아지는 것"이라 정의하고 있다.

13 『담로』 제14장, "不有, 故可謂無, 然無不竟無. 故謂無狀之狀, 無物之象, 而名之日, 惚恍, 於是乎, 非無非有. 卽有卽無, 常有常無之影貌, 顯矣."

요, 앞서고 뒤섬이 있는 것이 아니다"[14]라고 밝혔다. 그것은 '유'와 '무'가 이름을 달리하는 개념적 구별은 가능하지만, 동일한 존재의 실상에 근원하는 일체임을 의미하며, 따라서 근원을 거슬러 올라가 '무'라고 일컫거나 현상을 따라 내려가 '유'라고 일컫거나 실제에서 '유'와 '무' 사이는 존재의 동일한 실체로서 개체의 다르고 같음[異同]이나 시간적으로 앞서고 뒤섬[先後]이 없는 것임을 강조하는 것이다. 여기서 그는 같은 것의 극진함을 '현동(玄同)'이라 하고, '유'와 '무' 내지 '하나[一]'와 '둘[二]'의 관계를 '현동'의 일체로 해명하고 있음을 보여 준다.

> "'현동'이란 상대되거나 다른 것이 아니라, '무'가 '유'를 생성하고, '하나'가 '둘'을 생성하는 것과 같다. 아직 '유'가 있지 않으니 '유'가 아니므로 '무'라고 하는 것이요, '유'에 상대하는 것은 아니다. 아직 '둘'이 있지 않으니 '둘'이 아니므로 '하나'라고 하는 것이요, '둘'에 상대하는 것은 아니다. '무'는 잠깐 사이에 '유'가 되고, '하나'는 잠깐 사이에 '둘'이 된다. 비로소 '무'와 '유'나 '하나'와 '둘'이 있어서 상대하여 성립하지만, 아직 다름이 있지 않다. 다름이 아니므로 같음이라 한다. 같음은 잠깐 사이에 다름이 되니, 비로소 같음과 다름이 상대하여 성립한다. 상대하여 성립하면 그 같음이란 '현동'이라 하는 것이 아니다."[15]

'유'와 '무'가 상대되는 것도 아니고 다른 것도 아닌 하나의 존재로서 '현동'이라는 사실은, 본래 일체를 이루는 것이므로 개념적으로 상대하여 성립한다고 하더라도 실체에서 달라지는 것이 아님을 확인한다. 이러한 '유'와 '무'의 일체성은 개념적 상대나 구별을 넘어선 근원적 일체성이라는 의미에서 '현동'이라 일컬어지고 있는 것이다.

---

14 『담로』, 「後序」, "有與無, 名異而同出, 有無卽有有, 而天地之始, 與萬物之母, 非有異同, 非有先後也."

15 『담로』 제56장, "玄同也者, 非對異者也, 如無生有, 一生二, 未有有也, 以非有, 故謂之無, 非對有也, 未有二也, 以非二, 故謂之一, 非對二也, 無者, 俄而有, 一者, 俄而二, 始有無有與一二, 相對而立, 未有異也, 以非異, 故謂之同, 同者, 俄而異, 始有同與異, 相對而立, 相對而立, 則其同者, 非所謂玄同也."

2) '유·무'의 생성현상과 자생(自生)·자연(自然)

이충익은 '유·무'의 개념구조를 생성현상으로서 '자생(自生)'과 필연법칙으로서 '자연(自然)'의 개념을 통해 해명하기도 한다. 그는 우선 "지극한 '무'란 생성할 수 없는 것이니, 그러므로 처음 생성한 것은 스스로 생성되는 것이다"라고 주장하는 유론(有論)의 견해를 제시하고, 이에 따라 "'유'가 '무'에서 생성되지 않은 것이요, 스스로 생성된 단독의 '유'임을 밝혀 준다"는 유론의 입장에서 보는 생성의 시원은 스스로 생성되는 '자생(自生)'이요, '유'만이 홀로 있는 '특유(特有)'임을 제시한다. 그러나 그는 "천지가 생성된 다음에 바야흐로 천지가 있으니, 만약 천지가 스스로 생성하는 시원을 일컬어 '유'라고 한다면 천지라는 명칭도 성립하지 않으며 '유'가 될 수도 없다. 그러므로 이미 생성된 이후에 그 스스로 생성하는 시원을 미루어서 '무'라고 일컬으니, 이것은 '무'가 '유'에 근거하여 명칭이 성립하는 것이다. 그러므로 '같이 나오지만 이름은 다르다'고 말한다"[16]고 밝혔다. 그는 유론이나 무론의 어느 쪽에도 기울어지지 않은 포괄적 입장을 취하고 있으며, 따라서 시원에서 '유'가 스스로 생성하는 것이라 보고 있는 '유론'의 문제점을 지적하면서 '유'와 '무'가 서로 근거가 되고 함께 나오는 것임을 재확인한다.

여기서 그는 스스로 생성되는 '자생'을 생성하지 않을 수 없는 현상으로 정의하고, 스스로 그러한 '자연'을 그렇지 않을 수 없는 원리로 정의하고, 이에 따라 '유'와 '무'가 일체를 이루는 실상을 해명하면서, '유무'의 변론이란 결론적으로 『노자』 제1장에서 말한 "같이 나왔지만 명칭이 다르다[同出而異名]"는 말에 귀결시켜 일체의 양면으로 확인한다.

16 『담로』, 「後序」, "今有家之言曰, 至無者, 無以能生, 故始生者, 自生也, 以明有不生於無, 而自生之特有. 夫天地生而後, 方有天地, 若指天地自生之始, 而號之曰, 有, 天地之名不立, 不成爲有, 故因旣生之後, 推原自生之始, 而號之曰, 無, 此無因有而立名者, 故曰, 同出而異名也."

"'자생' 이란 생성하지 않을 수 없는 것이요, '자연' 이란 그렇게 되지 않을 수 없는 것이다. 하늘과 땅의 높고 두터움이나 만물이 무성한 것은 이미 생성되어 그러한 것이니, 바야흐로 '유' 라고 한다. '유' 가 있으면 '무' 가 있게 되니 그 생성되어 그러한 것의 시원을 가리켜 '무' 라고 한다. 생성됨이란 '자생' 이니 '유' 에 따라 형상이 되고, 그러함이란 '자연' 이니 '무' 에 근본하여 연고를 말하는 것이다. 이것이 '같이 나왔지만 명칭이 다르다' 하고 '억지로 불러서 도라고 한다' 는 까닭이다. 그렇다면 '유' 를 높이고 '무' 를 공경하거나, '무' 를 높이고 '유' 를 낮추는 것은 조삼모사(朝三暮四)의 주장들이다."[17]

여기서 그는 '유론' 이나 '무론' 의 어느 쪽에 서서 반대쪽을 비판하는 것은 조삼모사(朝三暮四)의 주장처럼 같은 실상을 달리 말하는 것일 뿐 차이가 없는 것이라 하여, 잘못된 견해로 비판한다. 그것은 유교전통은 물론이요, 노장이나 불교 사상에서 '무[虛無 · 空寂]' 또는 '유[實有]' 를 근본개념으로 내세워 서로 비판하는 태도가 그릇된 것임을 확인하고, '유론' 과 '무론' 을 통합하고 지양하는 것이 '유·무' 의 실상을 드러낼 수 있는 올바른 견해임을 역설하고 있는 것이다.

또한 그는 '자생' 과 '자연' 으로 '유·무' 실상을 드러내는 것임을 밝힐 뿐만 아니라, 나아가 "'자생(自生)' 이란 생성하지 않을 수 없는 것이요, 생성하지 않을 수 없는 것이란 생성과 작위함이 없이 이치를 따를 뿐이다. '자연' 이란 그렇게 되지 않을 수 없는 것이요, 그렇게 되지 않을 수 없는 것이란 그러한 것을 그렇다 하고 그렇지 않은 것을 그렇지 않다고 하는 것이니 항상함에 안정할 뿐이다"[18]고 하여, '자생' 과 '자연' 의 인식을 통해 '이치를 따르고[循理]' '항상함에 안정하는[安常]' 실천규범의 근본원리를 이끌어내고 있다. 그는 이

---

17 같은 곳, "自生者, 不得不生者也, 自然者, 不得不然者也, 天地以之高厚, 凡物以之芸芸, 既生而然, 方謂之有, 有有斯有無, 乃指其生而然者之始, 謂無也, 生者自生, 順有而爲形, 然者自然, 本無而語故, 此其所以同出異名, 而强爲之字曰道者也, 然則崇有而攻無, 與崇無而卑有, 卽朝三之論也."

18 같은 곳, "自生者, 不得不生, 不得不生者, 無以生爲, 循理而已, 自然者, 不得不然, 不得不然者, 然乎然, 不然乎不然. 安常而已, 是固天地之神教, 而人物之弘軌也."

러한 실천원리를 '하늘과 땅이 제시하는 신령한 가르침[天地之神敎]' 이요, '인간과 만물이 따라야 할 큰 궤도[人物之弘軌]' 라 제시하였다.

『노자』 제40장의 "만물은 '유' 에서 생성되고, '유' 는 '무' 에서 생성된다[萬物生於有, 有生於無]"는 구절에 대한 해석은 '유' 와 '무' 사이에서 생성의 의미가 무엇인지를 해명하는 문제로서 '유 · 무' 의 논변에서 핵심적 쟁점의 하나가 되고 있다.

> "'무' 가 과연 '유' 를 생성하는가? '무' 가 과연 '유' 를 생성한다면 '무' 는 '무' 를 이룰 수 없다. '무' 는 이미 본래 '무' 이니 어떻게 본래의 '무' 속에서 '유' 를 생성할 수 있겠는가? 잠깐 사이에 '유' 가 있게 되면 본래의 '무' 에 근원하여 '유' 가 있게 되는 것이다. 그러므로 '유는 무에서 생성된다' 고 말한다. 이것은 '유' 에서 '무' 를 밝히는 것이지, '무' 가 있어서 '유' 를 생성할 수 있다는 것이 아니다. '무' 가 있다면 '무' 가 아니니, 이미 '유' 에 관여되면 곧바로 만물이 갑자기 생성된다. '유' 가 있은 다음에 '유' 가 다시 사물을 생성하여 사물이 있게 되는 것은 아니다. 그러므로 '만물은 유에서 생성된다' 고 말한다. 만약 '무' 가 있어서 '유' 를 생성하고, '유' 가 있어서 사물을 생성한다고 말한다면, 많은 것이 막히고 단절되어서, 죽음과 삶이나 낮과 밤이 서로 일관하게 되는 '상무' 와 '상유' 가 아닌 것이다."[19]

그는 『노자』에서 말하는 "'유' 는 '무' 에서 생성된다"는 구절의 의미에 대해, '무' 라는 개체가 '유' 라는 개체를 낳는다는 의미로 본다면 그것은 무엇이 있다는 의미를 부정하는 '무' 의 개념과 모순을 일으킨다는 것이다. 따라서 그는 '유' 가 '유' 를 생성하는 시초의 근원을 '무' 라고 일컫는 것이며, "'유' 는 '무' 에서 생성된다"는 말은 '무' 가 있어서 '유' 를 생성한다는 사실을 밝히는

---

19 『담로』 제40장, "無果生有乎, 無果生有, 無不成無, 無旣本無, 何以生有於本無之中, 俄而有有, 原其本無而有有, 故曰, 有生於無, 是卽有而明無也, 非有無能生有, 有無則非無也, 旣紐有卽萬物頓生, 非有有, 而後有復生物也, 以有而物, 故曰, 萬物生於有, 若曰, 有無生有, 有有生物, 許多隔斷, 非死生晝夜, 相爲一貫之常無常有也."

것이 아니라, 역설적으로 '유' 에서 '무' 의 개념을 밝히는 것임을 지적하고 있다. 같은 논리에서 "만물은 '유' 에서 생성된다"는 구절의 의미도 '유' 라는 것이 있어서 만물을 생성한다는 사실을 밝히는 것이 아니라, 만물에서 '유' 의 개념을 밝히는 것임을 보여 준다. 곧 그의 만물과 '유' 와 '무' 사이의 생성개념은 어미와 새끼 사이처럼 개체적 실체로 단절시키는 것을 거부하고, 서로 연결되어 일체를 이루는 '상유' · '상무' 로 확인한다. 이러한 그의 전체가 하나로 일관된 실체의 세계관 속에서는 밤과 낮이나 죽음과 삶도 하나로 통합되어 있음을 밝히고 있는 것이다. 따라서 그는 "'유' 는 '무' 에서 생성된다"는 말에 대해, "'무' 가 '유' 에 앞서는 것 같은 것은 '도' 를 넓힐 수 없는 것이요, 문구의 허물이다. … 이것은 이미 생성됨에 근거하여 시초의 근원을 논한 것이다"[20]라고 하여, '무' 가 '유' 를 생성한다는 사실의 인식이 아니라, '유' 의 생성과정에서 근원을 추론하는 개념적 인식임을 밝혀 주고 있는 것이다.

20 『담로』, 「後序」, "似若無先於有者, 此不能弘道, 文句之過也, … 此盖因既生而原始之論也."

3. '도'의 작용과 '덕'의 실현

1) '도'의 양상과 실현

(1) 도의 양상 : 박(樸)과 기(器)

이충익은 『노자』 제56장의 "아는 자는 말하지 않고, 말하는 자는 알지 못한다[知者不言, 言者不知]"는 구절에 대해 '도'를 인식함에서 아는 것[知]과 알지 못하는 것[不知], 말하는 것[言]과 말하지 않는 것[不言]이 '근원적으로 동일함[玄同]'을 의미하는 것으로 해석한다. 이에 따라 그는, "천하의 '도'는 같을 따름이니, 진실로 달랐던 일이 없으며, 같은 데서 나왔으나 이름이 달라지므로 다름이 나오게 된 것이요, 같은 것이 다름을 낳는 것이 아니다"라고 하여, '도'는 차이가 없는 동일한 것임을 확인한다. 여기서 그는 '도'가 근원적으로 동일함을 전제로 '도'에서는 모든 차이가 포괄되고 있음을 강조한다. 곧 그는, "이미 '현동'이라면 아는 것과 알지 못하는 것, 말하는 것과 말하지 않는 것은 '무'도 아니요, '유'도 아니며, '하나'도 아니고 '둘'도 아니다. 이 경전(『노자』) 5천여 말은 바야흐로 알지 못함의 앎이요, 말하지 않음을 말함이 되는 것이다"[21]라고 하여, '도'의 인식에서 보이는 모든 차이를 '도'의 근원적 동일성에 근거한 현상의 명목적 차이가 드러나는 것이라 본다. 따라서 그는 아는 것과

21 『담로』 제56장, "蓋天下之道, 同而已, 固未始異也, 同出而異名, 故生異也, 然非同生異也, … 旣玄同矣, 知與不知, 言與不言, 非無非有, 非一非二, 而此經五千餘言, 方爲不知之知, 不言之言矣."

알지 못하는 것, 또는 말하는 것과 말하지 않은 것이 하나로 통합되는 '도' 개념의 인식이 『노자』 전체의 모든 언급에서 '알지 못하는 앎[不知之知]' 내지 '말하지 않는 말[不言之言]' 로 관철되어 나타나고 있는 것이라 강조한다.

그는 '도' 의 양상으로서 전체를 가리키는 '박(樸)' 과 분산되어 나타난 다양한 개체를 가리키는 '기(器)' 를 대비시켜, " '도' 란 비록 억지로 이름붙여 '도' 라고 말하지만, 그 '도' 의 항상함은 '도' 라고 이름붙일 수 없으니, '도' 는 거칠게 비유한 것이다. 또한 '박' 으로 '도' 의 전체를 비유하고, 흩어져 제정된 것을 이름지어 '기' 라고 말한다"[22]고 제시하였다. 곧 '도' 는 전체로서의 '박' 과 부분으로서의 '기' 를 포괄하는 개념으로 볼 수도 있고, 전체를 중심으로 '도' 와 '박' 을 동일시하면 '도(道)' 와 '기(器)' 를 상대개념으로 볼 수도 있음을 의미한다. 여기서 그는 "실어 주고 품어 주는 것은 틈이 있게 되니, '하나[一]' 를 베푸는 것은 감히 틈이 없게 하는 것이요, 그러한 다음에 '도' 와 '기' 가 융합하여 떠남이 없을 것이다"[23]라고 하였다. 이처럼 '도' 와 '기' 는 역할이 다르지만 분리되어서는 안 되며, 양자를 분리되지 않게 통합시켜 주기 위해 '하나' 가 베풀어져야 하는 것이라 한다. 따라서 이 '하나' 란 바로 '도' 의 진정한 실현양상이라고 할 수 있다.

'하나' 란 '많다' 또는 '크다' 의 상대개념이 아니라는 점에서 모든 것을 포괄할 수 있는 것으로 볼 수 있다. 그는 "하나란 사물의 적고 작은 것이니, 적고 작음의 극치는 지극히 미미하여 틈이 없고 지극히 정묘하여 형체가 없다. 그러므로 많고 큰 것을 두루 다스릴 수 있으니 만물의 주인이 된다. … 하나를 베풀면 감히 틈이 없게 하는 것이요, 애초에 둘이나 셋이 없으니 그러므로 하나라 하는 것이요, 많은 것이나 큰 것에 상대시킨 것이 아니다"[24]라고 하였다.

---

22 『담로』 제32장, "道雖强名之日道, 然若道之常, 非道之可名, 則道是取譬之粗也, 又以樸取譬於道之大全, 而以散而制者, 名之日器."

23 『담로』 제10장, "載之抱之, 爲有間矣, 一之設無敢間, 然後道器融, 而能無離矣."

따라서 '하나'는 갈라놓을 수 있는 빈틈도 없고, 감각으로 경험할 수 있는 형체도 없는 지극히 미미한 것이지만, 오히려 모든 사물의 다양성을 넘어서 포괄하는 전체가 되고, 모든 사물을 다스릴 수 있는 중심의 주체가 되는 것이라고 한다. 그만큼 만물을 넘어서 모든 것을 통합하는 전체를 이루는 '도'의 참된 양상은 바로 이 '하나'에서 확인할 수 있는 것이다.

또한 그는 만물이 스스로 변화 생성하는 과정을 통제할 수 있는 기준으로 '박'의 역할을 주목하고 있다. 곧 "'박'으로서 사물이 일어나려고 하거나 뿌리로 돌아가려는 것을 진정시킨다. 그러나 이미 '박'이라고 하면 형체와 비슷한 것에 관련되어 처음 만들어지는 것의 명칭과 서로 범람할 염려가 있으니, 그러므로 '이름 없는 박'이라 말한다. 그러나 '이름 없다'고 말하면 말할 수가 없게 되니, 그러므로 또한 '무명'으로 '박'을 이름붙이고자 하지 않는다"[25]고 하였다. 사물의 생성 변화가 자연을 따르지 않고 조작이 일어나게 되면, 이를 통제하는 방법으로서의 '도'를 '박'이라 일컫는 것이다. 그만큼 '박'이란 '도'의 자연을 따르는 모습이라 할 수 있다. 그러나 '박'이라 일컬으면 어떤 형체가 있는 사물을 가리키는 것처럼 연상되는 문제점을 해결하기 위해 '이름 없는 박[無名之樸]'이라 일컫게 되는 것임을 해명한다. 여기서 그는 '무명'이라 하면 어떤 존재도 가리킬 수 없으므로, '무명(無名)'으로 '박'을 일컫는 것이 아니라, '박'의 특성을 규정하는 수식어로 쓰게 됨을 지적하고 있다.

이와 더불어 그는 '도'의 이 세계에 존재하는 양상을 어떤 형상적인 것도 찾아볼 수 없다는 의미에서 비어 있는 '허(虛)'로 제시한다. 곧 "'도'는 천지 사이에 담박하여 비어 있는 듯하다. 퍼내어도 고갈되지 않고 부어넣어도 가득

24 『담로』 제39장, "一者, 物之寡小者, 寡小之極, 至微而無間, 至精而無形, 故能彌綸衆大, 而爲萬物主, … 一之設, 無敢間也, 以初無二三, 故謂之一, 非對衆大."

25 『담로』 제37장, "以樸鎭物之欲作 … 物之歸根也, 然旣謂之樸, 則涉於形似, 恐與始制之名相濫, 故曰, 無名之樸, 然謂之無名, 則不能無謂矣, 故又不欲以無名名樸."

차지 않는다. 그릇이 크거나 작거나 족하게 여기지 않음이 없지만, 어느 때에 그치고 가득 차지 않을 것인지 알지 못하니, 이것은 못이 깊어 헤아릴 수 없으며 만물의 근본이 되는 까닭이다"[26]라고 하여, '도'의 존재양상으로서 비어 있다는 의미를 해명한다. 그것은 아무것도 존재하지 않는다는 '무(無)'를 의미하는 것이 아니라, 바다처럼 아무리 퍼내거나 부어넣어도 줄지도 늘지도 않는 것이요, 깊은 못처럼 그 깊이를 알 수 없는 것이어서 없는 것 같지만 없는 것이 아니고 만물을 모두 포괄하는 근본이 되는 것임을 해명하고 있다.

(2) 도의 실현 : 무위(無爲)와 반본(反本)

이충익은 '도'를 실현방법으로서 '자연'을 따르는 것을 전제로, '무사(無私)'와 '무위(無爲)'를 중시하고 있으며, '도'의 작용양상인 '동반(動反)'에 따르는 '반본(反本)'의 실천을 강조하고 있다.

먼저 그는 '도'와 '신(神)'의 개념을 '천지'의 생성현상과 연관시켜 해명하고 있다. 곧 "천지가 스스로 생성되는 것이 아니라면 누가 생성하는 것인가? '도'가 생성하는가? 아니다. '도'는 천지의 운행에 순응하여 그 말미암아 행하는 것을 이름붙여 '도'라고 하였으니, 진실로 천지가 없다면 '도'라는 이름이 말미암아 성립함이 없다. '신'이 생성하는가? 아니다. '신'이란 천지의 변화를 붙잡아 그 뿌리가 되는 것을 이름붙여 '신'이라 하였으니, 진실로 천지가 없다면 '신'이라는 이름이 홀로 존립하지 않는다"라고 하여, 천지의 운행과 변화에 따라 '도'나 '신'이라는 명칭이 성립되는 것이므로, '도'나 '신'이 천지를 벗어나서 별도로 존재하여 천지를 생성하는 것이 아님을 확인한다. 따라서 그는 "천지라는 덩어리는 형상화할 수 없으니, 그러므로 '도'와 '신'으로 비유하였다. '도'와 '신'의 명칭은 진실로 천지의 운행·변화에 해당하는

---

26 『담로』 제4장, "道在天地之間, 冲然若虛然, 酌焉而不竭, 注焉而不滿, 器之大小, 無不取足, 而不知何時止而不盈, 此所以淵深不測, 而爲萬物宗也."

것으로 족하다. 그러니 천지 바깥에 자리잡아 천지를 생성할 수 있는 것이 아니다"[27]라고 하여, '도'나 '신'이 천지를 생성하는 것이 아님을 확인하고 있다.

여기서 그는 『장자』(「大宗師」)에서 "아직 천지가 있기 전에 태고로부터 확고하게 존재하여 귀신과 상제를 신령스럽게 하고 하늘과 땅을 생성하였다[未有天地, 自古而固存, 神鬼·神帝, 生天生地]"라고 언급한 것은 근원을 추론하고 시초에 근본하여 억지로 '도'라고 부르는 것이라 하고, 『노자』 제25장에서도 "하늘은 '도'를 본받고, '도'는 자연을 본받는다[天法道, 道法自然]"라고 한 것도 '도'가 천지를 생성할 수 없다는 사실을 말해주는 것이라 한다. 이에 따라 그는 '도'와 '신'이 천지를 생성하는 주체는 아니지만 '도'와 '신'에 근거하여 생성이 일어나는 현상을 '자연'이라 제시한다. 곧 "'도'는 시초가 되고, '신'은 뿌리가 되지만 행하지도 않고 시키지도 않지만, 그렇지 않을 수 없어서 그러하니 '자연'이라고 한다. 그 자연에 근거하여 생성하고 생성함으로써 스스로 생성하지 않으니, '그러므로 장생할 수 있다'는 것이다"[28]라고 하여, '도'와 '신'이 시초와 뿌리가 되는 위치는 있지만 생성작용은 '도'와 '신'이 스스로 하는 것이 아니라 저절로 이루어지는 '자연'임을 확인한다.

따라서 그는 사람이 살아가는 데도 자신이 의지의 주체로 행동하는 것이 아니라 자연을 따라 살아가는 것을 올바른 삶의 모습으로 제시하여, "사람이 사는 것은 자연과 같으니, 만약 스스로 사사롭게 하여 스스로 사는 것으로 삶을 늘리려고 한다면 그 삶을 손상시키지 않음이 없을 것이다. 성인은 이미 삶의 정감을 이룰 수 있으므로 자연을 본받고 사사로움이 없을 수 있다"[29]고 하였

---

27 『담로』 제7장, "天地不自生, 孰生之與, 道生之與, 非也, 道者, 循天地之運, 而名其所由行者, 日道, 苟無天地, 道之名, 無緣立也, 神生之與, 非也, 神者, 攬天地之變, 而名其爲之根者, 日神, 苟無天地, 神之名, 不獨存也, 蓋以天地塊然, 不可以狀, 故以道與神喩之, 道與神之名, 固足以該天地之運變, 然亦非能處天地之外, 而生天地者也."

28 같은 곳, "道爲之始, 神爲之根, 莫爲之, 莫使之, 不得不然而然, 謂之自然, 因其自然之生, 而不以生自生, 故能長生."

다. 이처럼 그는 자신의 뜻에 따라 살아감[自生]으로써 '자연'에 걸림이 있게 되면 삶을 늘리려고 하는 것이 도리어 손상시키는 폐단이 생기게 되는 것임을 지적하고 있다. 그것은 '도'의 실현방법이 바로 스스로 하려는 사사로움[自私]을 없게 하는 '무사(無私)'의 실천이요, '자연'을 따르는 것임을 밝히고 있는 것이다.

이충익은 '무위(無爲)'와 '불위(不爲)'의 개념을 구별함으로써, 『노자』 제37장과 제48장에서 언급하는 "'무위'이면서 '무불위'이다[無爲而無不爲]"라는 구절의 의미를 매우 독자적으로 해석하고 있다. 곧 "'무위'는 함이 아니요, '불위'는 하는 것과 같다. 그러므로 덜어내어 '무위'에까지 이르고, 또 덜어내어 마침내 '무불위'에까지 이르른 다음에 자연과 합치한다. '무불위'라고 말하는 것은 뜻이 병행한다는 것과 같은 말이다. 어떤 자들이 '무불위'를 '하지 않음이 없다[無無爲]'고 하는데 본래의 취지를 잃은 것이다"[30]고 언급하였다. 그는 '무불위(無不爲)'를 "하지 않음이 없다"고 해석하여 '하지 않는다'는 자기 의지에 따른 거부의 행위도 없다는 의미로 이해함으로써, '무위'와 더불어 의지적 행위를 부정하는 점에서는 같은 맥락의 말이지만 '무위'보다 한층 더 철저한 자기 의지적 행위의 거부태도를 말하는 것이라 본다. 그것은 '도'를 실행하는 기준으로서 '자연'을 따르는 실천은 자기 의지에 따른 행위를 부정하는 것으로 인식하고 있음을 보여 주는 것이다. 바로 이 점에서 이충익의 견해는 왕필(王弼)이 '무위'를 "자연을 따르는 것이다"라 하고, '무불위'를 "만물이 하는 것으로 말미암아 다스려지고 이루어지지 않는 것이 없다"라고 해석하여,[31] '무불위'를 '하는 것[爲]'이 있다고 보는 견해와 뚜렷한 차이를 드러낸다.

---

29 같은 곳, "人之生也, 同乎自然, 若自私焉, 以自生而益生焉, 未有不傷其生者, 聖人旣能達生之情, 故能法天地而無私."

30 『담로』 제48장, "無爲, 非爲也, 不爲, 猶爲也, 故損之至于無爲, 又損之乃至于無不爲, 然後合自然也, 凡言無不爲者, 義竝同談者, 或以無不爲, 爲無無爲, 失本旨矣."

31 王弼, 『老子注』 제37장, "[道常無爲], 順自然也. [而無不爲], 萬物無不由爲以治以成之也."

또한 율곡이 "도의 본체는 '무위'이나, 묘용은 '무불위'이다"[32]라고 언급하여, '무위'와 '무불위'를 체용관계로 제시하고 있는 것도, '무불위'를 '무위'의 심화단계로 보는 이충익의 견해와 분명히 다르다.

또한 그는 '도'를 듣고 대응하는 태도에 대해, "상등의 선비가 '도'를 들으면, 다시 어떠한지 묻지 않고, 다시 믿음과 노력을 빌리지 않으며, 곧바로 부지런히 행한다. 만약 '믿음이 미칠 수 있으므로 부지런히 행할 수 있다'고 말한다면 이미 '제이의(第二義)'에 떨어진 것이다. 상등 선비의 분수에서는 '도'를 들으면 그것으로 끝나는 것이요, 다시 믿는지 못 믿는지 하는 것이 아니다"[33]라고 밝힌다. 이처럼 상등 선비는 '도'를 들으면 아무런 믿음이나 의지나 분별의 발동이 없이 즉각적으로 실행하게 되는 것이요, 그것은 자연을 따르는 '무위'의 태도라 할 수 있으며 이런 의미에서 '무의(無意)'·'무욕(無欲)'·'무사(無私)'라 할 수 있다. 따라서 '도'를 듣고 나서 믿음과 노력을 독실하게 하여 행하는 중등의 선비는 '유위(有爲)'의 단계라 할 수 있고, '도'를 들으면 비웃는 하등의 선비는 더 아래 단계라 하겠다.

다음으로 이충익은 '도'가 작용하는 양상을 '동반(動反)'으로 제시하며, 인간은 '도'가 드러나는 '동반'의 양상에 상응함으로써 '도'를 실현하고 자연을 따를 수 있는 것으로 본다. 그는 '도'의 실현방법으로서 '무위'의 개념을 앞세웠던 것으로 중시하면서, 이와 더불어 '근본에로 돌이킴' 곧 '반본(反本)'에 깊은 관심을 보여 주고 있는 것이 사실이다. 곧 "주나라의 쇠퇴함을 당하여 세상에서 신선술을 다스리는 사람들은 시류를 따르고 자취를 좇아가니 근원과 시초를 잃게 되어 속임과 거짓이 한꺼번에 일어나 천하가 크게 어지러워졌다.

---

32 李珥, 『醇言』, "言道之本體無爲, 而玅用無不爲, 是一篇之大旨也."
淸의 宋常星도 "無爲者, 大道之體也, 無不爲者, 大道之用也"(『老子講義』 제37장)라고 하여, '無爲'와 '無不爲'를 體用구조로 제시하고 있다.

33 『담로』 제41장, "上士聞道, 更不問如何, 更不假信力, 卽便勤行. 若曰, 能信及, 故能勤行, 已落第二義, 蓋上士分上, 聞道卽已, 更無信不信."

노자는 개탄하여 구제할 방법을 생각하였으니, 또한 '그 근본에로 돌이키라'고 말할 뿐이다"[34]라고 밝혀, 노자가 혼란의 시대를 구제하기 위해 제기한 기본과제로서 '반본'을 들고 있다. 그러나 '동반'은 '도'가 작용하는 자연의 현상이요, 이를 따르는 '반본'의 실천은 바로 '무위'와 통하는 것이기도 하다. 그는 "노자의 말은 '무위'를 앞세우고 '청정'을 귀하게 여겼다"[35]라고 하여, '무위'를 일반적 근본과제로 중시하였음을 확인하고 있지만, 시대적 현실에서 대처하는 기본방법으로서 '반본'을 강조하고 있는 것은 '반본'을 '무위'의 현실적용 방법으로 제시하는 것이라 볼 수 있을 것이다.

그는 '도'의 작용양상으로서 '동반(動反)'의 의미를 해석하여, "'도'를 귀하게 여기는 것은 움직여 돌이키기 때문이다. 움직여 돌이킨다는 것은 변동하여 근본으로 돌이킨다는 것이다"[36]라고 하여, '동(動)'을 변동으로, '반(反)'을 근본으로 돌이키는 것을 의미하는 것이라 확인한다. 따라서 '동반'을 붙잡아 행하는 것이 정(正)이요, 선(善)이며, '동반'을 행할 수 없으면 '기(奇)'요, '요(祅)'가 되는 것으로 본다. 이에 따라 그는 "'도'란 만세토록 폐단이 없는 것이니, 폐단이란 '도'를 잃는 것이다. '도'가 어찌하여 상실되어 폐단이 되는가? 그 하나를 말미암는 것으로 '도'라 하고 변동하여 돌이키는 것을 알지 못하는 것이다. 오행의 '기(氣)'가 운행하여 쇠퇴하고 왕성함이 서로 교대하여 세상의 공적을 이룬다. '동(動)'이란 변동이다. 추위가 극도에 이르면 변동하여 봄으로 돌이키고, 더위가 극도에 이르면 변동하여 가을에 돌이킨 다음이라야 항구하여 폐단이 없을 것이다"[37]라고 하여, '도'의 본체가 한 가지라 하더라도 그

---

34 『담로』, 「後序」, "當周之衰, 世之治方術者, 隨流逐跡, 迷失原始, 詐僞竝作, 天下大亂, 老子慨然思播救之方, 亦曰, 反其本而已."

35 『담로』, 「後序」, "盖老子之言, 先無爲而貴淸靜."

36 『담로』 제58장, "所貴乎道者, 以其動而反也, 動而反者, 變動而反本也."

37 『담로』 제40장, "道者, 萬世無弊, 弊者, 道之失也, 道, 何以失而弊也, 由其一是道, 而不知動反也, 五氣之行, 迭相衰旺, 以成世功. … 動者, 變動也, 寒極, 則動而反乎春, 暑極, 則動而反乎秋, 然後乃能恒久而不弊."

작용은 한 가지로 변동이 없다면 '도' 가 상실되어 폐단이 일어나게 되는 것임을 지적하였다.

따라서 오행의 '기(氣)' 가 서로 교착하고, 더위와 추위가 교대하고 사계절[四時]이 바뀌어 가는 것이 바로 변동하고 돌이킴으로써 '도' 가 실현되는 양상임을 확인하는 것이다. 그는 이러한 '도' 의 '동반' 이 『주역』(「繫辭上」)에서 말하는 "변통이란 사계절보다 큰 것이 없다"는 말과 같은 뜻임을 지적한다. 여기서 그는 "어찌하여 갓난아이처럼 고요함으로 돌이키는 것을 귀하게 여기는가? 근본으로 돌아가는 것이기 때문이다. 천하의 사물은 '유' 에서 생성되고, '유' 는 '무' 에서 생성되니, 고요함과 유약함은 '무' 에 가까운 것이다. … 유약함을 쓰면 노쇠하지 않고 활동함에 고요함으로 돌이키는 것도 이와 같다"[38]고 하여, '도' 의 변동하고 돌이키는 작용을 따라 인간이 '도' 를 실현하는 방법은 갓난아이처럼 '유약함을 쓰는 것[用弱]' 이요, '고요함으로 돌이키는 것[反靜]' 이며, 이것이 바로 '근본으로 돌아가는 것[歸本]' 이요, '무위' 의 실행이라 인식하고 있음을 보여 준다.

나아가 그는 『노자』에서 '유' 와 '무' 의 관계를 끝없이 순환 · 반복하여 서로 일체를 이루는 것으로 제시되고 있는 것이라 하며, 이것은 『장자』(「齊物論」)에서 말하는 '도추(道樞)' 에 해당하는 것이라 한다. 또한 『노자』에서 옛 '도' 를 붙잡아 지금의 '유' 를 거느린다고 하는 것은 순환의 중심에 자리잡는 것으로, 『장자』(「齊物論」)에서 말하는 "고리의 중심을 얻어 무궁하게 대응한다[得其環中, 以應無窮]"는 말에 해당하는 것이라 하여, 『노자』와 『장자』 사이에 상통하는 개념을 밝히고 있다. 따라서 그는 " '무' 를 활용하여 '유' 를 이롭게 하고, 옛 것을 붙잡아 지금을 거느리는 것이란 진실로 성인이 세상을 다스리고 사물에 대응하는 신묘함이지만, 다만 세상 사람들은 흐름에 따라가고 말단을 좇아가서 본

---

38 같은 곳, "何貴乎反靜而如嬰也, 以歸本也, 天下之物, 生於有, 有生於無, 以靜與弱, 近乎無也, … 用弱, 則不老, 動而反靜, 亦猶是也."

래의 참됨을 함부로 하여 잃어버렸다. 그러므로 지금을 거느리는 즈음에 생각마다 옛 시초와 일치시키면 모든 신묘함의 통로가 열리고 '도' 의 기강이 될 수 있을 것이다"[39]라고 하였다. 지금의 일을 다스리면서 옛 것을 붙잡는 것은 옛 시초[古始]로 돌아가는 것이고, 옛 시초로 돌아간다는 것은 '순환고리의 중심' 에서 모든 변화에 대응하는 것이며, 본래의 참됨[本眞]을 회복하여 확보하고 있음을 의미하는 것으로, 이러한 돌이킴[動反]이 '도' 의 작용양상이요, 동시에 '도' 를 실현하는 방법으로 '반본' 이 제시된다.

또한 그는 "천하의 모든 사람이 아름다움이나 착함이 하고자 할 만한 것임을 알지만 추악함이나 착하지 못함이 서로 원인이 되어 이루어지는 것이다. '유' 가 있으면 반드시 '무' 가 있고, 어려움이 있으면 반드시 쉬움이 있으며, 길고 짧거나 높고 낮은 것이 강성하게 존립하여 수학에 정밀한 사람도 헤아릴 수 없는 데 이른다. 이 때문에 성인은 그 행위를 신뢰하지 않고 그 공적에 머물지 않아서, 이에 자연에 돌이킬 수 있으니, 그 아름다움과 착함을 항상하게 하여 오래가도 떠나지 않는다"[40]라고 하여, 아름다움과 추악함이나 착하고 착하지 못함이라는 상반된 가치도 서로 원인이 되어 성립하는 자연의 현상임을 전제로, 그 자연에 돌이킴으로써 진정한 아름다움과 착함의 가치를 실현할 수 있는 것임을 밝히고 있다. 그만큼 상대적 가치에서 인간의 판단과 의지로 선택하고 실천하는 것이 아니라, 자연을 따름으로써 올바른 가치를 실현할 수 있다는 것을 말한다.

또한 그는 "움츠림과 펼침, 강함과 약함, 폐지함과 일으킴, 빼앗음과 줌의 네 가지는 서로 근본이 되어 추구하는 것이니, '천도' 와 '인사' 의 필연으로 벗

---

39 『담로』 제14장, "循復無端, 相與爲一體者, 卽莊生所謂道樞, 而執古以御今者, 卽所謂, 得其環中, 以應無窮者, 用無以利有, 執古以御今, 固聖人宥世應物之妙, 而但以世人隨流逐末, 漫失本眞, 故欲於御今之際, 念念契於古始, 則衆妙之門, 啓而能爲道之綱紀."

40 『담로』 제2장, "天下皆知美善之可欲, 而惡與不善, 相因以成, 有有必有無, 有難必有易, 長短高下, 熾然存立, 乃至巧歷所不能算, 是故聖人不恃其爲, 不居其功, 乃能反乎自然, 常其美善, 而長不去也."

어날 수 없는 것이다"[41]라고 하여, '도'의 실현양상은 화(禍)와 복(福)의 경우처럼 양극적으로 상반된 현상들이 서로 원인이 되고 근본이 되어 작용하는 것으로서, 어느 쪽도 버릴 수 없음을 강조한다. 그것은 상반된 현상의 어느 한쪽을 정당한 것으로 인정하여 다른 것을 버리는 태도가 아니라, 양극적 현상의 상호의존적이고 순환적 작용을 통해 '도'가 실현된다는 '도'의 포괄성을 보여주는 것이라 할 수 있다. 그러나 동시에 그는 "부드럽고 약함으로 굳세고 강함을 이긴다는 것은 붙잡은 바가 지극히 간략하지만 활용하는 바는 지극히 신령하다. 진실로 이 '도'를 말미암지 않는다면 이것은 물고기가 못을 벗어나는 것이다"[42]라고 하여, '부드럽고 약함[柔弱]'이 '굳세고 강함[剛强]'을 이길 수 있다는 것이 '도'를 실현하는 현실적 방법임을 확인하고 있다.

2) '덕'의 실현과 수신

(1) '도'와 '덕'

이충익은 "'덕'이란 '도'를 얻은 것이다"라고 '덕' 개념을 정의하면서, 『노자』의 '도' 개념에 따라 '덕'의 성격을 규정하고 있다. 곧 "'덕'이란 이 '도'를 얻은 것이요, '실(失)'이란 이 '도'를 잃은 것이다. '도'에 종사하는 자는 진실로 자기가 이 도를 얻었다는 것으로서 '도'를 잃은 자와 스스로 달리하지 않는다"[43]고 하였다. 여기서 그는 '도'를 얻은 자나 잃은 자 모두 '도'를 벗어나지 못하는 것이라 하여, '도'를 얻은 '덕'과 '도'를 잃은 '실(失: 不德)'이 모두

41 『담로』 제36장, "歙張·弱强·廢興·奪與, 是四者, 倚伏而相尋, 天道人事之必然, 而莫能逃者."

42 같은 곳, "蓋以柔弱勝剛强, 所操者至約, 而所用者至神, 苟不由是道, 是魚脫於淵."

43 『담로』 제23장, "德者, 得此道也, 失者, 亦失此道也, 從事於道者, 固不以己之得此道, 自殊異於失道者, 則不揀得失, 無非此道之所攝."

'도' 안에 있는 것임을 강조한다. 곧 "땅으로 말미암아 넘어진 사람은 땅으로 말미암아 일어난다"[44]는 말을 인용하여, 넘어지는 것과 일어나는 것이 땅을 떠나지 않는 것처럼 얻음[德]과 잃음[失]은 포괄적 전체로서의 '도'를 벗어나지 않는 것임을 밝히고 있다. 이러한 '도'를 따르는 참된 '덕'에서는 '덕'과 '실'이 상반된 개념이 아니라, 양자를 모두 포용하는 것이요, 따라서 어떤 사람이나 어떤 사물도 버려지는 일이 없다고 한다. 그만큼 '덕'은 '도'의 전체적 포용성을 실현하는 것임을 강조하고 있는 것이다.

그러나 그는 『노자』에서 '도'와 '덕'의 차이가 지적되고 있는 사실을 주목하여, "'도'는 포함하지 않음이 없으므로 '큰 도'라고 하지만, '크다'는 것은 작은 것에 상대되는 큰 것이 아니라 억지로 이름붙인 것이다. '덕'은 얻은 것이니, 얻음에는 크고 작음이 있으므로 위 단계와 아래 단계의 다름이 있다. '도'는 얻음도 없고 잃음도 없으나, '덕'에는 큰 것도 있고 작은 것도 있으므로, '도를 잃은 다음에 덕이다'라고 한다"[45]라고 하였다. 그것은 '덕'이란 인간이 모든 것을 포괄하는 보편적인 '도'를 얻은 것이지만, 그 '도'를 얻은 정도에 따라 크기의 차이가 있게 되므로, 이에 따라 완전한 '도'를 얻지 못하는 '덕'은 '도'를 잃은 다음에 나타나게 되는 것이라 할 수 있다는 것이다.

이와 더불어 그는 '도'와 '덕'이 자연을 따라 드러나는 사물과 형세 사이에 근본과 현상의 관계를 제시하기도 한다. 곧 "'도'와 '덕'은 자연을 떳떳이 하여 낳고 기르니, 사물도 그 자연에 말미암아 형체가 드러나고 형세도 그 자연에 말미암아 이루어진다"고 하여, '자연'의 개념 속에 '도'와 '덕'을 포괄시키고 있다. 여기서 그는 "사물과 형세의 공적은 쉽게 보이지만 '도'와 '덕'의 근

44 이충익이 『담로』(제23장)에서 출전을 밝히지 않고 인용한 "人因地而倒, 因地而起"라는 구절은 普照知訥의 『勸修定慧結社文』에서 "恭聞人因地而倒者, 因地而起"라고 하여 역시 출전을 밝히지 않은 채 인용된 글에서 재인용한 것으로 보인다.

45 『담로』 제38장, "道無所不包, 故稱大道, 大非對小之大, 强名之也, 德者, 得也, 得有大小, 故有上下之殊, 夫道無得無失, 而德有大有小, 故曰, 失道而後德也."

본은 보기 어렵다. 그러므로 키워서 길러 주며 멈추게 하여 괴롭게 함으로써 돌이키게 하는 '도'를 모두 실현하면서 그 의지하지 않고 다스리지 않는 '덕'을 일컬어 '현(玄)'이라 한다. 대개 사물이 형체로 드러나고 형세가 이루어지는 것은 이 '도'가 유행하지 않음이 없으니 '덕'의 명칭은 오히려 그 심원함을 다 발휘하기에 부족한 듯함을 말한다"[46]고 하여, 근본으로서의 '도·덕'과 공적으로 드러난 '사물·형세[物·勢]'를 상응구조로 제시하고 있다. 또한 그는 '덕'에서 '도'를 온전히 실현하는 경우를 '현(玄)'이라 하여, '현'에 비해 '덕'은 '도'를 온전히 실현하지 못하는 경우로 확인한다. 따라서 자연 안에서 '도'-'현'과 '덕'은 마치 '도' 안에서 '덕'과 '실'에 해당하는 개념체계를 보여 주고 있다.

그는 『노자』 제53장에서 '원망을 덕으로 갚는다[報怨以德]'는 말과 『논어』(「憲問」)에서 '어떤 사람'(이충익은 子贛이라 하나 착오로 보임)이 "덕으로 원망을 갚는다[以德報怨]"고 한 말 사이에 뜻이 다름을 지적한다.

> "자공이 원망으로 원망을 갚지 않고 덕으로 갚는다고 한 것은 후하다고 할 만하다. 공자가 대답한 뜻은 원망으로 원망을 갚아서 악으로 서로 갚는 것은 군자의 일이 아니니, 덕을 갚는 자가 마땅히 서로 덕으로 갚아야 하듯이 마땅히 곧음[直]으로 (원망을) 갚은 다음에 후하다고 생각한 것이다. 노자의 도는 (덕으로) 원망을 갚는다거나 덕을 갚는다는 생각이 본래 없고, 오직 공정하고 곧음으로 원망을 갚을 뿐이니, (공자의 생각과) 다르지 않다. 그렇다면 공자가 덕으로 서로 갚고자 하는 것도 마땅히 공정하고 곧음에 어긋나지 않아야 하는 것이며, 후하게 하기를 바란 것이다. (공자와 노자의) 말은 같지 않으나 '도'는 하나이다."[47]

46 『담로』 제51장, "道德常自然, 而生·畜之, 物亦因其自然而形之, 勢亦因其自然而成之, 夫物勢之功易見, 而道德之本難覩, 故以長·育·亭·毒, 盡歸之道, 而稱其不恃·不宰之德, 曰玄, 蓋言物形·勢成, 無非此道之流行, 而德之名, 猶不足以盡其深遠也."

47 『담로』 제63장, "報怨以德, 與子贛以德報怨, 意不同, 子贛不以怨報怨, 而以德報之, 可謂厚矣, 孔子答意, 以怨報怨, 相報以惡, 非君子之事, 唯宜以直, 若報德者, 宜相酬以德, 然後爲厚也, 玄聖之道, 本無怨德報

여기서 그는 공자와 노자 사이의 원망에 대응하는 방법이 '곧음[直]'이나 '덕'으로 서로 다르게 표현되어 있지만 그 '도'는 일치하는 것임을 확인하고 있다. 그가 '공정하고 곧음[公直]'을 노자와 공자의 공통된 행동원리로 제시하고 있는 것도 자의적으로 후하게 덕을 베푸는 것이 아니라 '도'를 따라 '덕'을 베푸는 것이므로 그 '덕'이 공정하고 곧음에 어긋나지 않는 것임을 밝히고 있는 것이다.

그는 『노자』에서 선·악에 차이가 없는 것으로 보는 견해를 적극적으로 해명하고 있다. 곧 "천하가 모두 '선'이 '선' 됨을 알지만 이것은 '악'일 뿐이다. 악은 스스로 악이 아니요, 선을 기다려 이루어진다. 그렇다면 선과 악은 오직 '예'와 '응'이라 대답하는 말이 서로 털끝만큼도 떨어질 수 없는 것과 같다. 그렇다면 선이 선됨을 알면서 '유위'로 선을 하는 자는 선을 하는 것으로 시작하지만 선하지 않은 하는 것으로 끝내지 않는 자가 드물다. 선이 선됨을 알지만 자취를 따르다가 근본을 잃으면 '큰 도는 폐지되어 지혜(智慧: 巧智)가 나오게 된다'는 것이다. 악이 악함을 알지 못하는 것을 싫어하여 스스로 선을 하는 것으로 여기는 자는 악이 선과 떨어짐이 별로 없다"[48]고 하였다. 선과 악은 상대개념으로 서로 근거하여 성립하는 것이라 보는 상대적 인식에서는 그 본질적 차이를 인정하기 어렵다. 또한 실천방법에서 선을 한다고 하면서 '유위(有爲)'의 의도적 실행을 하거나, 자취에 빠져 근본을 잃어버리는 것도 선을 추구하는 것이 악으로 귀결되기도 하는 사실을 지적한다.

그만큼 선은 선·악의 상대적 관계에서는 근본적 차이가 드러날 수 없는 것이라 보며, 이와는 달리 진정한 '선'은 상대적 인식을 넘어서는 데서 찾아볼

德, 唯有公直報怨, 亦不異是, 然則孔子之欲相酬以德者, 亦當不違於公直, 而慭處其厚也, 言之不同, 而道則一也."

48 『담로』 제20장, "天下皆知善之爲善, 斯惡已, 惡不自惡, 待善而成, 然則善之與惡, 猶唯之與阿, 相去不能以毫釐, 知善之爲善, 而有爲爲善者, 鮮有不始於爲善, 而終於爲不善, 蓋知善之爲善, 徇跡而迷本焉, 則大道廢而智慧出, 厭然不知惡之爲惡, 而自以爲爲善者, 以惡之去善, 無幾何也."

수 있다. 그는 "상대하여 기다림이 없이 자연으로 선한 것을 '상선(上善)' 이라 한다"[49]라고 하여, 선과 악이 서로 근거하여 성립하는 상대적 선이 아니라 순수한 선을 '상선(上善)' 이라 하고, 『주역』(「繫辭上」)에서 "이어가는 것이 '선' 이다[繼之者善]"라고 한 '선' 이나, 『맹자』(「盡心上」)에서 "사람이 배우지 않고 할 수 있는 것이 '양능' 이다"라고 하는 '양능(良能)' 이 노자가 말하는 자연을 따르는 '선' 으로서의 '상선' 과 일치하는 것이라 한다. 이처럼 그는 '자연' 을 선의 기준으로 확립하는 것이 근원적으로 '선' 이 되는 '상선' 이며, 상대적이고 가변적인 선 · 악을 넘어서 진정한 '선' 을 확인하는 것이라 할 수 있다.

(2) 수신과 양생

이충익은 노자의 수신(修身)방법을 자연에 따르는 '무위(無爲)' 의 방법으로서 주목하고 있다. 그는 『노자』에서 "잘 세운 것은 뽑히지 않고 잘 안고 있는 것은 벗어나지 않는다[善建不拔, 善抱不脫]"고 한 말을 실행할 수 있는 방법이 '몸에서 닦는 것[修之于身]' 이라 하고, '몸에서 닦는' 방법을 '몸으로 몸을 살피는 것[以身觀身]' 일 뿐이라 강조한다. 곧 그는 '수신(脩身)' 의 방법으로서 '몸으로 몸을 살피는 것' 의 의미를 검토하고 있다. 이에 따라 그는 "도를 알지 못하는 자는 몸으로서 자기가 있는 것으로 삼으니, 몸으로서 자기가 있는 것으로 삼으면 이것은 자기로서 몸을 살피는 것이요, 몸과 자기가 둘이 되니, 이에 눈이 속눈썹을 못 보고 간과 쓸개가 초나라와 월나라처럼 멀어진다. 오직 도를 아는 자는 툭 터져 자기가 몸이 있는 것을 알지 못하니, 사대(四大: 地·水·火·風)와 육근(六根: 眼·耳·鼻·舌·身·意)은 각각 부여하는 하늘로 돌아가며 진군(眞君: 主宰, 眞宰)이 항상 편안하니, 이것이 몸으로 몸을 살피는 것을 말한다"[50]고 하

49 『담로』 제8장, "無所對待, 自然而善, 謂之上善, 易係所謂繼之者善, 而孟子以爲良能也."

50 『담로』 제54장, "善建不拔, 善抱不脫, 有道乎, 曰修之于身, 是也, 修之于身, 如何, 以身觀身而已矣, 不知道者, 以身爲己有, 以身爲己有, 則是以己觀身, 身與己爲二, 於是乎目不見睫, 而肝膽楚越矣, 唯知道

였다.

여기서 그는 '몸으로 몸을 살핀다는 것[以身觀身]'은 올바른 수신의 방법으로서 바로 '도'를 아는 사람이 자기의식에 빠지지 않고 '도'에 따라 몸을 살피는 것이라면, '자기로 몸을 살핀다는 것[以己觀身]'은 잘못된 수신의 방법으로서 '도'를 알지 못하는 사람이 몸을 자기의 소유로 삼아 자기의식 속에서 몸을 다스리려 하는 것이라 하여, 그 차이를 명확하게 밝히고 있다. '몸으로 몸을 살피는' 것은 바로 자기의식에 사로잡히지 않고 자연을 따르는 무의(無意)·무위(無爲)의 수신방법이라면, '자기로서 몸을 살피는' 것은 자기의식에 따라 자기 몸을 다스리려는 유의(有意)·유위(有爲)의 그릇된 수신방법이라 구별하는 것이다. 이에 따라 그는 "집으로 집을 살피면 아비는 아비답고 자식은 자식답고, 지아비는 지아비답고 지어미는 지어미다워 가정의 법도가 바르게 되며, 천하로서 천하를 살피면 자기를 공손하게 하여 남쪽을 향해 자리잡으면 천하가 천하를 다스린다. 국가의 근본은 몸에 있으며, 그 요령은 그 몸을 소유하지 않는 데 있을 따름이다"[51]라고 밝혔다. 곧 집안과 천하를 다스리는 방법도 자기의식에 따르는 것이 아니라, 자연에 따라 그 자체로 다스려야 각각의 역할이 온전하게 이루어지고 저절로 다스려지는 효과를 이룰 수 있음을 확인하고 있는 것이다.

그는 맑게 함과 편안하게 함의 방법을 제시하면서도 '무위'의 근본원리를 확인하고 있다.

> "혼탁함을 맑게 하는 자는 이미 혼탁하게 할 수 있어서 또 고요하게 하여 서서히 맑게 하는 것이다. 혼탁하게 할 수 없으면 혹은 이 혼탁함을 버리고 맑은 것으로 바꾸어 취하

者, 曠然不知己之有身, 四大六根, 各還賦與之天, 而眞君常晏然, 此之謂以身觀身."

51 같은 곳, "以家觀家, 則父父子子, 夫夫婦婦, 而家道正, 以天下觀天下, 則恭己南面, 而天下治天下, 國家之本在身, 其要在乎不有其身而已矣."

> 는 자가 있으며, 고요하여 서서히 할 수 없으면 혹은 흔들어 걸러서 속히 맑기를 구하는 자가 있다. 편안함을 지키는 자는 이미 편안할 수 있어서 또 오랫동안 활동하여 서서히 살아나게 하는 것이다. 편안할 수 없으면 혹은 험한 도로에 수레를 고치거나 어지럽혀서 얽힌 실을 다스리는 자도 있다. 이미 혼탁하고서 맑게 하니, 별도로 맑게 하는 것이 없으며, 이미 편안하고서 살아나게 하니, 별도로 살아나게 하는 것이 없다. 이 '도'를 지키고 가득 차고자 하지 않으며, 감히 '유위'로써 하지 않으니, 그러므로 낡아서도 새롭게 이루지 않을 수 있다. 성인이 사람과 사물을 잘 구제하는 것은 이 편안함으로써 하니 아름다운 일이다."[52]

혼탁함이 현실로 주어져 있으면 그 혼탁함에서 고요히 하여 맑게 하는 방법은 혼탁함이 스스로 맑게 되는 것이요, 밖에서 억지로 맑게 하는 것이 아니다. 편안함에서 오래 활동하여 살아나게 하는 것은 스스로 살아나는 것이요, 밖에서 억지로 편안하게 하려는 것이 아니다. 이처럼 '무위'의 수양법은 의도함이 없이 스스로 온전하게 이루어지도록 하는 것이요, 억지로 이루려고 하는 것이 아님을 분명하게 제시해 주고 있다. 따라서 그는 『논어』(「公冶長」)에서 "늙은이를 편안하게 하고, 벗을 믿게 하고, 젊은이를 품어 준다[老者安之, 朋友信之, 少者懷之]"라고 말한 구절의 '편안하게 한다'거나 '품어 준다'는 것은 무너짐을 채워 주는 명칭이며, 『주역』(「否卦·繫辭下」)에서 "망할까 망할까 하는 것이 빽빽한 뽕나무에 매어 튼튼하다[其亡其亡, 繫于苞桑]"는 것은 사지가 편안하면 질병이 일어나고 나라가 편안하면 향락이 일어나니, 성인은 편안함이 죽음과 멸망에 가까움을 경계한 것이라 한다. 이와 더불어 그는 『주역』(「乾卦」)에서 "저녁까지 두려워하여 힘쓴다[夕惕若, 厲]"고 하여 감히 소홀하고 태만하지 않음을

52 『담로』 제15장, "澄濁者, 旣能濁矣, 而又靜之徐淸. 不能濁, 則或有舍此濁者, 革取淸者, 不能靜而徐, 則或有撓濾以求速淸者, 持安者, 旣能安矣, 而又久動之徐生. 不能安, 則或有更駕畏途, 而棼治亂絲者, 不能久動而徐, 則或有益生而修藥於無妄者, 卽濁而淸, 無別淸之者, 卽安而生, 無別生之者, 保此道而不欲盈, 不敢以有爲, 故能敝而不新成, 聖人所以善救人物者, 以此安者, 美事也."

말하는 것은 활동함을 말하고, 『논어』(「子路」)에서 "빨리 하고자 함이 없고, 작은 이익을 보려고 함이 없다[無欲速, 無見小利]"는 말은 오래도록 활동하는 것을 말하는 것이라고 한다.[53] 이처럼 그는 『노자』에서 수신의 방법으로 말하는 것이 유교경전의 뜻과 통하는 사실을 확인하는 데 주의를 기울이고 있다.

이충익은 『노자』에서 양생(養生)의 의미를 신체적 생명으로 장생불사를 추구하는 것이 아닌 것으로 보는 독특한 해석을 하고 있다. 곧 그는 "그 몸을 가지고서 양생을 하면 육착(六鑿: 喜·怒·哀·樂·愛·欲의 六情)이 어지러워지고 문란하고 요사함이 안에서 공격하며, 형체를 잊고 비쳐진 모습을 버린 다음에 물과 불을 달려가 밟아도 불타거나 빠지지 않는다. 그 몸으로 천하를 삼으면 머리를 두려워하고 꼬리를 두려워하여 위태로움과 해독이 밖에서 엷어질 것이다. 은총과 모욕을 놀란 듯이 하며 얻음과 잃음을 같은 것으로 여긴 다음에 모든 변화를 다스릴 수 있고 근심과 두려움이 없을 것이다"[54]라고 하였다. 그의 양생론은 한편으로 자신이 자기 몸을 가지고 있다는 의식을 버림으로써 바깥에서 당하는 모든 위태로움을 벗어날 수 있고, 다른 한편으로 천하를 자신의 몸으로 삼아 두려워하면 위태로움을 면할 수 있다는 것으로, 자기 몸에 집착하는 소아(小我)를 버림으로써, 천하와 일체를 이루는 대아(大我)를 확립하는 것을 양생의 근본방법으로 제시하고 있는 것이다.

또한 그는 삶과 죽음의 문제에서 그릇된 대응태도를 제시함으로써, 자기 몸을 잊는 '무신(無身)'의 양생법을 제시한다. 곧 그는 "세상에 나와서 살고 들어가서 죽는 것은 호소할 수도 없고 거부할 수도 없으며 어떻게 해볼 수도 없는 일이니, 빠르게 오고 감이 밤과 낮이나 추위와 더위가 서로 일관하는 것과 같

53 같은 곳, "傳曰, 懷與安, 實敗名, 易係曰, 其亡其亡, 繫于苞桑, 四支安, 則疹疾作, 國家安, 則般樂興, 聖人之戒於安以其近死亡也, 夕惕若厲, 不敢怠忽, 所謂動也, 無欲速, 無見小利, 所謂久動也."

54 『담로』 제13장, "有其身以養生, 則六鑿紛然, 而淫沴內攻, 忘形遺照, 然後可以赴蹈水火, 而不焚溺, 有其身以爲天下, 則畏首畏尾, 而危害外薄, 驚寵辱齊得失, 然後可以御萬變, 而無憂慄."

다. 참으로 진인(眞人)의 크게 항상함은 아래의 글에서 열에 하나가 된다"[55]고 하여, 죽음과 삶은 자연의 현상으로 받아들일 수밖에 없는 것임을 강조하고, 진인(眞人)의 올바른 삶을 실현하는 것은 열에 하나쯤으로 보고 있다. 이와 달리 양생에 어긋나는 삶의 모습으로서 그는 "삶에 의탁하여 일삼는 자는 열에 셋이고, 죽음에 의탁하여 일삼는 자는 열에 셋이다. 이 두 가지는 또한 범인의 감정으로는 면할 수 없는 것이니, 만약 삶에 연연하고 죽음을 싫어하는 자는 삶을 늘이려고 힘쓰다가 삶을 손상시킬 것이다. 삶으로부터 죽을 곳으로 가는 자는 열에 셋이다. 형체를 잊고 비쳐진 모습을 버릴 수 없는 데 말미암으니 그 몸을 소유하고 있기 때문이며, 그 몸을 소유하여 죽을 곳으로 가는 자이다"라고 하여, 삶을 손상시키는 세 가지 양상을 제시하고 이러한 인간의 태도가 열에 아홉이 되는 것으로 본다. 따라서 그는 "삶을 구차하게 빌린 것으로 여기는 자는 그 몸을 가지지 않는 자이다. 이미 그 몸을 가지지 않는다면 어찌 손상시킬 것이 있겠는가? 그러므로 죽을 곳이 없다고 한다"[56]고 하여, 양생의 올바른 방법이 삶에 집착하지 않음으로써 자기 몸을 자기의 것으로 소유하지 않는 '무신(無身)' 의 태도임을 밝히고 있는 것이다.

---

55 『담로』 제50장, "出而生, 入而死, 不訴·不拒·不爲之役, 翛然來往, 如夜晝寒暑之相爲一貫, 固眞人之大常爲下文十之一."

56 같은 곳, "附於生而爲之役者, 十有三, 附於死而爲之役者, 十有三, 此二者, 亦凡情之所不免, 若其戀生而惡死者, 務益生而損生, 自生而之死地者, 十有三, 由不能忘形遺照, 而有其身故也, 有其身者之死地者也, 攝, 猶權假也, 以生爲權假者, 無其身者也, 旣無其身, 何所傷之, 故曰無死地."

4. 치도의 원리와 실현

1) 치도의 원리

(1) 반박(反樸)과 신도(神道)의 정치

이충익은 '도'의 전체를 가리키는 '박(樸)'과 그 '도'가 다양하게 구체화되어 드러난 '기(器)'를 임금과 신하가 지켜야 하는 도리로서 '임금의 도[君道]'와 '신하의 도[臣道]'에 대비시켜 해명하고 있다. 곧 그는 "'박'은 '기'에 견주면 작다고 할 수 있지만 '도'의 큰 전체이니 '임금의 도'이다. 임금이 이것을 지켜 만물을 따르게 하는 것이다. '박'이 흩어져 '기'가 되어 모든 명목이 성립하며, 성인은 이를 사용하여 벼슬을 삼으니 '신하의 도'이다. 비록 '신하의 도'는 각각 명목을 따라 쓰이지만 또한 반드시 그침을 알고 근본으로 돌이킨다"고 하여, 전체를 통합하는 '박'이 임금에 해당하고, 부분적 다양성을 드러낸 것이 신하에 해당하는 것이라 구별한다. 여기서 그는 '신하의 도'는 '임금의 도'에서 근원하는 동시에 '임금의 도'에로 귀결되어야 하는 것임을 강조하여, 치도가 바로 근본으로 돌이키는 '반본(反本)'의 원리임을 확인한다. 이처럼 그는 임금과 신하의 관계를 비유하여 설명하면서, "마치 모든 별이 북극성을 받들고 모든 시내가 바다로 향하는 것과 같으니, 그러한 다음에 '도'에 일치하여 위태롭지 않다. 봄과 여름은 먼저 오고 가을과 겨울은 뒤에 오는 것이 사계절의 순서이지만, 그러나 봄 · 여름 · 가을 · 겨울은 서로 시작과 끝이 되니, 그러한 다음에 한 해가 이루어진다. 임금과 신하의 '도' 역시 이와 같다"[57] 고 제시한다. 이처럼 임금과 신하의 '도'는 전체와 부분의 관계로서 부분이 전체로 귀결되는 것이 '도'에 일치하는 것이라는 통합적 질서를 제시하면서, 이와 더불어 사계절에는 전후의 순서가 있지만 동시에 서로 이어가는 것처럼 임금과 신하의 역할도 서로 시작과 끝이 되는 순환적 고리를 이루는 것으로 제시하고 있다.

또한 그는 영예가 귀하고 높으며 굴욕이 천하고 낮다는 일상적 가치의식을 전제로, "귀한 것은 천한 것을 근본으로 삼고, 높은 것은 낮은 것을 기초로 삼음을 알아서, 천하고 낮은 것을 근본과 기초 삼아 지키면 '박'에 돌이키고 책임 맡은 관리를 거느릴 수 있다. '박'은 온전하고 '기'는 흩어진 것이니, 온전함은 '임금의 도'가 되고 흩어져 쓰이면 책임 맡은 관리나 사무 담당자가 되는 것이다"[58]라고 밝힌다. 여기서 그는 귀하고 높은 것은 천하고 낮은 것을 분리시켜 버리려는 태도가 아니라, 근본과 기초로 삼음으로써 '기(器)'가 '박(樸)'으로 돌이켜지는 '반박(反樸)'의 원리를 전체와 부분이 통합되는 정치의 기본원리로 확인한다. 이 '반박'의 원리가 바로 전체로서의 임금이 부분으로서 책임 맡은 관리를 거느릴 수 있는 치도(治道)의 기본원리임을 보여 주는 것이기도 하다.

그는 성인의 정치를 하는 기본원리는 하늘을 본받는 데 있음을 주목하여, "하늘의 '신도(神道)'는 사계절이 어긋나지 않으니 아래 백성들이 살펴서 감화된다. 성인은 '신도'로 가르침을 베풀지만 오히려 감히 자랑하여 사람들에게

---

57 『담로』 제32장, "樸比之器, 可謂小矣, 然道之大全, 卽君道也, 侯王所以守之以賓萬物者也, 樸散而爲器, 衆名立焉, 聖人用之爲官長, 卽臣道也, 雖臣道各循名而致用, 亦必知止而反本, 猶衆星之拱極, 百川之宗海, 然後一於道, 而不殆矣, 春夏先秋冬後, 四時之序也, 然春夏秋冬相與爲始終, 然後歲成, 君臣之道亦猶是也."

58 『담로』 제28장, "榮爲貴高, 而辱爲賤下, 知貴以賤爲本, 高以下爲基, 而守賤下以爲本基, 則能反樸, 而御官長矣, 蓋樸全而器散, 猶全之爲君道, 而散而用之, 則爲官長有司也."

보이지 않는다. … 오직 겸손하여 낮추고 깊숙이 침잠함의 극치이니, 그러므로 한 번 열리고 한 번 닫히는 데 천지의 뿌리가 될 수 있으며, 그 사물의 쓰임에 이르러서는 또한 그 미묘함의 극치는 가득 채우지 않고 억지로 하지 않으나 온갖 생물이 이로 말미암아 살아가고 모든 생명이 이에 의거하여 이루어진다"[59]고 하였다. 여기서 그는 하늘의 '도'를 '신도(神道)'라 하고, 성인이 이 하늘의 '신도'를 따르는 것이라 하여, 『주역』(「觀卦」)의 말을 그대로 따라 『노자』를 해석하고 있음을 보여 준다.[60] 여기서 그는 '신' 개념을 '비어 있고 아래에 있는[虛而下]' 골짜기[谷]인 『노자』에서 말하는 '곡신(谷神)'으로 해석함으로써, 『주역』과 『노자』의 두 가지 개념체계를 결합시켜 '신도'를 해석함으로써 치도의 원리를 제시하고 있는 것이다.

(2) 무위(無爲)의 정치

이충익은 노자의 치도에서 '무위'를 기본원리로 중시하고 있다. 그는 '무위'의 원리가 바로 '천지의 도'를 본받는 것임을 확인한다. 곧 "'천지의 도'는 해와 달이 운행하고 한 번 추워지면 한 번 더워져 모든 생명이 살아가며, '군자의 도'는 자기를 공손하게 하여 남쪽으로 향해 임금의 자리에 앉아서 옷을 늘어뜨리고 있으면 모든 생명이 이루어진다"고 하여, 임금의 역할은 봄이 오면 꽃이 피듯이 자연의 운행질서를 따라 아무런 계획이나 의도함이 없이 모든 생명이 순조롭게 살아갈 수 있게 하는 것이라 한다. 따라서 "따뜻하게 해주고 은

59 『담로』 제6장, "天之神道, 四時不忒, 而下觀而化也, 聖人以神道設敎, 而猶不敢夸以示人, … 唯其謙卑幽潛之極, 故能一開一闔, 而爲天地之根, 及其用之於事物, 又其微眇之極, 不取盈焉, 不作强焉, 而百昌由是而生, 羣生藉之而遂."

60 『주역』, 「觀卦」의 彖傳에서는 "下觀而化也. 觀天之神道, 而四時不忒, 聖人以神道設敎, 而天下服矣"(아래의 백성이 살피고 감화된다. 하늘의 '신도'를 살피니, 사계절이 어긋나지 않는다. 성인이 '신도'로서 가르침을 베푸니 천하가 복종한다)"고 하였다. 이충익은 『담로』 제43장의 '말 없는 가르침[不言之敎]'에 대해서도, 『주역』(「觀卦」)를 끌어들여 "'신도'로서 가르침을 베푸니 천하가 복종한다[神道設敎, 而天下服]"라고 해석하였다.

혜를 베풀어 줌이 있는 것과 같이 스스로 어질고 사랑함을 써서 백성들에게 마음대로 베풀어도, 백성들은 따르지 않고 거짓으로 대응하는 자도 있으므로 중심을 지키는 것만 못하다고 한다. '무위'는 왕성하면서 스스로 감화되는 것이다"[61]라고 한다. 이처럼 임금이 은혜를 베풀고 어질고 사랑하는 일을 자신의 뜻에 따라 행하면 도리어 백성들 사이에는 거짓됨이 일어나게 되므로 백성들이 스스로 감화되고 활기 있게 살아갈 수 있도록 하는 것이 바로 '무위'의 정치라는 것이다.

그는 '무위'를 신령한 것이라 하여, "'천하의 신령한 도구'라고 하는 신령함은 '무위'이다. 그러므로 어떻게 해보려 해서는 안 된다. … 사물이 가지런하지 않음은 사물의 실정이다. 성인은 이에 근거하여 잘 이끌어가며 교만함을 제거하고 심한 것을 제거하니 사물은 스스로 교화되면서도 알지 못한다. 만약 붙잡고 어떻게 해보려고 하여 억지로 가지런하게 한다면 장차 실패함을 보게 될 따름이다"[62]고 하였다. 성인이 사물의 가지런하지 못함을 이끌어가는 방법은 다만 교만이나 심한 것을 제거할 뿐, 의도적으로 일을 도모함이 없음을 강조하고, 이렇게 '무위'로 다스리면 사물이 스스로 감화되는 것이 '무위'의 원리임을 제시한다. 여기서 그는 '교만함을 제거함[去泰]'이나 '심한 것을 제거함[去甚]'을 『장자』에서 "말을 해치는 것을 제거하는 자[去害馬者]"(「徐无鬼」)나 "뒤처지는 양을 채찍으로 몰고 가는 자[鞭羊之後者]"(「達生」)와 같은 뜻이라 확인하고 있다.

또한 그는 "성인이 '도'로써 천하에 다스림은 '무위'요, 사람을 상하지 않게 하는 것일 뿐이다. 말을 잘 기르는 자는 말을 해치는 것을 제거하여 말이

---

61 『담로』 제5장, "天地之道, 日月運行, 一寒一暑而百昌生, 君子之道, 恭己南面, 垂衣裳而羣生遂, 如有响諭之惠, 自用其仁愛, 以横施於民, 民所不懷, 而應之以詐者有之, 故不如守中, 無爲, 芸芸而自化者矣."

62 『담로』 제29장, "天下神器, 神無爲也, 故不可爲也, … 物之不齊, 物之情也, 聖人因以利導之, 去泰·去甚, 物自化而不知, 若執而爲之, 强使齊焉, 將見其敗失而已."

씩씩하게 되며, 사람을 잘 다스리는 자는 사람을 해치지 않으니 백성이 저절로 교화되는 것이다. 교화의 공적을 이루는 극치는 귀신이 사람을 해치지 않는 데 이르는 것이니, 성인의 덕은 백성에게 교대로 돌아간다"[63]고 하여, '무위' 의 정치는 사람을 해치지 않는 것일 뿐이요, 그렇게 되면 백성들이 저절로 교화되어 치도를 이룰 수 있다는 것이다. 여기서 그는 귀신도 사람을 해치지 않는 데 이른다는 것은 '무위' 의 정치가 이루어지는 극치요, 성인의 덕이 온전하게 백성들에게 미친 것으로 중시한다.

이와 더불어 그는 "성인이 사람과 사물에 대해서는 사사롭게 좋아하고 싫어함이 없음은 하늘이 덮어 주고 땅이 실어 주는 것과 같다. 사람과 사물이 그 삶에 불안함을 보면 소리와 안색으로 불쌍히 여겨 어루만져 주지 않고 재물로 넉넉하게 해주지 않으며 해악을 제거하고 채찍을 들고 뒤따라가는 것이 마치 아무것도 하지 않으며 주재하지 않으나 사람과 사물이 스스로 움직여 올라가는 것과 같다. … 아래에서 지혜가 없으니 위에서 감히 지혜를 행하려 하지 않는다. 이것은 지혜가 미혹하는 것과 같은 것이요, '도' 를 행하는 요령의 신묘함이다"[64]라고 한다. 이러한 '무위' 의 정치에서는 사사로운 감정이 없어야 할 뿐만 아니라, 선행을 한다는 의도도 없어야 하며, 나아가 다스리는 자가 자신의 지혜 곧 교묘한 지식[巧智]을 행하려는 의식도 없어야 하는 것임을 강조하고 있다. 오직 해악을 제거함으로써 백성이 스스로 일어나 자신의 삶을 실현할 수 있도록 지켜보는 것이 마치 말이나 양을 기르는 '목자(牧者)' 의 역할과 같은 것임을 제시한다.

따라서 그는 "천하가 성인에게 귀속해 와도 성인을 섬기는 바가 없으며, 성

---

63 『담로』 제60장, "聖人之以道莅天下, 無爲也, 不傷人而已, 善養馬者, 去害馬, 而馬壯, 善治人者, 不傷人, 而民自化, 功化之極, 至於鬼不傷人, 則聖神之德, 交歸於民."

64 『담로』 제27장, "蓋聖人之於人物, 無私好惡, 如天地之覆載, 其視人物之不安其生者, 不以聲色傴拊之, 不以財物饒益之, 去害而鞭其後, 猶且無爲焉, 不宰焉, 而人物自炊累, …下無知, 而上不敢爲知, 是知者同乎迷, 而爲道之要妙也."

인도 천하를 섬기는 바가 없다. … 성인이 천하에 뜻을 이룸이 없으니, 천하도 알지 못하면서 스스로 귀속되는 것이다"[65]라고 하여, 성인은 천하가 자신에게 귀속해 오더라도 천하를 위해 무엇을 하는 것이 없어야 함을 강조하며, 천하도 성인을 의식하지 못하면서 귀속되어 오는 것이 '무위'의 치도가 이루어지는 모습임을 보여 준다. 이것이 바로 자연을 따르는 '도'이다. 그는 "'도'란 큰길과 같다. 그러니 오직 지혜를 쓰지 않고 자연을 따르는 자는 베푸는 것이 없으며 두려워한다. 만약 그 지혜를 써서 행하고자 하는 자는 반드시 사특한 지름길을 따라가니, 오직 베풀어서 험준한 길을 다 가고야 만다"[66]고 하여, '무위'의 치도는 평탄한 큰길을 가듯이 자연을 따라가는 것임을 강조한다. 여기서 그는 교묘한 지식을 쓰는 것이 '무위'의 치도에 가장 큰 장애가 되는 것으로 경계하고 있다.

2) 치도의 실현과제

이충익은 정치의 과제를 '색(嗇)'을 사치하고 낭비하지 않는 것이라 하고, "'도'로 말미암으면서 돌이킬 줄 모르는 것은 또한 사치와 낭비라 할 수 있다"라고 하여, '도'를 따라 정치를 함에는 근본으로 돌이키는 것이 중요함을 강조하여, '근본의 인식이 정치함의 기본조건임을 확인한다. 따라서 그는 "만약 일찍이 회복하여 그 근본을 지킬 수 있으면 이 '도'가 귀중하기만 한 것이 아니라 일찍이 회복하는 것이 귀중하게 되니, 덕을 거듭 쌓는 것이라 할 수 있

65 『담로』 제35장, "天下歸往於聖人, 而無所事乎聖人, 聖人亦無所事乎天下, … 聖人非有意致天下, 而天下亦莫之知, 而自歸者."

66 『담로』 제53장, "夫道若大路, 然唯不用知, 而循自然者, 無施而可畏, 若用其知, 而欲行之者, 必趨于邪徑, 而惟所施, 而盡畏途也."

다. '도'를 사치하게 낭비하지 않으면 일이 이루어지지 않음이 없으니, 이로써 사람을 다스리고 하늘을 섬기면 오랫동안 세상에 어른 노릇을 해도 위태롭지 않다"[67]고 하여, 일찍이 근본으로 돌이켜야 한다는 것을 알고 근본을 지키는 것이 바로 사람을 다스리고 하늘을 섬기는 기본과제임을 지적한다. 여기서 그는 정치의 근본은 바로 백성이요, 백성을 근본으로 하는 '민본(民本)'이 정치의 기본과제임을 주목하여, 『노자』에서 정치의 과제로서 '민본'의 문제와 용병(用兵)에 따른 부쟁(不爭)의 원칙을 가장 중시하고 있다.

그는 어진 이를 숭상하고 어리석은 백성을 천시하면 백성의 삶이 불안해지고, 보석을 귀중하게 여기면서 생활도구를 천시하면 생업이 상실될 것이라 경계하면서, 어리석은 백성과 일상의 생활도구를 중시하는 것이 올바른 정치의 자세임을 지적하여 백성이 정치의 근본임을 강조하고 있다.

그는 "성인의 다스림은 백성을 근본으로 삼고 착하지 못한 사람을 바탕으로 삼는다. 착하지 못한 사람이 착하지 못함에 불안하여 착한 것을 바랄 만한 것으로 힘쓰면 이것은 착하지 못한 사람이 다투어 일어나 도적이 되어 어지럽힐 것이니, 성인은 그 바탕을 잃을 것이다"라고 하여, 백성을 근본으로 하는 '민본' 정치는 착하지 못한 백성들에게 도덕적 가치를 내세우면 도리어 거짓과 혼란을 초래하게 됨을 지적한다. 여기서 착하지 못함이란 악하다는 의미가 아니라 도덕규범에 맞게 세련되지 못하였다는 의미로 보인다. 따라서 그는 "이 때문에 성인의 다스림에는 백성들로 하여금 그 마음과 의지를 내버리고 그 배와 뼈를 기르며, 지혜와 욕망이 그 마음속에서 어지럽힐 수 없게 하여야 한다. 그러한 다음에 농민과 공인이 그 생업에 전념하여 수척함이 없을 것이다"[68]

---

67 『담로』 제59장, "嗇者, 不侈費也, 由是道而不知反, 則亦可謂侈費也, 如能早復, 而守其本, 則不但是道之貴, 早復之爲貴, 可謂重積德矣, 道不侈費, 而事無不成, 以之治人事天, 長世而不殆矣."

68 『담로』 제3장, "聖人之治, 以民爲本. 而以不善人爲資, 不善人不安於不善, 而騖善之可欲, 則是不善人, 爭起爲盜亂, 而聖人失其資矣, 是以聖人之爲治, 使民黜其心志, 而養其腹骨, 知與欲無得以滑其中, 然後農工專其業, 而無羸瘠矣."

라고 하였다. 그것은 교지(巧智)나 욕망에 이끌려서 도덕규범에 맞추어 교양과 품격이 있는 용모를 갖추고 언행을 하려는 허식적인 삶이 아니라, 자연으로 타고난 몸을 강건하게 하며 생업에 충실한 삶이 백성들의 건전한 삶으로 보는 것이다.

이처럼 백성을 근본으로 하는 정치에서는 교묘한 지식을 쓸 필요가 없다. 곧 그는 "지식이 있는 사람은 백성은 알게 할 수 없으나 나만은 지식을 쓸 수 있다고 말한다. 그러나 아래에서 위로 상응하는 것은 북채와 북소리의 상응처럼 빠르다. 그러므로 위에서 지혜롭다는 자도 감히 지혜를 쓰지 못하고 지혜도 소용이 없게 되니, 천하의 풍속은 비로소 현묘한 동일함이 된다"[69]고 하였다. 여기서 '지혜' 라는 것은 교묘한 지식 곧 교지(巧智)를 의미하며, 참된 덕성인 지혜를 가리키는 것이 아니다. 그렇다면 그는 다스리는 자가 교묘한 지식을 마음대로 쓰면서 『논어』(「泰伯」)의 말을 빌려 "백성은 알게 할 수 없다[民不可使知之]"고 하여 백성을 무지의 상태로 맡겨두는 태도와 노자의 입장을 명확히 차별화하고 있다. 이렇게 백성을 어리석음 속에 묶어 두고 다스리려는 태도를 '우민(愚民)' 정치라고 한다면, 노자의 정치는 이와 달리 '현동(玄同)' 의 정치로 제시한다. 곧 그는 인간의 불완전한 판단과 자의적인 욕망에 지배되는 인위적 교묘한 지식을 버리고 '무위' 와 '자연' 을 따름으로써 위의 다스리는 자와 아래의 백성이 상응하여 일체를 이루고 천하가 근원적으로 일치하는 '현동(玄同)' 을 '민본' 정치의 기준으로 제시하고 있는 것이다.

그는 『노자』에서 말하는 '어리석음[愚]' 의 의미를 제시하여, "백성이 미혹된지 오래되었다. 오직 지혜로 나라를 다스리는 것만 알고 지혜로 나라를 다스리지 않는 것이 또한 본보기가 된다는 것을 알지 못한다. 이 '도' 를 알 수 있는 자는 덕이 심원한 자로서 만물과 더불어 근본으로 돌이킬 수 있다. 만물과

---

69 같은 곳, "若知者, 謂民不可使知之, 而吾獨可以用知焉, 下之應上, 捷於桴響, 故上之知者, 亦不敢爲知, 而知亦無所用, 天下之俗, 始玄同矣."

더불어 근본으로 돌이킬 수 있는 것은 곧 이른바 '어리석게 한다'는 것이다"[70] 라 하였다. '어리석음'이란 '지혜'와 상반된 개념이고, 『노자』에서 '지혜'가 교묘한 지식을 의미하는 것이라면, '어리석음'도 교묘한 지식을 버리고 '근본으로 돌이키는 것'이라 명확하게 규정하고 있다. 어리석다는 것은 무지하고 동물적으로 탐욕스럽고 추악한 것이 아니라, 인간의 온갖 자기중심적이고 간교한 지식들을 버리고 '도' 내지 '자연'의 근본으로 돌이키는 것임을 밝히고 있는 것이다. 그것은 '도'를 실현하면서 인간의 불완전한 '지식'을 씻어낸다는 의미에서 '어리석음'을 추구하는 것이고, 동시에 어떤 지식과 의지와 기교가 밖으로 드러나지 않는다는 의미에서 '어리석음'으로 보이는 것이라 할 수 있다.

또한 그는 '민본'의 실천은 다스리는 자가 '백성의 마음을 자기 마음으로 삼는 것'임을 강조하고 있다. 곧 "성인이 어찌 항상한 마음이 없겠는가. 백성의 마음을 자기 마음으로 삼아서 사사로운 주장이 없으니 바로 성인의 항상한 마음이다. 백성의 마음과 내 마음이 같으니, 그러므로 그 착하지 않음이 있는 것은 나의 착하지 않음과 같아서 성내고 원망하는 마음이 없으니, 나와 백성은 덕이 착함을 같이하며, 그 미덥지 못함이 있으면 나의 미덥지 못함과 같아서 억측하여 의심하는 마음이 없으니, 나와 백성은 덕이 믿음을 같이한다"고 하여, 다스리는 자로서 성인과 다스림을 받는 백성은 마음이 일치하고 가치의식이 일치하며 신뢰가 이루어지고 있음을 제시한다. 따라서 "성인이 백성의 착하지 못하고 미덥지 못함을 가려내어 착함이나 미더움과 달리 여기면, 이것은 성인과 백성이 각자 마음을 가지는 것이 되어, 용납하지 못하고 공평하지 못하여 덕이 착하지도 미덥지도 못한 것이다. 이 때문에 성인은 천하의 사람을 위하여 스스로 그 마음을 혼융하게 하여 착하지 못함과 미덥지 못함을 버

70 『담로』 제65장, "民之迷也, 爲日久矣, 唯知以智治國, 而不知不以智治國之, 亦爲楷式, 能知是道者, 則可謂德之深遠者, 而能與物反本矣, 與物反本, 卽所謂愚之也."

리지 않아서 그 착함과 미더움을 함께 하니, 또한 백성을 위하여 그 마음을 혼융하게 하여 착함과 미더움이 되는 것을 알지 못하게 한다"[71]고 하였다. 성인이 백성의 마음을 자기 마음으로 삼기 위해서는 무엇보다 착함과 착하지 못함이나 미더움과 미덥지 못함을 분별함으로써 백성을 차별화시키는 태도를 버려야 할 것으로 강조한다. 이처럼 그는 가치기준을 엄격히 따지고 분별하는 태도가 다스리는 자와 백성이 한마음이 되어 사회의 통합을 이루는 데 장애가 되는 것임을 주목하여, 가치의 모든 차이를 포용하는 조화의 자세를 통해 '민본' 정치의 실현이 가능한 것임을 제시한 것이라 하겠다.

'민본' 정치의 실현에서는 백성을 이끌어가기 위해 형벌을 어떻게 운용할 것인가의 문제가 제기된다. 그는 "항상하게 죽음을 두려워하지 않는 자는 화복의 근원에 밝으며 바깥에서 이르러 마음을 바꾸게 하지 못하는 자이니, 형벌이 두려워할 만한 것이 못 된다. 항상하게 죽음을 두려워하여 속임수를 쓰는 자는 화복으로 감정이 흔들려 속임수나 사특함으로 (복을) 맞이하거나 (화를) 피하고자 하니, 이러한 사람은 붙잡아서 죽여 백성을 두려워하게 할 수 있다. 그러나 내가 죽일 수 있는 것이 아니라 스스로 죽이는 일을 맡은 자가 있으니 나는 그 벼슬아치가 될 따름이다"[72]라고 하였다. 곧 자기의 중심이 확립되어 죽음을 두려워하지 않는 자는 형벌로 두려워하게 할 수 없지만, 화복에 마음이 흔들려 속임수를 쓰는 자는 죽임으로 두려워하게 하여 속임수를 쓰지 못하게 하여야 하는 것이라 한다. 다만 죽임의 형벌은 다스리는 자가 자기판단으로 결정하는 것이 아니라 살리고 죽임을 주관하는 하늘의 뜻을 따라 집행

71 『담로』 제49장, "聖人豈無常心, 以百姓心爲心, 而無私主, 卽聖人之常心也, 以百姓心與我心同, 故其有不善, 猶我之不善, 無嗔恨心, 則我與百姓, 德同善矣, 其有不信, 猶我之不信, 無億逆心, 則我與百姓,德同信矣, 若聖人揀別百姓之不善·不信, 以殊異於善信, 是聖人與百姓, 各自有心, 不容不公, 而德不善信, 是以聖人爲天下人, 自渾其心, 不棄不善信, 而同其善信, 亦爲百姓渾其心, 使不知善信之爲善信."

72 『담로』 제74장, "常不畏死者, 明乎禍福之原, 而不以外至易心者, 非刑罰之可懼, 常畏死而爲奇者, 撓情乎禍福, 而爲奇邪以邀避, 如此者, 方可得以執, 而殺之以威民, 然非吾得以殺, 自有司殺者, 吾爲之吏而已."

하는 직책을 맡은 것이라는 인식을 가져야 한다는 것을 강조하고 있다.

또한 그는 백성이 항상한 마음이 있어서 죽음을 두려워하지 않는 것이 아니라, 살기를 도모하기 위해 죽음을 두려워하지 않게 되는 경우를 경계하였다. 따라서 그는 "위에서 세금을 많이 거둬들이면 백성이 굶주리게 되고, 위에서 일을 도모하면 백성이 수고로워진다. 수고롭고 굶주리면 백성은 살기를 더욱 중하게 여기게 되고, 살기를 중하게 여기기 때문에 법망에 가벼이 저촉되고 죽음을 두려워하지 않는다. … 당시에 형벌이 번거롭고 무거웠으므로 다시 형벌로써 '도'를 비유하여 사람이 깨우치게 하고자 하였다"[73]라고 언급한다. 다스리는 자가 자신을 위해 의도적인 정치를 하면 백성을 착취하게 되고, 백성은 살기 위해 죽음도 두려워하지 않고 형벌도 가볍게 여기게 되는 것은 바로 '무위'의 치도에 어긋나는 것이요, '민본'의 정치에 상반되는 것으로 다스리는 자의 과오로 보고 있는 것이다.

이충익은 노자가 용병(用兵)이 부득이한 현실에서 백성의 삶을 안정시키기 위한 치도의 과제로서 부쟁(不爭)을 강조하고 있는 사실을 주목하였다. 곧 군사를 일으키면 황폐해지고 기근이 일어나 백성이 고통 받게 되는 결과를 들어서 "군사로 천하에 강함을 드러내는 자는 반드시 큰 재앙이 있을 것임을 알 수 있으니, 성인은 아직 일이 일어나기 전에 행하며 아직 어지러워지기 전에 다스리니, 진실로 군사를 일삼지 않는다"[74]고 하여, 재앙을 막기 위해서는 군사의 강함을 드러내지 않으며 군사를 일으키는 일이 일어나지 않게 미리 막는 것이 성인의 정치라 밝히고 있다. 따라서 그는 성인의 용병하는 '도'는 『노자』(제31장)에서 말하는 "평온함을 상등으로 삼고 전쟁에 이기더라도 아름답게 여

---

73 『담로』 제75장, "上食稅多, 則民飢, 上有爲, 則民勞, 勞且飢, 則民愈重生, 重生, 故輕觸憲網, 而不畏死, … 當時刑罰繁重, 故復以刑罰喻道, 欲人之有曉."

74 『담로』 제30장, "荊棘飢饉, 以明兵事之好還, 可知以兵强天下者之必有大禍也, 聖人爲之於未有, 治之於未亂, 固無事乎兵也."

기지 않는다[恬惔爲上, 勝而不美]"는 것이라 확인한다. 여기서 그는 노자가 주나라 말에 천하가 전쟁에 힘쓰는 시대를 살면서 밝히고자 한 치도의 과제로서, "다투지 않고 남에게 자신을 낮춤이 적을 이기고 남을 쓸 수 있는 것임을 거듭 밝혔다"[75]고 지적한다.

또한 그는 다툼이 일어나지 않게 하고 전쟁을 막기 위해 나라와 나라 사이에 갈등을 막고 상호 신뢰의 관계를 이룰 수 있는 방법을 확인하여, "큰 나라는 물이 아래로 흘러서 모든 물줄기를 받아들여 크게 이루는 것과 같아서, 낮추어서 작은 나라(의 신뢰)를 취하여 각각 그 하고자 하는 바를 얻을 수 있으니, 이것은 큰 나라가 힘으로 작은 나라에 (압박을) 가하는 것이 아니라 덕으로 (신뢰를) 취하는 것이다"[76]라고 하였다. 이렇게 그는 나라와 나라 사이의 관계에서 전쟁을 예방하여 부쟁(不爭)을 실현하기 위해서는 큰 나라가 작은 나라에 자기를 낮추어 덕으로 작은 나라의 신뢰를 받아 작은 나라를 포용할 수 있어야 함을 강조한다. 그것은 바로 『맹자』(「梁惠王下」)에서 말하는 "큰 나라가 작은 나라를 섬기는 것은 천명을 즐거워하는 것이요, 작은 나라가 큰 나라를 섬기는 것은 천명을 두려워하는 것이다[以大事小者, 樂天者也, 以小事大者, 畏天者也]"라고 하는 상호적 관계에서 특히 '큰 나라가 작은 나라를 섬기는 것[以大事小]'이 현실에서 실천의 과제로 중시하는 입장을 보여 주는 것이라 할 수 있다.

---

75 『담로』 제68장, "當周之衰, 天下方務於戰爭, … 申明不爭·下人之能勝敵, 而用人."

76 『담로』 제61장, "大國如水之下流, 納衆流而成大, 下以取小國, 而各得其所欲, 則是大國不以力加之小國, 而德取之也."

5. 이충익의 『노자』 이해가 지닌 특성

이충익의 『노자』 해석이 지닌 특성은 무엇보다 먼저 열린 시각에서 『노자』를 적극적으로 이해하고 있다는 사실을 지적할 수 있다. 그는 『노자』의 해석에서 『논어』와 『주역』 「계사전」을 비롯한 유교경전은 물론이요, 『장자』와 『노자』의 일치점을 주목하고 있으며, 불교의 개념을 『노자』 해석에 끌어들이기도 한다. 따라서 그는 『노자』를 유교의 입장으로 끌어들여 해석하거나 유교와 『노자』의 차이를 드러내는 데 관심을 두고 있는 것이 아니라, 『노자』의 문제의식과 사유논리를 충실하게 해석함으로써 유교사상과 『노자』 사이에 일치점이나 차이점을 넘어서 근원적으로 소통하는 것임을 확인한다.

그는 공자와 노자의 사상이 지닌 시대적 성격을 주목하여, "노자는 주나라 말기를 살면서 옛 법도로 돌이킬 것을 생각했다"고 인식하고, 송나라 여혜경(呂惠卿, 字 吉甫)의 말을 인용하여, "예법은 삼왕(三王)을 아우르는 데 이르고 음악은 육대(六代)를 갖추는 데 이르면 그 문채가 극진하다. 그러니 예법에서 (질박한 상고의 예법인) 현수(玄水)·대갱(大羹)으로 (후세에 가미된 예법인) 예주(醴酒)·화갱(和羹)의 아래에다 두지 않고, 음악에서 (피리의 처량한 소리인) 혜관(嘒管)·청상(淸商)으로 (느린 거문고 소리인) 주현(朱絃)·소월(疏越)의 위에다 보태지 않는 것은 사람들로 하여금 예법과 음악의 뜻이 저처럼 그만둘 수 없는 것임을 알게 하며, 이처럼 근본을 돌이키고 시초를 회복하게 하는 것임을 알게 하는 것이다. 이러한 때를 만나 공자는 문왕·무왕·주공의 무너진 실마리를 찾아 잇고자 하였고, 노자는 그 '도' 와 세상이 이러함을 논한 것이니, 그 뜻은 이와 같을 따름이다"[77]라고 하였다. 곧 삼왕(三王: 夏의 禹, 殷의 湯, 周의 文王·武王)의 예법과 육대(六代: 黃帝·禹·舜·堯·湯·武王시대)의 음악이 문채를 극진하게 갖추었는데, 주나라 말기의 혼란한 시대에 음악과 예법의 문채가 무너졌을 때, 공자는 주나라의 찬란했던 옛 예법과 음악을 찾아서 이어가고자 하였고, 노자는 '도' 의 참된 실체를 밝히고 당시 세상의 무너진 현실을 지적하는 차이를 보이지만 두 성인이 근본의 진실함으로 돌이키고 시초의 순수함을 회복하고자 하는 반본복시(反本復始)를 추구하는 사실에서 일치하는 것임을 강조하였다. 이처럼 그는 공자와 노자가 같은 시대현실에 대해 대응하는 논리에 차이가 있지만 근원적으로 진실한 옛 법도를 회복하여 세상을 구제하려는 정신에서는 일치하는 것임을 확인하고 있는 것이다.

또한 그가 '유' 와 '무' 의 존재문제를 면밀하게 분석하여『노자』에서 '도' 의 실체를 해석하는 중심문제로 표출시켜 '유론(有論)' 이나 '무론(無論)' 의 어느 한쪽에 서서 '도' 를 해석하는 견해를 지양하고 '유' 와 '무' 가 하나의 실체를 드러내는 두 양상으로 양자를 종합하는 입장임을 역설하고 있다. 따라서 그는 노자를 '무론' 으로 규정하고 '허' 와 '무' 의 부정적 사유를 기본 입장으로 규정하는 매우 일반화된『노자』 해석의 입장을 극복하고 있는 것이다. 그것은 성리학에서 근원적 실체를 '무극이면서 태극[無極而太極]' 이라 하고 '비어 있으면서 충실하다[虛而實]' 라고 하거나, 불교에서 '색이 곧 공이요, 공이 곧 색이다[色卽是空, 空卽是色]' 라고 하여 현상의 세계와 본체의 세계를 일치시키고 지양하는 논리와도 소통할 수 있는 것이라 보인다.

그는 '도' 가 발현되는 양상을 그 필연성에서 '자연' 으로 제시하며, 그 순수

77 『담로』 제81장, "玄聖之値衰周, 慨然思所以反古者, … 善乎呂吉甫之論, … 曰禮至于兼三王, 樂至於備六代, 其文極矣, 然而禮不以玄水·大羹, 而措之醴酒·和羹之下, 樂不以嘒管·淸商, 加之朱絃·疏越之上者, 使人知禮樂之意, 所不得已者, 如彼, 而所欲反本復始者, 如此也, 方斯時也, 孔子, 方求文武周公之墜緖而賡之, 老子, 論其道與世如此, 其意猶是而已矣."

성에서 '박(樸)' 으로 제시한다. 여기서 그는 '자연' 과 '박' 을 '도' 의 기본성격으로 주목하고 있는 것이며, 이러한 '도' 를 실현하는 방법으로서 어떠한 자의적 판단이나 의지를 벗어나 '자연' 을 따르는 '무위' 를 강조하고, 현실에서 왜곡되고 뒤섞인 폐단을 벗어나 '자연' 과 '박' 의 진실함을 회복하기 위해 근본으로 돌이키는 '반본(反本)' 을 중시하였다. 따라서 '덕' 의 실현에서도 '무위' 를 따르는 것을 철저히 관철하고 있으며, 그 드러난 모습으로 자기 몸을 잊는 '무신(無身)' 을 주목하고 있다. 또한 그의 정치원리도 '도' 의 질박함을 현실에 회복하기 위한 반박(反樸)을 중시하고 자신을 비우고 '자연' 의 질서를 따르는 '신도(神道)' 를 강조하며, '무위' 를 정치의 기본원리로 확인하였다. 나아가 그는 백성을 근본으로 하는 '민본(民本)' 이 『노자』에서 정치의 현실적 기본과제로 해석하며, 지혜(智慧) 곧 '자연' 에서 벗어나 인간의 판단과 계교에 따르는 지교(智巧)를 씻어내고 당시 끊임없이 일어나는 전쟁의 혼란과 고통을 극복하기 위해 용병(用兵)의 전제를 분쟁의 원천적 제거를 추구하는 부쟁(不爭)을 강조하였다.

이처럼 이충익은 『노자』를 『노자』의 기본개념과 논리로 충실하게 해석하면서, 그 사상이 유교와 일치하고 있는 점을 드러냄으로써, 의도적으로 끌어들여 해석하는 것이 아니라, 참된 진리는 그 체제가 명백한 차이를 드러내고 있더라도 그 근원에서는 서로 소통하는 것임을 밝힘으로써, 그 자신의 시대에서 사상적 다양성을 수용하지 못하는 엄격하고 배타적이며 독선적인 도학의 정통주의의 사유체계를 극복하고 포괄적이고 열린 사유의 세계를 『노자』 해석에서 의미 있게 제시해 주었던 것이라 보인다.

Ⅵ. 『정로』와 홍석주의 『노자』 이해

1. 홍석주가 『노자』를 보는 입장

2. 『노자』 해석의 체제와 입장

3. '도'의 실체와 '덕'의 실현

4. 치도의 원리와 과제

5. 홍석주의 『노자』 이해가 지닌 특성

1. 홍석주가 『노자』를 보는 입장

19세기 전반기에 활동하던 홍석주(淵泉 洪奭周, 1774-1842)는 김창협(農巖 金昌協)에서 김원행(渼湖 金元行)으로 이어지면서 형성되어 왔던 석실(石室: 경기도 남양주시 수석동에 있었던 淸陰 金尙憲을 제향하는 石室書院) 학맥과 연관이 깊은 노론 계열의 도학자이다. 그는 특히 경학의 연구에 정밀하였으며, 석실 학맥의 김매순(臺山 金邁淳, 1776-1840)과 기호 남인 계열의 실학자인 정약용(茶山 丁若鏞, 1762-1836)과 더불어 경학에서 한학(漢學) · 송학(宋學)의 쟁점이나 『상서』 금문(今文) · 고문(古文)의 쟁점에 관해 활발한 학문적 논쟁을 벌였던 사실은 이 시대 사상사의 중요한 성과라 할 수 있다. 그는 청조 고증학의 학풍에 비판적 입장을 취하였으면서도 폭넓은 지식을 지니고 있음을 보여 준다. 그만큼 그는 이 시대 사상사에서 주변적인 인물이 아니라, 핵심에 자리잡은 선구적 인물 가운데 한 사람이라 하겠다.

홍석주는 도학자이지만 폐쇄적인 이단배척으로 경직된 정통주의자가 아니었다. 그는 제자백가(諸子百家)에 관한 폭넓은 관심도 지녀, 『제자정언(諸子精言)』 등의 저술을 남기기도 하였다.[1] 한 사람의 도학자였던 그가 이렇게 이단

---

1 홍석주의 저술인 『洪氏讀書錄』은 經·史·子·集의 네 부분으로 이루어져 있는데, '子'로는 儒家 · 農家 · 醫家 · 兵家 · 老家 · 法家 등 13개 유파가 다루어져 있고, 『諸子精言』은 34家의 저술에서 名句를 뽑았다고 한다(김문식, 『조선후기경학사상연구』, 일조각, 1996, 131쪽). 또한 홍석주의 저술에서 『노자』의 이해는 『訂老』에서 집중적으로 제시되고, 그 이외에 『鶴岡散筆』과 『洪氏讀書錄』에서도 제시되고 있음을 주목하기도 한다(조민환, 『유학자들이 보는 노장철학』, 예문서원, 1996, 302쪽).

이나 잡학에 속하는 제자백가의 저술에 폭넓은 관심을 보이고 있다는 사실은 매우 중요한 특징적 면모를 드러내 주는 것이 사실이다. 아마도 그는 19세기 전반기의 시대 상황에서 이단에 대한 맹목적이라 할 만큼 전면적 거부태도가 한계에 부딪치고 있음을 인식하고 있었던 것이 아닌가 짐작된다. 당시 도학이념의 조선사회는 빠른 속도로 전파되면서 사회체제에 위협적 힘을 지닌 이단으로서 서학–천주교와 정면으로 부딪치고 있는 상황이었는데, 여기에다 그 동안 거부해 왔던 모든 이단·잡학을 계속하여 적대한다는 것은 적대적 사상들에 포위되는 위험을 초래할 수 있다는 현실적 인식이 가능하다고 본다. 따라서 포용할 수 있는 이단·잡학의 범위를 넓힘으로써, 대결해야 할 이단의 방향을 한정시키고 집중해야 할 필요도 있었을 것이다.

실제로 홍석주는 신유교옥(1801)·기해교옥(1839)이 벌어지고 홍경래의 난(1812)이 일어난 혼란한 시대를 살았던 도학자였다. 그는 경학의 도학적 전통을 학문의 기준으로 확인하면서도, 관심의 폭을 제자백가에 광범하게 열어놓았으며, 그 가운데서도 특히 『노자』의 해석에 가장 많은 공을 들였던 사실을 주의 깊게 음미해 볼 필요가 있다. 그는 22세(1795, 정조 19년) 때 벼슬에 나갔고, 벼슬에 나간 지 23년 만에 곤경을 만나서 돌아와 문을 닫고 교제를 끊고서 『노자』를 주석하였다고 하니, 『정로(訂老)』를 저술하기 시작했던 것은 44세(1817, 순조 17년) 무렵인 것 같다. 이때 그는 자신이 『노자』를 주석하는 사실에 대해 사정을 모르는 사람들이 노자에 의탁하여 세상을 도피하는 것으로 여길까 염려하였다.[2] 이처럼 그는 자신이 『노자』를 연구하고 주석한다고 하여 세상에서 벗어나 은둔하려는 것이 아님을 밝힘으로써, 그로서는 오히려 『노자』 주석을 통해 유교정신의 이해를 위한 기반을 넓히고 유교사상의 정체성을 확인하는 기회를 확보하는 것이라 생각해 볼 수도 있겠다.

---

2 『訂老』(『淵泉集』 권40-41), 「訂老題」, "余出遊于世, 二十三年困而歸, 始杜門謝交而爲此, 不知者將以爲托以逃也夫."

홍석주는 『정로』를 통해 유교와 노자가 좀 더 정면으로 만날 수 있는 자리를 만들어 준 것으로 보인다. 물론 유교의 입장에서 『노자』를 해석하는 시각을 벗어나는 것은 아니지만, 오히려 유교와 노자의 공통성과 차이점을 동시에 보려고 하는 발판을 확인하고 있는 사실에서 그의 『노자』 해석이 시작하는 출발점을 엿볼 수 있다고 생각한다. 그는 '도'의 실체를 해명하고 '덕'으로 실현하는 방법을 밝히며, '도'와 '덕'이 정치에서 시행되는 양상을 점검하면서 노자의 논리를 찾고, 그 논리가 유교의 관점과 조화되거나 분리되는 대목을 정밀하게 짚어 가고 있다는 점을 유의해 보고자 한다. 홍석주에 의해 유교와 노자의 상호대조를 통한 『노자』 해석은 바로 노자를 이해하는 그의 독자적 시야를 열어 주는 것인 동시에 유교와 노자의 관계를 찾아가는 하나의 길을 열어 주는 것이기도 하다.

2. 『노자』 해석의 체제와 입장

1) 『노자』 해석의 체제에 따른 견해

홍석주의 『노자』 주석인 『정로』는 원나라 오징(吳澄, 字 幼淸, 號 草廬, 1249-1333)의 『도덕진경주(道德眞經註: 老子注)』를 주요 판본으로 삼았다는 지적이 있으며, 그가 오징의 견해를 가장 많이 인용하였던 것도 사실이다.[3] 그러나 왕필 이후 『노자』가 81장으로 나누어져 통용되고 있는 데 비해, 오징은 『도덕진경주』에서 68장으로 장을 새롭게 나누었지만, 홍석주는 오징의 견해와 달리 81장의 체제를 따르고 있는 점에서 분명한 차이를 보여 주고 있다. 또한 왕필본의 81장 체제에서 23 · 24 · 25장이 『정로』에서는 25 · 23 · 24장의 순서로 바뀌어 있으며, 이 점에서는 오징의 『도덕진경주』와도 다르다. 그렇다면 홍석주가 『정로』에서 이용한 『노자』 본문은 오징의 『도덕진경주』가 대본(臺本)이 되었던 것이 아니라 할 수 있으며, 『정로』에서 채택한 『노자』 원문의 판본이 어떤 것인지 다시 찾을 필요가 있다.

---

3 김학목, 『홍석주의 노자』, 예문서원, 2001, 20-23쪽. 김학목은 『訂老』에서 홍석주가 인용한 서명과 횟수를 도표로 제시하여, 오징의 『도덕진경주』가 30회로 가장 많이 인용되고 있음을 보여 주며, 홍석주의 『訂老』와 오징의 『도덕진경주』에서 이용하고 있는 『노자』 본문의 판본문제로서 글자의 차이나 순서의 차이 등을 자세하게 분석하고 있다.

(1) 편장 사이의 연관성

홍석주는 『정로』를 81장 체제로 주석하면서 각 장들 사이에 내재하는 연관성에 매우 세심한 주의를 기울이고 있으며, 이러한 장과 장 사이의 연관성을 제시하는 것을 다음의 열여섯 가지 경우로 확인할 수 있다.[4]

① 제8·9장: 이 두 장은 '사물에 대처하고 자신을 온전히 하는 도리[處物全身之道]'를 논한 것으로 공통이지만, 제8장은 '세상에 대응함[應世]'을 말하고, 제9장은 '공로에 대응함[居功]'을 말한 것으로 대비시켰다.

② 제10·55장: 제10장의 6구절 가운데 처음 3구절은 '기를 단련하여 양생하는 요령[煉氣攝生之要]'을 말한 것이요, 다음 3구절은 '세상에 대처하고 사물에 대응하는 마땅함[言酬世應物之宜]'을 말한 것이라 하면서, 제55장은 제10장의 처음 3구절 가운데 둘째 구절인 '기를 지켜서 부드러움을 이룬다[專氣致柔]'는 구절의 뜻을 부연하여 설명한 것이라고 보았다.

③ 제11·제12장: 제12장은 제11장 끝의 '없다는 것이 활용이 된다[無之以爲用]'는 구절을 계승한 것이라고 지적하였다.

④ 제18·19장: 이 두 장은 노자가 세상에서 인·의(仁·義)를 잘못 알고 있는 것을 병통으로 여겨 반어법으로 말한 것이라 해명하였다.

⑤ 제22·24장: 제24장은 제22장에서 말한 '덜어냄을 보탬으로 삼는 의리[以損爲益之義]'를 펼쳐서 반어법으로 말한 것이라 보았다.

⑥ 제25·26장: 제26장은 제25장에서 말한 '자연무위(自然無爲)'의 뜻을 펼친 것이라 한다.

⑦ 제27-31장: 제28장은 제27장의 '함이 없으면서 한다[無爲而爲]'는 '무위(無爲)'의 뜻을 계승하면서 제29장의 '천하는 (유위로) 할 수 없다[天下[神器], 不

4 『訂老』는 왕필본과 같이 81장으로 구분하고 있지만 '장'의 번호를 붙이지는 않았다. 따라서 이 글에서 인용하는 『訂老』의 '장' 번호는 혼동을 피하기 위해 왕필본과 일치시키겠다. 따라서 왕필본의 23·24·25장이 『訂老』에서는 25·23·24장의 순서로 바뀌어 있지만, 왕필본과 같은 '장' 번호를 단지 편의를 위해 부여하고 있다는 사실에 유의할 필요가 있다.

可爲]' 는 뜻을 불러일으키는 연결의 역할을 하고, 제30장은 제29장을 계승하면서 '유위(有爲)' 로 천하를 취하고자 하여 '용병(用兵)' 을 하는 데 따른 재난의 심각함을 지적하고, 제31장은 제30장을 이어서 군자가 '용병' 을 즐겨하지 않는 뜻을 밝힌 것이라 파악하였다.

⑧ 제39-46장: 이 8개 장은 제39장의 '비우고 물러나며 겸손하고 간략함[沖退謙約]' 의 뜻을 미루어 밝힌 것으로서, 노자가 세상에 적용하고 사물에 대응하는 근본취지[用世應物之宗旨]라 확인한다. 그 가운데서 제43장은 제40장의 반(反)과 약(弱)의 의미를 펼쳐서 말한 것이라 하고, 제45장은 제41장의 '밝은 도는 어두운 것 같다[明道若昧]' 이하 12구절의 뜻을 펼치면서 청정(淸靜)으로 귀결시킨 것이라 하며, 제46장은 무력과 전쟁의 재난을 말하면서 제44장의 '만족할 줄 알고 그칠 줄 안다[知足·知止]' 는 뜻을 확장시킨 것이라 파악하였다.

⑨ 제39·50장: 제50장은 제39장의 '하나[道]를 얻는다[得一]' 는 뜻을 펼친 것이라 주장하였다.

⑩ 제53-54장: 제53장은 항상 겸손하여 부족한 것 같으나 오로지 안으로 실지의 덕을 힘쓰는 것을 말하였고, 제54장은 이를 계승하여 안을 닦지 않고 바깥을 꾸미는 것의 잘못됨을 밝히고 있는 것이라고 지적하였다.

⑪ 제60·61장: 제60장은 '간결하고 고요함[簡靜]' 으로 백성을 다스리는 것을 말하고, 제61장은 '겸손하게 낮춤[謙下]' 으로써 이웃나라와 교류하는 도리를 말함으로써, 노자가 춘추시대의 폐단을 경계한 것이라고 설명하였다.

⑫ 제63·64장: 제63장은 '시작을 삼감[愼始]' 을 말하고, 제64장은 '마침을 삼감[愼終]' 을 말한 것이라 보았다.

⑬ 제68·69장: 제69장의 내용은 제68장의 '무용을 드러내지 않는다[不武]' 하고 '노여움을 드러내지 않는다[不怒]' 의 뜻이라 설명하였다.

⑭ 제70·71장: 제71장은 제70장의 '나를 알지 못한다[不我知]' 는 말을 계승하여, 남이 나를 알아주지 않는 것이 나의 병통이 되지 않음을 거듭 말하였다

고 해명하였다.

⑮ 제73·74장: 제74장은 제73장을 계승하여 사람들이 형벌을 줄이고 죽임을 제거하게 하고자 함을 말한 것이라고 보았다.

⑯ 제3·57·80장: 제80장에서 '작은 나라와 적은 백성[小國寡民]'을 말한 것은 무지무욕[無知無欲]으로 백성을 이끌어감을 말한 제3장과 성인이 마음을 맑게 하고 일을 줄임[淸心省事]으로써 천하가 스스로 교화되기를 기다림을 말한 제57장의 공효가 극진하게 이루어짐을 보여 주는 것이라 한다.

(2) 편장체제에 대한 수정의견

또한 홍석주는 『노자』의 편장체제에 대해 자신의 견해를 밝히고 있는 것으로 다음의 다섯 가지 경우를 확인할 수 있다. 그는 이러한 편장체제의 변화가 필요하다는 자신의 견해를 지적하면서도 『정로』에서는 81장의 기존 체제를 유지하여 가볍게 이동시키지 않는 신중한 자세를 보여 준다.

① 제20장의 첫 구절[絕學無憂]을 제19장의 끝에 붙여야 할 것으로 보았다.

② 제41장의 끝 구절[夫唯道, 善貸且成]을 제42장의 앞머리로 옮겨야 할 것으로 보았다.

③ 제42장의 전반부[道生一, 一生二, 二生三, 三生萬物. 萬物負陰而抱陽, 冲氣以爲和]와 후반부[人之所惡, 惟孤·寡·不穀, 而王公以爲稱. 故物或損之而益, 益之而損, 人之所教, 我亦教之. 强梁者, 不得其死, 吾將以爲教父]는 문장의 뜻이 서로 연속되지 않으므로 별도의 장으로 나누어야 할 것으로 보았다.

④ 제58장의 첫머리[其政悶悶, 其民醇醇, 其政察察, 其民缺缺]를 제57장의 끝에 붙여야 할 것으로 보았다.

⑤ 제64장의 첫머리[其安易持, 其未兆易謀, 其脆易泮, 其微易散. 爲之於未有 治之於未亂. 合抱之木, 生於毫末, 九層之臺, 起於累土, 千里之行, 始於足下]를 제63장의 끝에 붙여야 할 것으로 보았다.

(3) 편장체제 안의 의문점

이와 더불어 홍석주는 『노자』에서 의미가 불명확하다고 판단하거나 의심스러운 점을 지적한 것으로 여덟 가지 경우를 들어볼 수 있다. 그가 『노자』의 본문에서 문장의 의미가 불명확하거나 의심스러운 점을 남겨 두고 있는 사실은 의미를 소통시켜 해석하는 데 집착하지 않는 신중함을 보여 주는 것이라 할 수 있으며, 이러한 태도의 신중함은 바로 기존의 해석을 손쉽게 받아들이거나 유교적 관점을 적용하기 위해 무리하게 해석하지 않는 그의 객관적 학문자세를 보여 주는 것이라 할 수 있다.

① 제13장: 이 장의 뜻은 알 수 없는 것이 많다고 밝히며, "及吾無身, 吾有何患"의 구절은 무리하게 접근하지 않고 잠시 남겨 두어 아는 이를 기다리겠다고 하였다.

② 제19장: 후반부['此三者' 이하]는 문장의 뜻이 이어지지 않아 빠지거나 잘못된 것이 있는 것 같다고 보았다.

③ 제20장: 이 장의 문장은 뜻이 알 수 없는 것이 많다고 언급하였다.

④ 제27장: 끝 구절[是謂要妙]은 위의 문장과 뜻이 서로 연속되지 않으니, 뜻에 빠지거나 잘못된 것이 있는 것 같다고 보았다.

⑤ 제30장: 끝 구절[物壯則老, 是謂不道, 不道早已] 12자는 제55장에도 나오는 것으로, 양쪽 모두 '강(强)' 자 아래에 이어진 것이니, 이것은 중복하여 나와 잘못된 것이 아닌지 의문을 제시하였다.

⑥ 제55장: 끝 구절[心使氣曰强, 物壯則老, 是謂不道, 不道早已]에 대해 윗 문장과 뜻이 서로 연속되지 않음이 심하다고 지적하였다.

⑦ 제65장: 후반부[知此兩者, 亦楷式. 能知楷式, 是謂玄德. 玄德深矣遠矣, 與物反矣, 迺至大順]는 전반부의 문장과 서로 연속되지 않음이 심하니 빠진 것이 있지 않은지 의심된다고 언급하였다.

⑧ 제62장: 이 장에 대해서는 뜻이 천박하고 비루하여 노자의 말이 아닌 듯

하다는 견해를 밝히고 있다.

2) 노자와 유교의 상관성: 일치와 차이

(1) 『노자』에 대한 잘못된 인식의 유형

홍석주는 "세상에서 노자의 글을 이단으로 삼는 것은 옳지만, 그러나 세상에서 노자에 대해 말하는 사람들 가운데 아직 노자를 아는 사람이 없다"고 언급하고, 사람들의 『노자』에 대한 잘못된 인식을 바로잡겠다는 의도에서 그 스스로 『노자』 주석의 제목을 '정로(訂老)'라 이름붙였던 것이다.[5] 그는 『노자』에 대한 인식의 잘못된 양상을 여섯 가지로 제시하면서, 이에 앞서 『노자』에서 말하는 근본취지가 무엇인지를 밝혀 준다. 곧 수양과 처세와 치도(治道)의 세 가지 원칙으로 확인하고 있는 것이다.

① 욕심을 적게 함[寡欲]으로써 신명을 배양한다[養神].

② 다투지 않음[不爭]으로써 세상에 대응한다[應世].

③ 다툼을 줄이고 살육을 제거함[省爭去殺]으로써 백성을 다스린다[治民].[6]

이렇게 『노자』의 근본취지를 밝힘으로써, 그 전제 위에 그동안 『노자』를 언급해 왔던 다양한 견해들이 잘못된 사실을 다음의 여섯 가지 유형으로 나누어 열거하고 있다.[7]

5 『訂老』, 「訂老題」, "訂者, 正也, 老者, 老氏書五千言也, 正也者, 盖正其不正也. 世以老氏書爲異端, 固也, 然世之言老氏者, 未嘗有知老氏者也."

6 같은 곳, "老氏書, 率皆言寡慾以養神, 不爭以應世, 省爭去殺以治民, 其大要如是而已."

7 같은 곳, "① 老氏以慈爲寶, 且言法令滋章盜賊多有, 而世或以老爲刑名. ② 老氏言佳兵者不祥, 而世或以黃石陰符合諸老. ③ 老氏言無以生爲者, 是賢於貴生, 而言修煉服食以求長者, 托於老. ④ 老氏言治以民復孝慈爲上, 其書言治國愛民者居半, 而違親遺君絕俗, 以爲高者歸於老. ⑤ 老氏言致虛守靜·自勝者强, 是克己也, 言圖難於其易·爲大於其細·愼終如是,是小心也. 其言謙退卑弱者, 又不一, 而猖狂倨傲恣恣, 而無憚者, 藉口於老. ⑥ 老氏言以道治天下者, 其鬼不神, 而修齋醮飾符籙,而語怪神者, 亦自號爲老."

① 노자는 "자애[慈]를 보배로 삼는다"(제67장) 하고, "법령이 밝아질수록 도적이 많아진다"(제57장)고 하였는데도, 세상에서는 노자를 형명(刑名)의 계열로 여기기도 한다.

② 노자는 "용병을 아름답게 여기는 것은 상서롭지 않다"(제31장)고 하였지만, 세상에서는 『황석(黃石: 黃石公三略)』이나 『음부(陰符: 太公陰符)』의 병서(兵書)를 노자에 합치시키기도 한다.

③ 노자는 "삶 때문에 하는 일이 없는 것은 삶을 귀하게 여기는 것보다 현명하다"(제75장)고 말했는데도, 금단(金丹)을 수련(修煉)하고 단약(丹藥)을 복용하여 장생을 추구하는 사람은 노자에 의탁한다.

④ 노자는 "백성이 효도와 자애를 회복하는 것"(제19장)을 상등의 정치로 삼았고, 나라를 다스리고 백성을 사랑함을 말한 것이 절반은 되는데도, 부모를 어기고 임금을 저버리며 세속을 끊는 것을 고상하게 여기는 자들은 노자에 귀의한다.

⑤ 노자가 "마음을 비우고 고요함을 지킨다[致虛·守靜]"(제16장) 하고, "자신을 이기는 것이 강하다"(제33장)고 말한 것은 '극기(克己)'요, "쉬운 데에서 어려운 일을 도모하고, 미세함에서 큰일을 한다"(제63장) 하고, "마침을 삼가는 것이 시작할 때와 같다"(제64장)고 말한 것은 '조심함[小心]'이요, 겸손하게 사양함과 낮추어 부드럽게 함[謙退卑弱]을 말한 것이 한둘이 아닌데도, 제멋대로 날뛰며 거만하고 방자하여 거리낌이 없는 자들이 노자에 핑계를 대고 있다.

⑥ 노자는 "도로써 천하를 다스리면 귀신이 신령스럽지 않다"(제60장)고 말하였지만, 재초(齋醮)를 올리고 부록(符籙)을 꾸미며 괴이하고 신령함을 말하는 자들은 스스로 노자를 한다고 일컫는다.

그것은 곧 형명가(刑名家)·병가(兵家)·연단술(鍊丹術)·출가수도자(出家修道者)·방종자·미신가들이 노자를 끌어들여 왜곡한다고 보는 것이요, 이에 대해 홍석주는 "저들은 모두 말할 거리도 못 되는데, 우리 유학자가 저들을 가지고 노자를 공격하니, 노자의 비웃음을 사지 않기가 어려울 것이다"라고 하였다.[8] 그만큼 『노자』를 기존의 온갖 잘못된 인식으로부터 분리시켜 이단으로 비방받는 수렁에서 끌어올려 정당성을 확인시켜 주려는 입장을 분명하게 밝히고 있는 것이다.

홍석주는 『노자』를 주석하여 바로잡으려는 자신의 의도는 한마디로 "노자의 본래 취지를 세상에 밝힌 다음에 성인과 합치되는 것은 스승으로 삼을 수 있고 합치되지 않는 것은 변별할 수 있을 것이다. 이에 직접 이 글로서 바로잡으니, 노자를 바로잡는 것은 열에 하나요, 세상에서 노자를 알지 못하는 것을 바로잡는 것이 열에 아홉이다"[9]라고 밝혔다. 이처럼 그는 노자의 그릇된 점을 바로잡는 것은 극소수라면, 노자에 대한 잘못된 인식을 바로잡는 것이 대부분이라 할 만큼, 노자에 대한 올바른 이해를 확인함으로써 스승으로 삼을 수 있는 데까지 끌어올리려고 의도하였음을 보여 주고 있다.

(2) 『노자』와 유교경전의 일치와 차이

홍석주는 『정로』에서 『노자』를 유교와 정면으로 대면시킴으로써 그 사상적 공통성을 확인하고 동시에 그 차이점을 명확하게 규정짓기 위해 세심한 주의를 기울이는 태도를 보여 준다. 그가 『노자』와 유교의 상관성으로 주목하는 점은 대체로 유교경전과의 일치, 유교적 사유구조와의 일치 및 유교적 도덕규범에 대한 인식태도라는 세 가지 점에서 검토해 볼 수 있다.

먼저, 그는 『노자』의 언급이 유교경전과 상응되는 대목에 특별한 관심을 보이고 있다. 곧 『노자』 제54장의 해석에서, "집안과 마을과 나라와 천하에서 닦는다는 것은 모두 자신에 근본한다. 자신을 닦는 도리는 내 자신에 갖추어 있

---

8 같은 곳, "彼固皆不足道也. 爲吾儒者, 又或執彼, 以攻老, 其不爲老氏所笑也幾希矣."

9 같은 곳, "老氏之本旨明於世, 而後其合於聖人者, 可師, 而其不合者, 亦可辨, 於是, 手爲是書, 以正之. 盖正老氏者十一, 正世之不知老氏者十九云."

고 바깥에서 찾아 얻을 수 없기 때문에, '자신으로 자신을 본다' 고 하였다"[10] 고 하여, 자신을 닦음[修身]에 근본하여 가정·마을·나라·천하에서 닦음이 이루어지는 것으로 해석하고 있다. 수신을 근본으로 보는 것은 『노자』에서 선명하게 언급되고 있는 것이 아니라 홍석주 자신의 관점에서 해석한 것이지만, 이렇게 수신을 근본으로 해석함으로써 수신과 가정·마을·나라·천하에서 닦는다는 것은 마치 『대학』에서 말하는 수신과 제가·치국·평천하(齊家·齊家·治國·平天下)의 관계처럼 본말(本末)의 구조로 파악될 수 있는 것이다. 여기서 그는 "이 장의 뜻은 『대학』과 합치하니, 후세에 '도가' 라 부르는 자는 그 자신을 사사롭게 알아서 천하와 국가를 위할 수가 없었으며, 예법으로 공리를 도모하면서 스스로 유교에 의탁하는 자는 또한 항상 정치의 도리를 말하면서 자신에게 근본하지 않았으니, 이것은 모두 노자가 버리는 바이다"[11]라고 하였다. 그것은 개인적 일신의 안전과 장생불로를 추구하기만 하고 국가와 천하 속에 자신의 역할을 실행하지 못하는 후세 도가의 인물들이나, 예법을 내세우면서 이익만 추구하고 정치를 논하면서 자신의 인격적 바탕을 닦지 않고 있는 유가의 통속적 인물들이 모두 노자의 비판을 받게 될 것이라 지적하는 것이다. 이처럼 그는 자신·가정·마을·나라·천하에서 닦아야 한다는 노자의 말을 『대학』의 수신·제가·치국·평천하의 실천체계와 일치시키면서, 수신을 근본으로 나라와 천하를 다스리는 데까지 나아가는 것이 노자의 올바른 이해임을 주장하고 있다.

또한 그는 『노자』 제21장에서 '도' 를 서술한 언급을 『중용』 제16장의 내용과 상응시켜 해석하고 있다. 곧 "황홀하다[恍·惚]" 하고 "깊숙하다[窈·冥]" 고

---

10 『訂老』 제54장, "夫修之於家·於鄕·於邦·於天下者, 皆本於身, 修身之道, 則具於吾身, 不外求而得也, 故日以身觀身."

11 같은 곳, "後世之號爲道家者, 知私其身, 而不可以爲天下國家, 其以禮謀功利, 而自托於儒者, 又恒談治道, 而不本諸身, 是皆老氏之所棄也."

한 말은 『중용』의 "보아도 볼 수 없고, 들어도 들을 수 없다"고 말한 뜻이고, "그 정밀함은 매우 참되고, 그 속에 믿을 수 있음이 있다"고 한 말은 『중용』의 "진실함은 가릴 수 없다"고 말한 뜻이고, "만물을 살핀다"는 말은 "만물에 체현되어 빠뜨림이 없다"고 말한 뜻이라 확인한다. 이에 따라 그는 "이 장(제21장)은 『중용』과 실지로 서로 겉과 속이 된다. 그러나 특히 그 말이 고무시켜 열어 주기도 하고 닫아 버리기도 하는 점은 공자가 공평하고 바른 것과 다르다. 이 점이 한 번 굴리면 이단으로 흐르게 되는 까닭이다"[12]라고 언급하고 있다. 여기서 그는 『노자』와 『중용』이 겉과 속의 관계처럼 긴밀한 연관성이 있음을 확인하면서, 동시에 같은 도를 논하면서도 공자의 말은 공평하고 정대하여 결함이 없는 것이라 보고, 이에 비해 『노자』의 어법은 열어 주기도 하고 닫아 버리기도 하면서 사람의 마음을 격동시키는 '패합(捭闔)'의 변론술로서, 이단으로 떨어지게 될 실마리가 내재되어 있음을 경계하는 입장을 분명하게 밝혀 주고 있다.[13]

이와 더불어 『노자』 제66장을 해석하면서 홍석주는 『노자』에 '겸손하게 낮추며[謙下]' '부드럽고 약하게 한다[柔弱]'는 뜻이 가장 많다고 지적하면서, 이러한 '겸손하게 낮추며 부드럽고 약하게 한다'는 뜻은 『서경』과 『시경』에서 요(堯)에 대해 "공손하고 겸양하였다[允恭克讓]"(「堯典」) 하고, 순(舜)에 대해 "온화하고 공손하며 진지하고 착실하였다[溫恭允塞]"(「舜典」) 하고, 문왕(文王)에 대해 "아름답고 부드러우며[徽柔]"(「無逸」) "조심스러웠다[小心]"(「大雅·文王之什·

---

12 『訂老』 제21장 "惚恍窈冥者, 中庸所謂, 視之而不可見, 聽之而不可聞也, 其精甚眞. 其中有信者, 誠之不可揜也, 以閱衆甫者, 體物而不可遺也. 此章與中庸, 實相表裏, 特其辭鼓舞捭闔, 異於孔氏之平正, 玆所以一轉, 而流於異端也."

13 '捭闔'은 전국시대 縱橫家에서 나누어놓거나 합치도록 유세하는 변론술이다. 陶弘景(南朝 梁人)은 '패합'의 뜻을 해석하여, "'패'는 도발시키는 것이요, '합'은 닫아 감추어두는 것이다. 남과 말을 할 때 혹 도발시켜 말이 같음을 보여 주기도 하고, 혹 감추어서 말이 다름을 보여 주기도 한다[捭撥動也, 闔閉藏也, 凡與人之言道, 或撥動之, 令有言示其同也, 或閉藏之, 令自言示其異也]" (『鬼谷子』, 「捭闔」 편, 陶弘景注)고 하였다.

大明」) 하고, 『논어』에서 공자에 대해 "온화하고 어질며 공손하고 검소하였다[溫良恭儉]"(「學而」)고 말하는 것과 동일한 법도임을 지적하였다.

여기서 그는 "다만 노자는 공효를 말한 것이 너무 많고, 말씨도 억누르거나 추어올림이 지나쳐서, 도리어 술수를 꾀하고 권모를 부리는 자들이 구실로 삼는 것이 되었을 뿐이다"[14]라고 밝혔다. 이처럼 그는 노자에서 '겸손'과 '유약'을 강조하는 것이 유교에서 성인의 도와 일치하는 것임을 확인하면서도, 그 어법의 차이로서 도리를 중시하는 것이 아니라 공효(성과)를 중시한다는 점과, 친절하고 평상한 언어가 아니라 억압하거나 강조함이 지나치다는 차이점을 주목하였으며, 이 때문에 『노자』가 본래의 의도와는 달리 권모술수를 쓰는 자들에게 겉으로 꾸미는 구실이 되고 있다는 문제점을 지적하고 있다.

(3) 『노자』와 유교적 사유체계의 일치와 차이

다음으로 홍석주는 『노자』와 유교의 사유체계에 대한 인식에서 일치점과 차이점을 확인하고 있는 사실이 주목된다. 그 하나는 '학(學)'과 '도(道)'의 관계에 대한 인식이고, 다른 하나는 '위기(爲己)'와 '치인(治人)'의 구조에 대한 인식을 들어볼 수 있다.

'학(學)'과 '도(道)'의 관계를 보면, 홍석주는 『노자』 제48장에서 "배우는 것은 날마다 보태어 가는 것이요, 도를 실현하는 것은 날마다 덜어내는 것이다[爲學日益, 爲道日損]"라고 언급한 말을 주목한다. 여기서 그는 '위학(爲學)'이 바로 '위도(爲道)'의 방법이므로 '학'과 '도'를 둘로 나눌 수 없다는 것이 유교의 기본입장임을 확인한다. 그러나 그는 노자가 이렇게 '위학'과 '위도'를 두 가지로 나누어 말한 것은 아이들이 학습하는 일을 '위학'이라 하고, 어른이 자신을 이루고 사물을 이루게 하는 공부를 '위도'라 보기 때문이라 해명한다.

---

14 『訂老』 제66장, "老子一書, 言謙下柔弱意最多, 堯之允恭克讓, 舜之溫恭允塞, 文王之徽柔·小心, 孔子之溫良恭儉, 皆一揆也, 但老子言功效太多, 而辭又過於抑揚, 反或爲挾數用權者所藉口耳."

이에 따라 그는 '위학'에서 날마다 보태어 가는 것이란 모르던 것을 알아 가고, 할 수 없던 것을 할 수 있게 하는 것이라 한다. 이와 더불어 그는 '위도'에서 날마다 덜어내어 가는 공부를 다시 두 가지로 분석하여, 그 하나는 욕심을 절제하고 생각을 줄이며 오로지 정밀하게 하고 한결같음을 지킴으로써 마음을 간직하고 신명을 편안하게 하는 것으로서, 자기를 닦는[修己] 사람이 날마다 덜어내는 일이요, 다른 하나는 번거로운 문식을 제거하고 간결함을 일으키며 총명함이 작용하지 않게 하고 백성들과 더불어 휴식하는 것으로서, 사물을 다스리는[宰物] 사람이 날마다 덜어내는 일이라 제시한다.[15] 이렇게 보태어 가는 '위학'과 덜어내어 가는 '위도'의 실천양상을 제시하고서, 그는 다시 '위도'를 자기를 닦는 '수기(修己)'와 사물을 다스리는 '재물(宰物)'의 두 단계로 구분하여 해석하고 있는 것이다. 여기서 '수기'와 '재물'은 곧 『중용』(제25장)에서 말하는 '성기(成己)'와 '성물(成物)'에 해당하는 것이라 할 수 있다.

또한 그는 문장[詞章]이나 예능 또는 기억하여 외우고 견문을 넓히는 것들은 모두 보태어 가야 할 유익한 공부임을 인정한다. 그러나 이러한 유익한 공부도 사람의 신명을 피로하게 하고 정기(精氣)를 어지럽히며, 사람의 마음을 바깥으로 달리게 하여 큰 도의 진실함으로 돌이킬 수 없게 하는 것임을 지적한다. 따라서 그는 "비록 그 지극한 진실함은 강론하지 않을 수 없는 것이지만, 역량을 헤아려 추구하고 적합함에 따라 만족해야 한다. 오직 힘써야 할 것은 한결같음을 이루는 것일 뿐이니, 어찌 넘치고 치달려서 그칠 줄을 몰라서야 되겠는가"라고 하여, 노자가 말하는 '도'를 실현함에서 날마다 덜어내야 하는 '일손(日損)'의 공부가 필요한 까닭을 해명하고 있다. 이에 따라 그는 "노자가 위학과 위도를 갈라서 둘로 삼은 것은 비록 유교의 뜻은 아니지만, 그러나 위

15 『訂老』 제48장, "爲學, 卽所以爲道, 無二致也, 老子以小子學習之事爲爲學, 以大人成己成物之工爲爲道, 故其言如此. 日知其所不知, 日能其所不能, 此爲學者之日益也, 節嗜欲·省思慮, 專精守一, 以存其心, 而寧其神, 此修己者之日損也, 去繁文, 簡興作, 不作聰明, 與民休息, 此宰物者之日損也."

학이 날마다 보태어 가야 할 것임을 알고 있어서 학을 폐지할 수 있는 것으로 여기지 않았으니, 후세에 치양지(致良知)나 돈오(頓悟)를 학문으로 삼는 자들과는 다르다"[16]라고 하였다. 곧 그는 학과 도를 분별하는 노자의 인식이 유교의 견해와 어긋남을 지적하면서도, 노자에서 '학'이 거부되는 것이 아니라, 보태어가야 할 공부로 인정하는 사실을 강조하였던 것이다. 또한 그는 노자에서 '학'이 긍정적으로 받아들여지고 있음을 확인함으로써, 이를 전제로 양명학에서 '치양지(致良知)'를 중시하여 사물의 이치를 탐구하는 격물(格物)의 공부를 배제하는 태도나, 선불교에서 돈오(頓悟)를 강조하여 한순간에 깨달음을 내세우면서 단계적 공부의 과정을 외면하는 태도를 비판하면서, 선불교는 물론이요, 유교사상에서 중요한 학풍의 하나인 양명학보다도 도리어 『노자』가 유교정신에 더 가까울 수 있음을 제시하기도 한다.

이와 더불어 그는 『노자』 제20장 "배움을 끊으면 근심이 없다[絶學無憂]"는 구절에 대해서도, "노자가 말하는 '학'이란 대개 듣고 보고 기억하며 암송하는 것을 가리켜 말한 것이다. 듣고 보고 기억하며 암송하는 것을 '학'이라 하면 그 추구함은 마음이 바깥으로 달리지 않을 수 없으며, 그 행함은 같은지 다른지, 옳은지 그른지의 다툼이 없을 수 없다"[17]고 하였다. 그것은 '배움을 끊는다[絶學]'는 말에서 '학'의 의미는 감각적 경험과 기억에 의존한 것이라는 범위로 한정시키고 있는 입장으로서, 제48장에서 말하는 보태어가는 단계로서 '위학'을 말한 것과는 달리, 덜어내는 단계로서 '위도'의 차원에서 '학'을 평가하고 있는 것이라 할 수 있다.

---

16 같은 곳, "夫詞章之工, 藝能之精, 記誦聞見之富, 皆世之所謂有益於人者也, 然疲人之神, 滑人之精, 使人之心外馳而不能反於大道之眞者, 皆是物也, 雖其至誠, 有不可不講者, 亦將量力而求, 適可而足, 唯其所務, 則致一焉耳, 又烏可氾濫馳騁, 而不知止哉, 老子以爲學爲道歧而二之, 雖非吾儒之旨, 然知爲學之日益, 而亦未嘗以學爲可廢也, 與夫後世之以致良知頓悟爲學者, 亦異矣."

17 『訂老』 제20장, "老子之所謂學. 盖指聞見記誦而言, 夫以聞見記誦爲學者, 其求之也, 心不能不騖乎外, 其行之也, 又不能無同異是非之爭."

'위기·치인(爲己·治人)'의 구조란 바로 주자가 태학(大學)에서 가르치는 도리로 제시한 '수기·치인(修己·治人)'의 과제와 동일한 것이다.[18] 홍석주는 『노자』 제81장을 두 절로 나누어 제1절에서는 남들이 아름답게 여기지 않지만 '신실한 말[信言]'이나, 남들과 변론하지 않고 자기에게 간직하는 '선(善)'이나, 해박하기만 하고 정밀하지 못한 것이 아니라 그 뜻을 독실하게 하여 집약됨을 지키고[守約] 그 정기가 응집되고 신명이 투철하게 되도록 한결같음을 이루는[致一] '지(知)'의 세 가지를 제시한 것은 '실지에 힘쓰고 집약됨에 돌이키는 것[務實反約]'을 말한 것이라 한다. 이에 비해 제2절에서는 자기에게 쌓아 두지 않음으로써 남을 위하면 위할수록 자기에게 더욱 많이 있게 된다는 사실을 밝힌다. 나아가 그는 천도[天之道]를 이롭게 하려는 의도함이 없이[無意] 하늘이 만물을 낳고 기르듯이 이롭게 하면서도 자취를 드러내지 않는 것은 이롭게 하면서 해롭게 하지 않는 것이라 하고, 성인의 도[聖人之道]를 함이 없으면서[無爲]함으로써 만물의 자연스러움을 돕지만 자신은 관여함이 없으니, 하는 일이 있지만 다툼이 없게 되는 것이라 제시하며, 이러한 '천도'와 '성인의 도'가 '만물을 이롭게 하고 천시에 순응하는 것[利物順時]'을 말한 것이라 한다. 그는 무실반약(務實反約)과 이물순시(利物順時)의 두 가지를 들어서 "위기와 치인의 요령이 대략 갖추어졌다"고 확인한다.[19] 이와 더불어 그는 『노자』의 마지막 장이 유교의 수기·치인과 동일한 체계를 갖추고 있음을 확인하고 있다.

(4) 『노자』와 유교적 덕목의 일치와 차이

홍석주는 『노자』에서 제시되고 있는 '인·의(仁·義)'의 덕목에 대한 이해태도

18 『大學章句』, 「序」, "入大學, 而教之以窮理·正心·修己·治人之道."

19 『訂老』 제81장, "守約者, 其志篤, 致一者, 其精凝, 精之所凝, 神明之所徹也. … 唯以不積爲有, 則爲人而己愈有, 與人而己愈多矣. … 唯無意於利, 利之如天之生育萬物, 不見其迹, 斯所以利而不害也, 唯以無爲而爲之, 輔萬物之自然, 而我無與焉, 斯所以爲而不爭也. 此章前一節言務實反約, 後一節言利物順時, 爲己治人之要, 大畧備矣."

의 문제를 주의 깊게 음미하고 있다. 『노자』 제18장에서 "큰 도가 폐지되니 인 · 의가 있게 된다[大道廢有仁義]"라 하고, 제19장에서 "인을 끊고 의를 버리면 백성이 효도와 자애를 회복한다[絕仁棄義, 民復孝慈]"고 언급하고 있는 것은 '인 · 의'를 인간 성품의 근원적 도덕규범으로 인식하는 유교의 입장과 정면으로 충돌되는 것으로 보이는 대목이다.

먼저 홍석주는 "'인'이란 천지가 만물을 생성하는 온전한 덕이요, 사람에게 있어서는 본심의 덕이며 모든 선의 으뜸이다. 세상이 쇠퇴하고 학문이 폐지되자 사람들은 언제나 억지로 웃으며 작은 혜택을 베푸는 것을 '인'으로 여긴다. 노자가 '인'이라 하는 것은 모두 당시 세상 풍속에서 일컫는 것에 따라서 이름붙인 것이다"[20]라고 하였다. 그것은 유교에서 말하는 '인'의 본래 의미와 『노자』에서 말하는 '인'의 의미가 어떻게 다른지를 밝히고 있는 것이다. 곧 그는 『노자』에서 말하는 '인'이란 '인'의 참된 의미가 아니라, 쇠퇴한 시대의 풍속에 따라 퇴락하고 변질된 '인' 개념의 이해를 가리키는 것이라 규정한다. 이에 따라 그는 '도'와 '인·의'의 관계에 대해서도, "통합하여 말하면 '도'이지만, 나누어 말하면 ''인·의'니, 둘로 나눌 수 없다. 노자는 세상에서 은혜를 주는 것을 '인'이라 여기고 협기를 자랑하는 것을 '의'로 여기는 것을 병통으로 삼았다. 그러므로 성인이 '인·의'를 말한 것까지 한꺼번에 억눌렀으니, 그 뜻은 격분함에 있는 것이요, 그 말은 교훈으로 삼을 수 없는 것이다"[21]라고 밝혔다. 그것은 노자가 혼란한 시대를 살면서 그 시대에 통속적으로 쓰이는 말의 뜻에 격분함을 표출시켜 비판한 것이라 한다.

따라서 그는 노자가 타락한 병폐를 지적하여 말하였다는 의도를 인정하면

---

20 『訂老』 제5장, "仁者, 天地生物之全德, 在人則本心之德, 而萬善之長也. 世衰學廢, 人恒以煦煦小惠爲仁, 老子之所謂仁, 皆因當時世俗之所稱而名之也."

21 『訂老』 제18장, "統而言之, 則曰道, 分而言之, 則曰仁義, 無二致也. 老子病世之沽惠以爲仁, 矜俠以爲義也, 故並與聖人之言仁義也, 而抑之, 其意則有激云爾, 其言則不可以訓矣."

서도, 성인이 제시한 진실한 의미를 드러내지 못한 것이라고 규정함으로써 교훈이 될 수 없다는 한계를 지적하고 있는 것이다. 이처럼 그는 노자가 말하는 의도와 그 한계를 동시에 지적하면서, 나아가 그 폐단을 분명하게 인식하고 있다. 곧 "노자는 퇴락한 말세에 살면서 사람들이 현명함을 높인다고 하면서도 그 명목만 내걸고 있는 것을 미워하였으므로 그 말이 이와 같았다. 그러나 친족이 화목하지 못하고 국가가 혼란함을 막을 수 없으면서 먼저 효자와 충신이라는 명칭을 미워하니, 그 폐단은 장차 어디까지 이르러 그칠지 알 수 없다"[22] 고 하여, 혼란한 시대의 타락하고 왜곡된 규범을 비판하는 노자의 논법이 초래할 수 있는 폐단의 위험을 심각하게 지적하였던 것이다.

또한 그는 '성(聖)' 이란 통달하고 밝음을 일컫는 말인데, 춘추시대에는 일을 처리할 수 있는 능력이 있는 자를 '성' 이라 하였지만, 공자 이후 '성' 을 높였으며, 맹자는 "크게 도를 행하여 교화함을 '성' 이라 한다[大而化之之謂聖]"(「盡心下」)고 정의하였다. 이에 비해 노자가 말하는 '성' 이란 총명함을 말하는 것일 뿐이요, 후세에 '성현' 이라 높여서 일컫는 '성' 이 아님을 확인한다.[23] 이처럼 덕목의 개념에 대한 이해가 심한 차이를 드러내고 있는 사례로서 그는 전국시대의 유세가(遊說家)들은 술수로 민심을 얻은 전항(田恒: 田常)을 '어질다[仁]' 라 하고, 자객인 형가(荊軻)나 섭정(聶政)을 '의롭다[義]' 고 말하는 사실을 들어, 노자가 " '인' 을 끊고 '의' 를 버린 다음에 효도와 자애를 회복한다고 말하는 것도 마땅하다"[24]고 하여, 노자가 '인·의' 라는 덕목을 거부하는 반어법적 언급이 유교에서 말하는 '인·의' 가 아니라, 왜곡되고 퇴락한 덕목이므로 부정하는 것도 정당성이 있음을 인정하는 태도를 보여 준다.

---

22 같은 곳, "老子生於衰季, 嫉夫人之尙賢而標名也. 故其言如此, 然不能禁六親之不和, 國家之昏亂, 而先惡夫孝子忠臣之名, 其弊也, 又將不知所底止."

23 『訂老』 제19장, "聖者, 通明之稱, 春秋時人, 猶以能料事者爲聖, … 及孔子之門, 稱夫子爲聖, 而孟子以大而化之爲訓, 聖人之號, 由是遂尊于天下, 老子之所謂聖, 猶言聰慧耳, 非後世所稱聖賢之聖也."

24 같은 곳, "若如戰國遊士之說, 以田恒爲仁, 荊·聶爲義, 則謂之絕仁棄義, 而後復孝慈也, 亦宜矣."

여기서 그는 "효도·자애와 인·의는 모두 하늘에서 부여한 성품인데, 노자는 효도와 자애를 하늘로 삼고 인과 의는 명목으로 삼으니, 그 인과 의를 말한 것은 진실로 어긋난 것이다"라고 하여, 노자와 유교의 '인·의' 개념이 어긋남을 밝히면서, "그러나 불교도들은 인륜을 끊고 골육을 버리는 것으로 도를 삼으니 함께 말할 수 없다. 후세에 신선술을 하거나 방술을 하는 자들은 혹 불교의 출가설을 은밀히 취하여 노자에다 결부시키니 그 또한 잘못되었다"[25]고 지적하였다. 곧 그는 '인·의'나 '효·자(孝·慈)'의 덕목을 근본 가르침으로 삼는 유교와 '인·의'나 '효·자'의 인륜을 전면적으로 거부하여 출가(出家)를 하는 불교의 가르침을 극단적으로 상반된 것이라 확인하고 있다. 여기에 노자를 유교와 불교의 중간에 위치시킨다면, 그는 후세의 신선술(神仙術)이나 방술(方術)을 하는 도사들이 노자에 불교의 출가설을 끌어다 붙이는 것은 잘못된 것이라 밝힘으로써, 노자가 유교와 일치하지 않는 차이점이 있음을 인정하면서도 불교 쪽이 아니라 유교 쪽에 가까이 자리잡고 있음을 강조하고 있는 것이다.

25 같은 곳, "夫孝慈與仁義, 皆天性也, 老子以孝慈爲天, 仁義爲名, 其言仁義, 則固舛矣. 然與夫釋家者流, 絕倫常·損骨肉以爲道者, 不可同日語也, 後世爲神仙方士之學者, 乃或陰取彼出家之說, 以附於老氏, 其亦誤矣."

3. '도'의 실체와 '덕'의 실현

1) '도'의 체용(體用)

(1) 도의 실체

① 자연(自然): 홍석주는 '도'의 실체를 우선 '자연(自然)'으로 정의한다. 『노자』 제1장에서는 먼저 '도'를 말로 표현할 수 있는 '가도(可道)'와 불변의 참된 '상도(常道)'로 대비시키고 있다. 그는 '가도'를 인위(人爲)가 개입한 것이라 하여, '자연의 도'인 '상도'와 구별하였다. 또한 자연으로서 '상도'는 인력이나 작위로 하여 오래 못 가는 것이 아니라, 오래가도 변함이 없는 것이라 확인한다.[26] 곧 하늘과 땅이나 해와 달이나 산과 강처럼 변함없는 대상뿐만 아니라 인간에서 영원히 변치 않는 인륜이 바로 '자연'이요, '상(常)'이라 한다.

다음으로 말로 표현할 수 있는 명칭인 '가명(可名)'과 불변의 참된 명칭인 '상명(常名)'을 대비시키고 있다. 그는 실질로서의 '도'는 하늘에서 나왔지만, 명목으로서의 '도'는 인간에서 나온 것이라 하여, '명·실(名·實)'의 분별이 일어나게 됨을 지적하고, 인간이 붙인 명칭[可名]이 자연의 명칭[常名]과 구별되지 않을 수 없음을 밝힌다.[27] 이처럼 자연으로서의 '도'와 인위로서의 '명' 사

---

26 『訂老』 제1장, "道者, 自然而已矣. 謂之可道, 則有人爲以參之, 而非吾所謂自然之道矣. … 常者, 自然之謂也, 以人力作爲者, 必不能久, 久而不變者, 惟自然之道."

27 같은 곳, "道出乎天, 名則由乎人矣, 然有是實, 斯有是名, 亦未離乎自然也, 若謂之可名, 則名實分知巧

이에 명목[名]과 실질[實]의 분별을 제기함으로써, '자연' 으로서 '도' 를 인식하는 입장을 명확하게 드러내고 있다.[28]

그 다음으로 '유(有)' 와 '무(無)' 를 대비시키고 있다. 그는 '유' 를 도의 '활용' 이라 하고 '무' 를 도의 '근본' 이라 하여, '무본유용(無本有用)' 의 구조로 제시한다. 여기서 그는 '무' 에서 보는 '묘(妙)' 와 '유' 에서 보는 '교(徼)' 의 두 가지가 함께 '현(玄)' 에서 나온다는 언급에 대해, "노자의 글에서는 첫째 '무' 를 말하고, 둘째 '현' 을 말하는데, 형체로 말하면 '무' 에서 '유' 가 있게 되는 것은 진실로 그러하지만, 그 이치가 하루도 없었던 일이 없음을 알지 못한다. 그 미미하여 볼 수 없음을 말하면 '현' 이라 말하는 것도 진실로 그러하지만 평탄하여 행할 수 있는 것이 해와 달처럼 환하게 걸려 있지 않았던 일이 없음을 알지 못한다. '무' 로써 말하면 현명한 사람은 허망한 데로 달리고 못난 사람은 방종하게 될 것이며, '현' 에서 추구하면 고명한 사람은 현혹되고 어리석은 사람은 나태해질 것이다"[29]라고 지적하였다. 그것은 『노자』에서 '도' 를 '무' 나 '현' 으로 해석하는 것이 타당성이 있음을 인정하면서도, 이러한 '도' 개념의 이해에서 초래될 수 있는 폐단을 엄중하게 지적함으로써, '도' 개념의 이해에서 유교와 『노자』의 차이를 확인하고 있는 것이다.

또한 그는 '도' 개념의 이해에서 '도' 를 '자연' 으로 이해하는 『노자』의 태도와 유교의 입장 사이에 가로놓인 거리를 면밀하게 점검하고 있다. 곧 그는 '도' 를 '자연' 이라 하기도 하고 마땅히 행해야 하는 도리로서 '당행(當行)' 이라 하기도 하는데, '자연' 의 도와 '당행' 의 도는 다른 도가 아님을 확인한다.

起, 而又非吾所謂自然之名矣."

28 송항룡은 "『訂老』에서 드러나는 노자 연구의 핵심은 名·實에서 찾아볼 수 있다. 이 名과 實의 合一이 자연이요, 노자의 道다"라고 하여, 자연으로서의 '도' 를 名과 實의 결합으로 해석하고 있다. 송항룡, 『한국도교철학사』, 성균관대출판부, 1987, 163쪽.

29 『訂老』 제1장, "老子之書, 一則曰無, 二則曰玄, 夫以形言, 則自無而有, 固也, 不知其理之未嘗一日無也, 言乎其微而不可見者, 則謂之玄, 亦固也, 不知其坦然而可行者, 未始不昭昭乎揭日月也, 語之以無, 則賢者騖虛, 而不肖者放, 求之於玄, 則高者惑, 而愚者怠."

따라서 노자가 말하는 '도'와 공자나 자사가 말하는 '도'가 다른 것이 아님을 전제로 밝히고 있다. 그러나 그는 "공자와 자사가 도를 말함은 마땅히 행해야 할 법칙으로 드러내어 보이니, 그 행함은 항상 인륜과 일상의 비근하고 절실함을 넘지 않는다. 그러므로 그 가르침은 백세를 지나도 폐단이 없다. 노자가 도를 말함은 자연의 신묘함을 미루어 극진하게 하니, 그 논설은 또한 언제나 황홀하여 헤아릴 수가 없다. 이것이 한두 번 굴러서 변하면 괴이하고 황당한 자들이 가탁한다. 공자와 자사도 어찌 자연을 말하지 않은 일이 있겠는가"[30]라고 하여, 공자와 노자의 '도' 개념과 그 실행의 양상을 대비시켜 제시하고 있다. 여기서 그는 '도' 개념의 이해에서 유교는 '자연'과 '당행(당위)'을 일치시키고 있는 경우로 보고, 『노자』에서는 '당행'이 소홀히 된 채 '자연'만 강조된 것으로 파악하였다. 나아가 그는 "성인이 사람을 가르침은 실질에로 돌이키고 지극히 드러남에서 구한다. 도를 구하고자 하는 자는 성인의 글을 읽어야 할 뿐이다. 노자가 '자애'와 '검소'와 '겸손'과 '부쟁'을 말한 것과 같은 것은 성인도 또한 바꿀 수 없을 것이다"[31]라고 하였다. 그만큼 실질과 드러난 현실을 중시하는 공자의 '도'에 폐단이 없음을 역설하고, 다만 『노자』에서도 공자가 거부할 수 없는 '도'의 실천규범이 제시되고 있음을 인정하는 포용적 입장을 보여 주는 것이다.

② 하나[一]: '도'를 '자연'이라 정의하는 것은 인위적 분별을 넘어선 초월성으로 인식하는 것이라면, 이러한 '도'의 초월적 실체는 인간의 사려나 분별로 나누어지지 않은 일체로서 하나[一]의 존재로 인식된다. 곧 '도'를 '하나'

---

30 같은 곳, "夫自然之謂道, 當行之亦謂道, 是二者, 未始有異道也, 故老子之所謂道, 與孔子子思之所謂道, 亦未始異也. 然孔子子思之語道也, 顯而示之, 以當行之則, 其行之也, 又恒不越乎人倫日用之近且切也, 故其爲教, 百世而無弊, 老子之語道也, 推而極之於自然之妙, 其爲說, 又恒若恍惚而不可測, 此所以一再轉, 而爲譎詭荒唐者所假託也. 孔子子思, 亦何嘗不語自然哉."

31 같은 곳, "聖人之教人也, 反之於實, 而求之於至著, 夫欲求道者, 觀乎聖人之書而已矣, 若老子之言慈儉卑謙而不爭, 則聖人亦不能易焉."

라고 하면 그것은 천·지로 구분되어 인식되는 대상적 존재에 앞서는 궁극적 근원성을 의미하는 것이라 하겠다.

홍석주는 "'도'란 하나일 따름이다. 천지에 앞서서 이 '도'가 없었던 일이 없다. 그러나 광막하게 비어 있는 혼돈의 근원은 이름붙일 수 없으며, 여기서 만물이 말미암아 생겨나니, 형상이 붙어 있고 자취가 찾아질 수 있어서, 비로소 이름을 붙일 수 있게 된다"[32]고 하여, 명칭을 붙일 수 있는 만물의 생성근원으로서 '도'를 '광막하게 비어 있는 혼돈의 근원[沖漠混元]'이라 하여, 이름붙일 수 없는 '하나'로서 근원적 존재임을 확인한다. 또한 그는 『노자』 제25장에서 '도'를 가리켜 '혼돈하여 이루어진 것[有物混成]'이라고 언급한 데 대해, "사람의 힘을 소비하지 않고 자연으로 이루어진 것"이라 하고, '도'를 형체가 없는 것이라는 인식 위에서 "형체가 없으면 앞서는지 뒤지는지가 없고 또한 생성되었는지 아직 생성되지 않았는지를 말할 수도 없다. 그러나 이 '도'가 있은 다음에 하늘과 땅도 있으므로, 천지보다 먼저 생겼다고 말한다"[33]고 하여, 천·지의 생성 근원이 되는 시원적 존재로서 '혼돈하여 이루어진[混成]' 도를 동시에 '자연'이라 해명하기도 한다. 여기서 그는 만물의 근원으로서 '하나[一]'인 도를, 만물에 상대가 되는 것이 없으니 '독립(獨立)'이라 하고, 고금에 변함이 없으니 '불개(不改)'라 하고, 없는 곳이 없고 포괄하지 않는 것이 없으면서 어떤 사물도 손상시키지 않으니 '두루 운행하지만 위태롭지 않다[周行而不殆]' 하고, 만물을 생성하니 '천하의 어미가 된다[爲天下母]' 하고, 포괄하지 않는 것이 없으므로 '크다[大]' 하고, 못 미치는 곳이 없으므로 '멀다[遠]' 하고, 운행하여 막힘이 없으므로 '떠나간다[逝]' 하고, 떠나가도 가 버리지 않

32 같은 곳, "道一而已矣, 天地之先, 未嘗無此道也, 然冲漠混元, 不可得而名, 及夫萬物由之, 而生焉, 則有象可寓, 有跡可尋, 而始亦有名之可名矣."

33 『訂老』 제25장, "混成者, 不費人力, 自然而成也, 道無形, … 無形, 則無先后, 亦無生與未生之可言也, 然有是道, 而後有天地, 故曰先天地生."

으므로 '돌이킨다[反]' 고 하는 등 '도' 가 그 표출되는 양상에 따라 여러 가지로 서술될 수 있음을 보여 준다.[34]

나아가 그는 "만물이 '도' 에서 말미암지 않음이 없다. 그러나 그 말미암아 나오는 곳은 하나일 따름이니, 이른바 '하나' 란 볼 수가 없다"[35] 하고, 이 만물의 생성근원인 '하나' 로서의 '도' 개념을 유교에서도 『주역』(「繫辭上」)의 '태극(太極)', 『중용』(제33장)의 "하늘의 일은 소리도 없고 냄새도 없다[上天之載, 無聲無臭]"는 구절, 주렴계(「태극도설」)가 말한 '무극의 참 이치[無極之眞]', 정이천(『二程遺書』 권15)이 말한 '광막하게 비어서 조짐이 없다[冲漠無朕]' 는 것이 모두 '하나' 로서의 '도' 를 가리키는 것이라 확인한다.

그는 '하나' 를 '지극한 도의 정수' 라 하면서, '하나' 의 의미를 '둘이 아님', '뒤섞이지 않음', '끊어짐이 없음' 의 세 가지로 정의하고, 또 '하나를 얻음[得一]' 의 의미도 '지극히 참되어 망녕됨이 없음', '지극히 고요하여 함이 없음', '지극히 비어서 하고자 함이 없음', '비우고 물러서며 겸손하고 집약하여 많이 가지려 하지 않음' 의 네 가지로 제시하였다.[36] 여기서 그는 하늘이 하나를 얻어 '맑다[淸]' 거나 귀신이 하나를 얻어 '영명하다[靈]' 는 것은 '지극히 비어 있음[至虛]' 으로 말한 것이라 하고, 땅이 하나를 얻어 '편안하다[寧]' 는 것은 '지극히 고요함[至靜]' 으로 말한 것이라 구별하면서도, 지극히 비어 있음이나 지극히 고요함은 모두 '하나' 의 양상으로서 둘이 아니고 끊어짐이 없는 것으로 이루어져 있음을 말한다.[37] 그만큼 '도' 는 '하나' 로서 일관하고 순수하며

---

34 같은 곳, "道一而已矣, 萬物莫能與對, 故曰獨立, 古往今來, 皆是道也, 故曰不改, 無乎不在, 無所不包, 而物莫能傷之, 故曰周行而不殆, 萬物之生, 莫不由之, 故曰爲天下母. … 以其無所不包, 則謂之大, 以其無所不及, 則謂之遠, 行而不滯, 故謂之逝, 雖逝而未嘗去是也, 故謂之反."

35 『訂老』 제1장, "萬物固莫不由是道, 然其所由出, 則一而已. 而所謂一者, 不可見."

36 『訂老』 제39장, "一者, 至道之精也. 不貳之謂一, 不雜之謂一, 不息之亦謂一, 得一者, 必至誠而無妄, 必至靜而無爲, 必至虛而無欲, 又必冲退謙約而不敢多."

37 같은 곳, "天曰淸, 神曰靈, 以至虛言也, 地曰寧, 以至靜言也, 然亦皆唯不貳不息以致之."

영속적인 것으로서 궁극적 근원임을 확인하고 있는 것이다. 또한 그는 『노자』에서 '도'를 '하나'라 할 때의 '하나'는 '혼돈하는 근원으로서 아직 나누어지지 않은 기운[混元未分之氣]'을 가리키는 것이라 보기 때문에 "도가 하나를 낳는다[道生一]"라고 언급하게 된다고 하였다.[38] 그것은 나누어지지 않은 근원의 기운[氣]을 '하나'라 한다는 점에서 그 '하나'가 존재할 수 있는 근거가 바로 '도'임을 밝히고 있는 것이다.

③ 허(虛): 홍석주는 "도는 비어 있음을 실체로 삼으니, 그러므로 도를 지닌 자는 항상 하고자 함이 없다"[39]고 하여, '도'의 실체를 비어 있다는 뜻의 '허(虛)'라 제시한다. 그것은 '도'가 만물을 생성하는 근원으로서 만물에 두루 미쳐 그 공용이 지극히 크지만, 그 자취를 찾을 수 없다는 의미에서 '도'의 실체를 허(虛)하다고 하는 것이요, 따라서 '허'로서의 도를 지닌 사람은 이에 상응하여 크게 성취하려는 욕심이 없고 자신을 비워 겸허하므로 '무욕(無欲)'하다고 하는 것이다.

또한 그는 "도의 실체는 비어 있으니, 그러므로 그 작용에서도 채우지 않는 것을 귀하게 여긴다"[40]고 언급하여, '체허용불영(體虛用不盈)'이라는 '도'의 체용적 양상을 제시하기도 한다. 이처럼 '도'는 '허'로서 비어 있다고 하지만, 만물을 주재하고 모든 존재를 적셔서 길러주는 주체가 언제나 그 속에 간직되어 있는 것임을 강조한다. 따라서 그는 『노자』에서 상제보다 앞서 있는 '도' 개념과 당시 조선사회에 활발하게 전파되어 사회적 충격을 주고 있던 천주교의 '천주' 개념을 유교의 입장과 대비시켜 해명하고 있다.

"서양인이 일컫는 천주는 형상화되고 받들어지니, 마치 한 사물로 볼 수 있는 것 같

38 『訂老』 제42장, "道卽一也, 老子以混元未分之氣爲一, 故曰道生一也."

39 『訂老』 제34장, "極言其功用之至大, 而無迹可尋也, 道以虛爲體, 故有道者, 常無欲."

40 『訂老』 제4장, "道之爲體也虛. 故其用也, 亦以不盈爲貴."

다. 그러나 이것이 어그러진 까닭이다. 노자가 말하는 것은 『주역』에서 말하는 '태극이 양의를 낳는다'(「繫辭上」)는 것이요, 주자가 이른바 '아직 천지가 있기 전에 먼저 이 이치가 있다'(『語類』 권1, 「理氣上」)는 것이다. 어찌 서양인에다 견줄 수 있겠는가? 그러나 성인이 이를 말씀하신 것은 곧 '하늘이 하는 일은 소리도 없고 냄새도 없다'(『시경』, 「大雅·文王之什·文王」)고 말할 따름이다. 노자는 그렇지 않아서, '나는 누구의 아들인지 알지 못한다'(제4장) 하고, 또 '어떤 것이 혼돈하여 이루어져서 천지보다 먼저 생겨났다'(제25장)고 하였다. 그 말은 고무시키고 황홀하게 하여 알지 못하는 사람을 쉽게 현혹시키니, 이것은 성인이 감히 높고 먼 것을 가볍게 말하지 않는 까닭이다."[41]

곧 가장 먼저 궁극적 존재로서 '도'나 '상제' 혹은 '천주'가 형상화되어 하나의 감각적 경험 대상의 존재로 드러내는 것은 이치에 어긋나는 것임을 지적하여 천주교의 '천주' 개념을 비판하였다. 다음 단계로 노자나 유교의 경우 '도'를 '허'라 하거나 보이지 않고 들리지 않는 것이라 하여 감각적 대상을 초월하는 것으로 보는 점에서는 동일한 입장임을 인정하지만, 노자에는 어법의 형식이 마치 어떤 대상적 존재로 현혹될 수 있게 한다는 점에서 문제가 있음을 지적한다. 결론적으로 그는 유교의 입장을 진실함의 기준으로 확인하여 높고 먼 초월적인 것을 가볍게 말하지 않음을 강조하며, 그만큼 일상적 현실과 단절된 초월적 존재를 천착하는 태도를 경계하는 입장을 밝히고 있는 것이다.

(2) 도의 작용

① 무위(無爲): 홍석주는 '도'의 근원성으로서 '하나'가 '도'의 초월성으로서 '자연'과 같은 것임을 확인한다. 또한 그는 '자연'을 따르는 것이 바로 '무위(無爲)'이며, '무위'함으로써 위태롭지 않는 것이라 하여, '도'의 양상으로서

41 같은 곳, "洋人之稱天主也, 形象之, 尊奉之, 殆若有一物可見者, 然此其所以悖也. 老子之所云, 則易所謂太極生兩儀, 朱夫子所謂, 未有天地, 先有此理者也. 豈可與洋人比哉. 然聖人之言此也, 則曰, 上天之載, 無聲無臭而已. 老子則不然, 曰, 吾不知誰之子, 又曰, 有物混成, 先天地生, 其爲辭, 鼓舞恍惚, 易以使不知者惑, 此聖人所以不敢輕語高遠也."

'자연'과 '무위'의 두 가지 측면을 주목한다. 여기서 그는 "안으로 '자연'의 본체를 온축하고 밖으로 '무위'의 작용을 넓게 펴니, 이것이 임금된 자가 천지와 더불어 그 큼을 같이하는 까닭이다"[42]라고 하여, '자연'과 '무위'를 체용구조로 파악하며, 나아가 안으로 '도'의 본체를 기르고 밖으로 '도'의 작용을 넓히는 것이 바로 제왕의 치도임을 밝혀 준다. 그만큼 '무위'는 '자연'을 '도'의 본체로 삼았을 때 그 작용으로서 확인되고 있음을 보여 준다.

그는 『노자』 제14장에서 말하는 '옛 도[古之道]'를 '무위'일 따름이라 확인하고, "유교의 도는 옛 것을 스승 삼지 않음이 없다. 그러나 오제(五帝)와 삼왕(三王)은 바탕과 문채가 서로 변해 가면서 대체로 날로 '유위'로 달려갔던 것이다. 노자는 태고의 '무위'로서 주나라가 쇠퇴하여 문채에 쏠려 있는 풍속을 다스리고자 하였다"[43]고 언급하였다. 곧 질박한 바탕이 쇠퇴하고 화려한 문채가 일어나는 것이 한 시대나 왕조가 쇠퇴해 가는 역사의 변천 방향이라 지적한다. 그는 이러한 역사의 타락에서 '옛 도'로서 '무위'의 도를 밝혀 '유위'의 문채(형식)에 치우친 풍속을 바로잡고자 하는 것이 노자가 '도'를 실현하고자 하는 근본과제였음을 제시하고, 이러한 입장에서는 노자의 태도가 유교와 일치하는 것임을 확인하였던 것이다.

또한 그는 '무위'의 도를 실현하는 방법으로서 "강한 것은 드러낼 수 없어도 부드러운 것은 드러낼 수 있고, '유'는 들어갈 수 없어도 '무'는 들어갈 수 있으니, '유위'는 '무위'만 못하다는 것을 알 수 있다. 말 없는 가르침을 몸소 행하면 사람들이 교화된다는 것은 사람을 가르침에 의도함이 없지만 사람들이 저절로 교화되는 것이다. 이것도 또한 '무위'가 이로움이다"[44]라고 하여,

---

42 『訂老』 제25장, "一者何也, 自然而已矣, 自然故無爲, 無爲故不殆. 內蘊自然之體, 而外溥無爲之用, 此王者所以與天地同其大也."

43 『訂老』 제14장, "所謂古之道者, 無爲而已矣. … 儒者之道, 未嘗不師古也, 然五帝三王, 質文相變, 大抵日趨於有爲矣, 老氏欲以太古之無爲, 御衰周靡文之俗."

44 『訂老』 제43장, "强者之所不能騁, 而柔者能之, 有者之所不能入, 而無者能之, 有爲之不如無爲, 斯可見

강함보다 부드러움이 능력이 있고, '유' 보다 '무' 가 능력이 있다는 사실을 들어서 '무위' 가 '유위' 보다 더 유용함을 강조한다. 또한 '유언(有言)' 의 가르침보다 '무언' 의 가르침[無言之敎]이 백성을 교화하는 데 더 효율적인 것처럼, '유위' 의 정치보다 '무위' 의 정치가 더 효율적임을 제시하였다. 그것은 '도' 의 실용을 위한 방법으로서 '무위' 를 중시하는 이유를 현실적 실효성에서 확인하고 있는 것이다. 여기서 그는 '자연' 에 대해 "사물을 각각 그 사물에 맡겨서 내가 관여함이 없는 것"이라 정의하면서, "군자가 자연에 맡겨 두고 말하지 않음을 귀하게 여기는 것"을 바로 '불언' 의 가르침[不言之敎]이라 해석하기도 한다.[45] 곧 '무언' 또한 '불언' 의 가르침은 '무위' 의 도를 행하는 한 과제로서 자연에 맡기고 인간의 의도와 작위를 절제하는 것으로 이해하고 있음을 보여 준다.

홍석주는 '무위' 를 아무것도 하는 것이 없는 정적의 상태가 아님을 역설한다. 그는 『노자』 제63장에서 "함이 없음을 하고 일삼음이 없음을 일삼는다"는 구절의 뜻을 "함이 없는 때에서 하고, 일삼음이 없는 가운데 일삼는다[爲無爲, 事無事]"라고 해석하며, 노자가 말하는 '무위' · '무사' 가 바로 보통 사람이 쉽게 여기는 것도 성인이 어려워하는 것으로 '기미를 살피고 미미함을 신중히 하는 도[審幾愼微之道]' 에 있는 것이라 확인한다. 따라서 그는 "후세에 청담가들로서 제멋대로 날뛰며 거칠고 오만하여 세상일을 내버려두는 것으로 고상하게 여김으로써 혼란과 멸망의 재앙에 길들여진 자들과는 하늘과 땅처럼 멀리 떨어졌다"[46]고 하여, 노자의 기미를 살피고 미미함을 신중히 하여 '무위' 의 도를 실천하는 것과 후세 청담가들이 세상일을 방치하여 관여하지 않는 것과

矣, 不言之敎躬行, 而人化之, 蓋無意於敎人, 而人自化, 是亦無爲之益也."

45 『訂老』 제23장, "自然者, 物各付物, 而我無與焉, 卽所謂不言之敎. … 此君子所以因任自然, 而不以多言爲貴也."

46 『訂老』 제63장, "爲之於無爲之時, 事之於無事之中. … 此章專言審幾愼微之道, 蓋老子所謂無爲無事者, 如此與. 夫後世淸談之士, 猖狂簡傲, 以遺落世事爲高, 而馴致亂亡之禍者, 相去若霄壤矣."

는 전혀 상반된 것임을 강조하고 있다.

나아가 홍석주는 '유' 와 '무' 의 사이에는 어느 한쪽이 거부되는 것이 아니라 양쪽이 서로 보완적 역할을 하며 동시에 요구되는 것임을 주목한다. 곧 "그릇의 활용은 물건을 받아들이는 데 있고, 방의 활용은 사람이 머무는 데 있으니, 모두 그 빈 곳이다. 그러므로 '없음이 활용이 된다' 고 하는 것은 참으로 그러하다. 그러나 하는 자리가 있지 않으면 또한 그 활용함을 둘 곳이 없다. 그러므로 '있음이 방편이 된다' 고 한다"[47]고 하였다. 곧 '유' 가 방편(도구)이 되고 '무' 가 활용이 된다고 하여, '유' 와 '무' 를 '방편과 활용[利·用]' 의 관계로 제시하고 있는 것이다. 그것은 '유' 와 '무' 의 관계란 사람에서 보면 눈과 귀나 손과 발처럼 도구적 부분과 마음이라는 주체적 작용이 여기에 해당하고, 나라에서 보면 여러 직무를 맡은 관직과 정치를 주재하는 임금의 역할이 이에 해당한다는 것이다.

그러나 여기서 그는 '유·무' 를 대비시키고 '무' 를 근본으로 강조하는 노자의 견해와 '유·무' 의 분별을 별달리 강조하지 않는 유교의 입장이 지닌 차이를 주목한다. 곧 "군자의 도는 '유' 가 마땅하면 '유' 로 하고 '무' 가 마땅하면 '무' 로 하니, 오직 옳은 것을 따를 뿐이요, 어느 쪽을 가볍게 여기거나 소중히 여기고 귀하게 여기거나 천하게 여기는 바가 없다. … 노자는 일찍이 '유' 를 폐지하지 않았지만 그 의도는 이미 치우쳤으니, 그 유폐에 이르러서는 천지를 꿈이나 환상으로 여기고 사물을 찌꺼기로 여겨서 천하가 비로소 크게 어지럽게 되는 것을 막을 수 없었다"[48]라고 지적하였다. 그것은 『노자』처럼 '유·무' 로 세계를 분석하고 '무' 를 '유' 의 근원으로 인식하는 논리에서는, 비록 '유'

47 『訂老』 제11장, "器之用, 在於受物, 室之用, 在於居人, 皆其空處, 故曰無之爲用, 固也, 然非有以爲之地, 則亦無所措其用矣, 故曰有之以爲利."

48 같은 곳, "君子之道, 當有而有, 當無而無, 唯其可而已, 未嘗有所輕重貴賤也. … 老子固未嘗廢有也, 而其意則已偏矣, 及其流也, 夢幻天地, 糠粃品物, 而天下始大亂, 不可禁矣."

를 거부하여 처음부터 공허함에 빠지지 않는다 하더라도, '무'에 치우쳐 현실 세계를 소홀히 하는 폐단이 발생하게 된다는 사실을 경계하고 있는 것이다. 따라서 그는 "『주역』에서는 '유'와 '무'를 말하지 않았으니, '유'와 '무'를 말하는 것은 여러 학자들의 비루한 견해이다"[49]라고 말한 장횡거의 언급을 끌어들여, '유·무'의 추상적 사유체계가 유교의 정통적 사유와 어긋나는 것임을 지적하고 있다.

② 돌이킴[反]: 『노자』 제40장의 "돌이키는 것은 '도'의 운동이요, 유약한 것은 '도'의 작용이다[反者, 道之動, 弱者, 道之用]"라는 구절에서 '돌이킴[反]'과 '유약함[弱]'은 '도'의 작용양상으로 주목되고 있다. 홍석주는 "돌이킴이란 서로 돌이키는 것을 말하니 '무'에 말미암아 '유'가 되는 것이 돌이킴이요, '유'에 말미암아 '무'로 돌아가는 것도 돌이킴이다. '도'는 하나일 따름이요, '도'의 본체는 '무위'일 따름이나, 그 운동함에서는 하나로부터 둘이 되고, 둘로부터 만 가지가 되니, 널리 시행되는 것은 서로 변하며, 상대하여 맞서는 것은 서로 드러나게 하여, 갔다가 서로 돌이키지 않음이 없다"[50]고 하였다. 그것은 '도'의 작용양상으로서 '반복운동'의 순환적 성격을 강조하는 것이다. 이러한 순환적 반복운동은 하늘에서 밝음과 어두움이나 추위와 더위가 교대하는 현상이거나, 사람에서 활동과 고요함, 막힘과 펼침이 서로 원인이 되어 반복순환하는 현상이거나 모두 '도'의 돌이키는 활동양상이라는 것이다. 곧 『주역』(「繫辭上」)에서 "한 번 음이 되고 한 번 양이 되는 것이 '도'이다[一陰一陽之謂道]"라고 하는 것과 같은 논리임을 보여 준다.[51]

---

49 『正蒙』, 「大易」, "大易不言有無, 言有無, 諸子之陋也."

50 『訂老』 제40장, "反者, 言相反也. 由無而有, 反也, 由有而復於無, 亦反也. … 夫道一而已, 道之本體, 無爲而已, 乃其動也, 則自一而二, 自二而萬, 流行者, 相變, 對待者, 相形, 無往而非相反者."

51 홍석주는 『訂老』 제42장에서 "損之而益, 益之而損"(제42장), "曲則全, 枉則直"(제22장), "柔勝剛, 弱勝强"(제78장), "高者抑之, 下者擧之"(제77장)가 모두 '反'과 '弱'의 의미와 일치하는 것이라고 지적한다.

③ 유약함[弱]: 이처럼 '도'의 기본적 활동양상이 '돌이킴[反]'인 만큼 이 '도'를 본받아 실천하는 인간의 삶도 바로 '도'의 돌이킴을 따르는 것이라 할 수 있다. 여기서 인간이 '도'를 활용하는 기본태도는 바로 '도'의 돌이킴을 따라 '낮춤[下]'·'작음[小]'·'유약함[弱]'으로 '도'의 '존귀함[尊]'·'큼[大]'·'강건함[健]'을 실현한다는 것이다. 곧 그는 "지극히 존귀함이 '도'이지만, 이 '도'를 지닌 자는 반드시 스스로 낮춘다. 지극히 큰 것이 '도'이지만, 이 '도'를 체득한 사람은 반드시 스스로 작게 여긴다. '도'는 지극히 강건함으로 본체를 삼지만, 지극히 유약함으로 작용을 삼는 것이니, 이것도 돌이키는 것이다. '유'는 기(氣)이고, '무'는 도이니, '유'가 '무'에서 생기는 것도 서로 돌이키는 뜻이다"[52]라고 해석하였다. 이처럼 그는 '도'의 활동양상을 반복순환 운동으로 파악하면서, 상반된 형식 사이에 일치·통합시키는 논리를 '도'의 활동으로 보고, 동시에 이 반복순환 운동을 인간의 행동원리로 제시하고 있다. 이에 따라 '유약함[弱]'은 '도'의 활동양상인 '돌이킴[反]'을 실현하는 인간의 행동원리로 확인되고 있는 것이다.

따라서 그는 이러한 노자의 언급에 대해, "사람들에게 '무욕'으로 자신을 다스리고, '무위'로 천하를 다스리며, 그 선함을 소유하지 않고 그 공적을 소유하지 않도록 가르치는 것이다. 어떤 이는 모든 있다는 것이 공허하다는 불교의 교설을 인용하여 천하의 만물이 모두 물거품이나 임시적 결합이라 말하는데, 그것은 노자의 본래 뜻이 아니다"[53]라고 밝혔다. 그것은 『노자』에서 말하는 '무욕(無欲)'·'무위(無爲)'·'불유(不有)'의 부정적 언표들이 모두 '도'의 순환운동으로서 '돌이킴'의 원리를 실현하는 방법임을 제시하는 것이요, 현

52 『訂老』 제40장, "至尊者, 道也, 而有是道者, 必自下, 至大者, 道也, 而體是道者, 必自小, 道以至健爲體, 而至弱爲用, 是亦反也, 有者氣也, 無者道也, 有生於無, 亦相反之意."

53 같은 곳, "老子言此, 蓋敎人無欲以治身, 無爲以治天下, 不有其善, 不有其功也. 或乃引釋氏空諸所有之說, 而謂天下萬物, 皆泡影假合, 則非老子之本意矣."

실세계를 부정하는 사유방법이 아님을 확인하는 것이다.

2) 수기(修己)와 양생(養生)의 방법

(1) 수기(修己)의 방법

① 수정(守靜): 홍석주는 '도'를 만물의 생성근원으로 보면서 동시에 정감[情]도 형체[形]도 없는 것이라 하고, 이에 비해 인간은 마음[心]이 있고 행위[爲]가 있는 것으로 대비시키고 있다. 그것은 도와 인간의 차이를 분명하게 밝힘으로써, 인간이 받아들여야 할 기준으로서 '도'의 성격을 확인하고 있는 것이다. 곧 그는 "'도'가 천하에서 높여지고 귀하게 여겨지는 것은 만물을 살리고 길러줄 수 있기 때문이니, 임금된 자도 천하에서 또한 그러하여야 한다. … 이것이 도를 지닌 자가 '무위'와 '무사'를 귀중하게 여기는 까닭이요, 성인이 고정된 마음이 없는 까닭이다"[54]라고 제시하였다. 그만큼 인간은 '도'를 본받고 따름으로써, 인간의 불완전하고 잘못되기 쉬운 취약함을 극복할 수 있는 것으로 본다.

이와 더불어 그는 "하늘과 사람은 하나의 이치요, 사물과 인간은 하나를 이루니, 멀고 가깝거나 크고 작거나 '도'는 하나일 따름이다. 이 때문에 '도'를 아는 자는 바깥에서 구하기를 기다릴 것 없이 얻지 못하는 것이 없다"고 하였다. 곧 하늘과 인간, 인간과 사물이 '도' 안에서 일치하는 것임을 강조하는 것이며, 인간은 '도'를 인식함으로써 바깥에서 찾을 필요가 없이 자기 자신 안에서 완성되고 충족될 수 있는 것임을 제시하였다. 여기서 인간이 '도'를 인식하고 자기 속에서 드러낼 수 있는 자기실현의 주체가 바로 '마음'이라고 확

54 『訂老』 제51장, "夫道之所以尊貴於天下者, 以其能生育萬物也. 王者之於天下也, 亦然. … 此有道者, 所以貴夫無爲無事, 而聖人, 所以無常心也."

인한다. 곧 그는 "사람의 작은 한 몸으로서 천하를 본분 안으로 삼고 천지와 서로 유통할 수 있는 것은 오직 이 '마음' 일 따름이다"[55]라고 밝히고 있다.

그는 '마음' 을 정의하여, "지극히 비어서 욕심이 없고, 지극히 고요하여 동요함이 없고, 지극히 한결같아 뒤섞임이 없으니, 그런 다음에 영명함은 사방으로 통달하여 귀신과 같은 무리가 되니, 온갖 변화가 눈앞에서 교차하여도 환하게 알지 못함이 없다"하여, 비어 있음[虛] · 고요함[靜] · 한결같음[一]을 마음의 기본 성질로 보고, 이에 따라 마음의 영명한 지각능력이 '귀신[神]' 과 일치하는 것으로 제시하였다. 이에 따라 그는 "바깥에서 구하려는 자는 그 마음이 반드시 사물에 막혀서 비어 있을 수 없고, 반드시 갈라져 한결같을 수 없고, 반드시 바깥으로 달려 고요할 수 없다"[56]고 지적하여, 마음을 다스리는 수양공부의 방법에서 바깥으로 찾아가는 것을 경계하고 있다. 여기서 그는 『노자』의 수양방법이 경험적 지식의 공부가 아니라 내성적 각성의 공부임을 보여 주고 있으며, 구체적 현실에서 경험을 통한 궁리를 인정하면서도, 오히려 기억하여 외우는 데 치중한 '기송(記誦)' 의 학풍이나 문헌의 증거를 중시하는 고증(考證)의 학풍과 같은 당시 유교의 학풍에 대해서도 마음에서 체득함이 없이 바깥의 경험적 지식에 집착하고 있는 것은 도를 깨닫지 못한 것이라 비판함으로써, 마음에서 깨달음을 중시하는 도학-주자학에 근거한 『노자』 이해의 입장을 밝히고 있는 것이다.

홍석주는 먼저 '도' 를 따름으로써 자신을 다스리는 마음의 수양방법으로서 안으로 고요함을 지키는 '수정(守靜)' 과 바깥으로 향한 욕심을 줄이는 '과욕(寡欲)' 을 주목하고 있다. 먼저 그는 " '비어 있음[虛]' 과 '고요함[靜]' 은 인간 마

---

55 『訂老』 제47장, "天人一理也, 物我一致也. 無遠近無大小, 道則一而已, 是以知道者, 不竢外求, 而無不得. … 人之以眇然一身, 而以天下爲分內, 與天地相流通者, 唯此心而已."

56 같은 곳, "至虛而無欲, 至靜而不撓, 至一而不雜, 夫然後靈明四達, 與神爲徒, 萬變交乎前, 而無不洞然. 彼將求諸外者, 其心必滯於物而不能虛, 必歧而不能一, 必外馳而不能靜."

음의 본체이다. 사물이 다가와도 밝게 비추지만 나는 마음에 아무것도 남겨둠이 없고, 일이 이르러도 대응하지만 나는 작위함을 용납함이 없으면, 비록 (바깥에서 들여와) 채워져도 (마음은) 언제나 비어 있으며, 비록 (바깥 사물에 따라) 움직여도 (마음은) 언제나 고요하다. 우리 유교에서 경계하고 두려워하며 안으로 마음을 곧게 하여 지극히 고요한 가운데 배양하는 것이 이것이다"[57]라고 밝혔다. 그것은 마음이 바깥 사물을 인식하고 온갖 사무에 대응하면서도 사물이나 사무에 얽매임이 없게 함으로써 비어 있고 고요한 마음의 본체를 잃지 않게 한다는 마음의 수양방법을 제시한 것이요, 그는 이러한 노자의 수양방법이 『중용』(제1장)에서 말하는 '계신·공구(戒愼·恐懼)' 와 『주역』「곤괘(坤卦)」에서 말하는 "경이직내(敬以直內)"의 수양방법과 일치하는 것이라 확인한다. 이러한 노자의 수양방법은 마음의 내면적 성찰에 치중하여 '경이직내' 의 조건을 중시하지만 '의이방외(義以方外)' 의 조건을 소홀히 하였다는 비판을 가능하게 한다.[58] 그러나 홍석주는 노자의 수양방법이 유교의 입장과 일치함을 강조하면서 마음의 내면에 치우쳤다는 비판을 하는 데 비중을 두지 않고 있는 것이 사실이다.

그는 "오직 비어 있음을 이룬 다음에 고요함으로 말미암아 밝아질 수 있다"고 하여, '비어 있음' 과 '고요함' 의 관계에서 '비어 있음' 이 근본이 되고, 그 위에서 고요함은 인식능력으로 작용하는 것이라 한다. 또한 그는 '비어 있다[虛]' 는 것을 '욕심이 없는[無欲]' 마음의 상태로 파악하였다. 여기서 그는 노자가 말하는 '비어 있음' 과 '고요함' 을 주렴계가 "욕심이 없으니 고요하여 비어 있으며 활동하여 곧다. 고요하여 비어 있으면 밝고, 밝으면 통달한다. 활동하

57 『訂老』 제16장, "虛且靜, 人心之本體也. … 物來斯照, 而我無所留心焉, 事至斯應, 而我無所容爲焉, 雖實而常虛, 雖動而常靜矣. … 在吾儒, 則戒懼直內, 以養之於至靜之中者, 是也."

58 程明道는 불교를 비판하면서, '敬以直內' 만 있고 '義以方外' 가 없으면 그 '敬以直內' 의 근본도 잘못된 것이라 비판하였다. 『近思錄』 권13, 「辨異端類」, "佛有一箇覺之理, 可以敬以直內矣, 然無義以方外, 其直內者, 要之其本亦不是."

여 곧으면 공정하고, 공정하면 두루 미친다"(『通書』, 「聖學」)고 말한 뜻과 일치시킨다. 나아가 그는 "비어 있음을 극진하게 이루고, 고요함을 독실하게 지킨다[致虛極·守靜篤]"는 노자의 말은 유교에서 '마음을 다하고 가슴에 간직한다[單心·服膺]'는 뜻으로 확인하고 있다.[59] 그만큼 노자의 '비어 있게 하고 고요함을 지키는[致虛守靜]' 마음의 수양방법을 유교의 수양방법과 일치시켜 이해하고 있음을 보여 준다.

또한 그는 모든 활동의 뿌리인 '고요함[靜]'과 모든 있는 것이 나오는 '없음[無]', 모든 사물의 근본인 '하나'의 세 가지를 '도'의 양상이라 제시한다. 이에 따라 그는 "도를 터득함이 있는 자는 하나를 안고, 고요함을 지킴으로써 함이 없다"[60]고 하여, 도를 체득하는 마음의 수양방법으로서 '하나를 안고, 고요함을 지킴[抱一·守靜]'으로써 '무위(無爲)'를 실현할 것을 제시하고 있다. 곧 '비어 있음'에 근거하여 '고요함'을 실현하는 것은 마음의 본체를 실현하는 수양방법으로 그 공효는 거울과 물이 사물을 비쳐 보이듯이 밝은 인식을 이루는 것이라면, '하나'를 안고서 '고요함'을 지키는 것은 마음의 집중을 실현하는 것으로서 그 공효는 입을 다물고 대문을 닫는 것처럼 '무위'의 행동원리를 확보하는 것이라 대비시켜 보는 것이라 하겠다.

하나를 안고 고요함을 지키는 '포일(抱一)'과 '수정(守靜)'의 수양방법은 도학의 수양론에서 정이천이 말하는 '주일(主一: 主一者謂之敬)'과 주렴계가 말하는 '주정(主靜: 聖人定之以中正仁義, 而主靜)'에 상응하는 것으로 볼 수 있다. 이런 맥락에서 그는 "사람이 태어남에 고요함은 성품이고, 망령된 활동이 있는

---

59 같은 곳, "夫唯致虛, 然後乃能由靜而明, 虛者何也, 無欲而已矣. 周子曰, 無欲則靜虛動直, 靜虛則明, 明則通, 動直則公, 公則溥. 夫所謂致虛極·守靜篤, 兩言者, 固吾儒所宜單心, 而服膺也." 여기서 홍석주가 "마음을 다하여 가슴에 간직한다[單心而服膺]"고 말한 것은 『중용』(제8장)의 "정성스럽게 가슴에 간직한다[拳拳服膺]"는 구절을 가리키는 것으로 보인다.

60 『訂老』 제52장, "羣動根於靜, 萬有生於無, 百昌本乎一. 曰靜·曰無·曰一, 皆道也, 故有得乎道者, 抱一守靜以無爲."

것은 모두 물욕에 얽매인 것이다. 오직 마음 안에서 주장함이 있은 다음에야, 침잠하여 한가롭게 머물며 초연하여 사물에 얽매이지 않으니, 이것은 고요함이 활동의 임금이 되는 까닭이다"[61]라고 하여, 마음의 내면에서 '고요함'을 주장으로 삼아야 할 것을 강조한다. 곧 노자에서 고요함을 지킨다는 '수정(守靜)'은 '동'과 '정'이 서로 규제하며 작용하기를[動靜弗違] 요구하는 수양방법이 아니라, 고요함을 활동의 주체로서 확립하는 '주정(主靜)'의 수양방법으로 확인되고 있는 것이라 하겠다.

② 과욕(寡欲): 한편 홍석주는 마음을 다스리는 수양공부로서 '욕심을 적게 함[寡欲]'을 기본과제로 삼고 있다. 곧 그는 "마음속으로 부족하여 바깥으로 많은 것을 구하면, 비록 집에 만금의 재물을 쌓아놓아도 역시 걸인일 따름이다. … 속으로 만족하여 바깥에서 구함이 없으면, 비록 거친 밥을 먹고 초라한 옷을 입어도 역시 천하의 상등 부자라 할 수 있다"[62]고 하였다. 그만큼 쉽게 만족할 줄 알고 바깥의 사물에서 구하는 욕심이 없게 하는 것이 마음을 다스리는 수양의 방법임을 주목하고 있는 것이다. 따라서 그는 『노자』 제12장에서 말하는 오색(五色)·오음(五音)·오미(五味)를 비롯하여 말달리고 사냥하는 것이나 구하기 어려운 재물 등 다섯 가지는 모두 일시적인 감각의 좋아함이요, 실지에는 병통이 되는 것이라 하고, 바깥으로 일시적인 쾌락을 쫓으면 안으로 평생의 병통을 받게 되는 것이라 경계하였다.[63]

---

61 『訂老』 제26장, "人生而靜, 性也, 其有妄動者, 皆物慾累之也, 唯有主於內, 然後乃能湛然閒居, 而超然不累於物, 此靜之所以君乎動也."

62 『訂老』 제33장, "內不足, 而外多求, 雖家累萬金, 亦乞人而已矣. … 足乎中, 而無求於外, 雖糲飯短褐, 亦可謂天下之上富矣."

63 『訂老』 제12장, "五色以下五者, 皆一時之好, 而病於實者也, 外逐一時之快, 而內受終身之病." 여기서 그는 노자가 말하는 '無'를 바깥의 사물에 대한 욕심을 줄이고 일을 간소하게 하는 것[寡欲省事]이라 파악함으로써, "불교에서 '空과 無는 한 가지 법이다' 라고 하여 천지·만물·人極의 큰 기준과 법도가 모두 공(空)이라 말하는 것과 같지 않다[非若釋氏所謂空無一法者, 并與天地·萬物·人極之大經大法, 而盡空之也]"고 강조하여, 노자의 '無'와 불교의 '無·空'의 차이가 욕심을 부정하는 것과 존재를 부정하는 것으로서 서로 차원이 다른 것임을 밝히고 있다.

그는 "군자가 덕을 닦는다는 것은 오직 마땅히 해야 할 것을 다하는 것일 뿐이다. … 사람으로 하여금 자신을 닦고 바깥에서 구함이 없도록 하고자 한다"[64]고 하였다. 그것은 공명(功名)을 추구하여 일을 일으키게 되는 것이 재앙과 혼란의 원인이 되고 있음을 경계하고, 마땅히 할 도리만 하여 욕심을 줄이고 일을 줄이는 것이 수양의 기본방법임을 확인해 주고 있다. 또한 그는 생명까지 버리며 욕심을 내는 두 가지 일로 명성[名]과 재물[貨]을 들면서, "오직 만족할 줄 안 다음에 그칠 줄을 알 수 있고, 오직 욕심을 줄인 다음에 쉽게 만족할 수 있다. 욕심이 많은 자는 얻으면 얻을수록 더욱 만족하지 못하고, 구하면 구할수록 더욱 그치지 못하여, 마침내 위태롭고 욕될 뿐이다"[65]라고 한다. 이처럼 그는 만족하여 그칠 줄을 알고, 욕심을 줄여 쉽게 만족할 줄 아는 것이 마음을 다스려 위태로움과 욕됨을 피할 수 있는 방법임을 제시하였다. 여기서 그는 실지를 융성하게 하고 명성을 따르게 하는 것을 '중용'의 가르침으로 기준을 삼으면서, 실지를 버리고 명성만 찾다가 세상을 어지럽히는 무리들의 폐단이 엄청난 살육을 저지르는 재앙을 불러올 수 있음을 심각하게 경계하기도 한다.

나아가 홍석주는 『노자』 제38장에서 인(仁)·의(義)·예(禮)의 덕목이 비판적으로 서술되는 사실에 대해, "도는 하나일 따름인데, 사람에게 얻어진 것이 덕이다. … 어찌 도를 버리고 덕을 일삼을 수 있으며, 덕을 벗어나서 인·의·예를 일삼을 수 있겠는가. 노자가 그 시대에 인·의·예를 말하는 자들이 말단만 좇아가고 진실을 망각하는 것을 미워하여 드디어 인·의·예를 아울러 비난하였으니, 근본을 따른 것이 아니라 말할 수 있다"[66]고 하였다. 이처럼 그는 도와

---

64 『訂老』 제24장, "君子之修德也, 唯盡吾所當爲而已. … 欲人修己, 而無求於外也."

65 『訂老』 제44장, "唯知足然後, 能知止, 唯寡欲然後, 易足, 多欲者, 愈得而愈不足, 愈求而愈不止, 亦終於危辱而已."

66 『訂老』 제38장, "夫道一而已矣, 得於人則曰德. … 夫豈有舍道而可以爲德, 外德而可以爲仁義禮者哉, 老子嫉夫當世之言仁義禮者之逐其末而忘其眞也, 遂并與仁義禮而詆之, 亦可謂不循其本矣."

덕이 일치하고, 덕과 인 · 의 · 예가 일치하는 것임을 근본으로 확인함으로써, 노자가 당시의 말단적 형식에 빠진 폐단을 비판하여 인 · 의 · 예를 비판한 것은 진실의 근본을 해명하는 것과 다른 차원의 접근이었음을 지적하는 것이다. 또한 그는 "사람이 태어남에는 욕심이 없을 수 없으니, 욕심이 있는데 절제를 알지 못하면 이르지 못할 곳이 없게 된다"고 하여, 인간존재에는 필연적으로 욕심이 있는 만큼 이 욕심을 절제할 줄 모르면 오랑캐나 짐승이 되고 말 것임을 경계하였다. 따라서 그는 "노자가 과연 침묵하여 말없는 가르침으로 천하 만세의 인륜을 멸시하고 강상을 어그러뜨리는 재앙을 모두 막을 수 있다고 여겼겠는가?"[67]라고 반문하여, 인간의 마음을 다스리는 수양공부에 인·의·예의 덕목이나 인륜의 규범이 필요한 것임을 강조한다.

(2) 양생(養生)의 방법

홍석주는 『노자』에서 양생의 문제에 관해 특별히 깊은 관심을 보여 주고 있다. 그는 『노자』 제6장에 대해, "양생(養生)과 장수[久視]의 요결로서, 후세에 수련가(修煉家)의 온갖 말이 이것을 넘지 않는다"[68]라고 언급하였다. 그는 여기서 언급한 '곡신(谷神)' 의 '신(神: 神明)' 을, '지극히 비어 있는 속에 영명하여 어둡지 않음이 간직되어 있는 것' 이라 정의하고, "형체는 너무 수고로우면 닳아 버리고, 신명은 너무 사용하면 고갈된다. 하물며 사람에 있는 신명이랴. 보아도 보이지 않고 눌러도 자취가 없으며, 한 가닥의 실이 끊어지지 않는 것처럼

홍석주는 "『노자』의 글을 세상에서는 모두 이단이라 말하지만, 찬찬이 풀어보면 도에 합치하지 않는 것은 드물다. 오직 이 장(제38장)은 변론함이 없을 수 없다[老氏之書, 世皆謂之異端, 然徐而繹之, 其不合于道者盖寡, 唯此章不可以無辨]"고 하여, 仁·義·禮의 덕목에 대해 노자의 비판이 말단적 폐단에서 본 것이요, 근본적 진실성에서 본 것이 아님을 지적함으로써, 노자의 비판이 지닌 타당성과 한계를 명확하게 밝혀 주고 있다.

67 같은 곳, "人之生也, 未嘗不有欲, 欲而不知節, 則無所不至矣. … 老氏果以爲默然不信之敎, 能盡防天下萬世蔑倫悖常之禍哉."

68 『訂老』 제6장, "此章盖養生久視之要訣, 後世修煉之家, 千言萬語, 未有能越是者也."

끝없이 이어져 있을 뿐이니, 어찌 가볍게 쓸 수 있겠는가"[69]라고 밝혔다. 곧 신체를 너무 수고롭게 하면 닳아서 못 쓰게 되는 것처럼, 신명도 너무 사용하지 않는 것이 바로 양생의 기본방법이라 제시하고 있는 것이다.

그는 양생의 이론으로서 인간 존재에서 '혼(魂)' – '신(神)'과 '백(魄)' – '정(精)'의 구조를 해명하고 있다. 곧 "'혼'은 양(陽)의 '신'이요, '백'은 음(陰)의 '정'이며, '신'은 불[火]을 형상하여 언제나 올라가고, '정'은 물[水]을 머금어 언제나 내려가는 것이니, 그 형세는 서로 분리하지 않으면 끝나지 않는다. 하물며 인간이 살아감에는 기뻐하고 노여워하며 근심하고 생각하는 데 감정과 욕심이 교대로 불길처럼 치솟아, 불이 올라가서 한순간도 쉬지 않으니, 이것은 모두 분리됨을 빠르게 하여 날로 죽음으로 달려가는 까닭이다"[70]라고 한다. 그것은 인간존재에서 혼·백 내지 정·신이 결합되어 있지만, 내부에서 감정과 욕망의 작용으로 서로 분리가 가속화되어 죽음으로 가게 되는 존재양상을 제시하고 있는 것이다. 이렇게 인간의 존재양상과 죽음이 재촉되는 원인을 이해한다면, 이에 따른 양생(養生: 攝生·衛生)의 방법도 제시될 수 있다. 곧 그는 "양생을 잘 하는 자는 '정'을 절제하여 '신'을 온전하게 하며, '기(氣)'를 간직하여 '정'을 안고 있다. 감정이 타오르지 않게 하고 마음이 바깥으로 달리지 않게 하여 영명한 본체가 항상 나의 마음속을 지키게 하면, 불은 이미 내려가 있으며 물은 항상 올라와 있으니 진실로 장생불사라 할 수 있다"[71]라고 밝혔다.

그는 이러한 양생법이 바로 『참동계(參同契)』에서 말하는 "해·달·별의 빛이 땅 속에 묻혀서, 씨가 되는 구슬을 따뜻하게 배양한다[三光陸沈, 溫養子珠]"는 구절과 같은 뜻이라 하고, 후세의 수련가(修煉家)들이 가리키는 납과 수은

70 『訂老』 제10장, "魂者, 陽之神也, 魄者, 陰之精也, 神象火而常升, 精涵水而恒降, 其勢不相離, 則不已. 況人之生也, 喜怒憂思, 情欲交熾, 火之升也, 無刻暫息, 此皆所以速其離, 而日趨於死也."

71 같은 곳, "善衛生者, 節精以完神, 存氣以抱精, 使情不炎上, 心不騖外, 而靈明之體, 常守吾方寸之中, 則火既降, 水常升, 眞可以長生而久視也."

[鉛·汞], 용과 호랑이[龍·虎], 갓난아이와 여자아이[嬰兒·姹女]란 것도 물과 불의 형상을 부연한 것일 뿐이라 한다. 그만큼 그는 『노자』의 양생법이 『참동계』와 후기 도가의 연단술(鍊丹術) 속에 일관되게 이어져 있음을 적극적으로 인정하고 있는 것이다.

그는 『노자』 제10장의 첫머리 3구절에 대해 '기를 수련하여 양생하는 요령[煉氣攝生之要]'을 제시한 것이라 주목하였다. 곧 '하나를 안고서 분리됨이 없다[抱一而無離: 載營魄抱一, 能無離乎]'는 것은 '신'을 온전히 하는 것이라 하고 '부드러움을 이루어 갓난아이가 된다[致柔而嬰兒: 專氣致柔, 能嬰兒乎]'는 것은 '기'를 조화롭게 하는 것이라 하고, '깨끗이 씻어내어 살펴서 흠이 없게 된다[滌覽而無疵: 滌除玄覽, 能無疵乎]'는 것은 '덕'을 온전하게 하는 것이라 한다. 여기서 그는 양생의 실천을 통해 성취한 효과로서 '신'을 온전하게 하고, '기'를 조화롭게 하고, '덕'을 온전하게 하는 세 가지로 제시하며, 이 세 가지 일은 단지 양생의 문제로 그치는 것이 아니라 본다. 바로 이 점에서 『노자』를 해석하는 그의 독특한 시각을 확인할 수 있다. 곧 "이 세 가지[神完·氣和·德全]를 가지고서 백성을 사랑하는 마음으로 행하면 작위하는 바가 없어 천하가 다스려질 것이다"[72]라고 해석하였던 것은 '양생'이 개인의 장생불사를 추구하는 것으로 그치는 것이 아니라, '치도'로 나아가는 길을 열어 주고 있는 것이며, 수기와 치인의 구조처럼, 양생도 수양의 방법으로서 치도의 근거가 되고 있는 것임을 밝히고 있는 것이다.

홍석주는 『노자』 제55장을 제10장에서 양생의 방법으로 제시한 3구절 가운데 한 가지인 '기를 오로지 하여 부드러움을 이룬다[專氣致柔]'는 구절을 연역한 것이라 본다. 곧 그는 '덕을 머금었다[含德]'는 것을 "속에 온축하여 바깥으로 빛이 드러나지 않는 것이요, 안으로 그 하늘(성품)을 온전히 하고 바깥으로

---

72 같은 곳, "抱一而無離, 則神完矣, 致柔而嬰兒, 則氣和矣, 滌覽而無疵, 則德全矣, 有是三者, 而行之以愛民之心, 則無所作爲, 而天下治矣."

그 지식을 소멸시키는 것이다. 그러므로 갓난아이처럼 변화된다"고 해석하였고, 여기서 그는 "그 하늘을 온전히 하면 '신(신명)'이 온전하게 되고, '신'이 온전하면 '기(기운 · 기질)'가 오로지하니, 그 고요함에 오로지하면 그 활동함이 곧게 된다"[73]고 밝혔다. 그것은 덕을 간직함이란 '성품[天]'을 온전히 하는 데서 출발하여 '마음[神]'을 온전히 하고, 나아가 '기질[氣]'을 순수하고 한결같이 유지되게 하는 것으로 나가는 단계적 과정의 양생을 보여 주는 수양방법으로 제시하는 것이다. 이렇게 '기질'을 한결같이 오로지할 수 있으면 그 성과로서 고요할 때 '기질'이 오로지하게 되고, 활동할 때에 '기질'이 곧게 발현될 수 있다는 것이다.

그는 장생의 방법으로 자신이 관여함이 없이 사물에 순응하는 것을 강조하여, "대인(大人)이란 사물이 오면 순조롭게 대응하며 온갖 변화가 앞에서 교차하여도 자신은 관여함이 없다. 자신이 사물을 쫓아가면 그 형세는 오래갈 수 없으나 사물로써 사물에 순응하면 온종일 사물과 교류하여도 자신은 수고로움이 없다. 수고로움이 없으면 손상됨이 없고 손상됨이 없으면 오래갈 수 있다"고 제시하였다. 나아가 그는 "갓난아이는 오직 무심하므로 '신'이 온전하고 '기'가 조화로우니, 약하다고 할 수 있다. 오직 약하기 때문에 '도'의 작용이 될 수 있으며, 그 생명을 오래가게 한다. 마음이 활동하고 감정이 치솟아 그 '기'를 부리면 강하다고 할 수 있다"[74]고 밝혔다. 여기서 그는 '대인'이 자신의 관여함이 없이 순응하는 것은 갓난아이[赤子]가 무심한 것에 상응하는 것이라 보고, 갓난아이의 무심함이 드러내는 '유약함[弱]'이 장생의 원리인 반면에 마음이 격동되고 감정이 치솟는 '강함[强]'은 죽음의 길이 되고 덕에 상반

---

73 『訂老』 제55장, "含德者, 蘊于中, 而不耀于外也, 內全其天, 而外泯其知, 故以赤子爲化. … 其天全則神完, 神完則氣專, 其靜也專, 則其動也直."

74 같은 곳, "大人者, 物來而順應, 萬變交乎前, 而我無與焉, 夫以我逐物者, 其勢不可以久. 以物順物, 則終日交, 而我不勞, 不勞則不傷, 不傷則可以長久. … 赤子唯無心也, 故神全而氣和, … 可謂弱矣, 唯弱故爲道之用, 而長有其生, 心動情熾, 而使其氣, 可謂强矣."

하는 것이라 확인하고 있다. 순응과 무심의 유약함을 실천하고 강성함을 경계하는 것이 생명을 지키는 양생의 방법으로 중시되고 있음을 보여 준다.

그는 장생술(長生術)에 대해 생명은 근본적으로 한계가 있다는 인식을 전제로 하면서, 『노자』 제33장에서 말하는 '그 자리를 잃지 않는 것[不失其所者]'에 대해 "도를 온전히 하고 지킴을 굳게 하여 사물이 동요하지 않게 하는 것"이라 하고, '죽어도 없어지지 않는다는 것[死而不亡者]'은 "'정'과 '신'이 홀로 남아 있어서 형체와 함께 변하지 않는 것"이라 해석하여, 이렇게 된다면 천지와 더불어 항구하게 될 수 있을 것이라 한다.[75] 또한 그는 여기서 '죽어도 없어지지 않는다'는 말은 유교에서 쉽게 말하지 않는 점을 지적하면서, "사람이 진실로 '하나(도)'를 안고 부드러움을 이루며, 천하의 사물로 나의 마음을 어지럽힐 수 없게 한다면, 그 '신'은 언제나 온전하고 그 '기'는 손상되지 않아서 오래 지속될 수 있어서 파괴되지 않는다는 것도 또한 이런 이치가 없다고는 할 수 없을 것이다"라고 하여, 장생불사의 이치가 있을 수 있음을 인정하는 입장을 밝히고 있다.

여기서 그는 "다만 그 노력하는 요령은 반드시 욕심을 줄이고 자신을 이기는 것으로부터 시작하여 이를 지켜가서 태만하지 않는 것일 뿐이요, 이른바 단약을 복용하고 재초(齋醮)를 올려 비는 것이 아니다. 신비하고 괴이한 설에 종사하는 것으로 후세의 방사(方士)들이 가탁하는 것과 같은 것은 『노자』를 읽는 사람들이 마땅히 먼저 분변해야 하는 것이다"[76]라고 하여, 양생법의 올바른 방법은 과욕(寡欲)과 극기(克己)의 실천으로 확인하였으며, 후세의 도교에서 양생법으로 쓰이는 복식(服食)과 기초(祈醮)나 방사들의 신비한 이론이 아님을 역설

---

75 『訂老』 제33장, "不失其所者, 道全守固, 而物莫能動也, 死而不亡者, 精神獨存, 而不與形俱化也, 如是, 則眞可以與天地, 偕久矣."

76 같은 곳, "人苟能抱一致柔, 使天下之物, 無能以滑吾中者, 則其神常完, 其氣不傷, 其能長久而不壞者, 亦不可謂無是理也, 但其用功之要, 則必自寡欲·克己始, 而持之以不怠而已, 非有所謂服食祈醮, 役使神怪之說, 如後世方士之所假托者, 此讀老氏者, 所宜先辨也."

하고 있다. 이처럼 그는 노자의 양생방법을 유교적 수양법과 일치하는 것으로 인식하며 도교의 장생술과 단절시키는 입장을 분명하게 밝히고 있는 것이다.

따라서 그는 『노자』에서 양생의 바른 방법과 후세에서 잘못된 변형을 엄격히 구별하는 데 세심한 주의를 기울이고 있다. 그는 "단약을 복용하여 형체를 단련하고, 약과 음식으로 병을 예방하며, 재앙을 피하기를 도모하는 것은 모두 그 생명을 살리고자 하는 것이나, 마음 씀이 지나친 것은 도리어 그 생명을 해치지 않음이 없다. 난폭하고 욕심대로 하는 것이 죽음의 무리가 됨은 알기 쉽지만, 생명을 살리기를 두터이 하여 죽을 자리로 움직이는 것은 알기가 어렵다. 이것을 노자는 특별히 자세하게 말하였던 것이다. … 양생을 잘 하는 자는 안으로 비어 있고 고요하여 욕심이 없게 하며, 밖으로 부드럽고 약하여 다투지 않게 한다"[77]라고 언급하였다. 그만큼 후세에 장생술에서 쓰이는 '복식(服食)'과 '약이(藥餌)'는 생명을 연장시키려고 집착하다가 도리어 생명을 손상시키는 것이 될 수 있음을 노자도 이미 자세하게 언급하고 있음을 강조하여 경계하고 있다. 그만큼 그는 노자의 양생법이 지닌 진정한 원리가 허정(虛靜)·무욕(無欲)·유약(柔弱)·부쟁(不爭)으로 노자에서 '도'를 실현하고 수양하는 방법과 일치하는 것임을 밝히고 있는 것이다.

77 『訂老』 제50장, "服食以煉形, 藥餌以防病, 營求謀爲以避禍, 皆欲以生其生也, 而用心之過者, 未有不反害其生, 夫暴悍縱慾之爲死之徒, 易知也, 生生之厚而動之死地者, 難知也, 此老子所以特詳言之也. … 善攝生者, 內虛靜而無欲, 外柔弱而不爭."

4. 치도(治道)의 원리와 과제

1) 치도의 원리: 무위(無爲)와 겸하(謙下)

(1) 무위(無爲)의 치도

홍석주는 치도의 기본원리로서 안으로 욕심과 의도에 따르는 행위를 버리는 '무위(無爲)' 의 원칙과 밖으로 남에 대해 자신을 낮추는 '겸하(謙下)' 의 원칙을 중시하고 있음을 보여 준다. 먼저 그는 『노자』 제48장에서 말한 "함이 없지만 하지 않음이 없다[無爲而無不爲]"는 구절의 해석에서 '무위' 를 덜어내는 공부의 극치로 확인하고, 이에 따라 그는 "신명이 안에서 온전하여 밖으로 순조롭게 대응하며, 덕이 위에서 온전하여 아래서 백성이 교화되면, 어디에 두어도 합당하지 않음이 없고 무엇을 행해도 이루어지지 않음이 없으니, 이것이 천하를 취할 수 있는 까닭이다"[78]라고 하여, '무위' 의 실현이 천하를 다스리는 기본원리가 됨을 확인하고 있다.

또한 그는 '함이 없지만 하지 않음이 없음[無爲而無不爲]' 을 치도의 근본원리로 강조하여, "움직이지 않으나 공경하고, 말하지 않으나 믿음이 있으며, 독실하고 공손하여 천하가 태평하니, 임금이 이 도를 지키면 만물이 저절로 교화된다"고 밝히고, 이러한 '무위' 의 정치가 이루는 성과로서, "성인이 천하를

---

78 『訂老』 제48장, "無爲者, 損之至也, 神完於內, 而應順於外, 德全於上, 而民化於下. 則措之無不當, 而行之無不成, 此所以能取天下也."

다스리는 것은 백성으로 하여금 안으로 그 하늘에서 얻은 참됨을 온전하게 하고 밖으로 인위적인 명목을 없애게 하니, 백성은 차분하게 날마다 선으로 나가면서 그렇게 되는 까닭도 알지 못한다. … 마음속에 욕심이 없으면 밖으로 망령되게 행동하지 않으니, 천하의 백성들로 하여금 모두 욕심이 없게 할 수 있으며, 천하의 백성들로 하여금 모두 망령되게 행동하지 않게 할 수 있다. 이렇게 되면 천하가 바르게 되지 않음이 있을 수 없다"[79]고 서술하였다. 여기서 그는 '무위'의 정치란 백성이 하늘에서 받은 성품[天性]을 따르게 함으로써 인위적 명목에 얽매이지 않게 하는 것이며, '무욕'으로 거짓된 행동이 일어나지 않게 함으로써 백성이 저절로 교화되는 것이라 제시한다.

그는 이러한 '무위'의 정치를 실현하는 자, 다스리는 자로서 성인의 모습을 서술한다. 곧 "성인이 천하를 거느림은 맑고 고요하며 자애롭고 검소함으로 위에서 온화하게 단정히 손을 맞잡고 있으며 작위함이 없으나 백성들의 귀의함이 마치 뭇별이 북극성을 받들고 있는 것과 같다"[80]고 하였다. 이러한 '무위'의 정치는 아무 행위도 없이 고요하게 팔짱 끼고 앉아 있어도 저절로 다스려지는 것이라 보는 것은 아니다. 맑고 고요하며 자애롭고 검소함[淸·靜·慈·儉]은 다스리는 자가 안으로 깊이 덕을 수립하고 있음을 보여 주는 것이요, 이러한 내면의 덕이 모범이 되어 한 나라의 중심축을 이룸으로써 인위적 의도나 조작이 없지만 모든 백성이 흠모하고 본받아 자발적으로 순응해 오는 것을 의미한다. 그는 이것을 바로 『노자』가 "큰 기준을 붙잡고 있으니 천하가 돌아

---

79 『訂老』 제37장, "道之無爲而無不爲也, 不動而敬, 不言而信, 篤恭而天下平, 侯王之守此道, 而萬物自化也. … 聖人之爲天下也, 使民內全其天得之眞, 而外泯其人爲之名, 民於是乎, 唯皥皥然日遷于善, 而莫知其所以然. … 內無欲, 則外不妄動, 夫能使天下之民皆無欲, 夫能使天下之民皆不妄動, 如是而天下不正者, 未之有也."

80 『訂老』 제35장, "聖人之御天下也, 淸靜慈儉, 穆然端拱于上, 未嘗有所作爲. 而民歸之, 如衆星之拱北辰, 此所謂執大象." 여기서 "뭇별이 북극성을 받들고 있는 것과 같다"는 것은 『논어』(「爲政」)에서 "덕으로 정치를 하는 것은 비유하면 북극성이 그 자리에 머물지만 모든 별이 받드는 것과 같다[爲政以德, 譬如北辰, 居其所而衆星共之]"라고 한 공자의 '德治'를 언급한 말에 상응시킨 것이다.

온다[執大象, 天下往]"고 말한 뜻과 같다고 지적하였다. 또한 그는 '감히 하지 않는다[不敢]'는 것도 두려워하여 겁을 먹고 물러나 위축되어 아무것도 하지 않는 것이 아님을 분명히 밝혔다. 그것은 "자연의 기틀을 타고 자연의 형세에 맡겨서, 나는 '무위'이지만 만물은 천명을 따르지 않음이 없는 것이다. 이 때문에 처음에는 비록 감히 하지 않지만, 끝내는 이루어지지 않음이 없으니, 이것이 하늘의 도이고 성인이 본받는 것이다"[81]라고 제시된다. 곧 다스리는 자가 감히 하지 못하고 '무위'의 원리를 지킨다고 하여, 아무것도 이루어지지 않는 것이 아니라, 그 반대로 천명에 따라 저절로 이루어지지 않음이 없다는 '무위'의 공효를 적극적으로 제시하고 있는 것이다. 그만큼 '무위'의 정치는 나의 의도함이 없다는 것일 뿐이요, 천명에 따르고 자연의 질서에 따라 가장 바람직한 이상의 정치가 실현되는 것임을 밝혀 준다.

(2) 겸하(謙下)와 유약(柔弱)

홍석주는 치도의 기본원리로서 겸허하여 자신을 낮추는 '겸하'와 부드럽고 약하게 하는 '유약'의 태도를 중시하였다. 따라서 그는 "천하의 큰일을 이룰 수 있는 사람은 반드시 더러움을 받아들이고 욕됨을 참으면서 남의 아래로 자신을 낮춘다. … 노자의 글 81개 장은 '겸하'와 '유약'을 말한 것이 열에 일곱은 된다"[82]고 하여, '겸하'와 '유약'이 『노자』에서 가장 빈번하게 언급되고 그만큼 중시되는 것임을 지적하고 있다.

그는 자신을 낮추어야 하는 '겸하'의 당위성을 설명하면서, "천한 것을 합하여 귀한 것을 받드니, 천한 것이 있은 다음에 귀한 것이 높여지며, 낮은 데

81 『訂老』 제73장, "所謂不敢者, 非終於畏懦退縮, 而不爲而已也, 乘其自然之機, 而任諸自然之勢, 我則無爲, 而物莫不聽命, 是以始雖不敢, 而終莫不有成, 此則天之道也, 而聖人之所則言."

82 『訂老』 제78장, "夫能濟天下之大事者, 必含垢忍辱, 自卑以下人. … 老氏之書, 八十一章, 言謙下柔弱者, 居其十七."

에서 쌓아 높아지니, 낮은 것이 있은 다음에 높은 것이 이루어질 수 있다. … 단지 귀한 것만 두고 천한 것은 버리며, 높은 것만 두고 낮은 것은 잊어버린다면 그 귀하고 높은 것을 잃게 될 것이다. '고아[孤]'라 하고, '덕이 적은 사람[寡人]'이라 하고, '착하지 못하다[不穀]'라고 하는 것은 모두 임금이 스스로 부족함을 일컫는 것이다"[83]라고 언급한다. 곧 천하고 낮은 것을 배려하지 않으면 귀하고 높은 것도 존립할 수 없다는 논리에 따라 자신을 낮추는 '겸하'의 원리가 바로 귀하고 높음을 이루기 위한 방법임을 제시하며, 임금이 자신을 낮추는 칭호를 쓰는 것도 바로 그 높음을 지키는 방법임을 지적하고 있다.

또한 그는 '겸하'가 '과욕'이나 '유약'과 연결되고 있음을 주목하고 있다. 우선 그는 노자의 말을 두 가지 단서로 집약한다면, "사람으로 하여금 안으로 맑고 고요하여 욕심을 적게 하고자 하며, 바깥으로 겸손하고 부드러워 남의 아래에 있게 하고자 할 뿐이다"라 하고, "이 두 가지 단서는 『노자』 5천 자의 종지요, 천하만사의 주재이다"[84]라고 밝혔다. 여기서 그는 '청정·과욕(淸靜·寡慾)'을 내면의 마음 상태로 보고, '겸하[謙柔下人]'를 밖으로 사람을 대하는 태도로 대비시키고 있다. 또한 그는 "옛날에 도를 지닌 자는 겸손하여 자신을 낮추는 것으로 기반을 삼고 온화하고 약함으로 표면을 삼는다"[85]라고 하여, '겸하'와 '유약'을 기초와 표면의 관계로 제시하기도 한다.

그는 노자가 사람들에게 항상 겸손하여 물러서며 억누르고 덜어냄[謙退抑損]으로써 펼치고 강하게 하지 않도록 하는 사실을 지적하면서, "내가 말하는 유약함이란 참으로 유약하여 강건할 수 없는 것이 아니다. 지혜가 만물에서

---

83 『訂老』 제39장, "合賤以承貴, 有賤而後, 貴得以尊, 絫下以爲高, 有下而後, 高得而成, … 苟貴而遺賤, 高而忘下, 則失其貴與高矣, 曰孤·曰寡人·曰不穀, 皆人君所自稱寡少也."

84 『訂老』 제70장, "老子之言, 雖若高遠微妙者, 其實不過二端, 欲使人內淸靜而寡慾, 外謙柔以下人而已. … 蓋此二端者, 寔五千言之宗, 而天下萬事之君也."
홍석주는 『訂老』 제67장에서도 노자가 '도'를 말한 것도 "언제나 '겸손과 검약과 부드러움과 약함'을 종지로 삼는다[恒以謙約柔弱爲宗]"라고 밝혔다.

85 『訂老』 제15장, "古之有道者, 以謙下爲基, 以濡弱爲表."

뛰어나지만 어리석은 것 같고, 용기는 삼군을 쳐서 빼앗을 수 있지만 겁먹은 듯하고, 능력은 천하를 덮을 만하지만 부족한 듯하다"고 하여, '유약함'의 원리는 나약하여 무능력함을 말하는 것이 아니라, 강함과 능력을 속에 지니고 있으면서 그것을 드러내어 과시하는 태도가 아님을 명확하게 분별하고 있다. 따라서 그는 "노자가 춘추시대 말기에 살면서 억세고 다투어 빼앗는 것이 천하에 재앙이 되고 있음을 싫어하여 그 말이 모두 충후하고 겸손하며 담박하여 욕심을 줄이는 것이다"[86]라고 해석하였다. 그만큼 탐욕과 쟁탈이 성행하는 혼란의 시대에서 갈등을 해소하고 조화를 이루기 위한 처방으로 '겸하'와 '유약'의 방법을 제시한 것임을 지적하고 있는 것이다. 또한 그는 "도를 지닌 자는 언제나 겸손하여 부족한 듯하지만, 안으로는 그 덕을 충실하게 하는 데 힘쓰니, 비유하자면 큰길을 가는 것처럼 매우 평탄하여 쉽게 갈 수 있다"[87]고 하여, '겸하'의 태도가 마음속에서 덕을 쌓는 기반 위에 이루어지는 것이요, 이러한 '겸하'의 원리가 큰길을 가는 것처럼 일을 쉽고 편안하게 치도를 실현시켜 주는 것임을 강조하고 있다.

다스리는 자가 자신을 낮추는 '겸하'의 태도만이 아니라, 큰 나라와 작은 나라 사이에서도 큰 나라가 작은 나라에 자신을 낮추는 것이 나라와 나라 사이에 교류하고 화합하는 원리가 되는 것으로 확인한다. 곧 그는 "작은 나라가 낮추는 것은 쉬우나 큰 나라가 낮추는 것은 어렵다. 작은 나라가 큰 나라에 낮추면 그 공적이 옅지만, 큰 나라가 작은 나라에 낮추면 그 이익됨이 넓다. 그래서 '큰 나라가 마땅히 낮추어야 한다'고 하였다. … 작은 나라는 낮추지 않을까 근심할 것이 없으니, 그러므로 노자는 특히 큰 나라가 낮추어야 할 것으로 경계하였다. 노자의 이론을 따르게 하면 천하가 영구히 전쟁의 해독이 없

86 『訂老』 제36장, "吾所謂柔弱者, 非眞柔弱而不能剛也, 知出庶物而若愚, 勇奪三軍而若怯, 能盖天下而若不足. … 老子生春秋之季, 厭於强梁爭奪之禍天下也, 其爲言, 皆忠厚謙卑恬澹而寡欲."

87 『訂老』 제53장, "夫有道者, 常謙謙若不足, 而專務其實德于內, 譬若大路然, 甚坦而易行也."

게 될 것이고, 1,800개의 나라들이 오늘날까지도 모두 남아 있을 것이니, 어진 사람의 말이라 할 수 있다"[88]고 언급하였다. 큰 나라가 작은 나라에 낮추는 '겸하'를 천하의 치도로 강조하였던 노자의 언급에 대해, 그는 전란의 해독을 제거하고자 하는 '어진 사람[仁人]'의 말이라 극찬하고 있다. 그만큼 노자는 춘추시대 말기의 전란이 초래하는 고통과 폐해를 지켜보며 그 해결책으로 대립과 갈등을 극복하기 위해 '겸하'를 치도의 원리로 제시하였던 사실이 주목되고 있는 것이다.

2) 치도의 과제

(1) 거사(去私)와 거해(去害)의 정치

① 아낌[穡]: 홍석주는 정치의 기본과제로서 하늘이 내려준 것을 아끼는 태도를 요구하고 있다. 그는 『노자』 제59장에서 사람을 다스리고 하늘을 섬기는 방법으로 제시한 '색(穡)'은 '아낀다[靳惜]'는 뜻이요, '감히 가볍게 쓰지 않음[不敢輕用]'을 말하는 것이라 한다. 여기서 그는 "사람에게는 신명이 있고, 백성에게는 근력이 있고 천하에는 재물이 있으니, 모두가 하늘이 내어준 것이다. 하늘이 내어준 것을 감히 가볍게 쓰지 않는 것이 하늘을 섬기는 방법이다. … 이로써 나라를 다스리면 천명을 맞이하고 인심을 굳게 하여 백세가 지나도 바뀌지 않을 것이다"[89]라고 하여, 사람의 '신명[神]'이나, 백성의 '근력[力]'이나, 천하의 '재물[財]'이 하늘에서 나온 것이므로 함부로 쓰지 않고 소중히 아

88 『訂老』 제61장, "小之爲下也易, 而大之爲下也難, 小之下大也, 其爲功淺, 而大之下小也, 其爲利博, 故日, 大者宜爲下. … 夫小子, 固不患其不下也, 故老子特以大者爲戒, 使從老子之論, 則天下將永無兵革之毒, 千八百國, 雖皆至於今存可也, 亦可謂仁人之言矣."

89 『訂老』 제59장, "人之有神也, 民之有力也, 天下之有財也, 皆天之所生也, 不敢輕用於天之所生, 乃所以事天也, … 以此爲國, 則迓天命 · 固人心, 百世而不替."

껴야 할 것을 강조하였다. 이처럼 토지와 백성을 얻어서 나라를 다스리는 자가 그 나라의 토지나 백성을 사사롭게 소유할 수 있는 것이 아니요, 아껴서 소중히 해야 할 것임을 정치의 기본과제로 밝히고 있다. 따라서 그는 모든 것이 하늘에서 주어진 것임을 전제로 확인하여, 아껴서 함부로 쓰지 않음으로써 천명을 따르며 인심을 얻는 것이 바로 사람을 다스리고 하늘을 섬기는 안정된 정치의 기반을 확립할 수 있는 방법임을 역설하고 있는 것이다.

② 포용[容]과 공정함[公] 그리고 사사로움을 없앰[去私]: 또한 그는 "천하에서 모두 이로움이 이롭다는 것을 알지만, 이롭지 않음이 이로움을 넓힌다는 것을 알지 못하며, 천하에서 모두 보탬이 보태어지는 줄 알지만 덜어냄이 보탬을 온전하게 한다는 것을 알지 못한다"라고 하여, 『노자』에서 제시된 정치의 기본방법으로서 이로움[利]이나 보탬[益]을 추구하는 것이 아니라, '덜어냄[損]'으로써 보탬을 이루는 것이 『노자』 전체의 핵심원리가 되는 것임을 지적하고 있다.[90] 그것은 이로움과 보탬을 직접적으로 추구하는 것이 아니라, 사사로운 욕심을 걷어내는 '덜어냄'이 이로움과 보탬을 이루는 올바른 방법이라는 것이다. 따라서 그는 받아들이고 덮어주며 두루 미치는 '포용[容]'과 마음이 넓어 사사로움이 없는 '공정함[公]'을 정치의 기본과제로 확인한다. "임금이란 곧 하늘이다. 하늘과 '도'는 하나일 뿐이다. … 오직 밝음으로 말미암아 포용한 다음에야 그 포용은 공정함이 되고, 고요함으로 말미암아 밝아진 다음에야 그 밝음은 포용이 된다"[91]고 하여, 밝음과 포용과 공정함이 일관되고 하늘과 '도'와 임금이 일치되는 치도의 기준을 밝히고 있다.

그는 정치의 방법으로서 보통사람들이 사사로움[私]에 빠져 있는 것과 달리

90 『訂老』 제22장, "天下皆知利之爲利, 而不知夫不利之爲利博也, 天下皆知益之爲益, 而不知夫損之爲益全也, 此章專發明, 以損爲益之義, 盖老氏一篇之關鍵也."

91 『訂老』 제16장, "王者則天者也, 天與道則一而已矣. … 夫唯由明而容, 然後其容也乃公, 由靜而明, 然後其明也乃容."

다스리는 자가 '공정함[公]' 을 실현할 수 있는 근거는 '천명을 듣는 것[一聽乎天]' 이요, '도를 따르는 것[一順乎道]' 이라 확인한다.[92] 따라서 그는 "성인이 천하를 다스림은 남을 앞세우고 자신을 뒤로 하며, 공정함을 서두르고 사사로움을 잊어버리는 것이다. … 노자의 뜻은 또한 사람들이 사사로움을 제거하여 그 천성을 온전하게 하도록 하고자 하지 않음이 없다"[93]고 하여, 사사로운 욕심의 제거와 하늘이 부여한 성품의 보존이 바로 치도의 과제임을 밝히고 있다.

③ 해독을 제거함[去害]: 나아가 그는 '사사로움' 의 제거[去私]와 더불어 '심한 해독' 을 제거하는 것[去甚害]이 정치의 중요한 과제임을 강조하고 있다. 곧 "비록 성인도 하나로 가지런하게 할 수는 없으니, 오직 너무 심하고 너무 지나친 것을 제거하여 극한에 이르러서야 돌아가게 하지 않도록 하고자 하는 것이다"[94]라고 하여, 끊임없이 변화하는 현실 속에서 정치를 하는 방법으로 가장 중요한 것은 너무 심하게 빠져들지 않도록 '심한 것을 제거하는 것[去甚害]' 을 강조하였다. 또한 "지극한 덕의 정치는 들추어내는 것으로 밝음을 삼지 않으며, 함부로 형벌을 주는 것으로 엄중함을 삼지 않는다. 안에서 몸소 행하고 백성에 심하게 해로운 것을 제거할 따름이다"[95]라고 언급한 것도, '심한 해독의 제거' 를 정치의 일차적 과제로 강조하고 있음을 보여 준다. 나아가 그는 "도를 지닌 자는 … '무위' 에서 백성과 더불어 서로 잊으며, 오직 백성을 위하여 심한 해독을 제거할 따름이다"[96]라고 하였다. 이처럼 그는 백성을 이롭게 한다는 정치의 목적이 오히려 의도적이고 인위적인 조작으로 백성에게 해독을 미칠 수 있음을 경계하고, 소극적으로 '심한 해독의 제거' 를 통해 '무위(無爲)' 의

---

92 「訂老」 제20장, "唯人皆自聘其私, 而我獨一聽乎天, 一順乎道."

93 「訂老」 제7장, "夫聖人之於天下也, 先人而後己, 急公而忘私. … 然老子之意, 亦未嘗不欲人去私, 以全其天也."

94 「訂老」 제29장, "雖聖人不能使之齊于一也, 唯去其已甚而太過者, 使不至于極而反."

95 「訂老」 제58장, "至德之政, 不抉擿以爲明, 不擊斷以爲嚴, 躬行於內, 而去其甚害於民者而已."

96 「訂老」 제35장, "有道者, 知其然也, 與民相忘於無爲, 而唯爲民去其甚害者而已."

정치를 실현하는 기본과제로 확인하고 있다. 이러한 '심한 해독의 제거'란 사회 안에 질서와 조화의 치도를 저절로 이룰 수 있는 동력이 내재한다는 믿음을 전제로 하는 것이라 볼 수 있는 것이다.

'무위'의 정치원리를 실현하는 과제로서 '심한 해독의 제거'를 주장하였는데, 그 과정에서 '형벌을 줄일 것[省刑]'을 강조하는 것도 '심한 해독의 제거'를 실행하는 일의 구체적 사례로 볼 수 있다. 그는 "옛 성왕의 정치는 백성의 생계를 넉넉하게 하고 백성의 거처를 편안하게 하여, 항상 삶을 즐거워하고 죽음을 신중하게 여기는 마음을 간직하게 하는 것이다. 그 형벌에서는 부득이한 다음에 쓰니, 부득이한 다음에 쓰면 형벌이 간소하고, 형벌이 간소하면 백성이 피하기 쉬우며, 피하기 쉬우므로 백성은 형벌에 걸리는 일이 드물고, 형벌에 걸리는 일이 드무니, 형벌을 두려워함도 더욱 심하다"[97]라고 하였다. 곧 번다하고 세밀한 형벌은 백성이 형벌을 두려워하는 마음조차 없게 하여 형벌에 쉽게 걸려들게 하는 폐단을 일으킴을 경계하고 있는 것이다.

또한 그는 "백성이 심히 두려워하는 것은 죽음일 뿐이다. 위엄과 형벌이 넘치면 백성은 죽음에서 구제할 겨를이 없으니 이에 죽음을 가볍게 여기게 된다. 이미 죽음을 가볍게 여기면 무슨 일인들 할 수 없겠는가"[98]라고 한다. 이처럼 형벌이 남용되면 백성들은 형벌의 그물을 벗어날 수 없게 되고, 그 결과 마침내 백성들이 죽음조차 가볍게 여기게 되면 더 이상 백성을 형벌로 다스릴 수 없게 되는 심각한 혼란에 빠져들게 된다는 사실을 지적하였다. 따라서 그는 "천하를 다스리면서 사람을 죽이지 않을 수 없는 것은 전쟁과 형벌뿐이므로 노자는 특히 이 두 가지를 근심하였으니, 노자의 글이 인술(仁術)이 아니라

---

97 『訂老』 제74장, "古之聖王, 厚民之生, 安民之居, 常使之有樂生重死之心, 其於刑也, 則不得已而後用之, 不得已而後用之, 則刑簡, 刑簡, 則民易避, 易避也, 故民益稀見于刑, 稀見于刑, 而其畏之也亦益甚矣."

98 『訂老』 제17장, "民之所甚畏者, 死而已. 威刑之濫, 民救死不暇, 於是乎輕死, 夫旣輕死, 則何事之不可爲哉."

말한다면 나는 믿지 않는다"[99]라고 역설하였다. 이처럼 그는 백성들이 죽음을 신중하게 여기는 정치를 중시한다는 것은 바로 형벌을 간소하게 줄이는 '성형(省刑)' 과 전쟁이 일어나지 않도록 다투지 않는 '부쟁(不爭)' 을 과제로 제시하고 있으며, 그만큼 노자의 정치는 어진 덕을 베푸는 방법, 곧 '인술' 로 확인하고 있음을 보여 준다.

(2) 부쟁(不爭)의 용병(用兵)

홍석주는 노자가 춘추 말기를 살면서 전쟁의 해독을 직접 목도하였기 때문에 군자가 용병(用兵)을 즐겨하지 않음을 반복하여 절실하게 언급하고 있음을 강조한다. 따라서 그는 "천하를 취하고자 도모하는 자는 그 형세가 반드시 용병하는 데까지 이르게 될 것이다. 용병하여 패배하면 그 재앙이 눈앞에 있으니 쉽게 볼 수 있지만, 군사로써 뜻을 얻어 천하에 강자가 되면 남들이 모두 공적이 특별하다 여기나 그 재앙이 더욱 멀고 더욱 크다는 것을 알지 못한다"[100]고 언급하였다. 전쟁을 일으켜 승리하여 강자로 군림하더라도 끝없이 새로운 전쟁을 불러일으키게 되고, 마침내 패배하면 그 재앙은 더욱 커질 수밖에 없다는 것이다.

그렇다면 용병하여 전쟁을 하는 것은 가능한 막아야 하고, 전쟁이란 부득이한 경우에만 하는 것임을 강조한다. 곧 "옛 군자는 백성을 '인애[仁]' 로 위무함에 오직 백성이 다칠까 두려워하고, 이웃나라와 '순응[順]' 으로 교류함에 오직 이웃나라를 잃을까 두려워하니, 일찍이 다투는 마음이 없었다. 부득이하여 전쟁을 하게 되면 반드시 불쌍히 여기고 슬퍼하는 마음으로 대중을 부렸고, 경

---

99 『訂老』 제74장, "爲天下而不免於殺人者, 唯兵與刑, 故老氏特於是二者, 拳拳焉. 謂其書非仁術, 吾不信也."

100 『訂老』 제30장, "夫欲取天下, 而爲之者, 其勢必至於用兵, 用兵而敗者, 其禍在目前易見也, 以兵得志, 而强天下者, 人皆以爲功殊, 不知其禍之愈遠而尤大也."

계하고 삼가며 두려워하는 마음으로 적을 맞았으며, 감히 다투는 것을 즐거워하지 않았다"라고 하여, 부득이 전쟁을 하더라도 싸움을 즐기는 마음이 없어야 할 것을 강조한다. 여기서 그는 "안으로 다투지 않는 덕이 있고, 밖으로 백성의 근력을 쓸 수 있는 사람은 반드시 천하에 적이 없을 것이다. 천하에 적이 없는 사람은 하늘과 땅과 더불어 병립할 수 있으니, 그러므로 '하늘에 짝한다' 고 말한다"[101]고 언급하였다. 곧 다스리는 자가 전쟁을 피하려는 '부쟁' 의 덕이 있고, 또 백성의 결집한 역량을 쓸 수 있을 때라야, 천하에 대적할 수 없는 진정한 승자가 될 수 있음을 말해 준다. 이처럼 그는 『노자』에서 '부쟁(不爭)' 의 의미를 『맹자』(「梁惠王上」)에서 "어진 사람은 대적할 자가 없다[仁者無敵]" 하고, 『노자』에서 '배천(配天)' 의 의미를 『중용』(제22장)에서 "하늘과 땅과 더불어 병립하여 셋이 된다[與天地參矣]" 고 말하고 있는 의미로 해석하고 있는 것이다.

또한 그는 군사가 나아감이 이기는 것이요, 물러남이 지는 것이라는 용병의 상식과는 달리 진정한 승리의 방법을 제시하여, "용병을 잘 하는 사람은 언제나 물러나 남들과 다투지 않으니 남들이 그와 더불어 다툴 수가 없다. 이 때문에 노여워하지 않아도 위엄이 있고, 예리함에 의지하지 않아도 강하며, 교전하기를 기다리지 않고도 이긴다"라고 하여, 이를 『손자병법』(「謀攻篇」)에서 말하는 "전쟁을 하지 않고도 남은 군대를 굴복시키니 선한 것 가운데서도 선한 것이다[不戰而屈人之兵, 善之善者也]"라는 말의 뜻이라 한다. 이어서 그는 "그 다음은 비록 부득이하여 교전하는 데 이르게 되더라도 슬퍼하고 차마 하지 못하는 마음으로 백성을 평소처럼 믿어 주고 또 일에 임하여 두려워하는 마음을 더하는 것이다. 그러므로 백성은 그 덕을 따르니 적은 그 틈을 탈 수가 없다.

---

101 『訂老』 제68장, "古之君子, 撫民以仁, 唯恐傷之, 交隣以順, 唯恐失之, 未嘗有爭心也, 及乎不得已而有戰, 則必哀矜惻怛以使衆, 戒愼兢懼以應敵, 亦不敢以爭爲樂也. … 內有不爭之德, 而外能用人之力, 若是者, 必無敵於天下矣, 無敵於天下者, 可以與天地參, 故曰配天."

이것도 온전히 이기는 술법이다"[102]라고 제시한다. 여기서 『노자』의 용병은 전쟁을 승리로 이끄는 용병술이 아니라, 다투지 않는 '부쟁'의 덕으로 전쟁을 막는 것을 최상으로 삼는 것임을 확인하였다. 또한 부득이 전쟁을 하게 되더라도 승전을 추구하는 것이 아니라 백성을 가련히 여기고 자애하는 마음을 잃지 않는 것이 진정한 승전의 방법임을 밝히고 있다.

『노자』 제80장에서 정치의 이상적 형태로서 '작은 나라와 적은 백성[小國寡民]'을 제시하고 있는 것에 대해서도 "춘추 말기에 강한 나라가 약한 나라를 병합하니 땅이 수천 리나 이어져 있기도 하였지만, 천하의 백성들은 일이 많아져서 더욱 곤궁해졌다. 노자는 선왕의 제정함을 생각하여 작은 나라로 돌아가게 하고자 하였으나 할 수가 없었다"[103]고 해명하였다. 이처럼 그는 노자의 정치적 이상이 옛 선왕의 제도에 따라 영토가 백 리밖에 안 되는 작은 나라를 민심을 안정시켜 치도를 이룰 수 있는 이상형으로 제시하였던 것은 강대한 나라가 끊임없는 전쟁으로 이루어지는 것임을 밝혀, 강대한 나라가 정치의 이상을 실현하기 어려움을 지적한 것이다.

'부쟁'의 덕은 전쟁의 해독을 막는 것일 뿐만 아니라, 어진 이를 숭상하면서 백성들 사이에서 명성을 다툼이 일어나거나 재물을 귀중히 여기면서 이익을 다툼이 일어나 갈등을 불러일으키는 것을 막는 방법이라는 점에서 주목되기도 한다. 그는 "천하를 다스림에 어진 이를 얻고자 하는 것은 오직 그 실질을 구하는 것인데, 실질로서 구하지 않고 명성으로 구한다면 이것은 백성으로 하여금 다투게 하는 까닭이다. 또 어찌 다투는 것일 뿐이겠는가. 붕당(朋黨)의 재앙은 살육이 따르며 그 해독이 나라의 존망에까지 미치니, 명성을 숭상하는

102 『訂老』 제69장, "善用兵者, 常退不與人爭, 而人莫能與之爭, 是以不用怒而威, 不恃銳而强, 不待交兵而克. … 其次則雖不得已, 而至於交兵, 惻怛不忍之心, 素孚乎民, 而又加之以臨事之懼, 故民懷其德, 而敵不得乘其隙, 此亦全勝之術也."

103 『訂老』 제80장, "先王制國, 其大者, 不過百里, 所以靜民, 而壹其志也, 春秋之季, 强者倂弱, 或連地數千里, 而天下之民, 益困於多事, 老子思先王之制, 欲使之反於小也. 而不可得."

데 따라 일어난 것이 아니겠는가"[104]라고 언급하였다. 곧 그는 어진 사람이 정치를 담당해야 한다는 것이 당연하다고 인식하면서도, 그 어진 사람을 실질에서 높이는 것이 아니라 명성에서 높이는 데 따라 분쟁이 일어나는 폐단을 심각하게 지적하고 있다. 여기서 그는 실질을 잃고 명목을 추구하는 데 따라 일어나는 분쟁의 귀결로서 서로 다투다가 살육을 일삼는 데까지 이르렀던 당시 붕당의 해독이 마침내 나라가 멸망까지 초래하게 될 것이라는 조선사회의 현실을 성찰하고 있는 것이다.

(3) 정치의 혼란과 신령의 숭배

홍석주는 정치의 현실에서 정치가 법도를 상실하여 어지러워지는 현상으로서 귀신의 신령함을 숭상하는 신앙심이 융성하게 일어나는 현상을 주목하였다. 그는 『노자』 제60장에서 "'도'로써 천하를 다스리면 그 귀신이 신령스럽지 않다[以道莅天下者, 其鬼不神]"라고 말한 구절에서 '그 귀신이 신령스럽지 않다'는 말을 "백성과 신령이 서로 편안하면 재앙이 일어나지 않고 사람에게 괴이함이 나타나지 않는다"라고 해석한다. 여기서 그는 "정치가 그 바름을 얻고 사물이 그 궤도에 순응하면, 백성은 오직 그 직분을 닦을 줄 알 뿐이요, 신령을 따르지 않고 또 신령을 업신여기지도 않을 것이다. 그렇게 되면 천지와 만물의 기운은 저절로 그 조화를 얻어서 신령과 사람이 각각 그 자리를 얻게 될 것이니 어찌 서로 다치게 함이 있겠는가"[105]라고 언급하였다. 곧 도를 따라 정치를 하면 모든 일이 순조롭고 질서 있게 이루어지고, 이에 따라 귀신의 괴이한 행적이나 재앙을 내림이 나타나지 않게 되고 백성들도 귀신을 신령스럽게 숭

---

104 『訂老』 제3장, "盖治天下, 而欲得賢者, 唯其實之求. 不以實而以名, 是所以使民爭也, 且奚特爭而已哉. 朋黨之禍, 殺戮從之, 而其毒流於社稷, 有不繇尙名起者耶."

105 『訂老』 제60장, "民神相安, 而灾禍不作, 以其不見怪於人也, 故曰不神. … 政得其平, 而物順其軌, 民唯知修其職, 而不聽於神, 亦不敢嫚神, 則天地百物之氣, 自得其化, 而神與人各要其所, 夫何相傷之有."

배하지 않는다는 사실을 제시하고 있다. 그것은 인간이나 귀신이나 자신이 맡은 직분을 다할 뿐이지, 귀신이 사람에게 신령스러움을 드러내어 숭배받지 않는다는 것이다.

그는 귀신이 신령스럽게 나타나고 숭배되는 현상은 정치가 도리에 맞게 바르게 실현되지 않은 데 따른 민심의 동요나 사회적 혼란의 현상이라 진단한다.

> "정치가 바름을 잃어 민심을 복종시키기에 부족하게 되면서, 백성은 이에 신령을 따르는 자가 있게 되었다. 백성이 날로 참됨을 떠나서 바랄 수 없는 것을 구하고 '도'가 아닌 것에 미혹되면서, 백성은 이에 신령을 더럽히는 자가 있게 되었다. 더럽히면 신령함이 일어나고, 함부로 하면 업신여김이 일어나니, 이에 신령을 업신여기고, 신령을 원망하며 신령을 학대하는 데까지 이른 자가 있게 되었다. 여기에 더하여 정치로서 요망한 기운을 좇아가니, 원망과 분노와 울적함으로 천지의 감정에 어긋나고 음양의 기운을 어지럽혔다. 신령은 이에 그 자리가 불안하여 재앙을 내림이 있게 되고, 이에 사람과 뒤섞여 사물을 분별하지 못함이 있게 되고, 이에 또한 도깨비가 있게 되니, 사람의 틈을 타고 요망한 재앙을 만들어 내는 것만도 못하다."[106]

그는 민심이 안정을 잃고 동요함에 따라 백성들이 신령을 숭배하면서 신령의 기이한 행적을 불러일으키거나 복을 내리게 하고 재앙을 물리치기 위해 비는 기복적 신앙행위가 일어나게 됨을 지적한다. 그는 신령들이 일어나고 대중들이 신령을 받드는 기복적 신앙행위에 대해, 더럽히고 함부로 하는 행위라 규정한다. 춘추시대의 제후들은 귀신을 숭상하거나 무당을 믿었던 사실에 머물지 않고, 이에 따라 마침내 정치도 이러한 신령의 괴이한 힘을 이용하려고 하였던 것이다. 그는 이러한 기복적 신앙행위가 융성하게 일어나는 현실에 대

---

106 같은 곳, "自政之失其平, 而不足以服民心, 民於是有聽於神者矣, 自民之日離其眞也, 而有非望之求, 非道之惑, 民於是有瀆以干神者矣, 瀆則生神, 狎則生慢, 於是乎又有慢神懟神, 以至於虐神者矣, 加之以政與和沴, 怨怒幽鬱, 以乖天地之情, 而亂陰陽之氣, 神於是乎有不安其所, 而降之殃咎者, 於是乎有與人雜糅, 而不可方物者, 於是乎又有魑魅, 不若乘人之隙, 而作爲訞孽者."

해, 신령이 백성을 해치고 통치자가 백성을 해치는 것이라 파악하고 있다. 그 만큼 백성과 신령이 각각 그 직분을 하여 서로 해침이 없는 합리적 사회질서를 정치의 바른 실현이라 인식하고 있음을 보여 주는 것이다.

5. 홍석주의 『노자』 이해가 지닌 특성

홍석주의 『노자』 해석이 보여 주는 기본특성은 유교와 노자의 상통성에 대한 깊은 통찰과 더불어 그 차이가 발생할 수 있는 계기의 정밀한 확인에 있는 것이라 하겠다. 그는 『노자』에서 제시된 과제를 안으로 욕심을 줄임[寡欲]으로써 신명을 배양하는[養神] '수양론'의 과제, 밖으로 다투지 않음[不爭]으로써 세상에 대응하는[應世] '처세론'의 과제 및 전쟁을 줄이고 살육을 제거함[省爭去殺]으로써 백성을 다스리는[治民] '치도론'의 과제를 기본주제로서 확인한다. 여기서 『노자』의 사유체계를 다시 요약해 보면 자기 인격을 수련하는 '수기'의 영역과 더불어, 세상에 다른 사람과 대응하고 백성을 다스리는 '치인'의 영역을 두 축으로 파악하고 있는 것이라 볼 수 있다.

그러나 그는 『노자』에서 무엇보다 먼저 '수기'와 '치인'의 두 영역을 관통하는 기준으로서 '도' 개념의 실체나 그 작용의 양상을 밝히는 데 세심한 주의를 기울이고 있다. 여기서 그는 '도'의 실체를 인위적인 것을 넘어선 '자연(自然)'이요, 현상세계와 만물의 온갖 다양성이 근원하는 '하나[一]'이며, 감각적 대상이나 형상적인 것을 넘어선 본체로서 '허(虛)'로 확인한다. 그리고 이러한 '도'의 실체에 따른 작용의 양상에 대해, 인간의 작위적 행위가 없다는 의미에서 '무위(無爲)'라 하고, 모든 변화현상의 근원인 반복적 순환형상을 보여 주는 '반(反)'이라 하며, 작용양상이 유연하고 부드럽다는 특성에서 '약(弱)'이라 파악한다. 이렇게 그는 『노자』의 기본개념을 『노자』에서 제시된 독특한 사유체계와 개념구조로 드러내면서도, 이러한 『노자』의 개념이 유교적 가치와 어떻게 일치할 수 있는지를 밝히기 위해, 『노자』에서 쓰이는 용어와 어법에 따른 의미를 규정하는 데 주의를 기울이고 있다. 이러한 해석태도는 『노자』에서 유교적 가치질서와 상충하는 표현조차도 그 어법에 따른 의미를 분석해 보면 유교적 가치와 모순되지 않는 점을 해명할 수 있다는 것이다. 그것은 단순히 『노자』의 구절들에 병행시켜 이에 상응될 수 있는 유교경전의 구절들을 열거하는 방법보다 한층 더 심층적으로 『노자』를 이해하는 자세를 보여 주는 것이라 하겠다.

홍석주는 이러한 『노자』 이해를 통해 현학(玄學)이나 단학(丹學), 장생술(長生術), 도교 등 후기에 노자를 계승하는 여러 입장들이 『노자』의 본래 정신과 어떻게 어긋나는 것인지를 선명하게 규정하였다. 그만큼 그는 『노자』의 본래 정신이 유교적 사유와 친밀한 것임을 다각적으로 확인하고 있는 것이다. 이와 더불어 그는 『노자』에서 '유·무'의 문제를 논리적 기초로 삼고 있는 사실에서처럼 후기의 현학이나 도교의 해석으로 왜곡될 수 있는 실마리가 이미 『노자』의 사유방법에 내포되어 있는 사실도 면밀하게 지적한다.

홍석주는 '수기'의 방법으로서 고요함을 지키고[守靜] 욕심을 줄임[寡欲]을 기본과제로 확인하는데, 그것은 유교의 수양론에서 보면 '동·정(動·靜)'의 일관적 실현을 강조하는 주경(主敬)의 방법에 대비시켜 보면 주정(主靜)의 방법에 치우친 것이 사실이다. 그러나 그는 이 점에서 『노자』의 수양방법에 대해 비판적 성찰을 하고 있지는 않다. 또 하나의 특징으로서 그는 『노자』에서 양생(養生: 攝生·衛生)의 방법에 매우 깊은 관심을 기울이면서 적극적으로 인정하는 입장을 보여 주고 있는 것이 사실이다. 그러나 여기서도 그는 양생의 방법을 수양론의 형식으로 받아들임으로써, 후세에 방사(方士)들의 장생술과 명확하게 차별화시키는 입장을 밝히고 있다.

그는 『노자』에서 치도론의 문제도 '도'를 치도에 실현하는 방법으로서 무위(無爲)와 겸하(謙下)를 기본원리로 하여, 사사로움의 제거[去私]와 심한 해독의 제거[去甚]의 소극적 방법을 강조함으로써, 자연에 따르는 치도를 밝혔다. 이와 더불어 그는 노자가 춘추 말기의 전쟁과 혼란을 직접 경험하면서 이에 대한 처방으로 '무위'의 치도를 실현하는 기본방법으로서 다툼을 없애는 '부쟁(不爭)'을 표방하며, 전쟁과 살육을 제거하는 거병(去兵)·거살(去殺)을 기본과제로 삼고 있음을 강조하였다. 그만큼 홍석주는 노자를 혼란의 시대를 구출하기 위해 전쟁과 살육의 갈등을 없애고 평화를 추구하였던 인술(仁術)의 주창자로 확인하고 있다. 이처럼 그는 『노자』의 독특한 개념이 지닌 의미의 정당성을 그 심층에서 해명하면서 동시에 그 한계를 정밀하게 검토함으로써, 비판과 배척의 대상인 이단의 하나로 내버려두었던 『노자』를 그 사유의 근원적 정당성을 확보하여 유교적 교화체계 안에 자리잡을 수 있도록 끌어올리는 작업을 매우 성공적으로 수행하였던 것이라 하겠다.

찾아보기

ㄱ

ㄴ

ㄷ

ㅁ

ㅂ

ㅅ

ㅈ

금장태(琴章泰)

서울대학교 종교학과 졸업

성균관대학교 대학원 동양철학과 수료(철학박사)

서울대학교 종교학과 교수

현재 서울대학교 명예교수

주요저서: 퇴계의 삶과 철학(1998)

한국유학의 탐구(1999)

한국유학의 心說(2002)

조선후기 유교와 서학(2003)

실천적 이론가 정약용(2005)

한국유학의 『노자』 이해

펴낸곳 서울대학교출판문화원
펴낸이 오연천
지은이 금장태

초판 1쇄 발행 2006년 7월 15일
초판 4쇄 발행 2014년 3월 25일
출판등록 제15-3호

주소 서울 관악구 관악로 1 우편번호 151-742
대표전화 02-880-5252 **팩스** 02-888-4148
마케팅팀(주문상담) 02-889-4424, 02-880-7995
이메일 snubook@snu.ac.kr
홈페이지 www.snupress.com
영문홈페이지 eng.snupress.com

ISBN 978-89-521-1515-7 93150